广视角 · 全方位 · 多品种

U0888439

权威 · 前沿 · 原创

皮书系列为
“十二五”国家重点图书出版规划项目

国际城市蓝皮书

BLUE BOOK OF WORLD CITIES

总顾问／王　战　潘世伟

国际城市发展报告（2013）

ANNUAL REPORT ON WORLD CITIES (2013)

主　编／屠启宇
副主编／苏　宁　张剑涛

社会科学文献出版社
SOCIAL SCIENCES ACADEMIC PRESS (CHINA)

图书在版编目（CIP）数据

国际城市发展报告. 2013/屠启宇主编. —北京：社会科学文献出版社，2013. 1
（国际城市蓝皮书）
ISBN 978 - 7 - 5097 - 4096 - 5

Ⅰ. ①国… Ⅱ. ①屠… Ⅲ. ①城市经济 - 经济发展 - 研究报告 - 世界 - 2013 Ⅳ. ①F299. 1

中国版本图书馆 CIP 数据核字（2012）第 303325 号

国际城市蓝皮书
国际城市发展报告（2013）

主　　编 / 屠启宇
副 主 编 / 苏　宁　张剑涛

出 版 人 / 谢寿光
出 版 者 / 社会科学文献出版社
地　　址 / 北京市西城区北三环中路甲 29 号院 3 号楼华龙大厦
邮政编码 / 100029

责任部门 / 皮书出版中心（010）59367127　　责任编辑 / 张丽丽　姚冬梅
电子信箱 / pishubu@ ssap. cn　　责任校对 / 徐兵臣　王翠荣
项目统筹 / 邓泳红　姚冬梅　　责任印制 / 岳　阳
经　　销 / 社会科学文献出版社市场营销中心（010）59367081　59367089
读者服务 / 读者服务中心（010）59367028

印　　装 / 北京季蜂印刷有限公司
开　　本 / 787mm × 1092mm　1/16　　印　　张 / 25
版　　次 / 2013 年 1 月第 1 版　　字　　数 / 408 千字
印　　次 / 2013 年 1 月第 1 次印刷
书　　号 / ISBN 978 - 7 - 5097 - 4096 - 5
定　　价 / 69. 00 元

致　谢

本书撰写获得如下资助：

2012 年度上海市科技发展基金软科学研究基地“创新型城市发展战略研究中心”项目

2012 年度北京市发展和改革委员会“全球城市发展动态”项目

2012 年度上海社会科学院城市与人口发展研究所国际城市数据库建设项目

《国际城市发展报告（2013）》
编　委　会

主要编撰者简介

（按文序排列）

屠启宇 博士，上海社会科学院城市与人口发展研究所副所长，上海社会科学院与华东师范大学双聘教授，上海市规划委员会社会经济文化专业委员、上海市软科学研究基地“上海社会科学院创新型城市发展战略研究中心”首席专家。主要研究方向：城市战略规划、城市创新体系、社会系统工程。

苏　宁 博士，上海社会科学院世界经济研究所副研究员，主要研究方向：城市经济、国际城市比较。

张剑涛 博士，上海社会科学院城市与人口发展研究所副研究员，中国城市规划学会学术工作委员会委员，主要研究方向：城市开发、城市空间结构。

李　健 博士，上海社会科学院城市与与人口发展研究所副研究员，主要研究方向：城市经济与空间规划，近些年聚焦于全球生产网络视角下的地方产业升级与高科技城市转型研究。

邓智团 博士，上海社会科学院城市与与人口发展研究所副研究员，主要研究方向：城市经济。

闫彦明 经济学博士，金融学博士后，上海社会科学院经济研究所副研究员。主要研究方向：区域金融、金融产业组织。

林　兰 博士，上海社会科学院城市与与人口发展研究所副研究员，主要研究方向：技术创新、高技术产业、城市文化。

王红霞 博士，上海社会科学院城市与人口发展研究所副研究员，主要研究方向：人口城市化与区域发展。

春 燕 工学博士，上海社会科学院城市与人口发展研究所助理研究员，主要研究方向：城市与区域发展战略、决策分析。

汤 伟 博士，上海社会科学院生态经济与可持续发展研究中心助理研究员，主要研究方向：国际体系—城市网络—环境变化。

倪 外 博士，上海社会科学院港澳研究中心助理研究员，主要研究方向：低碳城市、区域经济。

汤蕴懿 管理学博士，经济学博士后，上海社会科学院经济所副研究员。主要方向：政府职能转变、非营利组织管理、公共政策绩效评估。

摘　要

2013 年国际城市所面临的全球基本态势是经济危机趋缓，但复苏乏力。为此，国际城市的发展需要从临时性的抗危机、反周期举措，转而以更宽广的时空观重新思考国际城市的理想模式，寻求走出谷底、开辟新上升通道之策。在此背景下，创新就成为国际城市共同的选择。创新视野的引入不仅使得国际城市的认识得以深化，而且为塑造更为全面的国际城市提供了路径和动力。

2013 年国际城市发展报告继 2012 年提出国际城市 2.0 概念后，进一步深化概念挖掘，提出：导入创新视野，重新衡量国际城市。报告创新性地构造了一个兼顾资本控制和创新中心能力的国际城市 2.0 的 70 强排名。排名发现：顶尖国际城市不但在资本控制方面具有绝对优势，而且往往也是创新中心城市；同时有一批城市正是依靠突出的创新能力实现了国际城市等级排名的显著提升。从区域分析可见：北美的入榜城市已整体上完成了由资本驱动向资本和创新双驱动的转型；欧洲入榜城市也基本跨越了由资本驱动向资本和创新双驱动的门槛；亚洲入榜城市则还是主要依靠资本驱动，普遍存在创新驱动能力短板；中国内地城市上海和北京尽管入选 70 强，但创新驱动力贡献明显小于资本驱动力贡献，创新转型任务十分艰巨。

2013 年国际城市发展报告提出了以“创新塑造国际城市 2.0”的年度主题。认为城市创新纬度主要在于智慧发展、协同创新与包容性创新，相应涉及城市战略、城市经济、城市社会、城市文化、城市生态、城市治理和城市空间等诸领域的创新。具体提出以创新跨越城市经济的资本驱动时代，以幸福定义国际城市新标杆，发挥创意能力在城市文化中的引领作用，充分释放低碳发展成果推动城市生态文明建设，以城市交通全面解决方案达成城市治理的点上突破和城市创新需要多重空间响应等命题。

本报告围绕创新主题筛选形成一批代表性国际城市的现实做法，并辅以中国典型城市发展的最佳案例研究，以供中国城市创新驱动、转型发展借鉴。力求真实、全面地建立中国城市发展的国际参照系。

Abstract

The global economic crisis is going to be alleviated in 2013 whereas the growth of global economy remains slow. Anti-crisis and counter-cyclical measures, as well as ideal models of world city are therefore necessary for most cities to be back to the way of recovery. Innovation has become a predominant choice for the cities-not for the in-depth understanding of world city only, but for the way and driving force towards world city also.

This report has forwarded "the measuring of international cities in an innovative way", which is the development of World City 2.0. It has formulated a top 70 ranking of world cities based on capital and innovation. American cities in the top 70 are duo-dynamic of capital and innovation. European cities in the top 70 are innovation-driven. Asian cities in the top 70, including Beijing and Shanghai, are basically capital-driven.

This report has put forward a fundamental structure for the innovation-driven World City 2.0, consisting of 3 key factors-smartness, coordination and inclusion. The innovation has appeared in urban strategy, urban economy, urban society, urban culture, urban ecology, urban management, and urban space. Innovation has become a key dynamic for urban economy. Happiness has become a new measurement of world city. Creativity has become a leading force in the development of urban culture. Traffic has become a key factor to urban management. Innovation needs the cooperation in different levels of urban space.

This report has practical cases of world cities on 8 topics, including urban innovation, urban strategy, urban economy, urban society, urban culture, urban ecology, urban management, and urban space. It has also included best practice cases of Chinese cities. The objective of the report is to provide international comparison and reference for Chinese cities in transition.

目录

ⅭⅠ 总报告

B Ⅱ 城市创新篇

BⅢ 城市战略篇

BⅣ 城市经济篇

BⅤ 城市社会篇

BⅥ 城市文化篇

BⅦ 城市生态篇

BⅧ 城市治理篇

BⅨ 城市空间篇

𝔹X 中国城市最佳实践

CONTENTS

𝔹 I General Report

𝔹 II Urban Innovation

BⅢ Urban Strategy

BⅣ Urban Economy

BⅤ Urban Society

ⅣB Ⅵ Urban Culture

ⅣB Ⅶ Urban Ecology

ⅣB Ⅷ Urban Management

ⅣB Ⅸ Urban Space

B X Best Practices of Chinese Cities

总 报 告

General Report

B.1

创新塑造国际城市 2.0：2013 年国际城市发展趋势

李健 苏宁 屠启宇

摘 要：

2013 年全球经济危机趋缓，同时经济复苏乏力。这要求各城市从运用临时性的抗危机、反周期举措，转而以更宽广的时空观思考国际城市的理想模式，寻求走出谷底、开辟新上升通道之策。在此背景下，创新就成为国际城市共同的选择。创新视野的引入不仅使得国际城市的认识得以深化，而且为塑造更为全面的国际城市提供了路径和动力。

关键词：

创新 国际城市 2.0 城市战略

一 导入创新视野：重新衡量国际城市

（一）资本控制能力与国际城市 1.0 时代的认识

长期以来，国际城市的实践主要是建立在西方发达国家城市发展经验的基础上，关于国际城市（也有称其为世界城市、全球城市）的概念和内涵，研究多将其概括为经济中心、金融中心、贸易中心、信息中心以及交通枢纽等，更多是强调其国际枢纽的控制功能和服务功能，关注金融、房地产、证券、保险（合称FIRE）等生产性服务业的发展。归纳起来的研究路径主要包括4类：①从国际金融服务角度研究全球金融中心城市的形成及其网络体系；[①] ②以新国际劳动分工理论等为依据，研究国际城市形成的内在动力机制；[②] ③以生产者服务业（Producer Services）的全球化和集聚状况来诠释信息时代的全球城市；[③] ④以跨国公司的办事处网络系统及其高级服务业等综合性指标研究国际城市网络体系。[④] 整体而言，以金融资本为核心驱动力的发展模式，是资本竞争阶段1.0版国际城市形成的基础，也形成了既有的以生产者服务业发展作为国际城市评价的基本思维。

作为当今国际城市内涵的代表性分析，英国拉夫堡大学“全球化与世界城市”研究组（GaWC）将城市按照金融、会计、广告、法律、管理顾问以及传媒6类高级生产者服务业（Advanced Producer Services）的分布进行研究，[⑤] 基于卡斯特尔“流的空间”概念考察城市间的连接关系，得出对全球525个城市的联系度和等级认识（见表1－1）。

---

① Lee, R. and Schmidt-Marwede, U., “Interurban Competition? Financial Centres and the Geography of Financial Production,” *International Journal of Urban and Regional Research* 17 (1993): 492－515.

Drennan, M. P., “Gateway Cities: The Metropolitan Sources of US Producer Service Exports,” *Urban Studies* 29 (1996): 217－235.

② Cohen, R. B., “The New International Division of Labor, Multinational Corporations and Urban Hierarchy,” in Michael Dear and Auen J. Scott, eds., *Urbanization and Urban Planning in Capitalist Society* (London: Methuen, 1981), pp. 278－315.

Friedmann, J. & G. Wolff, “World City Formation: An Agenda for Research and Action,” *International Journal of Urban and Regional Research* 6 (1982): 309－344.

Friedmann, J., “The World City Hypothesis,” *Development and Change* 17 (1986): 69－83.

Friedmann, J., “Where We Stand: A Decade of World City Research,” In P. Knox and P. Taylor eds., *World Cities in a World System* (New York: Cambridge University Press, 1995).

③ Sassen, S., *The Global City: New York, London, Tokyo* (Princeton: Princeton University Press, 2001).

④ Beaverstock, J. G., Smith, R. G., Taylor, P. J., Walker, D. R. F. and Lorimer, H., “Globalization and World Cities: Some Measurement Methodologies,” *Applied Geography* 20 (2000): 43－63.

⑤ Peter J Taylor, Pengfei Ni, Ben Derudder, Michael Hoyler, Jin Huang, Frank Witlox, *Global Urban Analysis: A Survey of Cities in Globalization* (London and Washington DC: Earthscan, 2011).

表 1－1　GaWC 世界城市等级前 50 位城市

排名	城市	城市联系度总分	排名	城市	城市联系度总分
1	伦敦	96267	26	都柏林	52062
2	纽约	95838	27	曼谷	51974
3	香港	80330	28	台北	51793
4	巴黎	75322	29	伊斯坦布尔	50673
5	新加坡	72594	30	罗马	50604
6	东京	70773	31	里斯本	49831
7	悉尼	68263	32	法兰克福	48165
8	米兰	65988	33	斯德哥尔摩	47414
9	上海	65950	34	布拉格	46808
10	北京	65939	35	维也纳	46574
11	马德里	62599	36	布达佩斯	46420
12	莫斯科	61387	37	雅典	46068
13	首尔	60597	38	卡拉卡斯	45063
14	多伦多	60454	39	洛杉矶	44637
15	布鲁塞尔	60253	40	奥克兰	44582
16	布宜诺斯艾利斯	58091	41	圣地亚哥	44177
17	孟买	57902	42	华盛顿	42831
18	吉隆坡	57523	43	墨尔本	41957
19	芝加哥	55324	44	约翰内斯堡	41541
20	华沙	53880	45	亚特兰大	41144
21	圣保罗	53319	46	巴塞罗那	40866
22	苏黎世	53197	47	旧金山	40735
23	阿姆斯特丹	53105	48	马尼拉	40282
24	墨西哥城	52903	49	波哥大	40113
25	雅加达	52645	50	特拉维夫	39639

资料来源：参见 Peter J Taylor，Pengfei Ni，Ben Derudder，Michael Hoyler，Jin Huang and Frank Witlox，*Global Urban Analysis：A Survey of Cities in Globalization*（*London and Washington DC：Earthscan*，2011）．第 24 页，简称 *GaWC* 排名，数据收集时间为 2008 年。

值得注意的是，比较 GaWC 2000 年和 2010 年两轮大规模调研的城市地位变动可见。有一部分城市在金融资本意义上的城市联系度得分大幅下降，以至于城市等级排名也明显下降。比如美洲的洛杉矶排名从第 9 位跌至 39 位，旧金山的排名从第 17 位跌至 47 位；欧洲的法兰克福从第 14 位跌至 32 位，阿姆斯特丹从第 13 位跌至 23 位；亚洲的台北从第 18 位跌至 28 位，雅加达从第 20

位跌至25位，而这恰恰是按常识所难以解释的（见表1-2）。在21世纪的第一个10年间恰恰是洛杉矶、旧金山、法兰克福、阿姆斯特丹以及台北等城市，在以信息通信技术为核心的高科技发展中被公认为关键的创新城市。即使是在资本领域，旧金山也是公认的风险投资的集聚地。这就提示人们注意：以资本控制能力为出发点的国际城市分析认识是否全面？进而提问：什么是更完整的国际城市认识？更为真实的国际城市实力格局是什么样的？

表1-2　GaWC城市排名（2000~2010年）变化超过5个位次的城市

单位：位

排名跌幅前8位	跌幅	排名升幅前7位	升幅
洛杉矶	-30	北京	+20
旧金山	-30	首尔	+19
法兰克福	-18	上海	+17
芝加哥	-12	莫斯科	+17
阿姆斯特丹	-10	华沙	+14
台北	-10	布宜诺斯艾利斯	+7
圣保罗	-5	悉尼	+5
雅加达	-5	—	—

资料来源：GaWC排名（2000年和2010年）。

（二）创新能力与国际城市认识新纬度

当前全球新的经济长波正在形成，世界产业革命正孕育新突破，“低碳化”和绿色增长趋势日益增强，新一代信息技术、生物技术、纳米技术等成为新兴产业发展的突破方向。谁把握住该轮新兴技术与产业兴起的核心技术，谁就能重新控制全球经济、政治发展的重心。因此，世界经济正进入创新竞争的阶段，相应地，城市产业经济功能也日益呈现由传统产业转向高新产业、制造转向研发、生产转向服务并迈向创新创意发展的趋势。城市特别是核心大都市成为信息、技术、品牌、知识、人才等创新资源的载体和聚集地。城市功能与创新发展的关系开始受到人们的关注，将“创新”定位为城市核心功能或核心竞争力的主张得到越来越广泛的认同。

打造具有高度创新能力的国际科技中心城市，正成为各国占领新的科技制高点进而控制全球经济、政治与文化的主要方式。位于澳大利亚的咨询公司 2Thinknow 于 2007 年开始发布的《全球创新城市指数》，① 是目前为止覆盖面最广的城市创新能力考察报告。该报告对于创新采取了一个广义的认识，把科技创新能力、科技成果产业化能力和文化创意能力都纳入了考察范围。报告认为影响城市创新能力的基本要素包括文化资产、人力基础及市场网络（分享创新的能力），具体评价指标体系有 162 个因子。其中文化资产包括艺术、文化、体育、音乐、环境、公园、场地和等要素；人力基础则包括产业、商务、制造、技术、创意、零售、交通、流动性等设施；市场网络包括经济、军事、贸易及其他全球网络联系。

2010 年《全球创新城市指数》对全球 331 个城市进行了创新能力的分析，其中，美国、德国、法国分别以 23 个城市、16 个城市和 9 个城市位居前三。中国则有 5 个城市入榜，分别是香港（第 15 位）、上海（第 24 位）、北京（第 53 位）、深圳（第 93 位）以及中国台北（第 100 位），331 个城市被划分为创新核心城市（Nexus）、创新枢纽城市（Hubs）和创新节点城市（Nodes）。创新核心城市占全部城市数量的 10% 左右，指在城市社会经济的多个领域具有较强创新能力的城市；创新枢纽城市约占全部城市数量的 20% 左右，指在城市经济和城市社会的关键领域具有较强的创新能力，同时适应未来全球社会经济发展趋势的城市；创新节点城市是在某些领域具有一定的创新能力，但是在大多数的社会经济部门只具有一般表现的城市。

值得特别注意的是，一批注重资本控制力的 GaWC 国际城市分析中的排名 50 位开外的城市（波士顿、慕尼黑、里昂、哥本哈根），进入了注重创新能力的 2Thinknow 评价的前 50 位视野，其中波士顿甚至被列为首位创新城市。还有一批被视为在资本控制力意义上等级显著下降的城市（旧金山湾区、洛杉矶）得到了正名，入列创新城市的前列（见表 1－3）。一个与传统国际城市考察全然不同的认识维度被呈现了。

① 2Thinknow Consulting Company, Innovation Cities Top 100 Index 2011: City Rankings, 2011. 10. http://www.innovation-cities.com/.

表 1-3　2Thinknow 排名"全球创新城市"前 50 位

排名	城市	城市创新得分	排名	城市	城市创新得分
1	波士顿	29	26	新加坡	25
2	旧金山湾区	29	27	斯特拉斯堡	25
3	巴黎	29	28	首尔	25
4	纽约	29	29	洛杉矶	25
5	维也纳	28	30	京都	25
6	阿姆斯特丹	28	31	蒙特利尔	25
7	慕尼黑	28	32	曼彻斯特	25
8	里昂	27	33	费城	25
9	哥本哈根	27	34	芝加哥	25
10	多伦多	27	35	华盛顿特区	25
11	伦敦	27	36	杜伊斯堡	24
12	法兰克福	27	37	南特	24
13	汉堡	27	38	布鲁塞尔	24
14	柏林	26	39	马赛	24
15	香港	26	40	奥斯陆	24
16	米兰	26	41	波尔多	24
17	墨尔本	26	42	赫尔辛基	24
18	斯图加特	26	43	布拉格	24
19	巴塞罗那	25	44	图卢兹	24
20	悉尼	25	45	科隆	24
21	斯德哥尔摩	25	46	特拉维夫	24
22	东京	25	47	布达佩斯	24
23	罗马	25	48	大阪	24
24	上海	25	49	温哥华	24
25	西雅图	25	50	莱比锡	23

资料来源：2Thinknow（2011）Innovation Cities Top 100 Index 2011：City Rankings，简称 2Thinknow 排名。

（三）2.0 时代更为完整的国际城市认识

我们认为，在 2.0 时代的国际城市发展中，创新已然作为核心功能进入国际城市的能力建设体系，但创新能力的纳入并非对于资本控制能力的替代，更大程度上是作为新的驱动力与资本驱动力共同丰富国际城市的发展生态。因此，本报告以 2Thinknow 城市创新指数和 GaWC 世界城市联系度数据为基础，尝试构建一个同时考虑资本与创新这两类要素在建构国际城市能力方面的价值，以推动我们更完整刻画国际城市所承担的真实角色。

首先将分别选择 GaWC 和 2Thinknow 排名前 50 位的城市作为研究对象。有 26 个城市同时进入 GaWC 和 2Thinknow 前 50 名序列；44 个对象城市分别进入 GaWC 或 2Thinknow 一个单项排名序列的前 50 名；另外，卡拉卡斯未被纳入 2Thinknow 研究对象体系，京都、波尔多、图卢兹未被纳入 GaWC 研究对象体系中，所以本研究最后的样本城市数量为 70 个。

在计算中，首先将 70 个城市的 GaWC 城市联系度得分（Gross Connectivity）、2Thinknow 全球城市创新指数得分（City Innovation Score）分别进行标准化处理，采用公式 $x'_i = \frac{x_i - x_{\min}}{x_{\mathrm{mxx}} - x_{\min}}$ 进行计算，以消除量纲差别；因为已经假定资本枢纽功能和创新中心功能在塑造国际城市方面的作用同等重要，因此采取等权重（等权重为 100），计算出兼顾资本枢纽和创新中心功能的国际城市新的综合得分。得分排名如表 1 -4 所示。

表 1 -4　兼顾资本枢纽和创新中心功能的国际城市体系排名

综合排名	城　　市	综合得分	GaWC 排名	2Thinknow 排名
1	纽约	199.5	2	4
2	伦敦	187.5	1	11
3	巴黎	175.8	4	3
4	香港	162.9	3	15
5	新加坡	147.7	5	26
6	米兰	146.3	8	16
7	多伦多	146.2	14	10
8	东京	145.6	6	22
9	阿姆斯特丹	143.9	23	6
10	悉尼	142.7	7	20
11	上海	140.0	9	24
12	维也纳	136.4	35	5
13	旧金山	135.9	47	2
14	首尔	133.8	13	28
15	北京	133.7	10	53

续表

综合排名	城　　市	综合得分	GaWC 排名	2Thinknow 排名
16	法兰克福	132.0	32	12
17	马德里	129.9	11	52
18	波士顿	127.8	未进前 50	1
19	芝加哥	127.7	19	34
20	布鲁塞尔	127.2	15	38
21	罗马	122.3	30	23
22	慕尼黑	121.3	未进前 50	7
23	斯德哥尔摩	118.6	33	21
24	墨尔本	118.5	43	17
25	吉隆坡	117.8	18	67
26	哥本哈根	117.6	未进前 50	9
27	汉堡	117.4	未进前 50	13
28	洛杉矶	115.4	39	29
29	柏林	113.8	未进前 50	14
30	华盛顿	113.3	42	35
31	苏黎世	112.8	22	71
32	孟买	112.0	17	120
33	布拉格	111.6	34	43
34	布达佩斯	111.2	36	47
35	中国台北	111.2	28	100
36	巴塞罗那	111.0	46	19
37	伊斯坦布尔	109.9	29	89
38	莫斯科	109.7	12	未进前 125
39	圣保罗	106.7	21	109
40	布宜诺斯艾利斯	105.9	16	未进前 125
41	曼谷	105.1	27	108
42	特拉维夫	103.4	50	46
43	奥克兰	102.8	40	70
44	里斯本	102.6	31	113
45	奥斯陆	101.5	未进前 50	40
46	赫尔辛基	101.1	未进前 50	42
47	华沙	101.1	20	未进前 125
48	斯图加特	100.5	未进前 50	18
49	杜塞尔多夫	99.2	未进前 50	36
50	都柏林	99.0	26	未进前 125
51	亚特兰大	98.9	45	97

续表

综合排名	城　市	综合得分	GaWC 排名	2Thinknow 排名
52	蒙特利尔	96.9	43	31
53	里昂	95.8	未进前 50	8
54	墨西哥城	93.7	24	未进前 125
55	西雅图	92.0	未进前 50	25
56	费城	89.5	未进前 50	33
57	曼彻斯特	88.7	未进前 50	未进前 125
58	温哥华	87.9	未进前 50	49
59	雅典	85.8	37	未进前 125
60	大阪	76.0	未进前 50	48
61	斯特拉斯堡	75.8	未进前 50	27
62	科隆	74.3	未进前 50	45
63	马尼拉	72.9	48	未进前 125
64	莱比锡	71.2	未进前 50	50
65	马赛	70.9	未进前 50	39
66	南特	68.8	未进前 50	37
67	雅加达	68.4	25	未进前 125
68	约翰内斯堡	55.6	44	未进前 125
69	圣地亚哥	52.4	41	未进前 125
70	波哥大	35.2	49	未进前 125

资料来源：作者根据 GaWC 2010 和 2Thinknow 2010 数据计算得出。

在整个国际城市 70 强排名中，根据综合得分大致可以分出 3 个集团层次。

第一集团：前 13 强国际城市，综合得分超过 135 分，且 GaWC 和 2Thinknow 两项单项排名都进入前 50 位。

纽约、伦敦、巴黎和香港综合排名分列前 4 强，组成顶级国际城市。这 4 个城市同时也分别进入了 GaWC 排名的前 4 位和 2Thinknow 排名的前 15 位，提示了资本控制能力和创新中心能力的良性互动配合，以及对城市综合能力的协同支撑关系。同样兼具资本枢纽和创新中心双重功能的城市还有米兰、多伦多和悉尼，这 3 个城市以比较平衡的资本控制和创新驱动能力进入第一集团。这类双轮驱动的国际城市发展模式值得特别关注。

阿姆斯特丹、维也纳和旧金山主要依靠突出的创新能力（都进入 2Thinknow 排名前 10 位）得以进入综合排名的第一集团，但在资本控制能力方面都未进入 GaWC 排名的前 20 位。

主要依靠资本枢纽功能进入综合排名第一集团的 3 个城市全部为亚洲城市：新加坡、东京和上海，3 个城市都进入 GaWC 排名前 20 位，同时进入 2Thinknow 排名前 50 位。

然而，在第一集团城市中，整体上仍是资本控制力有更大影响力，GaWC 排名高过 2Thinknow 排名的第一集团城市占了 13 强中的 8 席（占 61%）。①

第二集团：位于第 14 ~ 42 位的 29 个城市，综合得分在 100 分至 130 分之间，同时或者 GaWC 和 2Thinknow 两项排名都进入前 50 强，或者一项单项排名进入前 30 强但另一项排名未进入前 50 强。属于前一种情况的资本枢纽和创新中心功能兼备型城市有 13 个，属于后一种情况的以单功能为主同时另一功能有所兼顾的城市有 16 个。但总体上这一集团城市在资本枢纽和创新中心功能的能级上都显著弱于第一集团。

值得特别注意的是，这一集团中有 5 个城市（罗马、洛杉矶、布拉格、布达佩斯和特拉维夫）主要基于在资本驱动和创新驱动两个方面比较均衡的能力，使得最后的综合得分排名高于两个单项排名。

第三集团：位于第 43 ~ 70 位的 28 个城市，综合得分多数在 100 分以下。此集团城市除蒙特利尔在资本开支和创新中心功能之间发育比较均衡（GaWC 和 2Thinknow 两项排名都进入前 50 位）之外，其他都属于单功能驱动型，这可能正解释了这些城市只处于排名最后一个集团的原因。

整体而言，在增加了创新维度后，的确有一批城市依靠突出的创新中心功能大幅提高其整体国际地位，代表性城市如波士顿、旧金山、慕尼黑、里昂、哥本哈根。但是在资本枢纽功能和创新中心功能两方面能力兼备的城市的确表现得更为优秀，无论是综合考察还是单项考察都表现得更为稳定。这提示我们，2.0 时代的国际城市还不是一个以创新中心功能取代资本枢纽功

① 对于 GaWC 排名城市在综合排名中依然整体表现突出有一个技术性解释，在 2Thinknow 的城市创新中心功能评价指标中，同样考虑了市场网络的情况，其考察的理由是认为市场网络对于创新的扩散和创新价值的实现具有重大价值。而考察资本枢纽功能的 GaWC 排名城市恰恰是在市场网络方面普遍表现突出的。但这也导致了在具体计算中，国际城市的市场网络能力因重复计算而被放大。

能的简单替换，更大意义上是以创新功能来丰富国际城市的增长动力和辐射“光谱”。

（四）2.0时代国际城市发展的地区分异

对于综合得分70强城市，如果按地区划分，更为鲜明的发展方式差距已然呈现。

北美入选综合排名70强的13个城市中，有10个城市（占77%）在反映创新中心功能的单项排名（2Thinknow排名）上明显高于反映资本枢纽功能的单项排名（GaWC排名），反映了北美城市整体上进入创新驱动活跃阶段。

欧洲入选综合排名70强的城市最多，达34个城市。其中有21个城市（占62%）的创新中心功能单项排名（2Thinknow排名）明显高于资本枢纽功能单项排名（GaWC排名），反映了欧洲城市也基本上完成了以创新驱动为主的格局转变。

亚洲城市有14个进入综合排名的70位，但是同美欧入选城市的整体情况正相反，除以色利的特拉维夫和排名垫底的马尼拉（第63位）和雅加达（第67位）外，11个亚洲城市（占79%）都出现资本枢纽功能单项排名（GaWC排名）明显高于创新中心功能的单项排名（2Thinknow排名）的情况，这反映了亚洲入选城市还是主要依靠资本驱动，① 而创新驱动能力存在短板的普遍情况。

中国内地城市上海和北京入选70强，但均表现出创新驱动力贡献明显小于资本驱动力贡献。在2000～2010年的10年间上海和北京在强调资本枢纽功能的GaWC排名中分别攀升17个和20个位次，最新排名达第9位和第10位，但在强调创新驱动能力的2Thinknow评价中均在20名开外，以至于拖累了综合排名未能进入前10强。这提示中国主要城市下一步的主要精力应投入创新领域。

其他金砖国家城市，中国内地城市创新驱动力与资本驱动力悬殊的情

① 资本驱动的发展模式在城市功能担当方面的表现主要是集中投资场所、市场交易功能和以资本为核心的要素集散功能。

况，也有同样的表现。孟买、莫斯科、圣保罗、约翰内斯堡4个城市入选70强，但是从单维度的资本枢纽评价排名到增加创新中心功能后的双维度排名，分别下降了15位、26位、18位和24位。可见创新已是金砖国家城市的普遍短板。

总体而言，增加创新这一维度，综合考虑国际城市的资本枢纽功能和创新中心功能的新评价方式，有助于对每个城市的真实实力有一个更为全面的认识，也为塑造理想城市模式（本报告称之为“国际城市2.0”）开阔了视野、提供了更多样化的类型选择。当然，国际城市2.0的探索并不止于创新维度的导入，幸福、低碳、治理等关于理想城市的思考维度在当前的国际城市流行考察（比如GaWC世界城市排名）中也同样没有得到应有的关注。如同创新一样，一旦新的思考维度得到了公众广泛的接受，就有必要更新纳入我们的评价体系。因此，关于国际城市2.0的内涵、动力和成长轨迹的了解是一个持续深化的过程。创新维度的导入迈出了坚实的第一步。

二　城市创新纬度：智慧、协同与包容

创新城市思想是目前城市发展战略的最新共识，理论界开始广泛讨论“创新城市运动”，试图推动城市规划形成一套新的框架，真正推动创新城市的建设。相应地，城市创新的一些新纬度正在展开。

（一）智慧城市

智慧城市已然从一项前卫性城市运行构想进化为创新城市建设的基本配置与标准应用。智慧城市的实践在欧洲和亚洲开展得最为积极。在欧洲，欧盟委员会启动了“智能城市和社区欧洲创新伙伴行动”，集成欧洲在新能源、智能交通和信息通信（如物联网）等领域的先进技术，已在维也纳等特定城市开展示范项目。在亚洲，智慧城市活动主要在日本、韩国、新加坡和中国等国家及中东地区开展。松岛、阿普杜拉国王经济城等城市已进入具体的智慧应用阶段。

在智慧城市具体实践中已然出现建设路径的分异。最为重要的是在核心思

路方面已出现广义智慧城市和狭义智慧城市之分。广义思路强调将智慧增长（Smart Growth）理念贯穿于整个城市的诸方面，高技术含量和“无技术含量”的创新解决方法同样受到欢迎。狭义智慧城市思路强调技术导向的具体智慧应用，在新兴经济体城市中比较通行。此外，发展道路的分异还表现在推动主体上的分化（是政府主导还是社会主导?）；应用方向上的多元化（智慧经济、智慧服务还是智慧资源?）；评价导向上的分化（智慧城市效益导向还是社会服务导向?）；实施城市对象类型的分异（新城开发型与城市改造型）；以及在开发建设组合模式上的分化（公营与私营间的多种组合模式）。

（二）协同创新

协同创新的思路反对把创新城市单纯理解为将城市打造成一个创造新技术的“发明箱”。而强调创新应该包括更多产业的、社会的、文化的乃至政治的内涵。比如，在全球经济缓行已成定局的情况下，以美国为代表的城市纷纷举起再制造业化的大旗。底特律在具体实践中提出创新与制造协同，为再制造业化插上创新翅膀的思路就非常有参考价值。在大都市发展的总策略中，底特律清醒地提出再制造业化绝不可能是争取传统制造业的回归，而是借助创新开辟具有竞争力的制造部门；同时提出创新的工作绝不仅仅在于促进创意的产生，而且需要强有力的制造业体系作为支撑。再比如，在智慧城市的建设热潮中，奥地利维也纳和韩国松岛作为领先城市，不约而同地强调了智慧城市建设的社区协同战略。提出智慧城市建设就是为城市运行安装“芯片”，为此需要从城市规划与设计层面上，直接将信息基础设施与城市基础设施建设相融合，让居民、游客和企业体验到一种技术引导的全新生活、生产方式。

（三）包容性创新

包容性创新的思路认为创新并不仅仅是发明家或者艺术家的特权，而应该是需要城市各个社会阶层、群体的共同参与。作为信息革命的策源地和大本营，旧金山就非常具有先见之明地提出城市“数字融合”（Digital Inclusion）战略。目标是缩小和消除不同社会群体之间在数字信息技术方面的种种差距，在全民普及数字信息技术，推进社会各群体在数字信息时代的融合，从而达到同时推动科技创新、经济增长和社会公正的多重目标。主要工作包括：①支持旧金山所有市民掌握互联网技能；②通过发展互联网推动旧金山民众之间的沟通，提出不同意见，增强公众参与，推进社区融合和文化融合；③通过创造更多的创新和参与的机会，来提升旧金山在地区、国家和全球经济中的地位；④鼓励旧金山市政府、企业、社会组织、社区、公众的合作，以推动数字信息技术的普及和应用。

三　城市战略创新："生态经济城市"

美国未来学家阿尔特曼对于世界趋势提出了 12 条预测,① 其中一个趋势就是判断当今世界顶尖的国际城市（上海、香港、纽约和伦敦）将最终被新兴宜居城市取代。这一判断某种程度上暗合了城市的战略设计思路新发展，即强调宜居性将成为国际城市的战略性资源和竞争力的核心。世界银行为此专门启动了一个被称为 Eco^2City（生态经济城市）的城市战略推广项目，强调在城市战略设计层面上同时考虑生态的可持续性和经济的可持续性，推动城市生态和经济"协同增效和互为依赖"。这一战略强调通过创造持久的可持续性"文化"，既提高居民的生活质量，又提升城市的经济竞争力和应变力。世界银行认为："这种可持续的城市发展是一项回报丰厚的投资。在快节奏、不确定的全球经济环境下，采取这种一体化方法的城市更容易在经济冲击中存活下来，吸引投资、妥善理财、繁荣兴旺。"②

实践方面，美国加州尔湾市就被认为是一个现实的样板。尔湾市起步于工业区，但在 20 世纪 70 年代就通过导入园林开发理念规划各地块开发和保护；80 年代进一步接受环保主义的理念，大规模规划开放空间和自然栖息保护地。尔湾市的城市建设主要就是围绕这些自然栖息保护地、公园及开放空间进行布局，由此最大限度地保证了城市的品质。于是对创新人才和高科技企业形成巨大吸引力，并被誉为"加州的科技海岸"，达成生态环境、人类生活与经济增长的和谐与共赢。

---

① 阿尔特曼：《2012 全球经济 12 大趋势》，中信出版社，2012。

② Hiroaki Suzuki, "Eco^2: Ecological Cities as Economic Cities," World Bank.

四　城市经济创新：跨越资本驱动时代

2013年，国际城市在经济领域的发展道路仍面临多重考验，经济领域亟须思路与路径方面的创新与突破。全球总体经济环境的迅速复苏仍遥遥无期，IMF等国际经济组织连续调低世界经济增长预期充分显示了国际经济环境仍不乐观。在这种背景下，外部资本、劳动力等经济要素对于国际城市发展的支撑力将明显下降，特别是欧美等发达区域大都市区的发展速度受到较大影响。美国布鲁金斯学会的《全球大都市监测》报告显示，2007～2011年，北美124个大都市全部遭受收入与就业的损失，其中绝大多数经历了经济的“重大衰退”。只有9个城市实现了“完全复兴”，主要的大都市均处于“部分复兴”的阶段。至今，124个大都市中的83个仍在经历就业或收入的负增长。①

面对这一趋势，国际城市过多依靠资本驱动的经济增长路径需要新的调整与创新。从国际城市的经济发展实践上看，以资本作为城市发展的主要驱动引擎已经难以为继。许多国际城市的地方债规模过大引起的风险已经引发各界关注。2011年，美国加利福尼亚州州债务规模达到3650亿美元，占该州国内生产总值的18.8%，引起美联储和联邦政府的高度关注。同年纽约市的财政赤字也高达20亿美元，罗德岛州一个人口不足2万人的小城市中央瀑布（Central Falls）城宣布破产，一度引发包括《华尔街日报》在内的美国各大媒体关注。城市领域遏制过度资本运作的声音不绝于耳。

对于国际城市而言，控制对资本驱动的过度依赖只能起到“扬汤止沸”的作用。从当前城市发展的现实状况出发，资本驱动仍是城市发展的重要动力引擎，但城市经济的可持续发展不能依赖单一动力，必须实现资本与创新相互作用的“双驱动”。而资本对于创新的激励作用，已经得到了城市与地方政府的关注与响应。如美国纽约州联合基金项目（NYS Consolidated Funding）就为州内大都市的经济创新发展提供了竞争性的激励机制。该资金项目不仅强调竞

① Emilia Istrate, Alan Berube, Carey Anne Nadeau, *Global Metro Monitor* 2011: *Volatility*, *Growth*, *and Recovery* (Washington, D. C., Brookings Institution, 2012).

争，而且显示出对于立法机构、政府部门，以及相关机构之间合作的鼓励。该计划的精神认为，合作是区域创新与竞争力的基础与核心。① 从相关国际城市近期的经济资助项目上看，尽管项目覆盖的领域众多，但其实质并非“利益均沾”式的普惠资助，而是对于创新等重要领域具有特别引导的指向性扶持。项目中通过资本激励对于高端就业、新能源、劳动力技能等方面的引导，均有利于相关城市以创新要素为核心的可持续发展。这种以资本为动力促进创新，并为长期以来大都市区之间零和博弈状况提供“竞合”解决方案的策略，为国际城市经济的发展描绘出了一条新的路径。

五　城市社会创新：幸福定义国际城市新标杆

2013 年，“你幸福吗?”或许将成为一句略带调侃含义的流行表述，但从国际城市的角度看，幸福却正在成为衡量城市发展水平与目标的重要指标。后危机时期，GDP 与全民幸福感的提高，已逐渐成为主要国家发展的双重目标。在这一趋势的影响下，国际城市在经历了以经济增长为最高目标的“镀金时代”之后，也开始将幸福的度量纳入城市发展的主要视角之中。对幸福水平的关注，将有助于改变城市社会领域传统上对于“扶贫济弱”等有限目标的视角限制，而以更宽广的视野看待国际城市发展的目的。

国际对于幸福的评判已经逐渐超越心理感受的主观考察而更趋客观化。这也为衡量城市的真实幸福状况提供了重要基础。联合国与美国哥伦比亚大学地球研究所首次发布的《全球幸福报告》更多采用的就是客观指标，并认为应当从社会层面和个人层面结合起来度量人们的幸福。其社会层面的考量视角包括经济收入、个人自由度、社交网络、杜绝贪腐等因素，个人层面上的幸福评估则包括良好的精神状态及身体健康、稳定家庭和婚姻、工作保障等因素。②

---

① Bruce Katz, “Growing the Economy from the Bottom Up.” (Washington, D. C., Brookings Institution, 2011).

② “United Nations Conference on Happiness, Columbia University's Earth Institute,” *World Happiness Report*, 2012 - 03.

国际城市的真实幸福状况也与人们所设想的有所差异。大都市的迅速发展使“城市病”与“焦虑”等负面词汇被频繁地用于形容人们对城市的感受，但伦敦经济学院城市时代（Urban Age）研究组等机构的研究却表明，绝大多数大都市区的健康和幸福状况明显好于所在的国家和地区。① 尽管上述结论仅是一家之言，但在重新审视城市幸福的定义与实际状况之后，我们至少可以说，幸福不仅是国际城市的应有之义，也是国际城市的潜在优势所在。

在具体的实践中，将幸福因素纳入城市政策制定的过程中，将起到事半功倍的重要作用。许多国际城市在这一方面已经进行了有益尝试。伦敦市政府在进行了幸福感评估之后，推出了市长的志愿者策略——“伦敦团队（Team London）”，这一全市性的活动，目标是鼓励更多的伦敦市民作为志愿者参与大型慈善活动。该活动虽然对于伦敦的经济总值贡献十分有限，但是对于公众的幸福指数影响显著。同样，国际城市在旧城改造、交通建设项目中引入对主观幸福感的影响进行成本效益分析的方法，不仅为城市建设的评估方法提供了新的维度，而且使区域发展的视角更为全面和客观。这些探索的实践表明，幸福因素不仅为国际城市的和谐发展提供了宏观战略框架上的全新视角，也将成为弥合城市发展中的财富积累与社会需求之间巨大鸿沟的重要指南。

六　城市文化创新：发挥创意能力的引领作用

近期，创意产业在世界各主要国家的发展均如火如荼。在城市领域，创意由于具备将城市文化等“软实力”转化为实际财富的强大能力，因而受到广泛关注。伦敦奥运会向全球展现的创意能力不仅引发各界赞誉，而且反映出城市创意在文化创新领域的引领作用。2013 年，创意能力无疑将成为城市文化创新的重要指标，也成为文化发挥推动作用的重要媒介。

城市创意产业在超越“自娱自乐”的起始阶段后，其产业化的发展与专

① Ricky Burdett, Antoine Paccoud, “Measuring Metropolitan Well-being”, http://lsecities.net. 2012－11－05.

业服务业密不可分。英国作为全球最早提出“创意产业”概念、第一个政府出台政策推动创意产业发展的国家，其主要城市便十分重视创意服务的基础性作用。英国城市的创意产业发展经验表明，针对创意的专业服务体系能够为创意与文化产业提供应市场需求全方位的基本服务，包括产业咨询、组织架构、战略规划、市场支持、融资指导、培训指导，以及相关信息的出版和传播，同时能够为创意的市场化提供引导，推动产业网络建设，促进相关的供应链和产业集群发展。

创意元素在城市中的存在均以空间利用为前提。创意元素分散、自发、无序的空间分布，尽管在形态上似乎与创意精神相符，但实质上却无法真正有效地形成创意的机制性互动。因此，创意元素的集聚、互动、发展，均有赖于具备良好氛围的创新空间。而创新空间对城市空间的重塑及对城市空间价值的再造能力，在相当程度上取决于对城市创新空间的疏导和管理。创意产业对空间需求的不确定性则进一步增加了创新空间管理的难度。为此，伦敦政府专门设立了创新空间管理局，以促进创意的“空间合作”。在城区的发展过程中，不断涌现出创意空间的供给者与需求者，如何让两者发现和了解对方是促进创意在城市中可持续发展的重要前提。而相关管理机构对于创新空间的优化配置，则起到了上述“创意桥梁”功能，对于实现城市创新创意产业的空间集聚性、提升城市空间的有序发展水平起着不可或缺的作用。

一段时间以来，以奥运、世博、世界杯等为代表的城市大事件（Big Event）被普遍视为国际城市发展的战略性契机。围绕大事件实施的功能升级、城市营销已成为承办城市提升能级、显示城市竞争力的重要手段。2012 年国际城市的诸多重要国际性活动的经验表明，创意能力正逐渐超越传统“大场面”的单纯实力表现，成为国际城市在大事件运作策略中着力凸显与提升的重要领域。赫尔辛基在承办“世界设计之都 2012”国际活动时明确提出，并不是举办全年性的大派对，而是希望效果能持久，持久塑造这个城市。在大事件的推动过程中，赫尔辛基当地的社群坚持推动代表本土活力的文化创意项目（赫尔辛基设计区）建设，并最终通过市议会否决外来项目，支持本土设计。这些实践表明，利用大事件的举办推动本地区创意能力的发展，是国际城市提升创意产业发展水平的重要手段。

七　城市生态创新：如何充分释放低碳发展成果

后危机时期，以低碳为手段乃至主要动力助推经济强劲复苏的呼声不绝于耳。尽管从国家层面看，低碳经济的积极作用仍有待观察，但城市却已率先一步成为低碳发展成果应用的主要“竞技场”。研究者在总结国外低碳城市发展的成功经验时已经指出，低碳城市建设有着一般路径，即基底低碳（能源发展低碳化）、结构低碳（经济发展低碳化）、方式低碳（社会发展低碳化）、支撑低碳（技术发展的低碳化）和行为低碳，表现在能源、产业、规划、生态系统、绿色技术等各方面。但另一方面，不同城市仍会基于自身发展阶段、定位、资源状况等，识别自身低碳发展的重要领域，通过自主选择（不同治理主体与方式）与创新，开发适合自身的低碳发展模式。2013年，低碳理念与实践的实质性推进，将为城市生态领域带来新的气象。

政策设定与执行是城市低碳发展的基础保障。由于制度规范在低碳应用中的引领作用强大，因此从某种意义上说，政策的制定与创新决定了城市低碳道路的方向。作为全球第一个建立与推行城市碳总量控制与排放交易体系的城市，东京在低碳的制度建设方面走在了国际城市的前列。该城市提出的“碳总量控制与排放交易体系”（Cap-and-Trade），强调在地区范围内有针对性地涵盖大排放级别的工商业机构（办公建筑和工厂），并从政策层面上对减排的具体目标作出了强制性规定。同时进一步细化到各实施阶段，通过引入市场机制设定排放权贸易。要求中小型企业报告应对全球变暖的措施。这些措施与政策体现出低碳制度创新的重要方向，即实现减排的市场机制与权益安排，同时对减排的经济主体强化管理。

对于城市而言，低碳发展的关键在于持续与稳定的应用，而可持续性的根本在于低碳必须与地方经济发展相融合，能够起到发展动力的作用。因此，众多城市在推进低碳发展的进程中，积极促进低碳埋念与绿色经济的融合发展，从而使低碳成为“有利可图”的城市经济抓手。美国波特兰市通过气候保护计划与政策的实施，在强调降碳减排的同时，刺激对本地产品与服务的需求，吸引绿色创新企业并让它们成为地区经济发展的主体。该市在促进低碳与绿色经济互动的过程中，已经成为全美绿色建筑产业基地（全美国领先的开发商、建筑公司、建筑设计师、工程师和制造商）、清洁能源企业集聚地（风力发电、光电制造、生物柴油和节能咨询企业）以及最先进的自行车产品生产基地。波特兰的实践表明，以低碳为引领，绿色产业的创新发展能够为城市创造“绿领”工作机会并带来可持续的经济效益。

后危机时期，政府在经济社会职能中的作用得到了普遍重视。而这一新的要素配置权力变化趋势，也使得城市政府在推动低碳成果的应用方面具备了更多的优势。在低碳的城市应用方面，政府具有部分超越市场边界的推动能力，同时政府本身也是能源资源的消费者，因此其“低碳职责”绝不仅仅局限于“推动者”的角色。国际城市的政府在实施绿色采购、绿色建筑、第三方能源认证、水和废弃物重复利用战略等方面进行了积极的探索。同时，城市政府的低碳责任还体现在对技术产业、科研机构、非营利组织、社区居民等低碳发展“利益相关方”的结构整合上，以形成城市的低碳治理能力。

八　城市治理创新：城市交通的全面解决方案

2013 年，交通领域的治理需求将前所未有地成为城市治理的主要关注领域。随着新兴城市交通规模的急剧扩大，以及欧美大都市区对于交通的可持续性要求，全面综合的交通解决方案已成为交通治理创新的重要方向。

未来国际城市将大量出现的新型交通需求，如绿色出行、家庭出行、银发交通、高频通勤等，使得交通治理创新的迫切程度大大提升。全球著名的咨询公司里特管理顾问公司近期的城市交通研究报告表明，城市交通状况的好坏与城市规模并无必然联系，而创新性的交通理念却与交通的效率、效果密切相关。在一些鼓励和推行步行、自行车出行、拼车出行、电子交通卡以及其他新型交通理念和模式的城市，出行时间、交通死亡率和二氧化碳排放率都得以显著下降。① 由于许多发达国家的城市，如东京、亚特兰大、迈阿密

① The Future of Urban Mobility-Towards Networked, Multimodal Cities of 2050, Arthur D Little, 2011.

等，均未提出明确的城市交通战略。因此，新兴国际城市未必需要借鉴发达国家城市的交通模式，而是更应创建符合自身发展阶段与特性的全新交通管理体系。

近期国际城市的交通发展经验显示，仅用交通基础设施入手的“硬件”更新手段难以适应呈几何级数增长的交通压力。而交通需求管理等“软件”创新，往往能够起到效率“倍增器”的作用，从源头上提升城市交通的治理水平。美国的洛杉矶大都市区以“车轮上的城市”著称，该市的空间疏离特性及对汽车交通的高度依赖已成为“标志性”特征。因此，洛杉矶在交通需求管理策略方面的创新实践具有突出的典型性特征。该市将交通需求管理视为关键的政策手段，已在提升交通效率、节能环保减排、刺激经济增长的多个方面发挥重要作用。洛杉矶的交通需求管理体系经历了最初为解决停车问题的单一框架，到当前扩展到了包含减少工作出行、停车竞价、社会推广、特定经济措施、强制规划条件、创新的交通设施、出行决策的科技应用等多方面的综合体系。其实践经验充分表明，国际城市的交通需求管理政策是涉及多方面的动态综合体，并非一个单独的综合性政策，这一特征也展现出国际城市交通治理解决方案的全面性与持续创新的特性。

在综合体系的构建之外，城市交通治理的完善愈发关注交通具体环节上的“细节”管理创新。特别是在城市末端交通等关键环节方面的管理创新，有助于解决城市交通的“短板”。在国际城市快速交通发展迅速的背景下，与快速交通衔接的末端交通的重要性日渐显现，尤其是在强调城市绿色交通和可持续发展等方面更具有重要意义。无论一座城市的快速交通如何发达，也依然存在末端交通的问题。日本通过国土交通政策研究所2011年开展的都市圈末端交通现状调查，提出停车设施的功能细分、引导和促进对停车设施的适当利用、保障工作地和学习地末端交通、构建地区和企业能够合作的体制等一系列举措。这些创新思路反映出出行前后端的1～3公里交通问题，交通出行“门到门”的无缝衔接问题，看似琐碎却最终影响交通体系的实际效应。在形成城市低碳和谐、绿色高效的交通良性发展和促进城市的可持续发展方面，这些交通治理的“细节性创新”与一揽子解决方案同样重要。

九　城市空间创新：多重空间的创新响应

2013 年，空间因素将成为国际城市创新体系建设关注的焦点。传统的城市创新思路基本以科技领域作为切入点，对于技术结构和创新主体的发展方向较为明确，但缺少对于空间因素的考量。城市作为具有明确空间属性的主体，其创新体系建设的思考与规划实践表明，区域与空间是科技要素发挥作用的基础保障。特别在创新理念超越科技属性，向经济、社会、文化等“全体系创新”转变的过程中，对于创新空间的规划，有助于多样化的创新主体更好地形成互动，提高科技研发的效率与转化水平。而在具体的实践中，创新的空间依托不仅局限于传统的科教区域，更需得到园区、制造业、公共空间的多重响应。

创新相关主体在城市空间上的集聚是构成城市创新体系的基础。多主体在空间中的互动，无疑是创新能力在城市层面发挥实际效力的重要前提。而推动创新主体的空间集聚及合理分布，已成为国际城市及相关机构关注的焦点。“美国大学研发园区协会”等组织已提出了“创新社区”（Innovation Community）等具有空间属性的创新体系建设概念及政策实施建议。[①] 城市创新空间不仅推动以研发集群为核心的投资与经济开发行为，集聚科研园区、技术孵化中心、高校、国家级实验室、创新企业等重要创新要素，为研发的加速发展提供制度创新与经济激励；还对“理性增长”（Smart Growth）的可持续发展原则进行响应，以“密度即理性”的原则进行空间的谋划与拓展。

制造业空间的发展是创新与产业化相结合的空间表现。在推进创新要素的集聚问题上，制造业空间的考量视角主要聚焦于防止创新资源的同质化竞争，进而在更高的层面上促进创新要素的最优化配置。《美国制造业空间走向(2012)》的数据表明，美国的创新要素在大都市区这一空间层面显示出独特的分布趋势。在高科技产业领域，各都市区的专业化程度十分明显。特别在制

---

① Association of University Research Parks, The Power of Place: A National Strategy for Building America's Communities of Innovation, 2008.

药、计算机与电子、航空航天等高科技产业方面，不同大都市区的分布差异大相径庭。高科技产业的地方性差异表明，不同创新集群在技能、研发与供应链需求方面差异巨大，所以使各产业之间趋向于空间的分离。大都市区在制定吸引、保留与发展高科技产业的战略时，必须以这些产业的差异为出发点进行考量，不应仅凭简单推论就力图将都市区转变为高科技制造业的中心。①

公共空间的响应也是创新在城区中发挥作用的重要保障。在当前国际城市用地条件日益紧张的情况下，如何有效布局公共空间，本身就是创新在空间领域的反映。日本东京六本木公共空间项目为我们提供了新的思路。该项目从建设理念、建筑形式上都体现了“紧凑型 + 综合型”开发的特点，项目要求容积率达到和超过 700%，以确保在建设综合型高层的同时能争取到足够的公共空间建设新的城市形态。同时提出新的城市公共空间建设形态，不仅是功能多样性、高密度和大型绿色空间，更重要的是通过不同类型的公共空间形成项目建设区域的开放形态，形成适宜工作、生活和观光的理想场所。六本木开发项目适应了国际城市创新时代的产业发展。在日益拥挤的都市环境中，城市开发为适应城市发展的需求，创造更加适宜创新就业、生活的公共场所。

Innovation-driven World City 2.0: The Trend of World Cities in 2013

Abstract: In year 2013, the tension-releasing from financial crisis may not lead to the rebound of the global economy at large. World cities should go beyond those short term policy tools in fighting with economic cycle and try to figure out more details of the new urban model, the World City 2.0, with an even broader view. This is very clear now that innovation is the keyword of World City 2.0.

Key Words: Innovation; World City 2.0; Urban strategy

---

① Susan Helper, Timothy Krueger, and Howard Wiall, "Locating American Manufacturing: Trends in the Geography of Production," 2012 - 04.

城市创新篇

Urban Innovation

B.2 维也纳智慧城市战略与规划管理

李 健

摘 要：

随着城市面临更多的发展压力，欧洲许多城市正寻求新的发展机遇，智慧城市则打开了这扇窗。作为欧洲的领先者，维也纳已取得诸多成就。本文在分析维也纳城市发展现状和智慧发展需求的基础上，对“智慧城市维也纳”计划进行了较为详细的分析，并针对中国智慧城市建设提出了建议。

关键词：

智慧城市　维也纳　城市规划

欧洲大多数城市都已有几百年的历史，悠久的历史同时伴随着的是老化的基础设施和复杂的社会管理。虽然在近 10 年来的世界城市体系的排名上欧洲城市依然占据重要地位，但其上升势头远不如亚洲、北美等地区的城市强劲。

信息社会的到来为建设智慧城市提供了技术支持，也为欧洲城市的复兴和崛起提供了新的机遇。2012 年 7 月 10 日，欧盟委员会启动了“智能城市和社区欧洲创新伙伴行动”（Smart Cities and Communities European Innovation Partnership，简称 SCC-EIP）。“智能城市和社区欧洲创新伙伴行动”将集成欧洲在新能源、智能交通和信息通信（如物联网）等领域的先进技术，在特定城市开展示范项目，包括高效供热（冷）系统、智能仪表、实时能源管理、零排放建筑、智能交通等，促进绿色经济和知识经济的发展，推动城市生产和生活方式转型，提升城市的综合竞争力。

2011 年 12 月，来自 19 个国家、超过 100 个智慧城市的建设提案提交巴塞罗那智能城市世博会，最终“智慧城市维也纳”项目获得第一届世界智能城市奖，这表明维也纳的智慧城市概念、项目和解决方案已取得显著突破。维也纳希望借助“智慧城市维也纳”计划将自己定位为欧洲智能研究和技术领域的领导者，主要包括三方面内容：城市“智慧发展道路”、提高能源效率、保护环境气候。其目标和任务有以下几个：城市能源系统的宏观管理，高效率的生产和供应技术，智能网络和热能供应，低能源需求的“活力”建筑，发展环保、高效节能、低碳排放的活动系统。基于以上目标，维也纳先后制订了“2012～2015 年行动计划”（短期）、“2020 年路线图”战略（中期）、“智能能源展望 2050”（长期）。与其他城市关于智慧城市建设仍然停留在理论分析层面上不同，维也纳的智慧城市建设已经在城市规划层面上得以实施。本文对此进行总结，以期为中国的城市总体规划与智慧城市建设的更好融合提供借鉴。

一　“智慧城市维也纳”的基本框架

在过去几十年中，维也纳快速成长为国际城市中环境质量和生活质量突出的先导城市，维也纳近 10 年中也在努力维持该声誉。在最近美世咨询关于国际城市排名的研究中，维也纳位列顶级城市行列。全球能源和气候领域挑战迫使维也纳继续参与全球城市在能源、气候等问题上的技术、系统整合与发展策略问题。较强的区域经济实力、高于平均水平的知识资本、最高端技术的研发等要素的结合，使得维也纳成为最合适的实验场以展示未来城市可持续发展的环保生活方式。

解决全球挑战的“智慧城市维也纳”计划就是为使维也纳在欧洲成为智能研究和技术方面的领先城市。为此，作为“智慧城市维也纳”项目的领导者，维也纳针对奥地利的气候和能源使用问题提出诸多“智慧”解决的项目计划，包括分别召开三个论坛，并就利益相关者的关系制定了一个主要框架，具有以下几个方面内容：①关于维也纳城市范围内能源系统的一个长期设想；②一份至2020年及以后的路线图，这将保证维也纳在实现2020年的能源中期目标后，继续实现更长期的设想；③一份2012～2015年的行动计划。这份短期的行动计划能够提出具体的方法措施来形成中长期的路线图。在这些论坛举办期间，更多利益相关者都得到专家在技术方面及其他非技术方面的诸多支持，并通过他们的支持来实现目标。

在2012～2015年的第一阶段过程中，“智慧城市维也纳”项目更多是对最近的智慧城市发展技术进行综述，分析不同智慧城市发展方案在不同城市发展场景内可能产生的效果，这将包括使用模拟工具、进行快速和定量的方案评估等；此外，在该阶段更为重要的目标是对智慧城市建设的项目进行确定，并监督一些示范性项目的开展。

基于能源效率和气候保护两个根本目标，“智慧城市维也纳”的一个特定目标是关于城市空间的发展。因此，维也纳能源和气候保护远景都是在“智慧”发展的路径下进行，维也纳市将密切关注新的城市发展规划，这将充分考虑到城市多样化空间、社会和经济结构问题。另外一个关键问题是用户参与到新技术的应用中。在“智慧城市维也纳”项目的带动下，维也纳将同合作伙伴共同分享这个“大工程”，进行良好沟通以推进城市行动和资金支付。

二　“智慧城市维也纳”的合作伙伴

“智慧城市维也纳”计划的合作者主要由维也纳市政府领导，在第一阶段计划中主要由以下的合作者和机构参与，并受奥地利气候和能源基金会资助。政府部门包括：大都市区第18部门——城市开发与规划部，主要受TINA维也纳城市技术和战略有限公司支持；大都市区第20部门——能源规划部；企业——维也纳 stadtwerke 控股股份公司、维也纳 3420 阿斯本发展股份公司、奥地利西门子股份公司、奥地利技术研究院有限公司、奥地利研究和测试中心、空间及通信有限公司；大学及研究机构——维也纳科技大学、能源经济研究所有限公司。

三 维也纳的“智慧”发展需求

1. 城市规划

维也纳城市中长期发展规划框架是 2005 年制定的“维也纳城市发展规划”。该规划是基于“放眼欧洲—区域联动—发展维也纳”的主题而制定，专注于创造有吸引力的生活和工作空间。维也纳城市规划所提及的 13 个关键区域的开发已经成熟，规划特别关注各地区的基本需求、需要解决的特定问题以及特别可以利用的机遇。“智慧城市维也纳”将目前的城市规划与下个阶段 2014 年的城市发展规划连接起来，从而约束城市的快速扩张，实现能源节约和零碳排放的发展。

当前，在维也纳城市发展进程中面临的最紧迫的问题是城市人口的增长以及一个高度分化的社会。人口增长和人口年龄结构的变化都对城市住房和基础设施提出了多种多样的要求。根据奥地利统计局的数据，至 2011 年维也纳城市人口已经达到 170 多万人。在 2009 年进行的预测认为至 2030 年，维也纳城市人口将增长 13%，至 2050 年则增长 22%。实际上在 2010 年，维也纳城市人口的增长强于预期：预测增长 8000 人而实际增长 15000 人，几乎达到两倍。

到 2050 年，维也纳将成为奥地利最年轻的城市：未来新的住房单位不再仅依靠纯粹的常住人口数量的增长，同时也必须对房屋质量的问题予以重点关注。目前维也纳 60 岁以上的居民占总人口的比重为 22%。根据最新的预测，到 2050 年维也纳将从奥地利最老的城市变为最年轻的城市。未来的城市规划必须在能源效率方面予以重视，保证城市能够充分满足年轻人的生产和生活需求。

在维也纳城市规划中，确保城市环境质量、优化能源消费都已经提上重要议事日程。最近关于上轮城市总体规划的评估报告分析了气候保护和环境质量对于未来城市发展的重要性，必须通过提升能源利用效率、有吸引力的城市设计、绿色开放空间等予以实现。这些行动有些已经通过政府的努力得以初步实现。

维也纳的城市空间结构为智慧城市建设提供了两种发展路径：首先，在现有城市基础设施的基础上，推行新的技术以推动城市向智慧城市转型发展；其次，维也纳拥有独特的发展机会在新发展区域来开发新的示范项目，例如“seestadt. aspern”（Aspern 湖畔）作为奥地利最大的发展领域和欧洲最大的发展区域之一，将是一个重点应用示范工程。

2. 环境保护

“气候保护计划”是维也纳市推出的最为全面的环保计划。第一期计划自1999 年开始并终于2010 年，其制订的至2010 年减少二氧化碳排放量260 万吨的目标实际上在2006 年就已经得以实现。事实上，维也纳迄今已成功实现了减少310 万吨二氧化碳年排放当量的目标。根据第一阶段的经验，维也纳市议会在2009 年12 月更新了气候保护计划，这个计划的有效期至2020 年，涵盖37 个领域385 项措施，涵盖能源、交通、城市基础设施结构、采购、废物管理、农业和林业、自然保护和公共关系等。

2006 年6 月，维也纳市议会颁布了“维也纳市政能源效率计划”（SEP），SEP 为消费者提供依据能源政策的消费导向，包括100 个能源效率措施，以解决所有重要的消费领域如家庭、公共和私人服务，所有的产业和制造业行业同样也有涉及。通过实施能源效率措施，维也纳能源消费增长预计只有7%。

3. 建筑更新

维也纳2/3 的建筑物约为私人所有，但几乎一半的住房建筑仅有一个或两个公寓，成员较少的家庭多分布在城市郊区。维也纳有94 万套住房，其中城市政府拥有22 万套，一些非营利性住房企业拥有18 万套。数量庞大的社区和非营利性存量住房是实现生态导向的可持续发展住房政策的先决条件。

维也纳房屋建造和翻新的建筑和环境标准都是世界一流的。维也纳具有热电联产的优良传统，工业余热和生物质能等热废物回收利用率相当高，其新住宅建筑用地的总效能标准在全球都是顶级的。维也纳还着力推进热节能改造，另外还包括平屋顶、绿色屋顶。

4. 产业节能

维也纳GDP 占奥地利的27%，约有23%的企业和25%的员工集聚于此，这更加突出了维也纳是奥地利经济中心的地位。维也纳代表着奥地利最高的经济发展水平，在欧洲也处于领先的地位，受聘于第三产业的员工达 80% 以上，员工工资较奥地利其他区域也高得多。此外，由于缺少大型工业项目和大型生产基地，也导致维也纳相对较低的能源效率比重仅为全国的 12%。

在近 15 年来，维也纳一直致力于支持面向生态的政府采购，以支持环境友好型企业的发展。维也纳政府生态商务计划是一个特定的应用程序，以支持本地企业采用更加生态环保的生产手段。基于此，维也纳相继推出了“维也纳生态购买”计划，鼓励企业提升能源利用效率。

5. 交通有序

维也纳拥有世界上最高密度的公共交通网络。公共运输“维也纳 Linien”为城市提供快速、安全和环境友好的城市交通，每天超过 200 万人次，年度则高达 8.39 亿人次。此外，维也纳不断增加包括公共交通、自行车、步行等多种出行方式在内的有利于环保的交通方式，其强大的公共交通系统在未来可以被总结为“基于城市需求的公共交通产品”。

城市交通总体规划体现出了维也纳的战略交通理念，制定明确的交通运输政策，充分考虑地方、区域和全球发展的优先次序。交通面向“新欧洲”开放，并将维也纳视为未来的一个商务城市。管理和处理长距离的交通运输且不影响维也纳居民的生活质量是未来重点解决的课题，需要“智慧”地解决。

6. 设施完备

维也纳能源供应企业通过高品质的网络基础设施建设，保证能源供应的安全性。维也纳电力供应商 Energie 的电力网络长达 22275 公里，主要是由地下电缆构成（约 83%），其他 17% 的电力网络则由架空网络完成。

维也纳天然气输送网络主要由 Energie Gasnetz 公司运作，约 3480 公里。近年来该网络不断升级且实现优化，以实现最高水平的天然气基础设施进展，成为欧洲最安全和可靠的燃气管网之一。区域供热网络目前主要由维也纳 Energie Fernwarme 公司运作，总长度达 1118 公里，管道也在不断升级和扩张中。

此外，维也纳 Energie 拥有和经营的电信网络达 4800 公里，包括 1200 公里的光纤网络。

7. 能源高效

虽然维也纳城市人口占全国的20%，但其能源消耗仅占全国的12%～14%，这主要得益于其高效节能的城市群结构和非能源密集型的产业结构。维也纳的电力供应资源结构较为复杂，但只有很少的部分是来自于可再生能源。

四 “智慧城市维也纳”的行动计划

“智慧城市维也纳”项目是基于欧洲SET计划的核心主题。它的目标和任务有以下几个：

- 城市能源系统的整体管理；
- 高效率的生产和供应技术；
- 智能网络和热能供应；
- 低能源需求的“活力”建筑；
- 开发环保、高效节能、低CO_2的交通系统。

“智慧城市维也纳”项目的管理权属于公共规划局，该机构主要负责城市平衡、可持续的发展。通过专门机构的设置来保障该项目并非孤立项目，而是一个长期的发展过程，不仅关注能源效率和技术导向，更涉及可持续发展、参与、两性主流、多元化、资源利用效率、合理的空间布局及经济发展等方面的主要原则。而不同的示范项目都会在同样目标和不同领域带来积极的溢出效应。“智慧城市维也纳”的愿景不仅定义示范点，还会根据基础设施投资方向定义所展示的领域。

在“智慧城市维也纳”计划框架下实现不同领域目标的方法是维也纳的空间发展计划。“智慧城市维也纳”关注SET规划中的目标内容与未来维也纳城市发展规划中空间内容的结合。因此，“智慧城市维也纳”的愿景、路线图和行动计划与2014年将要制定的新的城市发展规划密切相关，最终形成一个长期的“智慧”城市发展道路。而维也纳市政府推出的环境计划（KLIP）和能源计划（SEP）将作为“智慧城市维也纳”计划的实施基础。

为了保证“智慧城市维也纳”计划实现最好的产出，项目组更加重视推动利益相关者关注城市发展和城市规划，因此可持续城市发展在城市会议中都可获得更多的支持。公共规划部门已经清楚地表达出各种不同参与方式，即城市发展规划的成功关键在于企业、公民以及政治家们的行动、生活及表现。

1. “智慧城市维也纳”计划矩阵（工作阶段1）

作为一元结构的“智慧城市维也纳”计划由三维的矩阵组成。第一维度（A）计划主题，在“城市硬件”和大都市区组织结构中，这一维度包括城市规划、建筑、生产、交通和技术基础设施等领域；第二维度（B）包括城市能源系统：能源需求、能源供应和能源网络（包括信息和通信技术）；第三维度（C）是一个时间轴，代表着能源系统的进化、地理和物流结构以及计划中的公民整合。“智慧城市维也纳”的示范点将会根据矩阵中作为节点或集群的特定区域和城市能源系统的选择进行图化展示（见图2－1）。

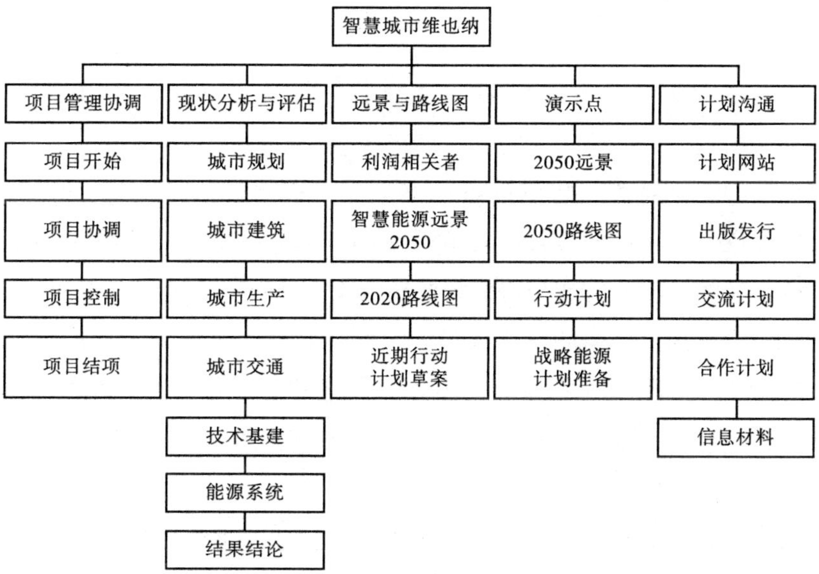

图2－1 “智慧城市维也纳”：工作流程结构

资料来源：Kurt Hofstetter，Alexandra Vogl，“‘Smart City Wien’：Vienna's Stepping Stone into the European Future of Technology and Climate,” *Proceedings REAL CORP 2011 Tagungsband* 5（2011）。

2. 现状分析与技术评估（工作阶段2）

在文献综述和技术评估的基础上，对每个领域和跨部门进行分析是重要工作，它能体现出该计划的框架，并且有助于对调查主题的深入了解。

3. 远景与发展路线图（工作阶段 3）

该阶段主要是为“智慧城市维也纳”计划提供一个理想目标、路线图和行动计划。该阶段的工作方法主要是收集已有研究进行战略预见，为下一步工作采集数据，建立项目实施的相关利益者网络，筹划一个合适的体系维持项目、工作组、场景架构以及相关利益者之间的谈判。这个阶段的主要任务是筹建三个论坛的召开。

4. 示范点选择（工作阶段 4）

工作阶段 4 与工作阶段 3 密切联系，其目标是为了特定任务准备更多的相关信息。该阶段的主要工作方法是收集既有和潜在的项目，项目执行监督，比较分析以及召开研讨会。目前已经有更多的城市和组织表达出了对“智慧城市维也纳”计划的参与兴趣。

五　中国“智慧城市”建设需要注意的几个问题

维也纳的经验显示，智慧城市建设是一项长期的、复杂的、艰巨的大工程，需要几代人几十年的努力才能取得成功。应有计划、有步骤地循序渐进，稳步推进。在智慧城市的建设中应该注意以下几个问题。

第一，成立国家部门如科技部指导下的智慧城市发展联盟，由城市政府、企业、大学、研究院所等实体共同组建。促进智慧城市产业链对“智慧城市概念和体系架构”等关键问题的认同，广泛征求意见避免受某些国外公司的错误引导，保障国家安全。

第二，整合相关力量，对关键技术以及共性技术进行攻关。成立智慧城市建设的城市联盟，为有需求和条件的城市达成联盟创造条件，并确定城市联盟的行动指南和纲领，做好顶层设计。

第三，先试点后推广。从维也纳的经验看，示范项目和示范区建设是必需的，尤其要避免短期行为和避免政绩工程等，做好试点城市的总体规划实施方案，形成一批国家和行业标准、规范和稳定的总体方案之后，再大范围推广应用。

第四，重视城市规划和发展现状，特别与前期相关建设项目（国内曾流行的城市信息化、电子政务、数字城市、光城计划等）有机衔接。剖析城市发展基础，结合城市目标定位和功能培育，推进结构调整，继而制定切实可行的智慧城市建设规划。

第五，重视城市网络安全。智慧城市建设在让市民享受更多便利、更美好生活的同时，也会出现网络犯罪等新的困惑和挑战。因此需要加强对网络和信息安全的研究，形成完善的安全体系制度，避免智慧城市所形成的网络遭受攻击。

参考文献

Kurt Hofstetter, Alexandra Vogl, " 'Smart City Wien': Vienna's Stepping Stone into the European Future of Technology and Climate," *Proceedings REAL CORP 2011 Tagungsband* 5 (2011).

Smart Energy Demo-fit4set, 1st Call for proposals by the Austrian Climate and Energy Fund"; Developed by the City of Vienna (MA 18) together with the Project Partners (March 2011).

Anthopoulos, L., Fitsilis, P., "From Digital to Ubiquitous Cities: Defining a Common Architecture for Urban Development," In Proceedings of the 6th International Conference on Intelligent Environments (Kuala Lumpur, Malaysia, Jul 2010).

Smart City Strategy and Urban Planning Practice in Vienna

Abstract: With the city facing more pressure for development, many European cities are seeking new development opportunities, and the smart city has become a chance. As a leader in Europe, Vienna has achieved many accomplishments, especially in the smart city projects combined with urban master planning and in the practical smart city projects. Based on status in quo of Vienna urban development, the paper made a detailed analysis on the "smart city Wien" plan. Finally, the paper made some recommendations on smart city construction in China.

Key Words: Smart City; Vienna; Urban Planning

B.3

松岛智慧新城建设与社区塑造

李 健

摘 要：

智慧城市建设已经成为当前世界各国城市发展进程中的重要战略之一。韩国松岛智慧新城通过与盖尔国际、思科等公司的合作，成为当前最为成功的智慧城市。本文重点考察松岛新城建设中智慧战略的实施，重点包括“智能＋互联社区”项目及U. Life解决方案，并对松岛新城智慧战略的功能框架进行了分析，以期为我国城市数字发展战略提供一些经验借鉴。

关键词：

松岛 新城 智慧城市

随着全球城市化的推进，城市诸多经济、社会、管理、组织、生态、环保等问题日益突出，信息和网络技术的发展使得智慧城市的建设被越来越多的国家和社会公众接受。在全球范围内看，智慧城市建设仍处于试验阶段，典型的成功案例不多，欧洲和亚洲是智慧城市建设较为积极的地区。在亚洲，智慧城市活动主要在日本、韩国、新加坡等国家及中东地区开展。由于智慧城市实施较困难，目前成功的案例大多是在一些小城市或城市的局部建设。近期，Fast Company 进行了全球智慧城市调查，展示了高科技给人类城市所带来的彻底改变，推出来自不同类型国家的10个全球最佳智慧城市案例，其中韩国的松岛新城名列其中。本文将重点分析松岛新城建设中智慧城市战略的实施，以期为我国城市数字发展战略提供一些经验借鉴。

一　松岛新城及松岛国际商务区功能定位

松岛新城位于韩国仁川滨水地带，距离首尔 40 公里，距离仁川国际机场仅为 7 公里，面积为 1500 英亩。松岛新城由盖尔国际及韩国浦项制铁公司规划设计和投资建设，根据规划，到 2020 年松岛将发展成为国际商务的节点城市、科技产业中心城市和尖端文化城市。韩国计划将把松岛打造成未来型城市的最佳典范。

根据城市规划，松岛新城经济功能区包括知识产业园区（2.7 平方公里）、尖端生物科技园（0.33 平方公里）以及国际商务区（5.7 平方公里）等园区。在未来发展中重点引进 IT、BT 及 R&D 相关项目，引进跨国公司的地区总部、国际组织的地区总部，着重发展会展业和贸易业。其中松岛国际商务区将是最为重要的建设区域，包括第一、第四工业区共约 5.7 平方公里的土地，建设能够提供综合性国际业务服务、与国际城市相匹配的现代化设施。松岛国际商务区设计具体由 KPF 公司负责，未来计划投资 350 亿美元。建成后的松岛国际商务中心，将建有国际会议综合园区（包括会议中心及展览区、国际贸易中心大厦）、综合公寓、中央公园、写字楼、酒店、百货商场、购物中心以及文化中心等商务活动所需的现代化设施。

二　“智能 + 互联社区”项目及 U. Life 解决方案

思科与盖尔国际合作的松岛国际商务区（IBD）开发是一个智慧城市建设的成功案例，通过提供一个强大的、可重复的应用平台和转型解决方案库，能帮助客户在全球范围内部署“智能 + 互联社区”的解决方案。思科与盖尔国际的共同愿景是在未来的城市发展领域提供更多的创新，保障城市管理有效使用信息技术，构建公共和私营部门的伙伴合作关系。松岛新城项目结合思科“智能 + 互联社区”的愿景与盖尔国际作为智能城市建设者的经验，可以为世界各地社区提供可借鉴的新型城市生活工作经验。思科雇用专业管理服务公司在松岛新城的东北亚贸易大厦进行“智能 + 互联社区”项目的展示，该中心将以松岛国际商业区为范本，动态展示思科的技术和应用在建设智能城市中的重要作用。

思科 U. Life 解决方案的提出是思科“智能 + 互联社区”建设构想的重要里程碑。U. Life 解决方案主要是通过网络提供创新服务，重点提供广泛的智能城市管理服务和组织，居民在松岛国际商务区的综合基础设施管理、社区及公共场所管理、家庭及工作网络等都有广泛涉及。松岛的 U. Life 解决方案将利用思科统一的服务平台进行，包括整合的方案集成数据中心、数据计算中心、通信联络中心等。核心技术组件包括思科网真和相关视频技术，预计未来 7 年中将有 1 万多套思科网真设备在松岛国际商务区安装。

思科网真技术将支持领先的服务，如教育、安全、虚拟学习和管理服务等领域。松岛国际商务区将允许居民、游客以及企业体验基于技术支持的新型生活方式，通过数字化的基础设施系统直接进入城市规划设计和管理系统。从 2011 年开始，松岛 U. Life 开始部署“智能 + 互联社区”家庭解决方案，包括先进的家庭网络系统，新一代的视频会议技术和思科网真技术。利用该解决方案，居民将可以方便地控制照明、空调/采暖系统、燃气、窗帘和所有其他采用触摸屏墙垫、手机遥控器，甚至智能手机、电脑及平板设备控制的设备。思科网真设备的实时视频通信能保证居民、学校、银行和政府等实现与社会、家庭广泛的亲密联系，如居民可以在家中、办公室、医院及商场便捷地进行视频通话。

思科的技术也有助于松岛国际商务区促进环境的可持续性。例如建筑物内的传感器将能够收集、分析和显示实时的能源使用和驻地/雇员的资源消耗数据。在松岛，每寸城市都有思科有线光纤宽带联系，城市可以持续稳定地接收各种数据并发送到城市计算中心，以保证松岛新城的正常管理。此外，在街道和各种建筑物中嵌入传感器，检测从温度、湿度到道路交通条件等问题，以帮助城市提高反应速度和运行效率，比如在空无一人的街道或者有明亮的月光时就关掉路灯，可以更加节省能源。传感器被认为是松岛智慧新城建设中的中央神经系统，在消防、安全健康等各方面都可以为居民提供动态监测服务。

为应付城市交通拥堵，RFID（射频识别）标签将被安装到汽车上，适时将汽车位置信息发到城市交通控制枢纽中心，通过确定黑点和进行信号调整，引导汽车进行疏散以缓解交通拥塞。在一些细节方面，交通灯泡都被功率极小的发光二极管取代。电力公司监控电器如对微波炉的使用，以更好地了解居民对能源的使用，并设置相应的电网容量，来提高区域电网的使用效率。

智慧新城的目标不是跟踪居民的活动，而是通过检测设施如路灯、交通灯的情况，减少任何潜在的负面影响。通过在城市生活和工作环境部署技术“添加剂”，可以更好地服务城市和居民。如巴士交通传感器可以告诉居民，通过它们的服务可以在一个特定的时间花更少的时间与朋友、家人相聚。

松岛城市土地的40%左右将是绿地，包括屋顶植被以减少雨水和降低太阳对建筑的直射，这反过来又帮助这个城市得到更多的清凉。雨水的回收和水槽、洗碗机出来的生活用水的再处理利用，将大大减少对淡水的需求。这同样需要更好的信息动态监测和管理。在松岛新城将永远不会看到一个垃圾箱货车，利用气动垃圾收集系统直接通过管网进行垃圾回收和转储。

三　松岛智慧新城建设的基本功能框架

（一）办公

1. 智能互动办公室

智能互动办公室能改善办公大楼的高效管理，以适应使用智能互联技术后提高的运作效率。商务应用程序将视用量来启动或关闭，并且能向设备发出能源使用高峰的通知。当身份不明者进入大楼或在大楼里发现不明物质时，就会有安全警报发出。

2. 虚拟办公室

如今的劳动力是流动的，人员在世界范围内不断旅行，因此大部分办公大楼的占有率只有30%～50%。未来的虚拟办公室将提高大厦的占有率，使其更经济地运行。虚拟商务中心则能使职场特别是商务人士直接在家里参加会议。

（二）社会福利

1. 医疗

协调和管理资源的过程将与一系列应用程序紧密配合，将小型界面处理融入更广阔的流程。例如，同步显示的病人信息能帮助急诊室护士根据优先顺序给病人分配就诊室和相关的医疗人员。病人在医疗中心之外也能够通过各种智能技术接收医疗监护病人，无论在何处他们身体的重要指标都能受到监测，而不仅仅只是他们躺在病床上的时候。

医疗咨询很重要。有些老人需要长期照料，医疗咨询对那些看护这些老人的人员尤其重要。对那些慢性病患者，IP 监控甚至能获取病人的体温。IP 监视器全天 24 小时记录数据，提供患者一天的详细身体状况。此外，如果某些测量值超过或低于设定的水平，IP 监视器还能通知看护人员或医疗急救人员。随着年龄的增长，服药时间与服药量的信息变得日益复杂，但思科网真技术或一部 IP 电话就能帮助患者在适当的时间服用适量的药物。

2. 突发事件支持服务

智能应用程序不仅可以促进急救队之间的相互合作，还能使其与水务管理、交通监控之类的大规模流程进行协作。例如，消防车上可以安装供队长使用的显示屏，在急救的路上，队长能够从屏幕上确认交通灯正在被调整，车流在朝着远离消防车快速行驶的路线方向疏散。另外，队长还能参照系统自动提供的建议决定消防车到达后的停车地点。队长能检查、远程打开消防栓、观察水压已自动提高到需求值。屏幕上还能显示着火建筑物的内部构造地图、火灾发生的位置、需要救援的受害者及到达着火点与受害者的建议路线。队长还可以确认一些门窗已经自动打开，供救援人员进入。在救火途中，他还可以出具救援计划并与队员沟通，为现场救人争取正确宝贵的时间。

3. 体育

体育设施将处于电子监控下，保证运动员不受伤害，或者可以预防由于用力过度或不正确的使用器械而伤到自己。智能技术还能帮助运动员个人自动获得他们的表现水平及健康成果的信息。

（三）能源

1. 需求响应警报

在能源使用高峰时段，电力公司将给用户发送电子信息，提醒其关闭或调低非必需电器以减少能耗。

2. 智能仪表与可调价格

在许多领域，电价都是根据当时的需求而上下浮动的。“智能仪表”可以让用户将能耗从高价位时段调至低价位时段。

3. 配备智能设施的智能建筑

传统、独立的大厦控制系统将连接到一个公共的信息通信技术基础设施上，实现设备（供暖、通风、空调、照明等）之间的对话，协调其运行以减少浪费。

4. 能源仪表面板

在线能源仪表面板不仅能够提供实时、可视的能源使用量，同时还会建议减少能源的使用途径。

5. 微型发电

一些家庭和办公室可使用小型设备自行发电，如风力发电机、太阳能光电机及回收热能的化石燃料发电机等。同使用电力公司提供的能源一样，人们可以负担得起现在的许多发电设备，而且这些设备还能少产生 50% 的温室气体。

6. 蓄电与混合动力电动汽车

插电式混合动力电动汽车用户（“混动电车”）可以在电价便宜的时候买电，把电能储存在电池中，等电价上涨时再卖回电网公司。这样，混动电车司机就能从电能成本中套利，而电力公司则可以看到诸多混动电车在供电，从而减少用电需求的高峰。

7. 电网监控

电力公司将安装传感器，用来接近实时的时段监视和控制电网，以提前发现错误，为避免断电争取时间。在松岛，思科公司将在建筑物上安装传感器。这些传感器能够收集、分析并显示实时的电能使用情况以及居民、员工的资源消耗数据。此类技术将为环境的可持续发展作出非常大的贡献。

8. 电网安全与监督

电力公司将安装监视传感器，监督和确保无人操控的远程设备受恐怖分子的攻击。许多智能互联的建筑物与能源概念证明的试点工作已经在一些“互联城市开发计划”（韩国在2009推出的城市发展计划）的城市中开展。

（四）交通

1. 智能交通定价

城市将更智能、灵活地管理城区的交通需求，利用全球定位系统和无线电通信技术收取使用道路的智能费用，同步进行与交通相关的信息沟通。

2. 个性化的公共汽车

下一代互联网络技术将允许任何物体进入互联网或者通过互联网被进入。智能设备能装载存储在网络上的个人资料。这些资料可包括实际物体的规格，如调整一个座椅的高度或倾斜度，或在一个公共屏幕上来显示个人的工作空间。

3. 绿色标尺

当一辆公共汽车穿梭于城市的不同区域时，绿色标尺将收集每个区域的用电量、实时环境数据（如通过的车辆数量）等历史信息。这些信息将被集成可视的颜色带，供观众迅速掌握这个城市的整体健康状况。

4. 佩带式服务

智能技术应用程序完全连接人与城市的各种服务，保证提供更多的高效服务，促进人与城市服务间的协调发展。佩带式服务将扩大现有服务可送达的实际空间界限。例如患者还在公车上时就可以开始办理医院的登记手续，到达候诊室后他们只需通过快速登记就可以继续下面的流程，这样既减少等候时间，又可提高服务质量。检查完之后，一旦医生填写好处方，患者就可以选择由药房通知更新。这样，他们能更有效地利用时间，而不是在医院等候。

5. 基于地址的社交网络

将基于地址的社交网络与中转系统连接能够使得系统通过更广泛的交通网络向乘客、朋友通报附近的公车信息。社交网络信息还可以被当成城市游戏的平台以及地址推荐的基础。例如，当你乘坐的公车经过一家餐厅时，你可以获得一个朋友写的关于这家餐厅的用餐及服务评价。

（五）家庭

1. 教育

互联网技术能把教室带入家庭。不上学的儿童足不出户就能进入课堂学习，还能进入图书馆获得补充资料。成人可以利用家庭课堂技术获取证书或参加继续教育课程。网络协调工具甚至能够提供更丰富的家庭课堂体验。

2. 垃圾管理

无线监控软件能追踪垃圾的压缩与收集，同步了解垃圾箱的储量，以保证垃圾不会收集过早从而造成浪费，或者收集过晚造成垃圾外溢。实时数据还能根据收集条件的变化，如特别事件、季节性使用量、人流量与车流量、天气变化等促进垃圾管理的动态调整。

3. 一体化服务型城市

思科将打造一体化的服务型城市，将城市必需品（水、电、交通、电话）融合成一个单独的、网络化的整体，同时为每位居民节省一部分额外开支。这项技术已经作为思科在韩国松岛项目的部分重点开展。

4. 思科网真

思科网真技术能为教育、安全、虚拟学习与礼宾服务等领域提供尖端服务。松岛国际商务区将通过在城市的规划建设框架上建立起来的数字基础设施系统，使居民、参观者以及企业体验到一个技术化的生活方式。

（六）零售与娱乐

1. 零售

未来零售改革将包括通过智能墙进行客户追踪与分析，使客户能够挑选衣服及其他商品；根据屏幕前观众共同的统计资料改变屏幕上的内容从而调整广告方案、个人电子购物、在线及本地消费一体化。

假如你正在公车上或者在街上行走，电子标志牌会向你显示个性化的需求，或者你会在拐角处收到一条来自你最喜欢的精品店信息，那是一张电子优惠券，邀请你参加正在进行的专卖或特卖会。当你走进特卖场，你最喜欢的销售人员会冲你打招呼，柜台上方的显示屏开始根据你最近购买的物品显示一系列商品而且都是你最喜欢的颜色。如果你想购买，可以用电话或者优惠券支付。在你回家的路上路过鱼市场，电子标志牌上正显示着你家人最喜欢的鱼类，你可以进入看看鱼的新鲜度，还能看到鱼从海洋到商店的详细行程记录。

2. 娱乐

体育迷们将享受体育馆包括影像、声音、数据和无线在内的高品质服务。体育馆到处都安装了高清监视器，用来协助指挥交通、引导体育迷在比赛结束时退场，而且还能提供交通信息。有了无线连接，体育迷们能够用他们自己的移动设备从小卖部购买东西，观看即时重播，与馆内外的朋友聊天，上传供以后分享的重大赛事视频。

对多元文化感兴趣的人也无须通过实地旅行来探索世界，也不用携带实际的媒体工具，就可以在多种设备上获得大量的来自世界不同文化的当今与历史资料，从而保证了不同文化与国籍的人都能平等地获取信息，而这些跟他们所处的地点无关。

四　松岛智慧新城建设的内涵及启示

从松岛新城发展的经验看，其智慧城市发展战略的发展重点和内涵可以归纳为以下几个方面的要点。

第一，松岛智慧新城建设体现出多种团队协同建设的重要性。U. Life 解决方案的实施充分发挥出思科的智能互联城市计划、盖尔国际作为世界领先的智能都市开发商所具备的丰富经验、Posco E&C 作为大型建筑工程的总承包商所具备的经验及 LG CNS 作为韩国领先的 IT 系统集成商所具备的声誉等因素之间的协同增效作用。

第二，松岛智慧新城体现出产城协同发展的关键特征，其中商务产业的功能更加突出。目前松岛国际商业区约 40% 的工程已经完工，重点工程包括酒店、零售店、住宅楼、会议中心和一块 100 英亩的停车场的建设，居民住户已达7000户左右。根据规划，到2017年所有工程全部完工时，松岛国际商业区居民人数将达到6.5万人，在松岛新城工作和生活的人数将达到25万人。

第三，通过U. Life解决方案为松岛新城提供“智能+互联社区”管理服务是松岛国际商业区开发过程中的一个重要里程碑。韩国城市发展计划的目标是将全国各大城市发展成环保、可持续同时也能带动经济快速增长及为城市居民提供更多机遇的社区。松岛国际商业区将成为韩国乃至全球城市发展的新典范。

第四，思科网真技术在松岛智慧新城建设中发挥的重要作用，显示了新一代网络信息技术的重要性。思科计划在松岛国际商业区新建的智能互联城市全球展示中心将展出智能城市的各种解决方案，核心技术组件包括思科网真及相关视频技术，预计在未来的7年里，松岛国际商业区将安装1万多个思科网真终端。

第五，思科技术可以为教育、安全、虚拟学习以及门卫服务等领域提供最先进的服务。松岛国际商业区将通过专业城市规划与设计，直接将信息基础设施与城市基础设施建设相融合，形成城市数字化基础设施系统，让居民、游客和企业体验到一种技术引导的全新生活方式。

第六，思科技术将有助于松岛国际商业区营造环保和可持续发展的居住环境。例如在建筑物内的感应器可以实时收集、分析和显示能源消耗和居民/员工的资源消费数据。

参考文献

松岛城市及国际商务区总体规划，http://www.songdo.com/songdo-international-business-district/why-songdo/a-brand new city.aspx。

智能互联社区计划，http://www.cisco.com/web/strategy/smart_connected_communities/community_connect.html。

松岛国际商务区媒体相关报道，http://www.songdo.com/songdo-international-business-district/news/press-releases.aspx。

The Smart City Strategy of Songdo and Community Development

Abstract: The Smart City has become an important strategy of urban development. Through cooperating with Gale International, Cisco and other companies, Songdo has become one of the most successful smart cities in the world. The paper focuses on the smart city strategy of Songdo, including "smart + Internet community" project, U. Life solutions and the functional framework of Songdo smart city strategy to provide experience for China's digital city development.

Key Words: Songdo; New Town; Smart City

B.4 国际科技园区建设管理的新趋势

邓智团

摘　要：

随着经济形势与技术环境的不断变化，国际软件园的发展呈现出一些新的趋势和特征，这对我国加快推进科技园区的转型升级，进而加快转变经济发展方式有很好的借鉴意义。本报告着重从科技园区的发展现状到重点考察若干著名园区，主要从包括空间区位、产业定位、管理架构与服务以及政策扶持等方面进行介绍，并在此基础上对开发与管理模式的新特征进行总结。

关键词：

科技园区　开发与管理　新趋势

当前世界经济已进入群体竞争的新阶段，科技园区的建设与发展环境呈现多元化变化，科学技术也有了巨大的发展变化，所有这些推动了科技园区呈现出新的开发与发展趋势：空间区位的选择呈现多元化趋势，向大城市或乡村布局趋势明显；园区开发规模大型化趋势明显；园区功能从单一产业功能向产城融合发展；智能化与生态化是所有园区的一致诉求。

一　空间布局以小城市为主，呈现向大城市和乡村布局趋势

1. 空间区位选择以城市为主，向乡村布局呈现增加趋势

根据世界科技园协会（STPs）的统计，世界主要科技园区一个显著的特征是主要位于城市中，2001 年，有超过 99% 的园区位于城市中，到 2011 年仍

有高达94.1%的园区坐落于城市中。一个明显的趋势是科技园区的空间区位选择开始呈现出向乡村地区增加的趋势，比例从1%上升到5.9%，如位于美国西雅图的伊沙奎高地等。

2. 以小城市为主，逐步向大城市和中型城市布局

根据世界科技园协会（STPs）的统计，2001年，超过49%的科技园区选择位于少于50万人口的小城市，到2011年这一比例虽有下降，但仍高达45.4%。这表明空间区位逐步从小城市向大城市和中型城市转移，选择在人口在100万人以上的大城市的比例从31%上升到了35.3%，中型城市（50万~100万人）的占比从11%上升到了13.4%。

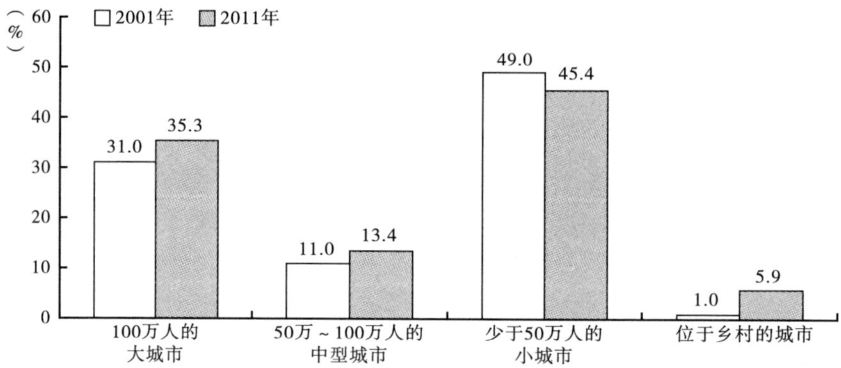

图4-1　2001~2011年科技园区的空间区位变化

资料来源：2001年数据取自国际科学园区协会2002年10月统计数据；2011年数据取自国际科学园区协会2012年9月统计数据。

二　园区开发规模大型化趋势明显，小型园区比例逐步下降

1. 园区开发规模大型化趋势明显

根据世界科技园协会（STPs）的统计，园区开发规模呈现一个大型化的整体趋势。从2001年到2011年，超过1平方公里的大型科技园区比例从20%上升到了25.2%，一个明显的趋势就是大型科技园区的数据大量增加。

2. 中等园区比例基本不变，小型园区比例呈下降趋势

从2001年到2011年，超过半壁江山比例的小型科技园区比例下降显著，为45.4%，这些科技园区的开发规模均小于0.2平方公里。而中型（面积在0.2～0.6平方公里）和中大型园区（面积在0.6～1平方公里）的比例则没有大的变化，只出现了小幅上升。

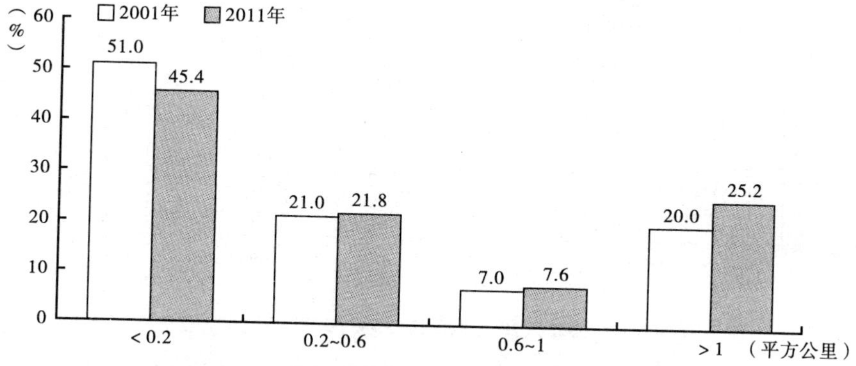

图4－2　2001～2011年科技园区开发规模的变化

资料来源：2001年数据取自国际科学园区协会2002年10月统计数据；2011年数据取自国际科学园区协会2012年9月统计数据。

三　园区产城融合发展趋势明显，生活服务功能丰富完善

1. 研究开发与孵化器功能仍然是科技园区的主要功能

根据世界科技园协会（STPs）的统计，2001～2011年所有世界科技园协会的成员园区，商业孵化器（Business Incubators）的比例从82.3%上升到了91.6%，研发机构或研发中心的比例从78.5%上升到80.7%。这是所有园区中最为重要的两个功能，其他如大学的比例则有下降的趋势，从50%下降为42.5%。

2. 科技园区产城融合趋势明显，社会综合功能不断提升

2001～2011年，科技园区的产城融合趋势呈现明显的趋势；住宅的比例从12.4%提升到21.8%，上升近1倍。而上升最为明显的是休闲服务和社会服务功能的增加；休闲服务设施的比例从34.3%上升为59.7%，近2/3的园

区有休闲服务设施。社会服务设施的比例上升也非常明显，从 23.6% 增长为 42.9%。这些都表明科技园区的发展呈现一个明显的产城融合发展趋势，居住、休闲和社会功能成为园区的重要功能之一。

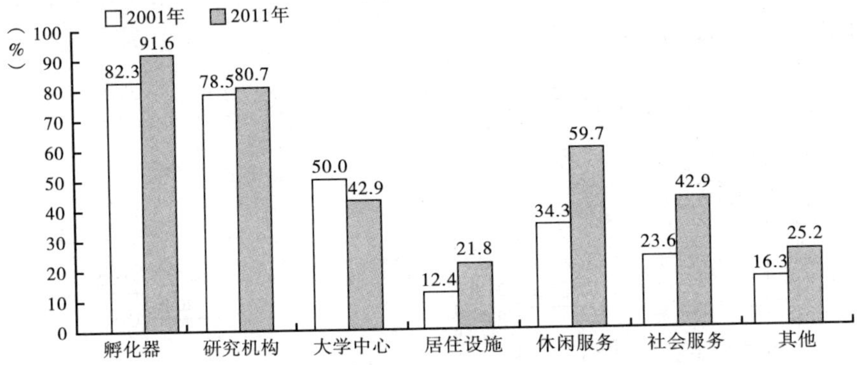

图 4-3　2001～2011 年国际科技园区主要功能变化

资料来源：2001 年数据取自国际科学园区协会 2002 年 10 月统计数据；2011 年数据取自国际科学园区协会 2012 年 9 月统计数据。

四　园区核心产业演变加快，社交媒体成当前软件园区主导方向

科技园区最重要的功能就是科技研发与创新，这极大地推动了科学技术的产业化，也极快地促进了园区主导产业的变化。以硅谷为例，硅谷拥有技术创新、产业化环境、资本的“翅膀”——最为完善的生态系统；硅谷内部产业链完整，既有芯片制造企业、元器件生产商，又有软件和集成电路设计公司，还有整机生产企业、网络集成供应商和电子商务公司等。硅谷的产业变化能在世界范围内产生引导作用。

从 1950 年开始，硅谷的国防科学研发受到世人关注。总体而言，硅谷的核心产业主要经历了以下五个阶段：1950～1960 年的国防产业、1960～1970 年的集成电路、1970～1990 年的个人电脑、1990～2002 年的互联网、2003 年至今的社交媒体。

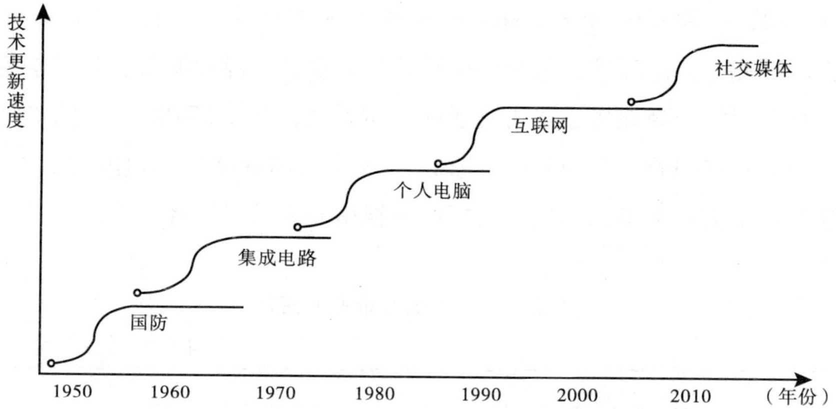

图 4－4　硅谷产业主导方向的演变

资料来源：Jarunee Wonglimpiyarat（2006）。

五　园区开发理念升级，“新城市主义”的“城市村庄”理念兴起

正如前文所述，园区的空间区位选择呈现向乡村布局的新趋势，推动这一新趋势的园区开发理念就是“新城市主义”的“城市村庄”。以位于离西雅图以东 35 公里的伊沙奎高地（Issaquah Highlands）最为典型。

1. 新城市主义的开发计划

伊沙奎高地以新城市主义（New Urbanism）理念建成为一个自给自足的城市村庄，住宅成片，办公楼、学校、商店、服务、餐馆等坐落在其周围，使居住在这里的人们不仅避免了拥挤的交通，而且每时每刻都享受着自然景色和资源。伊沙奎高地 30% 的土地用于商业开发，60% 用做公共绿地。入驻企业比较有代表的是微软，在此建立了微软伊沙奎高地园区。微软公司在伊沙奎高地选择了一块 135 英亩（约合 66 公顷）的土地，建立一个微软园区（Microsoft Campus），建设 29 万平方米的科研和办公楼，最终容纳 12000 名职工在此工作。一期建设 8 万平方米的办公楼房于 2002 年完成，有 3000 名职工移至此地。

2. 产城融合建设与管理

伊沙奎高地内建设有 34 万平方米的商业建筑，相应配套 3200 户的住房，

分两期完成。一期完成60%的商业建筑和20%的居住。目前，伊沙奎高地是一个山水环抱的秀美环境，狭长的街道、公共设施、商业服务和自然景色融为一体。整个伊沙奎高地将建立高速数据传输系统，铺设27000公里的光纤，连接园区内的数据中心、公司和每个家庭，24小时的数据传送速度达到100兆。园区还建设了宽带网络，实现高清晰度电视播放和节目点播。

表4-1　伊沙奎高地开发面积

单位：平方英尺，套

项目	商业建筑面积		住宅		
	科研办公	零售服务	独立式住宅	单身公寓	配套公寓
一期	2500000	50000	320	170	150
二期	1250000	375000	1080	830	700
合计	3750000	425000	1400	1000	850

资料来源：伊沙奎高地官方网站，http：//www. issaquahhighlands. com/。

六　智慧园区与园区管理架构革新：爱尔兰国家科技园发展管理的新趋势

爱尔兰国家科技园（National Technology Park Limerick）始建于1984年，占地2.63平方公里。爱尔兰国家科技园的交通区位优越，位于香农自由贸易区，离香农地区市中心Limerick City仅5公里，离香农国际机场30公里，香农国际机场是连接美国、欧洲及中东的重要交通中转站，地理位置优越，使其得以依托欧美等国际市场迅速发展。爱尔兰国家科技园采取的是低密度布局，园区的绿化水平非常高，自然植被丰盛，景观宜人。园区整体规划及严格的入园条件，确保它成为现代科技企业理想的家园。

1. 推行智慧园区计划，基础配套不断升级

进入21世纪后，爱尔兰国家科技园在基础配套和通信设施上投入大量的财力物力，较早地推行了“智慧园区”计划，基础设施非常发达，电信四通八达，配套十分丰富。科技园政府在引资方面颇费了一番功夫，“硬件”与“软件”双管齐下，努力创造良好的投资环境，目前已有便利的交通，充分保障的水电供应，极高的宽带网络通信（爱尔兰是继加拿大、美国、英国之后的第四大宽带网络通信国家）。

2. 完善的、高端的休闲功能与社会服务功能

利默里克市重要的剧院、艺术中心以及运动场馆均布局在利默里克大学，即爱尔兰国家科技园园区内，而所有的这些设施均对园区入驻企业开放，如Belltable Arts Centre。同时利默里克市最好的两座酒店也坐落于园区中，如CASTLETROY PARK，使得国家科技园成为利默里克市软硬件设施最为配套和完善的区域。

3. "政府+大学+专业管理公司"的高效率和高水准园区管理

政府+大学：园区由爱尔兰地区政府下属的香农开发公司（Shannon Development）和理默利克（Limerick）大学共同管理。包括土地利用规划，提供与第三方机构的联系，市场推广以及信息通信服务等。

专业管理公司：园区同时设有一家专业管理公司The National Technological Park Plassey Ltd.，负责制定租户资质要求和园区发展指导方针，以及园区景观和公共区域维护等。园区本身不提供餐厅、酒店和银行等服务，一般采取市场化操作。其主要职能包括：物业管理和规划，负责园区的总体规划和发展，并提供保安、景观美化和园区的日常维护。

孵化基地：创新中心（The Innovation Centre）为设立在园区的公司提供业务发展建议、担保、早期投资基金、顾问服务和办理执照。理默利克创新厂坊（Innovation Work Limerick）定位为数字网络孵化器，是E. B. N. 的认证成员（E. B. N. 即欧洲商业孵化中心社区网络和美国国家孵化器协会），为理默利克大学校友提供资金上的帮助，10000~50000爱尔兰镑的种子基金一般可换取公司30%的股权。

市场推广：园区管理公司提供市场推广活动，帮助提升园区在行业中的领先地位。尽管园区是A. U. R. P.（大学研究园协会）、I. A. S. P.（国际科学园协会）和U. K. S. P. A.（科学园区联盟）的成员，但园区管理公司经常性地对国外同类园区进行行业对比，以保证国家科技园保持其世界级的领先地位。

发展大学联盟：园区积极发展园区公司与周边大学的联系，使得园区企业能与相关大学发展良好的合作关系，有利于提高园区公司与大学的合作水平。

IT 基础设施：通过香农开发公司和东部商业公司（Esat Business）的合资公司，园区铺设光纤，为企业提供一流的传输系统。E-town 智慧园区建设计划等，使国家科技成为爱尔兰第一个数字化的科技园区。[①]

4. 极低的税收优惠政策吸引大量跨国公司入驻园区

爱尔兰国家科技园一直致力于成为企业与教育和科研机构、企业与企业之间建立起密切联系的纽带，为高新技术企业的建立和发展提供必要的中介、孵化服务。通过对专业应用人才的培训、为欲设立企业的软件公司提供支持、协助软件公司进行技术研究开发工作、爱尔兰驻海外机构积极为软件公司开拓国外市场4个方面，体现出对软件产业一贯支持的政策。

税收优惠政策包括：对1998年7月31日前在当地注册的制造业公司，2010年前最高只征收10%的公司所得税，2011年提高至12.5%；对1998年7月31日前在当地注册的国际服务企业（如金融、批发、咨询），2005年前最高只征收公司所得税10%，2006年提高至12.5%；对工厂、建筑和设备给予折旧补贴，不扣赋税；在爱尔兰获得专利并开发的产品免征所得税；公司利润可以自由汇出爱尔兰；在自由贸易区内注册的公司进口物品（包括主要设备）免征增值税；从非欧盟国家进口的用于储存、处理和加工的物品免征关税；出口到非欧盟国家的物品免征关税；对进入自由贸易区的物品处理没有时间限制。

津贴鼓励包括：对资本投资含地基、建筑和设备给予补贴；对获准的研究和发展计划给予津贴；对劳力培训和管理给予津贴；对租用的办公房屋给予降低租金的补贴；给予就业补贴。

七　国外科技园区建设管理的新趋势对中国的启示

1. 尽量推动新园区区位选择趋向环境优越的小城市或乡村，或大城市的远郊区

当前我国的科技园区布局仍主要分布在大中城市，这与我国大中城市经济

① 园区数字化服务包括：business voice, managed bandwidth, broadband L. A. N. interconnect, A. T. M. and frame relay, and Esat Net (e-mail, internet access and web hosting services, I. S. D. N. and dial-up connections)。

发展基础好、人力资源相对丰富密不可分。但从国际和长远的发展趋势来看，小城市因为舒适安逸的生活环境和较低的生活、商务成本等，已成为当前国际上科技园区区位选择较为集中的空间。因此，我国可以适当推动新的科技园区向中小城市或大城市的远郊区选址，充分利用中小城市优越舒适的生活环境，以利于科技园区发展，同时也有利于推动中小城市发展转型。

2. 适度提高园区开发规模，推动小型园区的扩容升级

园区分为国家级、省级和市、区级，因此，科技园区的开发面积也存在较大差异。由于科技园区有很好的集聚效应和本身开发的规模效应，大规模的科技园区开发成为当前国际上园区开发的新趋势。可以通过园区扩容和园区联合的方式，推动我国科技园区开发规模的进一步升级，以利于更好地发挥科技园区的集聚效应和提升科技园区的发展竞争力。

3. 推行大城市郊区园区的产城融合发展，建设远郊的“城市村庄”型园区

我国在科技园区开发的初期，大多将科技园区视作城市内部的产业空间，完全舍弃园区本身应该具备的居住生活空间功能，使得园区在白天时上班族的生活异常不变，而晚上则整个园区成为空城，园区的整体功能并没有得到很好的整合和提升。当前国际上科技园区发展的一个典型趋势就是发展园区的居住和休闲、娱乐功能，即推进科技园区的产城融合。因此，可以通过在园区中增加居住功能、休闲功能、娱乐功能，推动科技园区从单一的产业空间向一个产城融合的综合型城市功能区转型。

4. 推行智慧园区计划，提升园区基础设施配套水平

智慧园区建设已成为国外的科技园区建设的基本要求，包括先进的园区产业配套基础设施和生活配套服务设施都得到了全面的升级，特别是新近建设的园区，软硬件环境都较以往有较大的提升，原有园区也不断提升已有的软硬件环境。因此，在智慧城市目标建设盛行的我国大中城市中，提升已有园区的软硬件环境、建设智慧园区应该是当前我国科技园区改造升级的基本方向之一。

5. 调整管理架构，推行政府加专业管理公司的管理将极大提高园区管理的效率和水平

园区的管理架构在一定程度上可以更好地推动园区的建设与管理，提升园区的竞争力。从国外的成功经验来看，“政府机构 + 大学”再加专业管理公司相对而言较为成功。政府参与管理能提供政策制定与修改的通道，大学可以发展大学联盟为园区的知识网络建设和人力资源培养提供有力保障，而专业公司的管理则能很好地提升园区基础管理的效率。因此，我国可以适当改善相应的管理架构，采取“政府 + 大学 + 专业管理公司”的管理架构在一定程度上满足了园区建设与发展的多个关键层面，恰当的管理分工将能较好地推动园区的建设与管理。

参考文献

世界科技园协会（IASP）官方网站，http：//www. iaspbo. com/。

爱尔兰国家科技园官方网站，http：//www. shannondevelopment. ie/。

伊沙奎高地官方网站，http：//www. issaquahhighlands. com/。

Jarunee Wonglimpiyarat，“Technology foresight：creating the future of Thailand's industries”，*Foresight* 8（2006）.

New Trends of the Development and Management of Overseas Technology Park

Abstract: With the changing of the economic situation and environment, the development and management of the international Software Parks are showing some of the new trends and characteristics, and it's a good reference for China to accelerate the transformation and upgrading of the Science and Technology Park, and accelerate the transformation of economic development. This report focuses on some science and technology parks for its development status quo, especially focuses on the inspection of a number of well-known park, mainly in terms of spatial location, industry positioning and management architecture and services, and policy support, etc.

Key Words: Software Park; Development and Management; Trend

B.5 创新与制造融合推动密歇根大都市经济复兴*

苏 宁

摘 要：

后危机时期，美国大都市区的制造业发展呈现出新的趋势。本文基于《密歇根州城市与大都市战略》报告，对密歇根大都市区促进经济转型的主要策略进行分析。文中指出，在促进经济转型的过程中，密歇根州着力加强创新与制造业之间的联系，以此提升区域出口能力、吸引国际投资。同时，该州强化区域体系，通过推进现有劳动力培训与新增就业促进经济增长。此外，该州还提供有针对性的投资，使城市与大都市区财富投向区域经济转型。

关键词：

大都市经济 创新 制造业

2012年2月，美国密歇根州公共顾问委员会与布鲁金斯学会共同发布了《密歇根州城市与大都市战略》报告。该战略旨在建立未来一个阶段密歇根州的城市战略，以增强城市化区域的全球性、网络化、快速变化的实力。报告评估了密歇根州大都市区未来的经济优势要素、主要社会指标以及外部最佳实践，提出密歇根州大都市区在创新—制造业互动、劳动力素质提升以及区域投融资方面的主要举措。①

---

* 本文研究得到上海市社科基金“美国三大都市”连绵带中心城市功能及与上海市的对比（2006）的资助，将此致谢。

① Public Sector Consultants Inc., *Michigan's Urban and Metropolitan Strategy* (Washington, D. C.: Brooking Institution, 2012).

一　密歇根州面临的挑战与城市战略的主要需求

1. 密歇根州面临的挑战

金融危机后，密歇根州的经济状况十分不利。在全美 50 个州之中，密歇根的衰退状况位居第二。2011 年，该州的失业率为 9.8%，高于美国 8.6% 的平均失业率。但另一方面，密歇根州的恢复速度也很快，后危机时期经济恢复速度位居全美第二。该州的决策者认为，随着经济的平稳恢复，对于密歇根发展的挑战不仅来自于失业率问题，还来自如何运用自身的优势资产进行全球性竞争。密歇根州认识到，危机之前经济的发展主要由消费驱动，而这些消费往往源于令人感到恐惧的巨额债务。而新一轮经济发展将由产品驱动，其自身带有四个关键性特征：第一，高出口性，以利用提升的全球需求；第二，低碳技术，以引领清洁能源革命；第三，创新，通过创意与创意就业驱动增长；第四，更大的机遇，为具备更多技能的民众提供就业。

2. 密歇根州大都市经济的发展前景

密歇根州是一个大都市州，主要城市与大都市集聚的巨额资产为该州提供了重要的动力。该州最大的 14 个大都市区集聚了 82% 的人口，84% 的就业，85% 的出口，86% 的州 GDP，以及 91% 的科技工作。

因此，密歇根州大都市的实力将极大地决定该州未来经济的前景。该州认为：①下一轮经济将源自创新，特别是制造业领域的创新。创新将通过创意与相关就业推动经济发展；②下一轮经济增长将需求并受益于全球性发展，其中包括借助不断增长的全球需求而带来的出口，以及吸引国际人才与国际投资的能力；③新经济增长将借助于低碳技术、低碳流程以及低碳产品提供的强大动力。

二　密歇根州大都市经济加速发展的主要举措

密歇根州政府及布鲁金斯学会根据密歇根大都市的发展状况及经济特征，提出了促进下一阶段大都市经济发展的三个主体战略目标。

1. 加强创新与制造业之间的联系，以此提升区域出口能力，并吸引国际投资

密歇根州政府认为，创新已经成为美国几乎全部经济增长的源泉，创新使密歇根州得以在新的世界经济变革中立于潮头。随着技术转型的加速，强大的创新能力正日渐成为区域经济发展的关键。而对于密歇根州，特别是该州大都市区而言，其可以成为美国创新的重要组成部分，为国家创新提供重要的基础支撑。从私营部门、金融部门、高校、地方政府直至州政府，必须合作创造一种“创新生态系统”。但推动创新的工作绝不仅仅是促进创意的产生，一个健康的创新生态系统需要一个强有力的制造业体系作为支撑。尽管密歇根州的制造业经历了一个长时段的衰退，但该州的大都市区仍然拥有重要的制造能力，这一制造能力也能扩展为创新能力。密歇根州的先进工业体系具有为持续创新与经济增长担当催化剂的潜力。通过保留与进一步开发大都市区的工业财富，密歇根州将能够为新技术及新的市场提供重要的资本。为实现上述目标，密歇根州大都市发展战略提出以下几项主要措施。

（1）为21世纪就业基金重新定位，以使其涵盖制造业与创新。

密歇根州的21世纪就业基金（21st Century Jobs Fund）是该州推进科技型经济发展的最主要措施之一，该基金建立于2005年，旨在推动建立该州的新型产业，如生命科学、替代能源、先进汽车、先进制造业、新材料与防务产业。[①] 密歇根州认为，应转变此类基金的重点，以增加对于制造—创新基础条件的投资，减少对于个人企业的投资。

密歇根州认为，通过联合高校、社区学校、制造商联合会等不同的利益相关方，能够建立起先进制造业的研发中心，进而在创新与新技术应用两个领域间搭建起桥梁。先进制造业研究中心的网络将能够降低技术创造与应用的门槛，并有助于提升小微企业运用最新技术的能力。在21世纪就业基金的运用方面，对于每个中心年均投资不到1000万美元的情况，州一级应建立多个中心，每个中心专精于一个或几个先进制造业的专业领域。在该基金的资助下，该

① Michigan Economic Development Corporation, *21st Century Jobs Fund*, http://www.michiganadvantage.org/21st-Century-Jobs-Fund/, 2012－03.

州已经推动了密歇根生命科学走廊（MLSC）的建设，该项目促进生命科学技术研发机构与私人部门的合作，每年提供5000万美元资助，共延续20年。[①]

各研发中心可采取用户预付款，或私人机构共同投资方式显示其市场需求。此类中心可以将其资金来源的30%设定为对特定客户的服务性预付款或合同资金，但研发的总体目标必须与州支持的方向一致。更重要的一点是，保持研发中心或实验室的主要资金来自于公共部门而非客户，将有助于这些研发机构的工作有益于更大范围的企业。这样，研发中心的创新活动也将成为密歇根州整体创新基础的有机组成部分。

（2）制定有力的国际直接投资（FDI）战略，吸引链接关键性制造业集群的创新企业。

FDI对于城市与大都市区具有重要的积极作用，尤其能够提供高质量的就业机会。国际直接投资高度集中于美国的制造业部门。2008年，国外企业提供了美国制造业产值的42%有余，制造业就业的1/3强。密歇根州的FDI提供的制造业就业数量高于美国平均水平。

密歇根州认为，需要制定一项清晰、有说服力的战略以提高其自身的FDI份额，吸引国际投资强化该州制造业集群的实力以及不同集群之间的联系。该州将首先对FDI的来源和发展信息进行综合分析与整合。相关的调查将不仅限于年度的国际吸引力分析，而且包含对于各县、各部门吸引FDI的能力与原因的深入分析，并对进入该州的FDI的来源国以及投向领域进行跟踪。上述信息的确定将有助于明确州的FDI吸引重点，并提供长时段的延续性决策依据。同时，密歇根州将为FDI争取联邦项目与区域经济发展项目等多层面的支持。所有的相关组织都可以成为战略的制定成员，以协调、支持以及增强相关主体的行动效能。在推进出口的同时，密歇根州也将以同样的力度推进FDI的吸引和发展。

（3）通过协助、营销、融资等扶持手段，帮助小型制造业与服务业企业提升出口能力。

密歇根州制订了MI-EXPORT计划，以帮助州内企业提高出口能力。该计

① Michigan Economic Development Corporation（MEDC），*A Foundation for the New Michigan Economy*：*21st Century Jobs Fund Report*，2010-09.

划对于州内企业进行了普查与分析，以判定各企业的出口能力，在此基础上制订计划以确定出口的目标国家、产业领域，并协调相关的资源以形成地区出口主体的伙伴关系。同时，密歇根州还根据联邦的《州贸易与出口促进计划》，建立了150万美元的配套基金。上述项目和基金，有半数以上用于向中、小型企业提供出口方面的服务。

为了解决中小企业出口中的资本不足问题，密歇根州通过MI-EXPORT项目着力提供金融方面的帮助。该项目设定了8000万美元的资金，为具备出口资质的合格企业提供金额在10万美元以上的小额融资。同时州政府还与进出口银行、小企业管理局以及商业银行进行协调，通过提供担保等形式，降低中小出口企业获得资金的门槛限制。

2. 强化区域体系，通过推进现有劳动力培训与新增就业促进经济增长

密歇根州的主要大都市区是该州最重要的劳动力市场，也是劳动力跨区域流动的主要区域。该州的大都市区高度集聚了拥有技能的劳动力以及具有大学学历的就业者（该州85%的大学学历以上人口均居住于大都市区），特别在科学、技术、工程以及数学领域的专业人才尤为集中。

但是另一方面，密歇根州的劳动力增长与质量方面情况堪忧。该州14个大都市区中，有13个都市区就业年龄段人口增长低于全美平均水平。截至2011年10月，其中8个大都市区的失业率高于美国9%的平均水平。对此密歇根州认为，尽管该州移民人口在州总人口中的比例不大，但这些人能够成为推动创新与经济增长的积极力量。他们能够为本地企业与出口市场之间提供连接，并带来更多的国际投资机会。为了提升该州大都市区的劳动力素质，特别是充分利用移民劳动力的作用，密歇根州大都市发展战略提出以下几项主要措施。

（1）利用劳动力存量资金，推进制定与产业集群实力相匹配的区域劳动力战略。

由于每个大都市区都具有独特的社区、产业、企业、中介组织以及教育机构组合特征，因此各个大都市区都需要根据区域要素与劳动力状况，量体裁衣制定劳动力发展战略。以区域为出发点的州劳动力发展计划将为密歇根大都市区带来更大的灵活性，为经济发展的特定需求提供有针对性的劳动力发展与就业培训项目。密歇根州当前正着力解决的就业推进问题包括两方面：第一，缺乏区域性的合作体系；第二，就业培训内容与技术性雇主的需求之间的差距需要弥合。

为适应上述需求，密歇根州大都市发展战略进行了具体的部署。在总体上，着力使联邦、州一级现有劳动力发展项目与区域、大都市区经济发展目标相协调与统一。该州一方面促进联邦“劳动力创新与区域经济发展”计划与该州不同区域劳动力创新机构的协同资助；另一方面着力通过州长、密歇根经济发展公司、人才投资委员会等州一级机构的共同努力，建立对区域持续的激励机制，以推动大都市引领的、创新性的劳动力发展体系。在区域层面，该州主要通过区域劳动力发展项目推进劳动力的培训与素质提升。在资金上，该州着力避免联邦与州一级劳动促进资金使用的无差别状况发生，规定此类资源应向区域劳动力发展计划倾斜，以此支持与鼓励地方劳动力投资部门、高校、社区学院、企业领导以及其他关键性机构之间的就业培训合作。

（2）协助具备高等教育水平的移民取得密歇根州专业资质。

密歇根州认为，应将吸引与留住外来移民措施作为大都市区经济发展战略的重要内容。该州许多大都市区尽管拥有大量受过高等教育的移民专业人才，但由于烦琐的许可与资质要求，以及缺乏对就业程序的了解和专业受限等原因，这些人无法进入擅长的领域就业。这种情况也对密歇根州先进制造业的发展有负面的影响。

为解决技术性移民的“脑力浪费”问题，密歇根州采取多种手段增加大都市区这一群体的合适就业。该州大都市区发展战略提出，州内的资质授予机构应提供职业—专业方面的指南，以明确获得特定专业证书的程序细节。在这一方面，已有一家名为“Upwardly Global”（跃升全球）的非营利组织提出了相关服务。该组织提供的指南中包含获取专业证书的全过程及程序内容，包括资格认证、考试以及获得证书的时间与费用等细节。公共部门应与其他利益相关部门合作采取此类措施，使资质的获取程序更为透明。

同时，密歇根州相关机构还应鼓励一部分技术性移民从事与其专业有关的行业工作，这样有助于此类移民解决就业问题。此外，州相关机构与相关主体还应着力降低技术移民在专业领域就业的障碍。信息与资质评估服务部门协助移民翻译与认证外语文凭与证书。制定适应专业移民特点的就业培训项目也有助于移民成功获得工作机会。

3. 提供有针对性的投资，使城市与大都市区财富投向区域经济转型方向

后危机时期，美国各州都对大都市区进行了大量投资，相关投资大量进入基础设施与经济发展领域，同时，投资的分布城市过多使资金的使用强度受到很大限制。密歇根州认为，应摆脱这一无重点的“烧钱”模式，将投资转向与新经济发展相关的重点领域以及具有区域特色的增长型领域。

该州大都市发展战略指出，应整合资源与领导能力，推进以少数城市或大都市为主导的经济促进计划。该计划应带有以下特征：第一，由地方公共、私人、民间与慈善主体共同支持；第二，不仅能够推动大都市区转型，而且具有驱动全州转型的潜力；第三，目标城市数量有限，以避免资源和重点的分散；第四，通过竞争性程序进行投资目标选择，以城市与大都市项目形式出现。

密歇根州城市与大都市区投资促进计划将目标集中在两个相关方向上：其一，支持城市与区域产业与创新集群的发展；其二，推进新型“城市创新区”（Urban Innovation Districts）的建设。其具体的推进策略包含以下几个方面。

（1）通过适应不同阶段发展特殊需要的资金项目资助一定数量的城市或大都市产业集群。

集群发展有助于提升地区企业、创新、就业的互动发展。同时，研究表明集群能够提升产业的创业成功率，对于新兴企业的成功与就业率提升具有强大的正面作用。根据布鲁金斯学会的研究，2003～2010 年在清洁能源领域，集群式企业的增长速度高于个体企业。因此，密歇根的许多城市均将发展企业集群作为推进城市或区域经济发展的关键性战略。

为了集中引导大都市的产业集群发展，密歇根州计划向部分城市或大都市区的现有产业集群工会或行业组织提供资助，此类资助的发放条件主要基于集群的发展表现及潜力。同时，密歇根州大都市经济发展战略认为，该州应制订计划，通过该州经济发展公司或其他主体提供竞争性的资助项目，以扶持部分城市与大都市区的新兴产业集群。资助项目应考察授予集群的产业特性、国内国际联系、发展潜力等情况。同时，特别关注集群对于现有企业的容纳性和吸引外来企业的能力，分析该集群对现有土地、基础设施的转化利用能力。

密歇根州认为，产业集群战略的重心不仅应关注如何使州的主要资源与地方产业集群发展相结合，还应关注专业性以及与州引导下的产业集群策略的联系。即通过州一级发展政策，将已支持的产业集群项目整合为一体化的投资计划，从而形成合力。上述策略不仅在于提升创新、企业发展以及就业水平，还力图在资源有限的情况下，使州经济发展政策的效用最大化。

（2）建立 1 ~ 3 个新型“城市创新区”（Urban Innovation Districts），使创新驱动机构与基础设施、住房、服务设施形成联动发展。

在支持地方性产业与创新集群的基础上，密歇根州还着力与城市领导人合作，发展建立“城市创新区”。这一工作旨在整合和创建地方性的经济、空间、社区财富综合体，以激发快速全球化领域内与领域间的创新要素。与 19 世纪的工业区以及 20 世纪的科技研发园区不同，创新区更重视物理环境（基础设施、城市设计、建筑）与社区环境（可承受住房、社会活动、文化机构、大事件）的作用，以创造一个创新、合作以及企业发展要素相互渗透的共同区域。这一综合的区域环境能够鼓励新企业的创建，推动形成“创新区”内企业、研发机构、区域性中介以及其他组织之间的新联动。

尽管创新区与以往的复合型计划有相似之处，但与传统措施相比进步之处在于，创新区有意识地建立提升创新、合作与联系的物理、经济以及社区空间。在物理区域方面，住房、商业空间、研发机构以及办公楼的良性混合，能够共同形成一种激励机制，从而增加区域密度，使民众和企业更为靠近，在提高创新的过程中形成伙伴关系与合作活动的机遇。步行空间、交通通达性、IT 基础设施、建筑以及绿色空间等差异化的空间特质，将在很大程度上提升宜居性，并成为促进企业落户创新区的重要因素。在经济方面，创新区通过面向集群的促进举措，鼓励创新型产业集群的崛起。此外，区域将以孵化器服务、创业竞争项目、采购策略以及其他各种措施支持创业活动。在社区层面，创新区将提供面向各收入水平人群的可承受、具有吸引力的住房选择、零售与服务性行业以及社会文化活动，从而为居民的居住、就业和娱乐营造良好的环境。

三　密歇根州城市与大都市发展战略的主要启示

1. 促进创新与制造业的融合是城市经济转型发展的关键所在

密歇根州作为美国传统的制造业区域，其目前阶段的经济结构与问题，与中国城市未来一个阶段的发展趋势有相似性。在危机的冲击下，密歇根州面临经济转型的急迫要求。在创新成为美国经济转型主题的背景下，该州在大都市发展的总策略中，清醒地提出创新的工作绝不仅仅在于促进创意的产生，而是需要强有力的制造业体系做支撑。密歇根州在推动大都市经济转型的战略中，将创新与制造业的互动融合作为主要的思路与原则。这对于中国城市下一步的创新发展，提供了重要的参考和借鉴。目前，中国许多城市在促进创新驱动时，将创新与传统制造部门相对割裂，片面追求“创意”与“高、精”，从而使创新要素无法与本地曾不遗余力积累的制造业基础相结合，影响了创新对经济的实际推动。在这一方面，密歇根州的战略值得深思。

2. 劳动力发展战略是促进城市经济转型的重要抓手

密歇根州的大都市发展战略中，反复强调劳动力对于大都市经济发展的重要性。该州认为，大都市区需要根据区域要素与劳动力状况量体裁衣地制定劳动力发展战略。以区域为出发点的州劳动力发展计划将为密歇根大都市区带来更大的灵活性。同时，该州还特别制定了吸引技术移民落地就业的促进策略。反观中国的部分城市，其经济发展策略往往“重物轻人”，更关注技术、资金、基础设施的投入与建设，而对于劳动力素质、结构的变化缺乏宏观的战略谋划，这种情况很容易带来经济增长的不平衡与不可持续。

3. “城市创新区”建设应聚焦环境塑造

密歇根州在促进大都市区的创新要素集聚方面，提出了“城市创新区”的概念。这一概念有别于传统的科技园区与创新集聚区概念，特别强调创新要素与空间、社会、经济要素的融合发展，从而构建一种有利于创新的“复合型”环境。从某种程度上看，这一“创新区”对于环境的关注程度超出了对于创新人才、创新机构的引进欲望，对于中国城市集聚创新要素提供了新的思路。中国城市的创新空间塑造往往更多地强调创新要素的简单叠加与集中，力图使创新资本、人才、企业、基础设施机械性地拼贴在一个空间中，这种过度强调“集聚”的城市创新空间构建，很容易造成创新要素“集中不集聚”、创新主体缺乏联动、创新区域缺乏宜居性的问题，最终影响创新区的可持续发展能力。在这一方面，密歇根州提出的新思路值得引进和借鉴。

参考文献

Public Sector Consultants Inc., The Brookings Institution. Michigan's Urban and Metropolitan Strategy, 2012 -2.

Katz, Bruce, and Emilia Istrate. Boosting Exports, Delivering Jobs and Economic Growth, Washington, D. C.: The Brookings Institution. January 2011.

Michigan Economic Development Corporation (MEDC). Core Communities, 2010.

Michigan Manufacturing Technology Center (MMTC). Expor Tech: Jumpstart Your International Growth, 2011.

Duo-dynamic of Innovation and Manufacturing for the Recovery of Michigan

Abstract: This paper based on Michigan's Urban and Metropolitan Strategy, illustrated the new trends for the Michigan's metropolitan economic transformation. Michigan's metropolitan areas are particularly strong in critical elements, such as innovation, particularly in the manufacturing sector, for the next economy. The right strategy for Michigan is to integrate such elements in its cities, its metropolitan areas, and the state as a whole. To achieving the strategy, Michigan will strengthen the link between innovation and manufacturing to increase regional exports and attract global investments. Michigan will also support strong regional systems to train existing workers and welcome new ones to fuel economic growth. In addition, Michigan will make targeted investments that leverage distinct assets in urban and metropolitan areas to transform regional economies.

Key Words: Metropolitan Economy; Innovation; Manufacture

城市战略篇

Urban Strategy

B.6

国际智库：600 城市驱动世界经济发展*

苏 宁

摘 要：

美国著名咨询机构麦肯锡公司全球研究所发布了《城市世界：城市经济影响力布局》报告。该报告以城市经济活力与影响力为基础归纳了600个对世界经济有重要影响作用的城市，并对上述城市未来阶段发展主导力量、人口特征、社会结构等方面特征进行分析，预测了在未来15年城市网络经济影响力的主要趋势，同时指出600城市对未来全球经济增长具有重要的驱动作用。本文根据该报告的主要内容，归纳未来中国城市发展将面临的若干重要机遇与挑战。

关键词：

城市网络 影响力 经济增长

---

* 本文主要基于对麦肯锡公司全球研究所报告《城市世界：城市经济影响力布局》的介评，并进行了中国启示的研究分析，特此致谢。

全球城市人口过半之后，城市化的步伐依旧迅猛。根据联合国统计，全球城市人口年均增长6500万人，相当于每年新建7个芝加哥。[①] 在世界城市化向纵深发展的阶段，分析研究城市经济影响力在全球范围内的布局，便成为评价世界城市发展质量的重要课题。美国著名咨询机构麦肯锡公司全球研究所发布的《城市世界：城市经济影响力布局》（Urban World：Mapping the Economic Power of Cities）报告，通过对全球超过2000个城市数据的梳理与筛选，从中归纳出600个对世界经济有重要影响作用的城市，并对上述城市的经济活力与影响力进行了系统分析。这一城市网络经济影响力的分析，对我们了解全球经济重心的变化趋势有重要的参考价值。

一 600城市对未来全球经济增长至关重要

在全球经济从危机中复苏的背景下，城市作为世界经济摆脱危机的推动力量，其核心作用得到不断深化的认识。联合国甚至将城市视为解决全球危机的“良方”。[②] 而在全球数量庞大的城市中发现对于全球经济具有支撑性的大都市群体，对于了解城市在全球经济中的重要作用至关重要。麦肯锡全球研究所对全球超过2000个城市的经济数据进行了搜集与调查，从上述城市网络中分离出两个群体，其一为未来15年对全球经济贡献度最高的600个城市，称为城市600（The City 600）；另一群体为剩余的1400个城市。前者被视为世界上发展最快的超级城市与中坚城市。[③]

1. 600城市驱动全球经济

当前，600城市仅占全球人口的20%，但贡献的GDP则为30万亿美元，占世界GDP的份额超过50%。预计2007～2025年，600城市的GDP总和将再增长34万亿美元，为目前的两倍有余，占全球GDP的比例将超过60%。这一城市群体无疑将成为全球增长的驱动引擎。

由于在GDP与人口两方面都快于平均增长水平，600城市的快速发展得

---

① United Nations，World Urbanization Prospects，the 2009 Revision，2010.

② UN-Habitat，State of the World's Cities 2012/2013：Prosperity of Cities，2012－03.

③ McKinsey Global Institute，Urban world：Mapping the Economic Power of Cities，2011－03.

到了有力的支撑。这些城市将会成为4.8亿新农村移民的流动目的地。大部分此类移民来自正经历快速城市化的中国与其他新兴市场地区。预计上述城市的人均GDP水平将从2007年的2.3万美元增长至2025年的3.8万美元，增长将接近一倍。

2. 600城市大多属于新兴经济体

世界经济的重心不仅从发达国家转向新兴经济体，也转向这些区域的城市之中。2007～2025年，423个新兴市场城市（Emerging Market Cities）将提供全球GDP增幅中的45%，这些城市的数量占600城市的70%。其中，中国的225个城市就将贡献全球GDP增量的30%。而目前，上述新兴市场城市的GDP仅占全球总额的15%。

新兴经济区域城市的快速发展反映出其人口与人均GDP的增幅均超过一般水平。到2025年，预计423个新兴市场城市的人口将增加4.3亿人，增长近40%，总人口将达到15亿人。同期，上述城市中心的平均收入将从1.3万美元增长到3.1万美元，增幅超过2倍。这些城市将拥有全球20%的人口与30%的GDP。

新兴经济体的城市群（City Cluster）是具有巨大发展前景的城市化区域。此类城市群指的是半径为200～500公里范围内的特定城市群体。根据麦肯锡全球研究所的分析，新兴经济体的城市群能够提供进入巨大市场的平台。其中，中、印两国的城市群发展潜力尤其令人不可小觑。中国的22个城市群在发展机遇、消费水平、顾客意愿、品牌忠诚度以及市场多样性等商业指标方面，都与其他区域有较大的差异。例如，环绕上海的城市群的人均GDP是长江中游的内陆地区的3倍，这也带来了两个区域间迥然不同的发展机遇。在印度的经济体系中，其城市群的作用尤为凸显。在印度的14个主要城市群中，到2030年将集聚该国17%的人口以及GDP的40%。

二　中等城市将成为未来全球经济新增长点

巨型城市一直被视为驱动全球增长的主要力量，这一情况在未来一个阶段将有所变化。相关机构的研究表明，500万人以下的城市构成新兴市场国家人口中的83%，发展速度也较巨型城市更快。[①] 根据600城市的研究，在未来的15年中，世界GDP增量中的一半将来自人口少于1000万人的中量级城市（Middle Weight Cities）。这一变化表明，数量更多的中等规模城市将成为世界经济的新兴推动力量。

1. 中量级城市将与巨型城市并驾齐驱

目前世界上的23个巨型城市毫无疑问是经济上的巨无霸。[②] 同时，随着城市经济的发展，巨型城市自身也在不断成长，以至于联合国人居署已经为超过2000万人口的城市发明了新的词汇——“超巨型城市”（Meta-city）。[③] 这些城市是全球5%人口的居所，并创造了世界14%的GDP。这也意味着，上述城市的人均GDP超过本地经济的80%。但许多巨型城市在其所在国经济中的地位已经不再突出，随着其人口与人均GDP增幅的减缓，巨型城市在全球GDP中的比例将从2007年的14%下降到2025年的13%。

与巨型城市表现相对应的是，中量级城市2007～2025年将迅速成长，其人口与人均GDP的超平均水平增长将起到助推作用。到2025年，600城市中的577个中量级城市将贡献全球经济增幅的50%。其中，人口在15万～500万人的中小规模城市将提供增长的最大份额，即全球GDP增幅的19%。

由于中量级城市的增长速度使然，2025年将有13个城市跨过1000万人口大关成为巨型城市。除了芝加哥之外，其余的城市均属于发展中国家。这12个城市中仅中国城市就有7个，分别是：成都、东莞、广州、杭州、深圳、天津与武汉。

2. 特大城市的经济作用因区域而异

世界城市经济的力量中心呈现出向东转移的趋势。目前，GDP排名前25

---

① David Jin, David C. Michael, Paul Foo, Jose Guevara, Ignacio Pena, etc., *Winning in Emerging-Market Cities: A Guide to the World's Largest Growth Opportunity* (Boston: The Boston Consulting Group, Inc., 2010).

② 根据麦肯锡公司的定义，2007年人口超过1000万的“巨型城市”有23个，其人口规模从高到低分别为：东京、孟买、墨西哥城大都市区、纽约、圣保罗、上海、加尔各答、德里、北京、重庆、伦敦、达卡、布宜诺斯艾利斯、洛杉矶、卡拉奇、开罗、里约热内卢、巴黎、莱茵—鲁尔、大阪、马尼拉、莫斯科、伊斯坦布尔。

③ UN-Habitat, State of the World's Cities 2012/2013: Prosperity of Cities, March 2012, p. 28.

个城市中，有 22 个来自发达国家。但随着亚洲特别是中国城市的崛起，这一态势在未来的 15 年将发生变化。到 2025 年，在全球 GDP 最高的前 25 个城市中，亚洲城市将占 9 席。而同一时期，北美的 3 个城市与西欧的 4 个城市将退出这一序列。在城市经济的新格局中，上海与北京将替代洛杉矶与巴黎的位置，德里与曼谷将超越底特律与巴塞罗那。

在经济力量中心东移的同时，城市对于所在经济体的作用也将发生分化。发达区域与发展中各区域的城市演变都将呈现区域化特征。北美的 254 个城市在全球 GDP 中的份额将从 20% 降低到 2025 年的 10% 左右。西欧的城市格局则与北美大相径庭。168 个西欧城市相较北美城市，其区域分布更为广泛。该区域的大城市占区域 GDP 的 60% 左右，而北美城市则为 82% 。这种状况表明小城市与乡村地区在该区域中仍占有相对重要的经济地位。

而在发展中地区，中国与印度则正处于城市扩展的浪潮中，这种扩张将使亚洲在工业革命后重归于全球的最重要区域。到 2025 年，将有 16 亿人生活在 600 城市的亚洲群体中，这一数量将占全球最大城市中心人口的 50% 以上。2007 ~2025 年，中国与南亚区域将拥有亚洲新增城市人口的近 90% ，全球城市人口增量的 60% 。到 2025 年，中国大城市的人口将增加 3. 25 亿人，南亚将增加 1. 5 亿人。2007 ~2025 年，印度的城市人均 GDP 年均增长率将达到 9% ，中国则将达到 10% 。

但城市对于中国与南亚的经济贡献程度却有较大差异。在包括香港、澳门与台湾的大中华区，共有 611 个重要城市，其中大部分位于沿海的城市带中。这些城市将在未来对全球发展有重要的推动作用。2007 年，这些城市对全球 GDP 的贡献为 5% ，而到了 2025 年这一比例将达到 20% 。其中，上海将位居第三，北京将位居第五。而印度的 229 个城市则对于世界经济而言重要性相对逊色。2007 年，其城市的全球 GDP 贡献度仅为 1% ，到 2025 年仍仅为 4% ，仅为中国城市的零头。

三　600 城市人口增速高于全球水平

人口的增长水平是显示城市发展潜力与活力的重要指标。2007 ~2025 年，预计600城市的人口增幅超过全球平均水平的60%。这一高增速将归因于城市人口的快速增长与移民。

1. 600城市将成为全球新增就业人口的重要集聚区

到2025年，600城市有望集聚25%的世界工作年龄段人口（年龄15~64岁）、15%的儿童（年龄15岁以下）以及35%的老龄人口（65岁以上）。在600城市中将新增近3.1亿就业人口，几乎是全球劳动力增量的35%。这一增长将几乎完全位于新兴市场城市，其中2/3位于中国与南亚的重要城市中。

在不同国家之中，城市中的人口发展趋势各不相同。到2025年，中国的儿童总数量将下降，但大城市中将增加700万儿童。同期，非洲与中东的城市中心将增加800万儿童，南亚城市儿童的数量增长为700万。在美洲，美国与加拿大的大城市将会新增300万儿童，而拉丁美洲的大城市则将减少1000万儿童。

2. 发展中国家大都市面临中高收入家庭儿童与老龄人口的“双增长”

综合人口统计与收入分配数据，600城市中在家庭收入超过2万美元的儿童数量方面，发展中国家城市的增长数量将10倍于发达国家城市。随着这一趋势的发展，发展中区域城市中高收入群体儿童的增量将占总增量的95%。到2025年，发展中国家城市将拥有60%的中产阶层家庭儿童，其中中国、拉美、南亚的数量占2/3。2007年，家庭收入2万美元以上的儿童数量最多的前25个城市中，有10个来自新兴市场区域，而到2025年这一数量将增加到16个。

在老龄人口方面，发展中区域423个城市的65岁以上人口群体在未来15年中将占600城市该类人口的近80%。这一年龄段增长的1.25亿人，在全球同年龄人群增量中占35%。中国的前216个城市中将新增8000万老人。上海的老龄人口数量将2倍于纽约。同时，拉美与南亚区域的600城市将新增近3000万老年人，为全球该年龄段新增人口的10%。

在600城市体系中，发达国家城市的儿童占比超过25%，而老龄人口则为45%以上。新兴国家城市正在经历老龄居民数量的上升过程，这种趋势在中等收入阶层中同时也有体现。目前，在收入为2万美元以上的老龄群体数量方面，前25位城市中绝大多数都来自发达国家，而预计到2025年将有11个发展中国家城市进入前25位。

四　城市家庭规模缩小带来生活产品与服务的更高需求

2007～2025 年，预计 600 城市中将新增 2.5 亿个家庭。这一数量提升将极大地扩大对住房、家用电器以及其他家用商品与服务的需求。在这些新增家庭中，有一半将来自中国城市。600 城市中的中小型城市将成为这一提升趋势的主要动力，约 1.44 亿新增家庭将来自上述城市，这一数量将占全球家庭增量的 20% 以上。

1. 城市家庭规模缩小趋势明显

423 个发展中区域城市将提供 85% 的新增家庭数量。预计到 2025 年，发达国家近 50% 的家庭将位于大城市，而在发展中国家，这一比例仅有 25%。同期，撒哈拉以南的非洲以及中国区域的家庭数量将翻倍。

这种城市家庭数量的迅速提升，其主要原因来自全球性的家庭规模缩小趋势。而这种规模的缩小趋势，与人口迁移、生育习惯以及代际居住模式的改变有重要的关联。2007 年，600 城市的平均家庭规模已经低于全球水平，为 3.2 人；到 2025 年，这一规模可能进一步下降到 2.7 人。在发展中区域的城市，其平均家庭规模将从 2007 年的 3.5 人降低到 2025 年的 2.9 人。而中等规模城市将经历相对绝大多数巨型城市更高的家庭数量增长。

2. 家庭数量增长带来巨大需求

家庭数量的增长将极大地提高相关的产品与服务需求，其中不仅包括有线电视、网络宽带等家用产品与服务，而且包含了对住房与基础设施的巨大需求。随着家庭收入水平的提高以及人口构成的变化，上述需求将逐渐转化为对于住房选择的期待。北京、上海、拉各斯等新兴市场城市将面对住房需求的巨大增长。

五　新兴市场城市将拥有最多中产阶层家庭

从全球来看，预计到 2025 年，年均收入超过 2 万美元的家庭将有近 10 亿个。其中，2007～2025 年，600 城市中将有 1.4 亿个家庭进入上述行列。在这些家庭中，有1.2亿来自发展中国家城市，仅来自中国的就有7500万个。新兴区域城市中的中等收入家庭数量将超过当前美国、加拿大与西欧所有具备消费能力的家庭数量总和。

这一增长并不仅仅反映了新兴市场城市的中产阶层数量上升，而且这些区域中富裕家庭的数量也进一步提升。中国、南亚与拉美区域年均收入7万美元以上的家庭数量将超过3000万个，这一数量将与西欧与东北亚富裕家庭的数量持平。在巨型城市中，北京将拥有100万个富裕家庭，其数量将与马德里相当。

综合上述两种趋势，2025年，55%的全球主要消费力量将集中在发展中区域，这是一个巨大的变化。到2025年，预计600城市中的发展中国家成员，其年均收入超过20000美元的家庭达到2350万个，1.1倍于发达国家城市。

目前，在中等收入阶层家庭的数量方面，发达国家的巨型城市仍将占有支配性地位。到2025年，纽约年均收入在2万美元以上的家庭数量将有近800万个，伦敦则超过700万个。但是，北京和上海将异军突起，占据这一体系的前列。预计2025年这两个中国城市的中等收入阶层家庭数量将是目前的5倍，均达到700万个的水平。

研究表明，城市中的家庭收入分配与所在国有较大差异。以北京为例，该市的中等收入以上家庭占总家庭数的16%，而中国的平均水平则为4%。预计到2025年，这一差距将进一步拉大，将分别达到55%与22%。

六　全球城市经济重心变化对中国城市建设的启示

1. 城市群体系建设至关重要

在分析城市的世界经济影响力方面，相关的国际研究不仅把视角置于城市个体上，而且更强调城市群的整体力量。在600城市分析中，对于新兴经济体的城市群给予了充分关注和高度评价，认为此类区域的发展前景十分广大，同时也指出城市群在经济效益上的巨大优势。因此，在中国城市的建设上，不仅要关注具有强大国际辐射力和经济配置能力的特大型城市或“世界城市”，也要在“强心”的基础上关注城市群体系的建设，形成城市群体的有机合力。对于中心城市自身而言，在战略规划与建设中，应关注半径200～500公里范围内的区域城市伙伴，形成要素配置、发展机遇、市场划分、企业成长、基础设施等多方面协调发展的区域整合态势，进而形成城市群的整体合力。

2. 中等城市的发展前景广阔

中国的城市发展中，长期以来存在“重两头，轻中间”的问题。城市发展的重点在特大城市与小城镇两端不断游移。而根据国际研究机构的分析，中等城市的发展已成为未来世界经济发展的重要支撑力量。这一判断并非否定特大型城市的支撑性作用，而是指出了城市经济增量的重要发展方向。当前，特大型城市的快速发展带来了相关城市中的环境、资源、管理等诸多问题，“城市病”问题日益凸显。而小城镇则无法解决城市发展的规模效应问题。因此，中等城市的发展，恰恰能够在推进城市化方面起到重要的补充作用，具有广阔的空间。中等城市的建设与强化，能够提供更多的要素配置空间与就业，吸纳农村的剩余人口以及特大型城市的“挤出”劳动力。这种承上启下的功能，一方面能够为特大型城市的发展减负，另一方面也有助于增强城市体系的“厚度”。同时，中国未来将有众多中等城市成长为特大型城市，对于此类城市的前期科学规划与城市功能建设，将有助于城市未来能级提升之后的顺利发展。

3. 重视城市家庭规模与数量的互动变化

家庭数量的迅速提升与家庭规模缩小，已成为全球大城市普遍出现的两个关联紧密的趋势。这种家庭规模与数量的此消彼长趋势，将对城市管理与社会服务功能提出更高的要求。对于中国的大城市而言，由于计划生育政策的实施以及市民生活方式的变化，这种家庭规模缩小的趋势将更为显著。这种变化将带来对于住房、基础设施、社会服务、商业环境、教育资源的巨大需求，而这种需求在相关供给不足的情况下，将极易转变为压力。同时，家庭数量的大幅提升，也对于社会管理带来新的挑战，社会的进一步碎片化需要更有效的治理模式。

4. 中等收入阶层成为大城市社会的主要力量

综合国外机构的研究判断，中等收入阶层的迅速扩大将成为新兴市场城市的重要特征。这一特定群体的规模扩张，不仅将改变全球城市财富的分配格局，也会对新兴市场城市的建设提出新的要求。相关研究特别指出，中国城市的中等收入阶层增长的速度尤为突出。对于中国发展较为成熟的特大型城市而言，中等收入阶层有望成为城市人口、社会结构中占比最大的群体。这一趋势，一方面极大地提高了中国大城市的财富集聚度以及社会稳定度，另一方面也使得高水平的社会服务能力、城市管理能力成为必需。同时，中产阶层的群体扩大必然带来市民社会的自治需求提升，城市政府的社会功能设计也需进行相应的重大调整。

参考文献

McKinsey Global Institute. Urban world: Mapping the Economic Power of Cities, McKinsey Global Institute, March 2011.

UN-Habitat, "Urban Trends: Wealth of Cities," in State of the World's Cities 2010/2011: Bridging the Urban Divide, March 2010.

United Nations, World Urbanization Prospects, the 2009 Revision, 2010.

Brookings Institution, Global Metro Monitor: The Path to Economic Recovery, December 2010.

McKinsey Global Institute, India's Urban Awakening: Building Inclusive Cities, Sustaining Economic Growth, April 2010.

Price Waterhouse Coopers, Cities of Opportunity, 2010.

International Think Tank: The 600-city Driving Power of Global Economy

Abstract: This paper mainly based on the analysis of the McKinsey Global Institute's report: Urban world: Mapping the economic power of cities. It attempts to use a global view on the economic role of cities. The paper shows that 600 urban centers, with a fifth of the world's population, generate most part of global economic growth and capacity. With described of the trends of the shifting gravity of the global urban landscape, the population structure, social characters and driving forces of the 600 cities was investigated in this paper.

Key Words: Global City Network; Economic Growth; Urban Landscape

B.7

国际金融中心城市竞合：亚洲新变局

闫彦明

摘 要：

全球金融危机爆发后，世界经济金融重心“东移”趋势明显。其中东亚地区金融中心在全球城市网络中的地位快速上升，推动了亚洲地区金融中心权力格局的新变化。从动因看，这些新现象的出现主要在于东亚地区货币金融合作进程加速推进，以及以中国为代表的新兴市场经济国家经济实力不断提升。这种新趋势正在逐渐强化，并对全球金融发展产生深远的影响。

关键词：

亚洲地区　金融中心　GFCI

随着美国次贷危机、欧洲债务危机等连续爆发，西方发达国家经济发展受到严重影响，并触发了西方金融监管体系的变革。与此同时，一些亚洲新兴市场国家成为全球经济最有活力的地区之一，全球经济金融重心“东移”渐趋明显。这反映在亚洲地区金融中心权力格局变化方面，集中体现为以香港、上海、北京、新加坡、首尔等为代表的东亚金融中心国际地位的上升。

一　全球金融中心指数及其评价方法

在信息技术和经济全球化的推动下，全球金融资源加速向部分城市集聚，金融中心城市正在越来越强有力地掌控全球金融资源。后危机时期亚洲地区金融中心格局所呈现的变化深刻地反映了这种趋势。为了更为清晰地反映当前亚洲地区金融中心格局的演化特点，本文采用了伦敦金融城政府委托专业机构研制与发布的“全球金融中心指数（The Global Financial Centres Index，简称GFCI)”加以分析。

1. GFCI：全球最权威的金融中心指数

“全球金融中心指数（GFCI)”是目前对全球范围内各大金融中心发展情况最为权威、影响最广泛的评价指数，该指数由伦敦金融城政府委托专业咨询机构 Z/Yen 公司所研制。2007 年 3 月，该指数首次对全球范围内 46 个金融中心进行评价与排序，随后于每年 3 月和 9 月定期更新并对外公开发布，以动态反映金融中心竞争力的变化并作出分析。截至 2012 年 9 月已经发布 12 期，其评价对象已经扩充到全球 77 个金融中心城市。值得提出的是，GFCI 的推出与美国次贷危机引发的全球金融危机时间大体接近，而伦敦金融城发布的各期 GFCI 报告也从金融中心发展的视角对全球金融危机演进过程进行了独特的诠释。

2. 全球金融中心的评分方法

全球金融中心指数基于两组相互独立的数据——特征性指标（外部指数）和金融专业人士的网络问卷调查结果，通过“因素评估模型”对全球主要金融中心进行分类、评分和排名。

特征性指标（Instrumental Factors)。先前的研究表明，影响金融中心竞争力的因素有很多，归纳起来可以分为涵盖面广泛的五类竞争力指标，即人才(People)、商业环境（Business Environment)、市场发展程度（Market Access)、基础设施（Infrastructure)、总体竞争力（General Competitiveness)。一个金融中心有关这些方面表现的数据来源于外部的公开评价，例如公开公正的商业环境指标由贪腐印象指数、不透明指数等特征性指标得出。GFCI 随着实践的发展而动态调整和完善该指标体系，例如在第 11 期中总共采用了 80 个具体指标，其中 37 个指标在 GFCI 9 之后进行过更新，另外还有 5 个新加入的指标。

金融中心评价（Financial Centers Assessments)。这些评价数据基本上来自于对分布在全球各地的国际金融服务专业人士的网络问卷调查。受访者被要求对他们熟悉的金融中心给予评分，同时回答一系列有关他们对金融中心竞争力看法的问题。在第 11 期 GFCI 中，问卷调查采用了来自全球 1778 名金融专业人士的 26853 份对有关金融中心的评价结果。其中，相对较早的评价结果将被相应降低权重（值得提出的是，网络问卷调查不可避免地带有一定的主观性和随机性，这也是 GFCI 受到各界质疑的关键问题）。

3. 竞争力指标及其相对重要性排名

GFCI 体系内的 80 个特征性指标之所以能被选中，是由于这些指标所描述的特征，可以通过不同方式反映出研究中出现的 14 类竞争力因素，这些竞争力因素对各个城市的排名至关重要。这 14 个竞争力因素如表 7－1 所示。

表 7－1　GFCI 竞争力指标及其相对重要性排名

竞争力指标	排名	竞争力指标	排名
技术娴熟人员的可用性	1	公司税制	8
监管环境	2	操作费用	9
国际金融市场的准入门槛	3	专业服务供应商入口	10
商业基础设施的可用性	4	生活质量	11
客户开放性	5	文化 & 语言	12
公平公正的商业环境	6	商业资产质量/有效性	13
政府响应性	7	个人所得税制度	14

资料来源：*The Global Financial Centres Index 11*，伦敦金融城政府研究报告，2012 年 3 月。

二　亚洲地区金融中心格局演变的新趋势

1. 全球金融中心城市顶端结构的“四强”格局趋于稳固

长期以来，西方发达国家的金融中心城市处于金融资源的垄断地位，纽约、伦敦、芝加哥、东京、法兰克福、苏黎世、日内瓦等一些城市构成了全球金融中心城市的“金字塔尖”，广大发展中国家的城市难以打入金融中心的顶端群体。但近些年，在全球金融危机的影响下，欧债危机状况不断恶化，这使得金融中心体系出现了新的变化：香港、新加坡成功跻身全球金融中心的顶端群体，并与纽约、伦敦共同构成了全球金融中心城市顶端结构的“四强”新格局。

虽然 20 世纪末东南亚金融危机的爆发对香港、新加坡产生了强烈冲击，但在区域经济环境趋于活跃的背景下，香港、新加坡的金融经济发展很快，并在亚洲金融中心的总体排名中快速上升。进一步看，两大城市在 GFCI 关于金融发展各项指标上的得分与纽约、伦敦两大全球金融中心的差距不断缩小。例如，GFCI 第 10 期的情况显示，前三大金融中心的总得分仅有 4 分的差距（而 GFCI 第 9 期中第 1 名和第 3 名城市之间尚有 16 分的差距）；虽然在 CFCI 第 11 期中香港、新加坡的综合得分有小幅度下降，但不影响其作为全球金融中心顶端城市的地位。

图 7－1 清晰地反映了当今全球金融中心顶端城市的结构及变动趋势：一是国际金融中心的前四位已经形成较为稳固的群体结构。从 2007 年 3 月 GFCI 发布首期指数以来，纽约、伦敦、香港、新加坡等城市保持了相对稳定的绝对领先优势。二是全球金融危机爆发以来，全球排名前四位的金融中心城市的总分出现了“此消彼长”的趋势，即纽约、伦敦两大“老牌”城市受金融危机影响较大而得分有所下降，而香港、新加坡两个新兴金融中心城市的得分大体保持了稳步上升趋势。三是在“第一军团”的四个城市中，前三位垄断了全球的大部分金融资源——它们共同控制了全球金融交易的绝大部分（包括约 70% 的股权交易）。四是进入 2012 年后，香港、新加坡的综合得分有小幅度下降——其中香港下降 16 分、新加坡下降 6 分，这可以视为长期上升态势中的阶段性调整，但这两个城市的得分仍大幅领先于第五名的东京。

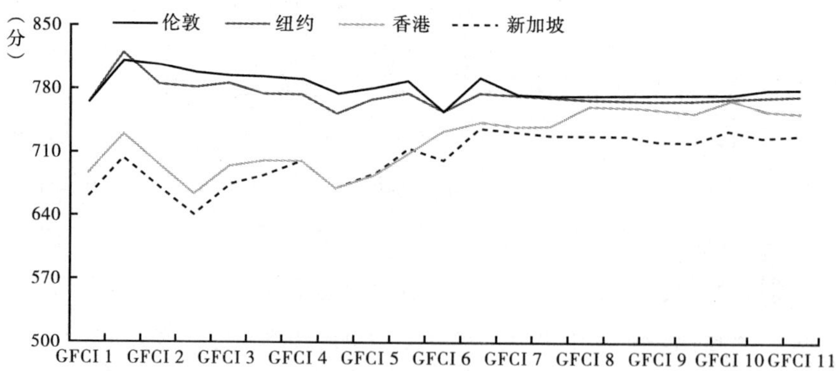

图 7－1　GFCI 排名前四位金融中心的得分变动趋势

资料来源：*The Global Financial Centres Index 11*，伦敦金融城政府研究报告，2012 年 3 月。

2. 亚洲入选全球前 10 位金融中心的数量多于欧洲和美洲

从 GFCI 第 11 期的排名情况看（见表 7－2），亚洲地区有 5 个金融中心挺进了全球前 10，多于欧洲和美洲。虽然上海、悉尼、墨尔本、北京、中国台北等城市在新一期 GFCI 的排名中有不同程度的下降，但是进入全球前 10 位的亚洲地区金融中心数量达到 5 个，多于欧洲和美洲金融中心的数量。这与近期美国经济复苏乏力、欧洲深陷主权债务危机的客观情况是相符的。

表 7－2　GFCI 第 11 期亚洲地区排名前 30 的金融中心

金融中心	GFCI11 排名	GFCI11 得分	GFCI10 排名	GFCI10 得分	较上期排名变化	较上期得分变化
香　港	3	754	3	770	0	－16
新加坡	4	729	4	735	0	－6
东　京	5	693	6	695	1	－2
上　海	8	687	5	724	－2	－37
首　尔	9	686	11	679	2	7
悉　尼	16	674	15	669	－1	5
墨尔本	20	653	18	656	－2	－3
大　阪	24	647	26	641	2	6
北　京	26	644	19	655	－7	－11
台　北	27	643	23	645	－4	－2

资料来源：*The Global Financial Centres Index 11*，伦敦金融城政府研究报告，2012 年 3 月。

3. 东亚地区金融中心地位有所提升

近年来，在全球经济重心东移的背景下，全面促成了东亚地区金融中心的整体崛起。客观来看，虽然东亚地区各个国家的经济金融发展水平参差不齐，但总体发展速度快于亚洲地区的平均水平，其中中国、新加坡、韩国、日本等国表现较为突出。虽然国际金融危机的影响依然在深化、蔓延，但东亚各国实体经济的快速发展推动了一批金融中心城市快速崛起。表 7－3 是第 10 期 GFCI 前 20 位城市的分布情况及与第 1 期 GFCI 的位次、得分比较。

从表 7－3 看，GFCI 第 10 期排名前 20 位的城市中亚洲地区占据了 6 席，其中前 10 位有四席——分别是香港、上海、新加坡、东京。从时间背景看，GFCI 评分的第 1 期至第 10 期分布于 2007～2011 年，正好是国际金融危机从爆

表 7-3　GFCI 第 10 期前 20 位城市的分布情况及与第 1 期对比

城　市	GFCI 10 排名	GFCI 10 得分	GFCI 1 排名	GFCI 1 得分	较第 1 期排名变化	较第 1 期得分变化	东亚地区城市（星号显示）
纽　约	1	774	2	760	1	14	
伦　敦	2	773	1	765	-1	8	
香　港	3	770	3	684	0	86	*
新加坡	4	735	4	660	0	75	*
上　海	5	724	24	576	19	148	*
东　京	6	695	9	632	3	63	*
芝加哥	7	692	8	636	1	56	
苏黎世	8	686	5	656	-3	30	
旧金山	9	681	13	611	4	70	
多伦多	10	680	12	611	2	69	
首　尔	11	679	43	434	32	245	*
波士顿	12	678	14	609	2	69	
日内瓦	13	672	10	628	-3	44	
华盛顿	14	670	20	594	6	76	
悉　尼	15	669	7	639	-8	30	
法兰克福	16	667	6	647	-10	20	
温哥华	17	661	27	558	10	103	
墨尔本	18	656	18	603	0	53	
北　京	19	655	36	513	17	142	*
蒙特利尔	20	652	21	580	1	72	

资料来源：根据伦敦金融城政府网站发布的报告整理而成。

发到深化蔓延的阶段；在此过程中，东亚地区入围的各个城市从指标得分和总体排名上都有很大的进步，如上海跃升了 24 位并成功跻身前 5 名，首尔上升 32 位而排在第 11 位，都有非常突出的表现。由于东亚城市及其他部分地区金融中心城市的崛起，很大程度上扭转了西方发达国家中心城市在金融领域长期垄断的格局，例如一些老牌的国际城市（如巴黎、慕尼黑等）被“挤”出前 20 位。

4. 中国内地三大金融中心城市排名迅速提升

自 GFCI 发布以来，在亚洲地区各个国家中，中国是唯一有三个城市（不含中国香港、中国台北）入围全球金融中心前 20 位的国家。在三大金融中心城市实力不断提升的背景下，中国金融领域的国际影响也在快速提升；不过需要提出的是在2012年3月发布的第11期GFCI排名中，三大城市排名均有所下滑。表7-4是对第1、5、6、10、11期[①]入围GFCI的中国内地金融中心城市排名变化情况进行的比较。

表7-4　中国内地金融中心城市在历次GFCI中的排名情况对比

城市	第1期排名	第5期排名	第6期排名	第10期排名	第11期排名
上海	24	35	10	5	8
北京	36	51	22	19	26
深圳	—	—	5	25	32

资料来源：根据伦敦金融城政府网站发布的报告整理而成。

上海、北京、深圳中国三大内地金融中心目前已经跻身于全球金融中心之列，其中上海自第6期至第11期持续排名全球前10名之列；北京、深圳的名次在近几期的排名中均有一定的跳跃性，但总体排名还处于中上游位置。这反映出随着中国实体经济实力的不断提升，金融中心在国际上的地位也相应有所体现。

值得提出的是，2012年三大城市的排名、得分均出现不同程度下滑，这可能与股票市场低迷、经济指标下滑、资本项目管制等因素有关。但从长期看，短期的下滑并不能改变中国内地金融中心城市崛起的趋势。根据《The Global Financial Centres Index 11》的报告分析，得分下滑对于亚洲地区来说不过是长期增长趋势中的一个小插曲。受访者普遍认为，亚洲金融中心正变得越来越重要。但是，由于外汇管制的原因，也有一些受访者对金融中心能否在中国内地成长表示质疑。

以上结合各期GFCI及排名情况简要分析当前亚洲地区金融中心结构的新局势，以及东亚地区金融中心不断崛起的新特点。虽然伦敦金融城发布的GFCI因其指标设置及评分的主观性较强等因素受到质疑，但迄今为止该指数仍是最权威的专业评价指标之一。从其排序情况看，也符合当前亚洲地区金融中心格局发展的现实情况。

---

① 随着GFCI排名体系的不断完善，入选的全球金融中心城市数量也有所变化。第1期、第5期、第10期、第11期选择的全球金融中心城市总数分别为46个、62个、75个、77个。

三　亚洲金融中心格局演化的主要动因

金融发达程度是实体经济水平的直接反映。近些年来，在后发优势的推动下，中国实体经济迅猛发展，2010 年中国总体经济规模首次超越日本成为全球第二大经济体，显示出中国作为新兴市场经济国家具有很强的经济活力。经济实力的不断提升，直接推动了中国金融产业的发展及国际影响力的不断提升，中国内地三大城市的 GFCI 同步快速上升客观地反映了这样的趋势。而从全球经济金融发展态势看，自美国次贷危机爆发以来，在各种经济势力格局复杂演化的背景下，全球金融布局“东移”态势不断增强，从而对未来亚洲金融中心格局演化产生深远的影响。其动因可大体归纳为以下几个方面。

1. 亚洲地区实体经济格局的变化是根本动因

金融是现代经济的核心，但实体经济水平却对金融发展起着极其重要的支撑作用。在经历了工业时代的快速增长后，发达经济体普遍陷入增速减缓、增长乏力的长期困境。不仅如此，在各种深层次矛盾的综合作用下，金融危机、债务危机等交织缠身，后工业化国家似乎陷入了一种新的发展困境；与此同时，中国、印度、巴西、俄罗斯等新兴市场经济国家仍处于快速工业化阶段，其经济增长态势强劲。这种态势对亚洲地区经济发展格局的调整亦可产生推动作用，并对亚洲金融发展格局产生重要影响。

根据世界银行 2012 年 4 月 18 日发布的《2012 年全球经济展望》，大幅调低了对 2012 年的增长率预测。世行预计，2012 年全球经济增长率为 2.5%，其中中国 GDP 增速为 8.4%。该报告认为，世界经济已进入一个危险期，欧洲金融动荡已部分扩散到不久前尚未受到影响的发展中国家和其他高收入国家。该报告预计，2012 年高收入国家的增长率为 1.4%，低于此前预测的 2.7%（其中，欧元区国家的增长率为 -0.3%，较前值 1.8% 有大幅下调，日本和美国经济增速预计为 1.9% 和 2.2%，同样有所下修）①。从这项预测可以看出，

① 吴心韬：《世行下调全球经济增速预测》，2012 年 1 月 19 日，http://news.163.com/12/0119/00/7O3D62HO00014AED.html。

长期以来发挥世界经济“火车头”作用的欧美发达经济体集体陷入衰退，且未来前景并不理想，而以中国等国家为代表的新兴市场经济体仍保持着较快、较稳的发展态势。在“此消彼长”的作用下，全球实体经济格局正在发生“重心东移”和“新兴市场经济体不断崛起”的深刻变化。

2. 在“相对势差”引领下出现国际资本大规模“东移”的现象

国际金融发展史表明，货币金融具有强烈的空间属性与地缘特征。在全球金融演化进程中，由于不同地域之间存在投资回报的“相对势差”，使得国际资本始终处于动态的流动之中，最终推动国际金融中心格局的演化。

虽然从表象上看，国际金融危机的爆发期已经逐渐完成，但是从美、欧等西方发达国家经济发展态势看，却存在很大隐忧。债务危机缠身、产业增长乏力等因素使得传统发达国家经济发展面临很多不确定性。从美国的情况看，次贷危机对金融业的影响虽然有所减缓，但仍存在一些经济“过度金融化”的隐忧，美国不断膨胀的巨额债务也是其经济金融发展的一颗“定时炸弹”；从欧元区情况看，持续升级的欧债危机已成为当前全球经济复苏的主风险源，欧债危机正在通过影响欧洲重要贸易伙伴的出口等途径冲击世界经济。在此背景下，一些国际游资纷纷向经济相对安全的东亚地区转移以寻求更多回报，在客观上对近几年东亚地区金融业的快速发展起到了“推波助澜”的作用。

3. 以中国－东盟自由贸易区、东北亚经济圈为核心的地区经济金融合作提速

在西方主要经济体集体陷入经济衰退的背景下，激发了包括东亚地区在内的一些区域经济的地缘性合作。以中国进出口为例，在国际金融危机影响最大的2009年，我国对外贸易进出口总值为22072.7亿美元，同比下降13.9%；其中出口12016.7亿美元，下降16%，主要是对欧美国家贸易往来的降低所致。为了推动经济的持续发展，以“中国－东盟自由贸易区”、“东北亚经济圈”为核心的地区经济金融合作全面提速。

经过10多年的各方努力，2010年1月1日“中国－东盟自由贸易区”（CAFTA）正式全面启动，使得这个区域的经济贸易和金融领域合作显著增强。同时，以中、日、韩为主要经济体的“东北亚经济圈”覆盖总人口接近20亿人，潜在市场巨大；在地区经济一体化加速发展的形势下，各国逐渐认识到地缘经济的重要性，在地区经济合作上不断形成更多共识。统计数据显示当前中国与东亚各国（地区）之间的进出口规模较大、增长速度较快。

与此同时，东亚地区各国之间的金融货币合作也趋于活跃，并达成了一些标志性合作框架。2009 年 8 月 15 日，第八次中国 – 东盟经贸部长会议达成了《投资协议》，该《投资协议》在给予投资者国民待遇、最惠国待遇和投资公平公正待遇上，致力于为各方投资者创造一个自由、便利、透明及公平的投资环境，并为参与国的投资者提供充分的法律保护等多方面作出了具体规定。另外，在 2000 年东亚各国签署的“清迈倡议”（CMI）的基础上，近年来东亚地区各国开展货币互换活动日趋频繁，其目的在于规避美元、欧元等主要货币汇率波动的风险，在客观上对推动区域货币一体化创造了条件。目前中国央行已与韩国、香港、马来西亚、印度尼西亚、新加坡等一些国家和地区的货币当局签署了双边本币互换协议。

除了以上三大因素之外，相对稳定的区域经济环境也为亚洲地区金融中心城市的崛起创造了条件。除了中国内地的上海、北京、深圳等金融中心之外，新加坡、韩国首尔、中国香港、中国台湾等国际城市目前也保持着良好的经济金融发展态势，而这些城市正在形成一种“无形”的合力，推动亚洲地区金融产业的快速发展。

四　新格局、新趋势下中国金融崛起的战略思考

虽然亚洲地区金融格局演化的新趋势正朝着有利于中国及周边地区的方向发展，但客观来看，中国金融崛起的道路仍存在多方面的“障碍因素”。一是亚洲地区乃至全球的金融话语权仍实质性地掌控在欧美发达国家手中；二是东亚区域金融合作面临制度安排、货币政策协调等一系列难题；三是中国内地各金融中心城市之间存在着无序竞争的现状，制约着关键城市国际影响力的进一步提升。在新的国际环境下，中国金融崛起应当重点对如下几个方面有所考虑。

第一，以人民币国际化为关键路径，提升中国在国际金融领域的影响力、控制力、话语权。虽然我国实行了较为严格的资本项目管制，但是近年来随着人民币国际地位的不断提升，人民币在周边地区成为“硬通货”已经是不争的事实。

从国际形势看，未来 10 年将是人民币国际化的“黄金十年”，我国监管当局也在积极通过多种渠道探索推进人民币国际化的进程。从举措来看主要是：加快形成人民币利率的市场化决定机制；进一步推动中国与亚洲各国之间的货币互换，在逐步做大人民币海外流通规模的基础上，推动人民币向国际储备货币的更高阶段迈进。

第二，加强区域货币合作和货币一体化。1999 年诺贝尔经济学奖获得者蒙代尔曾经预言在未来全球将出现三大货币区：欧元区、美元区和亚洲货币区，“金融稳定性三岛”将成为搭建起国际货币体系的基本框架。虽然欧元作为一种货币体制创新因为遭遇“欧债危机”的冲击而显得岌岌可危，但是这不能全盘否定区域货币一体化的战略意义。中国及周边国家仍可依托人民币、日元等相对强势的货币，探索放弃盯住美元汇率的区域性货币制度安排。重点可探索深化“清迈倡议”的合作机制，推动建立东亚货币汇率的联动协商机制，推动设立东亚地区共同外汇储备基金等方面的举措。

第三，加强沪深交易所与亚洲地区各交易所之间的战略合作，建立更为高效的金融市场体系。随着金融“脱媒化”趋势的增强，资本市场在亚洲金融领域迅猛发展。国际金融危机爆发后，为了应对竞争，在国际上出现了一系列大型交易所并购案，其根本目的在于通过“强强联合”进一步强化欧美各国对国际金融领域的长期垄断地位。从应对挑战、进一步增强金融中心国际竞争力的角度出发，中国可以依托沪、深两大交易所开展与亚洲各国相关交易所之间的战略合作，如组建跨境的超级金融交易所、加强亚洲主要交易所之间的金融信息沟通及联合研究、推动合作方所在国的企业优先上市等。

第四，稳定推动区域金融发展，建立跨境金融监管联动机制。与欧美发达国家相比，中国及周边国家在防范金融风险方面缺乏理论、人才、资金、技术等方面的优势。为了有效强化东亚区域金融的稳定性，有必要认真总结东南亚金融危机、美国次贷危机等相关教训，通过建立跨境金融监管联动机制来有效防范各种可能带来巨大冲击的金融风险。主要可探索加强东亚各国中央银行之间的金融监管协商、建立区域性金融监管信息数据系统、组建区域性货币金融监管机构等。

第五，实施更为协调统一的区域金融发展战略，推进国内金融中心的梯度发展战略。中国近些年来各个地方实施了不同的金融发展战略，并客观上形成了金融中心的网络体系。其中东部地区的中心城市，包括北京、上海、天津、深圳、广州等已经成为第一团队；而内地的一些省会城市和经济城市也形成了规模不等的区域性金融中心城市。但客观上看，我国区域金融发展缺乏协调统一的区域金融发展战略，突出地体现为各个城市对于金融资源的无序争夺现象。今后可以探索推行中国金融中心发展总体战略框架，稳步推进金融中心的梯度发展战略，加快推进上海、北京、深圳、天津等金融中心城市对优势资源的集聚能力。

参考文献

The Global Financial Centres Index（1－12），伦敦金融城政府网站。

瑞斯托·劳拉詹南：《金融地理学》，商务印书馆，1999。

彼得·邓肯：《全球性转变——重塑21世纪的全球经济地图》，商务印书馆，2009。

吴心韬：《世行下调全球经济增速预测》，2012年1月19日，http：//news. 163. com/12/0119/00/7O3D62HO00014AED. html。

Fujita M，Krugman P，Venables J：Spatial Economy：Cities，Regions and International Trade. Cambridge，Mass：M IT Press. 1999.

The Competition and Cooperation of Global Financial Centers：Asian Evolution

Abstract：After the global financial crisis，the trend of the world economic and financial centre of gravity moving eastward is obvious. Position of the East Asian financial centers rises quickly in the world city network，which has changed the structure of Asia-Pacific financial centers. The appearance of the new phenomenon is mainly attributed to the acceleration of the East Asian regional monetary and financial cooperation process. The economic strength of China，as a representative of the emerging market economy countries，is continuously improving. This new trend will have far-reaching influence on the global financial development.

Key Words：Asia-Pacific Fegion；Financial Centre；GFCI

B.8
快速城市化中的陷阱与应对：拉美城市的启示

林 兰

摘 要：

本文以2012年8月21日联合国人居署发布的《拉美城市发展报告》和2011年8月13日麦肯锡发布的《建设全球竞争力城市：拉丁美洲增长的关键》① 为主要线索，分析了拉丁美洲国家城市在快速城市化进程中产生的一系列问题，以及一些典型城市在经济、生态、管理等方面的解决之道。

关键词：

拉美 城市化 拉美陷阱

拉丁美洲是全球城市化率最高的地区之一，有80%的人口居住在城市，其城市化水平甚至超过了许多发达国家。1940~1990年是拉美城市化进程的高峰期，城市人口从原来占该地区总人口的40%迅速增长到70%，这一现象被称为拉美的“城市人口爆炸”，从此城市发展成为推动拉美国家加快经济增长和社会进步的“引擎”。

目前，拉美绝大多数的制造企业和服务业企业都集中在城市，城市经济占该地区国内生产总值的2/3以上。拉美最大的40个城市每年产值超过8420亿美元，城市化进程给拉美带来了发展的希望和机会。

---

① McKinsey Global Institute，“Building Global Competitive Cities：The Key to Latin American Growth”，McKinsey & Company，2011.

一 拉美城市化产生的“拉美陷阱”①②

从20世纪70年代开始，拉美国家的贫富不均两极分化、城市化失衡造成环境恶化、失业人口较多、公共服务不足的现象。过度城市化不仅没有推动拉美经济持续发展、没有解决其农村农业问题，反而使拉美各国都陷入了“拉美陷阱”，这主要表现在以下几个方面。

1. 社会贫富差距拉大

20世纪70年代以来，拉美地区人均收入增长了3倍，但贫富差距也进一步扩大。拉美最富有的20%的人口所占有的财富相当于最贫困的20%的人口的20倍，是世界上收入差距最大的地区。巴西、危地马拉、洪都拉斯和哥伦比亚的贫富差距最为明显，2009年其基尼系数都在0.56以上。目前，拉美城市贫困人口仍然有1.24亿，几乎占该地区城市总人口的25%。

过快的城市化进程导致农村人口在短时间内快速流入城市，在拉美国家的城市移民中，农村移民占40%。由于缺乏规划，城市没有能力为迅速增加的外来人口解决住房和医疗卫生、文化教育、电力供应、给排水等基本生活服务问题，造成城市化过程的混乱。

2. 社会保障体系缺失

城市社会治安差、环境污染严重和市政建设滞后都直接影响拉美城市居民的生活质量。虽然从1990年到2010年，拉美居住在城市危房中的居民人口占城市总人口的比重从33%下降到24%，但保障市民住房仍然是拉美城市发展所面临的最大挑战。2011年，拉美城市住房短缺达4200万~5100万套，苏里南缺房户约有5%，巴西近30%，而海地却高达70%。由于居住在贫民窟的城市居民并不在市政和有关部门的规划之中，政府甚至认为这些住宅不合法，很少在这些居住区内进行基本建设投资，致使这些住宅区的基础设施极度缺乏。

---

① 百度百科：《拉美陷阱词条》，http://baike.baidu.com/view/1206198.htm。

② United Nations Human Settlements Programme, “Latin American City Development Report, 2012”, UN-HABITAT, 2012.

此外，由于拉美走的是外向型经济道路，其在传统农业占很大比重的情况下采取了进口替代的工业化战略，优先发展重工业，这导致了其中小企业数量过少而产生了过多的剩余劳动力，中等收入人口比例少，失业人口增多，城市贫困和绝对贫困人口日渐增加，居民看病难等社会保障问题也逐渐凸显。

3. 自然和社会环境恶化

（1）自然环境恶化。

由于长期贫困和缺乏就业，穷人通常被迫在环境差的地方建立住所，加重了原本就已十分严重的环境问题。

（2）生活环境恶化。

由于政府职能的缺失，城市无限扩张，尤其是贫民窟的居住条件极其恶劣，医疗服务和社会福利设施极度短缺。

（3）社会环境恶化。

一些城市社会治安状况差、犯罪行为猖獗。

在不断恶化的自然、社会和经济环境中，为求得基本的生存条件，公民个人的行为可能会发生变异，可能会对社会公德、传统价值、公共设施产生怀疑和抵触，甚至可能会漠视国家的法律。一些城市经常出现暴力活动和各种骚乱事件，社会治安状况差、犯罪行为猖獗成为拉美国家大城市普遍存在但又长期得不到解决的问题。

4. 城市发展格局演变

进入21世纪后，拉美城市化快速发展的阶段结束，进入了城市人口相对稳定、城市发展重心向内地迁移的新时期。20世纪末，拉美的人口年均增长率降到了2.75%，现在进一步下降到1.15%，到2030年将下降到1%以下。同时，拉美国家的生育率也从1950年的5.8%下降到2010年的2.09%。拉美的城市人口增长率更是回落到自然态，城市人口压力下降的同时也出现了人口红利的减弱。

这导致了墨西哥城、圣保罗和布宜诺斯艾利斯等大城市在国家经济中的比重下降，而一些中小城市则显现出更强劲的发展活力。过去，拉美城市大多集中在沿海地区；现在，经济中心正在向内地城市转移，使城市布局更加分散，城市人口密度在减少。

二 拉美城市应对“拉美陷阱”的举措①

1. 加强城市经济基础

（1）建立透明完善的土地制度。

其中一项重要的措施就是限制所有权不明晰的土地和不规整的地块享有长期投资（特别是海外投资）使用的权力。例如，墨西哥城就规定，土地的规整程度和使用者易手的次数都决定了一些地块是否有资格被用来作为长期的投资项目，如果要做长期项目，必须对“不合格”的地块进行土地性质转性或规整。

（2）加强城市基础设施建设。

为了解决城市基础设施不完善导致的城市公共服务效率低、价格高的问题，拉丁美洲主要国家的大城市都加大了城市交通、住房、电力、水和废物管理的投入。例如，阿根廷除加强电力建设外，冬天在许多城市还使用专业的分析师，制定科学的能源消费费率表，使其用电价格明显低于周边的拉美国家。

（3）加强城际交通的建设。

由于全球生产链在亚洲和拉丁美洲的战略性布局，拉美各国普遍重视对海外资本的引进和利用，并由此产生加强城际交通建设和城市之间联系的现实需要，以便使每个城市都能受益于大都市区的集体规模经济和更多机会互补的专业化分工效应。

（4）私人部门之间的密切联系。

在拉丁美洲，包括麦德林、蒙特雷和圣地亚哥等的一些城市，不断发现新的渠道，促进城市内部企业（特别是私营企业）的紧密合作，以建立起稳固的本地化经济基础。这种企业之间的联系建立在城市生产网络的无线联通基础之上，并形成一个具有竞争力的“无线联通集群”。

2. 提升居民生活品质

（1）建立防御性公共安全体系。

公共安全一直是困扰许多拉美国家城市的问题。布宜诺斯艾利斯政府为此建立了以预防为主的公共安全防控体系，建设了一支 15000 人的城市警察部

---

① 编译自 McKinsey Global Institute，“Building globally competitive cities：The key to Latin American growth”，Copyright McKinsey & Company 2011，pp. 1 - 60。

队，通过重点建设中央控制中心、更广泛地安装摄像头、培训专业人员更深入地分析犯罪模式。

（2）规划更高效合理的城市空间。

对现有的生活和工作空间进行重新规划。例如，在墨西哥城，城市规划要求会议场所由原来的水平建筑格局改变为垂直建筑格局。此外，对应于先前的城市人口分散化，拉美的许多城市重新实施高密度化的建设方案，将人口由郊区重新导入市中心，以实现城市能源和资源的高效利用。

（3）建设高效的城市交通系统。

为了解决严重交通堵塞带来的城市运行高成本，提倡公共交通出行方式。例如，在库里蒂巴这个城市，在每天有240万人通勤的情况下，有54%的城市居民依靠公共交通。库里蒂巴的人均GDP比巴西全国平均水平高出40%，失业率远低于国内其他城市。通过发展公共交通这种有利于土地集约利用的出行方式，库里蒂巴人均拥有55平方米的城市绿地，远高于世界卫生组织提倡的城市人均绿地达到16平方米的标准。

（4）提供高质量的教育。

基于经济和社会福利差距巨大的问题，拉美城市还致力于提高各类教育的质量。圣地亚哥在比萨等城市都成立了一支推进教育系统建设和改革的志愿者队伍；智利的优质教师都需要经过政府组织的考试，当然，这种准入门槛形式的考试能够保证优质教师在今后的一段时期内保证稳定的高收入。低技能的教师则可以加入各种免费专业培训计划，以缩小与现实需求之间的技能差距。

（5）建立公私部门之间的联系。

当公共管理能力和政府财力开始下降的时候，就有必要建立公立－私立部门之间的联系。哥伦比亚城市在这方面的做法是：①允许私立部门参与基础设施的建设并提供更多的服务；②在项目方面优先支持为大众服务的电子服务；③消除国家和城市之间的固有政策边界；④将私立部门的资金优先用于城市建设项目而不是区域和国家。

3. 建立资源高效利用的城市可持续发展环境

（1）加大能源生产率。

为了推进节能性产品，拉美的许多城市都加大了能源生产设施的投入。一方面提高能源的利用率；另一方面，加大涉及能源利用的城市各个部门之间的衔接和联系，以确保能源在各个方面被最大限度地利用。

（2）制定“绿色标准”。

如果城市购买传统能源的能力有限，则必须加大新能源技术的开发或是发现新的解决之道。“绿色标准”往往通过大型的实物化设施或大型生活类项目来实现。例如，库里蒂巴的城市运输系统就是一个很好的案例。墨西哥城制订了一个“绿色生活计划”，通过降低汽油硫化物代谢、升级换代包括出租车在内的城市公共交通工具，从2008年至今已经节约了10%的年能源消耗。

（3）规划合理的城市化分区。

麦肯锡公司的研究报告指出，规模在100万~200万人口的城市，其货物交通基础设施的投入大致需要500万美元。这些基础设施主要用于城市不同区域的货物接驳。拉美国家的许多城市，其专用货运基础设施的利用率往往只有40%。因此，很多城市都从城市规划的角度出发，提前合理布局城市的各个功能区，以减少由城际和城市内部货物运输带来的环境不经济。

（4）废物管理收益化。

墨西哥城建立了一个“综合废物管理系统”（“5R计划”）（见表8-1），对城市生产和生活垃圾进行有效管理，产生了巨大的经济效益。

表8-1 墨西哥城综合废物管理系统架构

减少	再利用	回收	再循环	再获得
①减少聚乙烯材料瓶子的使用； ②降低报纸的重量	③禁止生产和销售轻塑料包装袋，推广使用重的可重复使用的方便袋； ④在国家机关中首先使用可循环再生纸； ⑤通过教育计划，宣传资源的再利用	⑥发展废弃物的自动检测和回收技术； ⑦实现私人部门的有机物废物分离； ⑧对所有废弃物追根溯源； ⑨规划集中收集路径； ⑩改进收集系统； ⑪调控建筑废物的最终处理	⑫对废物进行有机和无机的源头分类； ⑬提高废物分类工厂的效率； ⑭建立一个所有废弃瓶子、塑料、玻璃的可降解处理系统	⑮对有机废物进行堆肥，以实现其经济价值； ⑯对无机废物进行回收和气化，以实现其经济价值； ⑰为垃圾填埋场提供高效的机械设施； ⑱对垃圾填埋场的渗滤液和残留物进行再回填； ⑲优化垃圾填埋场的土地利用； ⑳充分利用垃圾填埋场产生的甲烷气体

资料来源：引自 United Nations Human Settlements Programme，“Latin American City Development Report，2012”，UN-HABITAT，2012 并整理。

三 “拉美陷阱”对中国城市的启示

拉美国家在城市化进程中遇到的困难和教训表明，城市化进程应建立在可持续发展的基础上，要趋利避害，规划在前。加强城市规划是保障城市经济、社会和环境可持续发展的第一步。

1. 城市化必须建立在农业发展的基础上

农业基础是决定城市化模式和道路的关键因素之一。发达国家的城市化大都建立在农业进步的基础之上，农业发展与城市化之间形成了互利的良性循环。而拉美落后的农业及错误的农业现代化模式导致大批农民被过早挤出农村而无序地流入城市。在城市尚不能提供足够就业机会的情况下，大量农业人口就被过早地挤出农业，导致城市人口爆炸、城市贫困加剧、城市保障不力、国内购买力难以提升。中国的城市化道路要避免在农业相对停滞的基础上加速城市化进程，以避免农村在发展中日益贫困，并最终导致城市的贫困和危机。

2. 需要遏制低效益的传统第三产业的过度膨胀

发展中国家第三产业与发达国家第三产业的性质有着根本的不同。拉美的第三产业是脱离工业基础的过度膨胀，大量进城农民由于缺乏技能，只能进入低端的餐饮、批发零售、家政等简单的生活服务业，将农村的就业不足转嫁到城市，不仅使第三产业成为各种隐蔽性失业集中的场所，而且造成了低效益的传统第三产业的过度膨胀。中国城市的第三产业发展要构建以现代交通、通信、金融、信息等为核心的现代生产性服务业，避免由低端服务业不成比例膨胀所推动的城市化。

3. 避免以大城市急剧扩张为中心的城市化道路

拉美城市化道路始终是以大城市急剧扩张为中心的。过度集聚化的城市发展，使得人口、投资向大城市集聚。为了应对大城市人口无节制的增长，政府只能加大对大城市的投资，于是城乡差距进一步拉大，又引发新一轮的人口迁移。这种恶性循环是加剧拉美过度城市化的重要原因。中国的城市化建设应该适当放缓节奏，采取适当分散、有序开发的策略。

参考文献

McKinsey Global Institute, "Building Global Competitive Cities: The Key to Latin American Growth", McKinsey & Company, 2011.

United Nations Human Settlements Programme, "Latin American City Development Report, 2012", UN-HABITAT, 2012.

The Crisis and Solution of Rapid Urbanization: Inspiration of Latin America

Abstract: Main clues to August 13, 2011, McKinsey released "Building Global Competitive Cities: The Key to Latin American Growth" and released on August 21, 2012 UN-HABITAT "Latin American City Development Report, 2012", the paper analyzed series of problems of Latin American cities generated in the rapid urbanization process, as well as some solution on economic, ecological and management of selected cities.

Key Words: Latin American; Urbanization; the Latin American Trap; Policy

B.9

产城融合发展：美国尔湾市的最佳实践

邓智团

摘　要：

尔湾市是位于美国加州的新兴的极具吸引力的中型城市，建市于1971年，前身是由尔湾公司掌管的农场。尔湾快速发展的缘起是加州大学尔湾分校的设立，之后经过详细周密的规划在大学周边形成居住社区，经过40年的不断发展，成为了全美热门的中型城市，也成为开发区产城融合发展的典型案例。

关键词：

尔湾市　产城融合　产业多元化　宜居生活环境

尔湾位于加利福尼亚州西南部，占地88平方公里，现有人口21万人，属于橘郡管辖范围，是美国最大的规划城市社区之一。1971年12月正式成立尔湾市，从建市到目前虽仅40年，但它已经成为加州重要的经济城市，洛杉矶大都市区的重要组成部分。在过去40年里，尔湾市一直保持着美国最安全、规划完善、适于开展商业活动的最佳社区的口碑。近10年里，美国尔湾市一直是在美国最宜居的“热门城市”排行榜中名列前10，且多次位列榜首，吸引了大量的居民和商业机构，成为开发区向城市转变的典型案例。本文将重点研究尔湾市从最初的开发区成长为如今最具吸引力的中型城市的阶段过程与成功经验，对我国开发区的建设有重要的启示意义。

一　尔湾：美国最安全与极具吸引力的第五代城市

所谓第五代城市，是指倡导生态环境、人类生活与经济增长、和谐与共赢，为科技产业、生活、工作创造适宜环境的城市。美国尔湾就是被公认的第五代城市，是坐落于南加州“技术海岸”的中心，因其生机勃勃的商业环境而著称。

尔湾南面濒临太平洋，拥有著名的拉古那海滨（Laguna）、长滩海滨（Long Beach），阳光充沛（以“加州的阳光”闻名世界），气候温和。

由于是新开发的社区，尔湾的规划设计非常先进，逐渐成为加州的高尚住宅区之一。2011 年商业周刊杂志将其列为美国最佳城市排行榜第 5 位。另外，尔湾市在 2010 年的美国 FBI 年度犯罪率报告中，成为全美 10 万人以上城市犯罪率最低的城市。尔湾的人口受教育程度都很高，97% 的人受过高中教育，超过 64% 的人受过高等教育（见表 9－1）。

表 9－1　尔湾市基本情况（2011 年）

成立时间	1971 年 12 月	成立面积	65 平方英里
人口数(2011 年)	217686(人)	白天人口(2011 年)	305600(人)
年龄中位数	33.3(岁)	年家庭收入中位数	94903(美元)
高中毕业比重	97%	大学毕业比重	64%
社区公园数	18(个)	邻里公园数	35(个)
自行车道里程	44.5(英里)	公共空间与绿带	1.5(万英亩)

资料来源：尔湾市官方网站。

表 9－2　美国尔湾市 20 万就业岗位的行业结构（2007 年）

单位：人，%

行　业	就业人数	占比	行　业	就业人数	占比
公用事业	381	0.19	公司管理	5469	2.66
建筑	12158	5.91	行政管理与废物处理	19502	9.48
制造业	25632	12.46	教育服务	1945	0.95
批发	22120	10.75	健康服务与社工服务	6384	3.10
零售	11946	5.81	艺术、教育与娱乐	2070	1.01
交通与仓储	2625	1.28	居住与食品服务	11771	5.72
信息	5384	2.62	其他服务(除公共管理)	3845	1.87
金融与保险	20259	9.85	政府管理	15614	7.59
房地产租售	6230	3.03	专业服务、科学与技术服务	32356	15.73

资料来源：尔湾市官方网站。

以人为本的城市环境、优异的人力资源，吸引了高科技行业落户尔湾，不少著名跨国公司看上了这里的商业环境，也纷纷将总部迁至尔湾，当年起步时的“西尔湾工业区”也早已演变为商业中心，有第二硅谷的美名。与硅谷不同，尔湾的高科技产业涵盖了生物医学、制药、无线通信、电脑、软件等多个领域，形成许多技术产业集群，如医疗设备制造商、生物医疗公司、电脑软件和硬件生产商、汽车设计公司等（见表9－2）。

二　从开发区到产城融合的城市发展历程

1769年西班牙探险家和殖民者开始在这里先后建起了牧场、铁路、居民区和小镇。尔湾的建市历程与其他城市很不一样，从牧场到经过规划迅速建成城市大概花了50年，被誉为“先有大学、后有社区”。1959年，拥有这片土地的尔湾家族公司——尔湾公司，以1美元的价格将大约4平方公里的土地出售给加州大学以修建新的校区，随后又向加州政府出售了大约2平方公里土地。加州大学聘请的建筑师派雷拉（William Pereira）和尔湾公司的规划者们一起在这个新校区的周围规划了一个5万人城市蓝图，这逐渐发展成当今的尔湾市。纵观尔湾市的发展历程可以将其划分为以下几个阶段。

1. 公司经营阶段（1860～1959年）

19世纪六七十年代，詹姆斯·尔湾从西班牙和墨西哥人手里得到了建设尔湾农场的土地，整个农场拥有广阔的橘子林和胡桃、鳄梨、利马豆和绵羊等物产。1894年成立“尔湾公司”，将牧场逐渐转换为农田、橄榄园及橙橘等果园。1947年麦佛得（Myford Irvine）接掌公司，并开始将牧场的部分土地出售。麦佛得在1959年去世，而后“尔湾公司”由董事会选出董事长，负责公司的运作。

2. “大学社区”时期（1960～1970年）

到20世纪50年代，洛杉矶开始向南部发展，加利福尼亚大学（即加州大学）也有在这里建设新校区的意向，这为尔湾创造了一个最重要的发展契机。1959年尔湾公司捐出4.05平方公里的土地作为加州大学尔湾分校的校区，加州政府也捐出了2.025平方公里的土地，尔湾的开发开始加速。加州大学聘请著名建筑师威廉·佩德拉对尔湾校区进行规划，一致认为：仅有功能单一的大学区是不够的，有必要在环绕大学的社区建立一个容纳 5 万人口的城市，这个新城市必须拥有工业区、商业区、休闲区及绿地等。1960 年威廉·佩德拉设计出围绕尔湾加州大学分校规划的新社区，能容纳 10 万居民，沿海岸覆盖 121.5 平方公里的土地。1964 年，橘郡政府批准这一规划，1965 年，尔湾加州大学校园正式启用，1970 年，“西尔湾工业区”对外开放，目前叫做“尔湾商业区”（Irvine Business Complex）。

3. 尔湾市成立与大社区规划阶段（1970～1977 年）

1971 年 12 月 28 日，尔湾社区居民投票通过成立一个范围远比前述“佩德拉开发计划书”还要大的城市，即尔湾市，以便控制该市的未来发展及保护税收。1977 年，尔湾公司又邀请美国费城著名的华莱士、麦克哈戈、罗伯特和托蒂四家规划设计事务所进行了城市设计研究。这次规划的特点是运用园林开发理念为各地块和地区赋予了不同的尺度特征及露天场地的保护。从 1970 年开始，尔湾地区对外开放，龟岩、大学公园、牧场、核桃及克尔佛多（Culverdale）等住宅区陆续在校区周围建成。

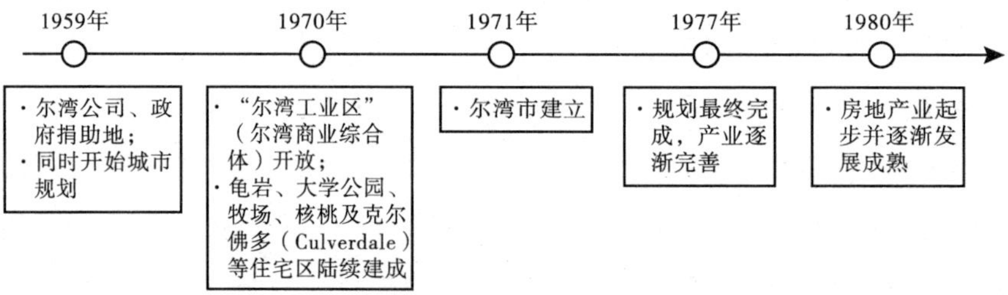

图 9－1　尔湾市产城融合的发展阶段

4. 城市边缘区阶段（1977～2000 年）

1977 年尔湾公司由一家财团收购，这一交易导致了尔湾地区开发规模的缩小，而且尔湾的规划和设计功能也从公司里分离出来。20 世纪 80 年代晚期，尔湾的开发接受环保主义的理念，保存了超过农场一半以上的开放空间，大约 178.2 平方公里的农场土地被规划为自然栖息保护地，24.3 平方公里的土地用于公园和开放空间。城市发展主要围绕这些自然栖息保护地、公园及开放空间进行布局。

5. 极具吸引力的城市建设阶段（2001 年至今）

进入 21 世纪后，尔湾市不断提升城市的发展竞争力，不断完善和提升安全的生活环境、方便快捷的运输系统、良性竞争的商业氛围、正规完善的教育机构与和睦相处的生活方式，使人们不约而同地选择了尔湾。经过 10 年的发展，尔湾从一个刚刚起步的小城发展成为公众向往的“共同目的地”，被誉为“加州的科技海岸”，吸引了众多高科技公司的加入，包括医学设备制造公司、生物医学公司、电脑软件和硬件公司和汽车设计公司。尔湾的产业结构丰富，除了高科技产业之外，制造业、第三产业也一样生机勃勃。

三　尔湾推进产城融合发展的主要经验与启示

尔湾市从一个开发区到全美极具吸引力的中型城市，成立时作了完整的城市规划，环境优美、街道宽广、市容整齐、社区内绿树成荫，是由建筑师精心规划出来的梦想城市。其成功之处在于完美地实现了产城融合发展，主要成功经验包括：政府政策支持与市场化的运作机制；均衡发展使城市发展和环境、居住舒适度等各个方面保有良好的均衡关系；以高科技为主导、多元化的产业结构；营造良好的人居环境，吸引大量的企业和居住人口。

1. 政府的支持与市场化的运作机制，保持了城市以市场为导向的发展原则

尔湾是在市场主导下规划形成的新兴城市。没有政府指令，没有行政干预，一切由市场来检验，人们遵守法律，维护市场规则。尔湾是在市场经济环境中由私人企业投资发展起来的。政府在建市后正式成立，市场导向是城市发展的政策起点，政府的所有决策都来自于市场并回归于市场。市场化的运作使整个城市的规划建设一直朝着市场接受的方向发展，尔湾完全靠优美的自然环境、便捷的交通、安全的居住氛围、良性竞争的商业机制不断吸引着来自各方面的淘金者。以市场为导向的投资机制使开发商意识到基础设施建设的重要性。朝着利益最大化、可持续发展的方向发展，公司酒店、餐厅、商场和娱乐设施的完善不但吸引了人口，其自身也实现了较高的利润，实现了双赢。

尔湾市的成功一定程度上得益于政府的支持与市场化的运作机制，得益于多元的产业结构，得益于环境友好的城市配套建设，这对我国城市开发区或新城建设具有一定的启示意义（见表9－3）。

表9－3 尔湾市产城融合发展的经验

发展要点	尔湾市	筑波科学城
政府作用	作为筑波的姐妹城市，却与筑波相反，尔湾是在市场经济环境中由私人企业投资发展起来的。政府在建市后正式成立，市场导向是城市发展的政策起点，政府的所有决策都来自于市场并回归于市场	政府在城市发展的初期发挥了积极作用，但是政府导向的弊端在城市发展后期日趋明显。整个科学城缺乏自我生存机制和造血功能，最终导致筑波远离了规划中的美好景象
产业结构	形成了以高科技为主导、多元化的产业结构。制造、服务、物流和服装等诸多产业均有发展	支柱产业为高科技，产业结构单一。抗风险能力较差，宏观经济波动时对城市经济造成致命打击
城市配套	投资主体是私人公司，以市场为导向的投资机制使开发商意识到基础设施建设的重要性。酒店、餐厅、商场和娱乐设施的完善不但吸引了人口，其自身也实现了较高的利润，实现了双赢	城市建设发展的主体是政府，政府的最初想法是将筑波建设成一个高科技产业新城，所以投资重点在高科技产业，城市配套投入相对不足，降低了城市对居住人口的吸引力

资料来源：CAMERON，D.，"An Overview of the Irvine Company General Plan for the City of Irvine Staff (mimeograph)，" 1979。

2. 规划保障城市发展与环境、居住舒适度等各个方面保持良好的平衡关系

人口的增加要求城市准备更多的物质条件。尔湾市每年都需要根据设施的使用及需要，在遵循规划的基础上对规划不断地调整，保障城市发展与环境、居住舒适度等各个方面保持良好的平衡关系。同2000年前相比，2005年尔湾的街道总长度增长了29%，公园总面积增长了36%，街道绿化总面积增长了43%。根据发展规划，从2005年到2010年尔湾在三个关键领域保持了持续增长：人口计划增长16%，逾21万居民；公园和公共空间面积则计划增长56%；道路绿化和街道总长度都计划增长18%。

尔湾市80%以上的社区规划良好，大多数拥有网球场、游泳池、小公园等，有的有木桥区，甚至有人工湖，让居民在湖上泛舟和进行其他水上活动。尔湾市有超过100个公园和公共游泳池，拥有最美丽的高尔夫球场。尔湾市提供自行车道系统，以鼓励使用自行车作为安全和方便的交通和娱乐工具。现在这个系统已有32英里长的、独立的自行车专用道和126英里长的、同汽车道“并肩”设置的自行车道。有“加州阳光”之称的海滩——拉克那海滨和长滩海滨。

3. 以高科技为主导、实施多元化的产业结构战略，并提供有足够竞争力的就业机会

尔湾现有公司17000家，以高科技为主导、多元化的产业结构。一些著名的公司总部在尔湾，如福特汽车集团、爱德华生命科学等，其中仅汽车类企业总部就有7家。此外，还有在国际上盛名的批发销售公司、制造业、服务业、物流、服装业等大规模的公司进驻。以高科技为主导、多元化的产业结构抗风险性大，在市场经济的风浪中更加稳定。在20世纪90年代末高科技产业破灭时，硅谷受到了极大的冲击，而尔湾的产业结构在遇到市场风险的时候则相对稳定，没有受到太大的影响。

同时，橘郡与得克萨斯的奥斯汀、加州的圣鹫斯、新泽西的瑞雷—多翰墨相比较，各个行业的总体工资水平都处于上等。而尔湾是橘郡重要的经济城市，其收入水平在橘郡处于上等，工资水平相对而言较具竞争力。尔湾现有就业岗位数20余万个，其中2/3的岗位是由当地居民消化，其余1/3的岗位吸引了很多外来人口。

4. 营造良好的人居环境，吸引大量的企业和居住人口入驻

（1）大力提升治安水平。

2011年商业周刊杂志将尔湾市列为美国最佳城市排行榜第5位。尔湾市也在2010年的美国FBI年度犯罪率报告上成为全美10万人以上的城市中犯罪率最低的城市，比国家平均犯罪率低83.48%，比加州的平均犯罪率低84.97%。城市治安能达到如此令人满意的状况，是在整体规划思想指导下社区治安管理和安全标准监督的强化建设的结果。尔湾市1亿美元的城市预算中，有1/3花在公共安全方面，这不仅包括了160多名警员，还包括在打击犯罪方面的基础建设和规划。城市环境设计也起到了重要的作用。具备良好照明的停车场和宽阔的街道等城市基础设施建设，必须通过警察局的审查，以确保达到基本的安全标准。同时，尔湾的警察在工作中根据社区的居民情况使用6种语言，包括汉语、朝语、西班牙语、波斯语等，这就消除了沟通障碍，在防止和降低犯罪率方面效果显著。

（2）齐备的商业和教育等公共配套。

尔湾全市任何一个角落只用十几分钟车程便能抵达一个商业中心。商业中心一般配有大型超市、餐饮、洗衣店、服装百货等商店，生活非常便利。尔湾的统一学区（IUSD）一贯被评为美国最佳教育系统之一，学区拥有 22 个小学、5 个初中、4 个全面高中和 1 个继续教育高中，学生总计超过 24000 人。学区有全国闻名的学校，学生在学术、艺术和体育等学科的成绩远超过州和国家的平均水平。

（3）政府对低收入首次置业者、残疾人和老年人都有不同程度的扶持政策。

尔湾现有人口 17.5 万人，房屋数量 6.45 万套，包括商品房、廉租房、临时住房等，基本可以满足各个阶层居民的居住需求。实行“租金补助”政策，橘郡住宅委员会（OCHA）可每月提供租金补助。委员会执行部分“授权”和“居住优惠”计划的职责，对符合条件的居民按月补贴按照市场租金租赁的住宅。“临时住房”，“前进家庭”（Families Forward）是一家本地非营利中介代理，它们提供临时和过渡住房服务，并且为没有住房的家庭提供帮助。

对低收入首次置业者实施部分扶持政策。该政策包含三个独立的子计划：一是，预付定金资助计划。预付定金资助计划提供低利息贷款，使低收入和超低收入的首次购房者能够买房。二是，抵押贷款证明计划。三是，分期购买计划。橘郡地区的住宅和金融代理处（OCHFA）帮助中等收入的个人和家庭利用分期购买计划得到属于自己的住宅。

（4）便捷的交通支撑尔湾的健康发展。

距离尔湾很近的约翰韦恩机场是地区性的商业机场，提供通向 22 个美国城市的直达航班。此外，很多本地公司的私人飞机和公司喷气机也都以此为基地。尔湾市提供自行车道系统，以鼓励使用自行车作为安全和方便的交通和娱乐工具。

参考文献

Ann Forsyth, “Who Built Irvine? Private Planning and the Federal Government,” *Urban*

Studis 39 (2002).

Cameron, D. , An overview of the Irvine Company General Plan for the City of Irvine Staff (mimeograph), 1979.

City of Irvine, City website, 2012, http://www. cityo. rvine. org/about/demographics. asp.

Forsyth, A. , "Columbia, Irvine, and The Woodlands: Planning Lessons from Three US New Towns of the 1960s and 1970s," *Journal of the American Planning Association* 68 (2002).

The Irvine Company, Irvine General Plan. Irvine, OH: The Irvine Company, 1970.

Orange County Planning Department, Staff Recommendations on the Land Use, Circulation and Housing Elements of the Central Section Irvine Ranch·General Plan and the Proposed City of Irvine General Plan. For submission to the Orange County Planning Commission, December 17. UC Irvine Orange County Collection, 1970.

The Integration of Urbanism and Industry: The Experience of Irvine, USA

Abstract: Irvine City was established in 1971, before this time, it was a farm in charge of the Irvine Company. Irvine's rapid development was due to the establishment of the University of California, Irvine. Based on the detailed and careful planning, the residential community around the university has become an attractive medium-sized cities and a typical case of the integration of urbanism and industry after 40 years of continuous development.

Key Words: City of Irvine; Integration of urbanism and industry; Industrial diversification; Livable living environment

城市经济篇

Urban Economy

B.10

全球经济动荡背景下新兴都市经济活力依旧*

苏　宁

摘　要：

全球经济危机的复苏进程对主要大都市的发展产生了一系列影响。本文根据美国布鲁金斯学会发布的最新《全球大都市监测》报告，分析全球主要大都市的发展模式与发展路径。梳理世界最大都市经济体在全球经济危机复苏中的表现，并对大都市在世界经济、国家经济中的作用进行分析，展望未来大都市经济的主要影响要素和发展趋势。

关键词：

大都市　世界经济　经济增长

* 本文主要基于对布鲁金斯学会报告《全球大都市监测》的介评，并进行了中国启示的研究分析，特此致谢。

2012年1月，美国著名智库布鲁金斯学会发布最新《全球大都市监测》报告（Global Metro Monitor 2011：Volatility，Growth，and Recovery），对2010～2011年中全球200个规模最大的大都市区经济的发展状况进行了评估。[①] 报告对全球已从经济危机中复苏、正处于复苏，以及仍处于衰退中的不同大都市群体进行了分析，认为经济增长最为迅速的大都市基本位于新兴市场地区，并指出高附加值出口行业最集中的大都市区将能更好地把握全球复苏与城市增长提供的新机遇。

一　全球大都市经济增长的区域特征

大都市作为经济活动链接而成的城市化区域是城市发展的高级形式。随着城市化的深入发展以及经济全球化的影响，这一经济运行主体已逐渐成为主要国家经济发展的重要空间依托。以美国为例，2011年，美国大都市的总产值（GMP）为13万亿美元，占全美GDP的90.7%，预计未来30年中，美国经济增长量中的94%都将位于大都市中。[②]

美国布鲁金斯学会的研究表明，大都市已成为世界经济发展的主要引擎。全球最大的200个大都市经济体的人口就业占全球的14%，而其经济总量则占全球的近48%。

2010～2011年上述大都市的人均GDP、就业等指标，分析全球不同区域的大都市经济发展趋势。2010～2011年，全球200个最大都市经济体的总体收入平均增长了1.5%，略低于全球增长率的1.6%。大都市的就业增长率与收入增长率基本一致，为1.7%。但各区域的大都市增长很不均衡。其中，无论从就业或收入指标而言，亚太、东欧与中亚的发展中大都市是增长最快的群体。从整体上看，在经济增长最快的40个大都市经济体中，90%的城市位于北美和西欧以外，这36个城市主要来自亚太、拉美、中东、非洲、东欧与中

① Emilia Istrate，Alan Berube，Carey Anne Nadeau，*Global Metro Monitor* 2011：*Volatility*，*Growth*，*and Recovery*（Washington，D. C.，Brookings Institution，2012）.

② The United States Conference of Mayors，“U. S. Metro Economies Outlook 2012-Gross Metropolitan Product，and Critical Role of Transportation Infrastructure”，2012－07.

亚区域。其中位居榜首的是中国上海，该大都市在这一时期的经济增长率达到9.8%，就业增长率达到5.8%。中国城市在大都市增长最快群体中表现得十分抢眼，前40位大都市中，有12个是中国大都市。其他的亚洲发展中大都市还包括孟买、雅加达、吉隆坡和曼谷等。拉美地区的8个大都市也在前40位。北美和西欧只有4个城市进入前40名排位。

与之相对，经济增长最为缓慢的40个大都市经济体中，除了政局动荡的埃及开罗和亚历山大之外，其余的38个城市均位于美国、西欧和日本。40个后进大都市中，有大量城市属于希腊、葡萄牙、爱尔兰、西班牙、意大利等国，这种大都市区经济的萎靡状况也在一定程度上反映出欧洲财政与货币危机带来的影响。

这种增长速度的两极分化，显示出发展中区域大都市在经济活力方面对发达地区大都市的优势十分明显。18个亚太地区发展中大都市区的平均排名为29，远远高于北美的平均排名117和西欧平均排名的127。但另一方面，发展中与发达地区大都市的经济质量仍存在巨大差距。2011年，42个低收入国家的大都市人均GDP平均为7993美元，而158个较高收入国家的大都市人均GDP平均为39094美元。尽管发展中大都市经济增长率4倍于发达区域大都市。但需要近46年时间，方能使二者的经济水平实现均衡。

二　大都市对国家经济的重要贡献

从整体上看，虽然197个大都市的平均经济增长率与就业增长率分别为1.5%和1.7%，略低于所在国家的平均水平1.8%与1.7%，但在全球几乎每一个地区，大都市在其国内经济和就业增长中所占的份额都十分重要。无论是发展中经济体还是发达国家，大都市的成长为国家经济增长提供了重要的动力。以北美为例，2010年，64个大都市提供了美、加两国62%的GDP总量，2011年，上述大都市还提供了两国GDP增量的83%。大都市也是国家就业增长的主要来源，在报告所涉及的17个西欧国家中，60个大都市贡献了总就业增长量的94%，而上述大都市在国家就业总份额中的比例仅为46%。

在整体上为国家经济提供动力的同时，不同大都市在各国国内的表现和作用也有差异。例如，美国6个包括大湖区制造业中心在内的大都市，在经济增量排行榜上进入全球前10位，其增长率远远高于国家0.9%的增长率。而6个环太平洋区域的大都市，包括中国的北京、广州与杭州在内，其经济增长率低于国家平均水平。这种经济与就业增量贡献度的差异，不仅反映出地方性要素对于大都市发展的影响，而且表现出产业发展模式的影响作用。

三　大都市就业与经济收入增长的不平衡

相对2010年，2011年世界最大都市群体的经济表现令人喜忧参半。一方面，约3/4的大都市就业增长加速，以平均1.7%的就业增长率超越了2010年的1.4%。这表现出大都市就业的强劲复苏。亚太区域的发展中与发达区域大都市，东欧、中亚、西欧、北美地区大都市都表现出就业的增长。

但另一方面，经济收入增长则相对有所退步，2011年的大都市平均增长率仅为1.5%，低于2010年的2.4%。这种增长速度的减缓，在拉美、亚太区域的大都市尤为明显。总体上看，2/3的大都市收入增长放缓。其中，中国的大都市及其贸易伙伴城市如马尼拉、珀斯和利马的增长率下滑显著。而另一方面，东欧的城市则显示出令人瞩目的收入增长加速，布加勒斯特、布拉格和华沙等城市由于向德国的出口发展，实现了收入与就业的双增长。这种就业与收入增长的不均衡发展与区域差异，显示出亚洲与拉美地区经济发展的速度放缓，以及东欧与中亚地区经济的强劲增长。

四　欧美大都市区经济增长仍未摆脱危机影响

在200个大都市区中，2011年仅有不到一半的城市在就业与收入增长方面超过危机前时期。从区域上看，2011年几乎所有亚太、拉美发展中国家的大都市都在收入和就业方面创下新高。而在北美区域，只有一个大都市实现了正收入和就业，摆脱了危机影响。同时，大部分大都市在2010～2011年期间的就业、收入增长率均低于危机前1993～2007年的水平。

这种大都市经济增长的区域差异在一定程度上反映出全球经济复兴进程的不均衡。2011年，18个亚洲发展中国家大都市中的16个在收入与就业方面创下2007年以来的新高。在上述16个大都市中，有14个没有在危机中受到损失，其收入与就业未曾减少。拉美区域12个大都市中，有10个也创了新高，其中大部分城市仅经历了“略微衰退”影响。

而北美大都市的表现则大相径庭，2007～2011年，124个大都市全部经历了收入与就业的损失。其中绝大多数经历了“重大衰退”。2011年，只有9个城市实现了“完全复兴”，主要的大都市均处于“部分复兴”的阶段。124个大都市中的83个还在经历就业或收入的负增长。

五　专精于商品制造、商业与金融服务的大都市表现强劲

大都市的经济发展表现与其自身的经济结构与产业、行业结构密切相关。布鲁金斯学会的学者以本地/非市场服务、贸易与旅游、运输、制造、商业与金融服务、商品六个行业的发展水平为标准对200个大都市进行了分类。研究发现，2011年，以商品服务为核心的大都市，其经济表现最为强劲。商业服务水平最高的10个城市，其平均收入增长率为3.0%，就业增长率为2.9%，位居各类型大都市首位。这些城市中，包括阿布扎比、休斯敦以及西安等大都市区。这些城市的快速发展与全球经济对于商品的需求提高有较大关联。以商业与金融服务为特色产业的大都市是另一个经济表现强势的群体。共有59个大都市属于这一类别，其平均收入增长率与就业增长率分别为1.9%与1.7%。12个中国大都市中有10个属于这一类别，这反映出在中国与亚洲区域不断增强的商业与金融服务的中心地位。

制造业则是推动大都市经济发展的另一大行业。制造业指标排名前列的大都市，其经济收入增长幅度较大，但就业的增长率则较低。同时，制造业显现出在大都市经济中重要的核心地位。在187个大都市的经济总量中，制造业提供了最大的经济贡献份额，为23%。在59个大都市中，制造业是最大的经济

产出部门。

相对而言，对于本地/非市场服务，即教育、医疗、管理服务和政府服务较为依赖的大都市则增长乏力。这一行业占比较高的有26个大都市，其收入与就业的增长均低于平均水平。当然，研究也发现，行业分类并非是大都市竞争力的绝对指标。没有任何一个行业大都市组实现了所有城市的全员增长。这说明行业发展的质量与多样性对于大都市经济的动力同样重要。

六　2011年全球大都市发展的主要特征与趋势

2011年《全球大都市监测》报告对于2011年世界主要大都市的经济发展与主要作用进行了较为细致的分析，特别对于不同区域大都市的发展特征进行了梳理。通过该报告的研究，可以发现2011年全球大都市的发展呈现出如下特征。

1. 新兴经济体大都市区的活力与上升势头仍然十分显著

2011年，全球经济的复苏处于不确定的时期，在这种模糊的背景下，新兴市场的大都市依然继续崛起，成为生产、消费和贸易中枢。从整体上看，2007～2011年，发展中国家的大都市基本保持了就业与经济收入的增长趋势，而发达国家的大都市则不断退步。

2. 外向型经济对于大都市经济复兴的意义重大

无论对于发展中或是发达国家而言，拥有出口导向产业的大都市表现强于以本土服务为核心的城市。前者往往是商品、商业和金融服务、制造业、国际航运中心。在全球经济继续发展的背景下，高附加值出口行业集中的大都市能够更为有力地抓住全球经济复苏带来的机遇。

3. 大都市与所在国经济的状况关系紧密

大都市并不是全球化经济的独立主体，它们的经济发展不仅受到城市区域经济历史与结构的影响，所在国政府通过货币、财政与贸易政策等形式也影响着大都市的经济发展基础。同时，大都市经济的发展还受到周边区域以及主要贸易伙伴区域经济状况的影响。

4. 大都市之间的跨国联系将不断强化

全球最大的200个大都市的经济总量构成了全球经济规模的一半。这些大都市区拥有优质与创新性的企业集群、支撑贸易流的基础设施，以及为城市提供高素质劳动的机构。未来一个阶段，在财政紧缩导致国家层级投资受限的情况下，主要大都市将更加趋向于与全球范围的其他大都市区建立新的贸易与投资联系，从而保证自身的可持续发展与繁荣。

七　全球大都市发展趋势对中国的启示

从相关研究来看，全球主要大都市的发展对于世界经济以及各国经济的复兴起着重要的影响作用。同时，大都市发展中显示出的新趋势与新特征，对于中国城市的发展提供了新的启示和发展机遇。

1. 发展与新兴市场国家大都市的经贸关系前景广阔

长期以来，由于对外开放阶段的影响，中国主要城市在寻求经贸伙伴时，更多地关注欧美等发达国家大都市。这种情况，是由我国对外经贸结构以及传统国际经济格局造成的。后危机时期，外部环境发生了一系列重要变化，这种变化也使我国城市的对外经贸联络方向发生了新的调整。前述研究表明，新兴经济体的大都市在经济活力与增长前景方面表现出不断上升的态势，同时，相关大都市之间的跨国联系也在不断强化。因此，中国城市在选择对外经济交往伙伴时，应更关注新兴市场国家的大都市，利用“金砖国家”的经济互动机制，在城市层面率先形成经济互动网络。

2. 大都市的外向型经济仍应得到重视

危机后，在“扩大内需”原则的指导下，国内的许多城市将经济发展的中心逐渐向国内经济和区域经济调整。中国对外经贸规模的波动似乎也强化了这一趋势。但从国际城市学界的研究来看，外向型经济对于大都市的经济发展依然意义重大。国际经验表明，具有出口及国际经济影响能力的大都市，依然能够在全球经济复苏中具备独特的优势。而对于中国的城市，特别是中国未来的世界城市而言，发展外向型经济仍然应当是重要的经济战略与城市长远发展的重点举措。这并非是一般意义上的“路径依赖”，而是后危机时期世界经济、城市经济发展的必然选择。因此，对于进出口贸易与国际要素枢纽功能的建设，仍应得到进一步强化，从而进一步提升中国大都市的国际经济影响力。

3. 重视制造业在大都市发展中的核心地位

国际城市发展的趋势表明，制造业仍然贡献了大都市经济的最大份额。在部分大都市区中，制造业依然是第一大经济部门，并对大都市经济的增长起到重要的支撑作用。中国在成为“世界工厂”之后，国内发达地区的大都市由于商务成本、人力成本、资源约束等因素影响，出现了“去制造业”与“产业梯度转移”的呼声。从国际经验来看，大都市的“转型升级”不应造成制造业的“空心化”。在大都市区经济中，保证制造业特别是先进制造业的重要份额，是确保区域健康发展的重要基础。

4. 提高次级大都市的经济多样化程度势在必行

对国际大都市的评估表明，行业质量和多样化程度较高的大都市，经济表现更为稳定。中国众多的二线大都市均以国际化大都市作为主要的努力方向，相关城市往往以国际市场需求的产业作为主导方向。这种情况容易造成“产业同构”与“结构单一”两类问题的“双碰头”，影响城市经济发展的稳定性。因此，根据国际经验，构建具有深度与多样性的经济体系，对于二线大都市而言，不啻为实现经济稳定平衡增长的关键所在。

参考文献

Emilia Istrate, Alan Berube, Carey Anne Nadeau, *Global Metro Monitor: Volatility, Growth, and Recovery 2011* (Washington: Brookings Institution, 2012).

Alan Berube and Philipp Rode, *Global Metro Monitor 2010* (Washington and London: Brookings Institution and London School of Economics, 2010).

Mark Muro, Jonathan Rothwell, and Devashree Saha, *Sizing the Clean Economy: A National and Regional Green Jobs Assessment* (Washington: Brookings Institution, 2011).

International Labor Organization, *Key Indicators of the Labor Market 2011*, 2011.

"The Organization for Economic Co-operation and Development," Economic Outlook 2011/2012 (2011).

The Emerging Metropolis in Volatile Period of Global Economy

Abstract: This paper, based on the Brookings report: Global Metro Monitor 2011: Volatility, Growth, and Recovery, illustrated a variety of economic performance across the world's largest metropolitan economies, reflecting a range of factors. It showed the reason of metropolitan performance in 2011, and identifies the factors that will lead metro areas getting recovered from the Great Recession, and promoting their future development.

Key Words: Metropolis; World Economy; Economic Growth

B.11 美国经济复兴的区域战略：纽约州的最佳实践

苏 宁

摘 要：

在美国联邦政府推动的新经济复兴的创新浪潮背景下，纽约州制定了创新性的经济促进策略。该策略以纽约州区域经济发展委员会（The New York Regional Economic Development Council）作为经济发展战略的协调机构，通过纽约州联合基金项目等的资助体系，鼓励和引导州内10个城市及地方区域委员会遵循地方特质，形成具有整体性的经济复兴发展模式。本报告介绍纽约州经济发展战略体系创新的主要方式，并对纽约州联合基金项目的构成与主要作用进行分析。

关键词：

纽约州　经济复兴　战略规划

美国联邦政府对于经济发展的策略至今仍乏善可陈，但近期州与地方层级政府正掀起一轮新的经济发展创新浪潮。纽约州的经济促进策略令人耳目一新。该州以区域经济发展委员会（The New York Regional Economic Development Council）为核心，推动州内10个城市及地方区域委员会，共同制定促进经济发展的策略及措施。

一　以基金项目促进区域战略体系构建的总体思路

纽约州一直是美国经济的重要核心。该州拥有全球闻名的“波士顿—华盛顿”（Bos-Wash）大都市连绵带，是全美人口、能源与财富集聚度最高的地区。该州土地面积仅占全美土地总面积的2%，人口占18%，但贡献了全美GDP的20%。尽管与加利福尼亚、得克萨斯等新兴州相比，其经济总量与增量稍许逊色，但中高端服务业、创新要素等优势领域仍使该州经济的质量保持强势。①

然而，经济危机的冲击使得纽约州以服务业为核心的经济体系受到巨大冲击。2007年12月至2008年12月间，纽约的金融保险和房地产（统称FIRE）等高端服务业部门就业人数从47万人减少到45.1万人，减少1.9万人。而同期其他服务业部门仅从193.2万人下降到192.9万人，仅减少3千人。② 曼哈顿作为纽约的核心区，FIRE部门2008年的就业人数相对于2000年下降了7%，金融与保险业就业人数甚至下降了10%，而其他服务业就业人数同期则上升了6%，其中教育、餐饮、住宿等传统服务业部门就业人数的增幅甚至超过20%。③

在后危机时期，经济复兴与可持续发展成为纽约州保持国内经济地位、促进区域协调增长的重要课题。而调动州内各城市主体的积极性、引导各大都市区以整体性的举措共同参与全州的经济复兴总体战略，则是实现经济复兴目标的重要保障。

为了最大限度地调动地方政府的积极性，州区域经济发展委员会制订了一个竞争性计划，提供大量的州级基金，鼓励该州的城市及地方区域委员会制订经济复兴计划，争取项目的资助。该州的10个城市及地方级区域委员会是由企业、市民、高校、劳工、环保与政治领袖组成的公—私伙伴型管理群体。州委员会鼓励地方委员会申请纽约州联合基金项目（NYS Consolidated Funding，以下简称纽约联合基金）。这一基金由纽约州及联邦政府各部门提供款项，旨在提升经济发展能力，初始资金为10亿美元。从2011年7月起，上述10个区域委员会在州委员会基金项目的引导下，积极制订自身的经济复兴战略计

① 魏家雨等著《美国区域经济研究》，上海科学技术文献出版社，2011，第322页。

② New York City Economic Development Corporation，“Economic Snapshot：A Summary of New York City's Economy，” 2009－02.

③ New York City Economic Development Corporation，“Manhattan Update：A Summary of Manhattan，” 2010－03.

划。在基金的竞争性引导下，纽约州的复兴策略对州内各地原本零散、刻板的经济发展政策与措施产生了一系列影响。

这一战略体系的结构简而言之可概括为：州为地方经济提供投资，这些投资作为一个整体发挥催化与转型的作用，而非仅仅成为零散性计划与项目的大杂烩。根据布鲁金斯学会资深学者卡茨（Bruce Katz）的分析，纽约州对于地区委员会发展战略的引导体现在以下几个领域。

首先，地方战略聚焦经济复兴，并尊重不同区域的巨大差异。纽约州认为，该州是一个政治性的复合体，而非天然的单一市场。因此，地方区域形成了经济性的地理差异，大都市区、城市、市镇都因各自的历史、空间与政策差异而具有自身的比较优势。因此，地方的发展战略不仅在于扩大就业，而且应在发挥自身优势的基础上重塑经济结构。

其次，“区域优先”的战略将为推动传统的州经济体系转型、提高州的影响力提供重要手段。区域经济发展计划以内生性、计划性的经济发展导向作为重要原则。地方管理者应当清晰地认识到投资的重要性程度。这种对于投资的重视有助于为所在区域提供重要的发展机遇。而州的职责则是在地方战略的外围采取行动，提供规则管理以及隐含性项目支撑。

最后，区域经济发展战略体现了对于“竞合”的激励。区域委员会的竞争性计划，为长期以来大都市区之间的零和博弈状况提供了一种新的竞争模式。地方委员会的众多计划都显示出对于立法机构、政府部门，以及相关机构之间合作的鼓励。从各方面来看，合作是区域创新与竞争力的基础与核心。①

二　纽约联合基金项目的主要促进方向

如前文所述，为促进州内各地区的经济复兴，纽约州政府设立了联合基金项目。这一基金项目优先授予地区经济发展委员会，其关注点涵盖可支付住

① Bruce Katz，*Growing the Economy from the Bottom Up*（Washington，D. C.：Brookings Institution，2011）.

房、商业援助、金融、基础设施等10个方面。主要方向与具体举措如下。

1. 可支付住房

该项目为住房低息贷款与税收信用支持项目，主要针对地方区域内的地址确定、家庭性租赁计划进行资助，其资金规模为1.25亿美元。这一项目的资金来源为联邦与州的低收入住房信贷基金、就业家庭基金等资金。以上所述不同来源的资金，对地方委员会提出的家庭性租赁计划进行资助。

该项目主要提供四个领域的财政资助：其一为低收入家庭住房的税收减免。该资金为每个地方委员会提出的低收入住房税收减免项目提供143万美元的资助，主要针对5口之家以上的大家庭住房税收减免。

其二为低收入家庭住房信贷优惠。为地方委员会提出的相关项目提供75万美元的资助，每户最高资助额度为2万美元。

其三为地方性低收入家庭贷款优惠。为相关项目提供200万美元的资助，主要资助5人以上低收入家庭的住房信贷。

其四为工薪家庭住房保障项目。为地方项目提供250万美元的资助，根据各城市的薪金不同情况给予3.5万~4.5万美元不等的家庭住房资助。

2. 社区与水岸复兴

该计划分为三个部分，其一为社区发展一揽子计划（CDBG）的资金援助，其规模达到4400万美元。CDBG基金旨在为经济发展、小型商业与微型企业发展提供资助。相关的行动必须创造或维持永久性就业机会，这些就业机会应主要惠及中、低收入阶层。对于微型企业而言，若企业主属于中、低收入阶层，即满足CDBG的资助要求。

其二为地方水岸复兴计划资助，资金规模为1087万美元。这一项目主要为复兴社区与水岸地区的计划提供资助，包括城市水岸更新、中心城市更新以及水质提升等内容。

其三为运河资助项目，资金规模为150万美元。该项目的资助计划类型包括：维护运河基础设施，提高水陆用户的娱乐条件，提升旅游水平以及复兴运河走廊项目等。计划必须位于纽约州的四条运河体系中，或与运河相连的轨道连接系统。

3. 商业直接援助

该项目分为四个部分：其一为区域委员会资本基金，规模为 1.3 亿美元。该基金旨在对有助于创造或维持就业、减少或消除事业、提高区域商业活力的资本性经济发展计划进行资助。资助计划类型包括：土地、建筑、装备的收购与出租计划，资产收购，新建筑建设，区域更新，与资本项目相关的规划与研究项目等。

其二为高端就业促进项目，资金规模为 7000 万美元。这一项目旨在为高科技、生物科技、清洁能源技术以及制造业等创造就业或吸引资本投资的行业促进计划提供资助。该项目资助类型包括：上述行业的就业创造计划、就业维持计划以及引资计划。

其三为经济发展目标项目，资金规模为 1920 万美元，该项目旨在为创造与保持就业机会，提高经济活力与社会效益的计划提供资助。其资助计划类型与前述区域委员会资本基金相似。

其四为环境投资项目，资金规模为 100 万美元。该项目旨在为与污染处理、废弃物减量、再利用与循环使用，以及可持续性产品、技术相关的经济活动促进计划提供资助。该项目的资助计划类型包括：技术援助、研发与资本性项目。

4. 能源与环境改善

该项目旨在鼓励纽约州的企业提高能源利用高效率、节约资金、使用可再生资源，并减少对于化石能源的依赖。

该项目分为三个部分：其一为能源效率与可再生能源项目，资金规模为 7500 万美元。这一项目旨在鼓励纽约州企业提高能源使用效率，节省开支，使用可再生能源，减少对化石能源的依赖。纽约州环境研发署直接为商业与产业能源利用相关项目提供技术与资金支持。

其二为绿色创新资金项目，规模为 2000 万美元。该项目为纽约州旨在提高水质，以及绿色雨水处理设施建设方面的计划提供资助。资助计划类型包括：可渗透铺筑材料、生物性花园与水井、绿色屋顶墙面、雨水管理等项目。

其三为纽约充能项目，该项目同时也属于商业直接援助类型，其旨在通过向企业与非营利组织提供低价电力，以创造与维持就业。

5. 低成本融资

该项目的资金规模为3.5亿美元，主要利用联邦的产业发展信贷资金，资助州与地方政府向以公共为导向的私人项目提供免息贷款。资助计划项目类型包括：低收入家庭或老年人住房租赁、小型制造业项目、地方电力与燃气建设、地方供暖、制冷、排水设施建设、首套房购买贷款等。

6. 市政/公共基础设施

该项目旨在协助因州司法判定而受到影响的社区。项目将资助鼓励私人部门投资于此类社区，以促使该区域的经济转型，进而创造就业机会。资助的计划项目包括建筑、设施扩建与维护、机械装备购买、劳动资本，以及全职就业培训等。

7. 公园、历史遗产保护

该项目以公立公园与历史遗产保护为核心，资金规模为1300万美元，旨在开发与维护公园、历史性资产与文化区域，以及资助这些项目的规划。资助的计划项目包括：公园开发与规划项目、历史物产保护与规划、传统文化区域系统开发与规划等。

8. 可持续性规划协助

该项目以“清洁、绿色社区区域可持续性计划”为核心，投入资金960万美元。项目旨在为纽约州的各区域提供必要资源，以设定可持续性发展规划。资助计划的条件为：以2050年之前碳排放量减少80%为目标的温室气体减排计划，通过理性增长以减少空气、水、土壤污染，提高生活品质的环境改善计划等。

9. 交通运输基础设施

该项目分为三个部分：其一为轨道与港口基础设施项目，资金规模为2700万美元。该项目为轨道客运、货运，以及港口设施改善提供资助，以改善纽约州的主要贸易与客运走廊的服务能力。

其二为机场升级项目，资金规模为1640万美元，主要提升纽约州的机场设施能力，以提高该州航空服务的安全性与效率，进而增强经济竞争力。

其三为复合交通设施项目，资金规模为690万美元。该项目资助轨道客货运设施、港口设施、航空设施、地方道路桥梁，以及轮渡设施等多类型的交通基础设施建设计划。

10. 劳动力开发

该项目为劳动力培训与开发项目，资金规模为300万美元。项目旨在通过对就业或失业劳动力的职业技能培训与升级能力培养，提高就业率与劳动力的技能水平。

项目资助的计划类型包括两个方面。

其一为企业雇用与培训激励项目，此类项目为营利与非营利企业及机构提供资助，以对这些主体中具有特定技能的员工进行培训，促进这些员工的未来职业发展潜力。同时，该项目还为上述企业、机构提供“在岗培训”资助，以雇用与培训长期雇员。

其二为失业劳动力技能培训项目，此类项目主要为失业员工提供相关技能的培训服务，以使其能够在特定领域解决就业问题。①

三　纽约州经济复兴策略对我国的借鉴意义

面对经济复兴的艰巨任务，纽约州进行了大胆的创新，其经济促进政策尽管在内容上仍与联邦政策殊途同归，但在对地方的激励方式上独辟蹊径。纽约州促进经济复兴规划的方式、方法乃至部分具体举措，对于我国地方政府的经济战略制定都有着独特的借鉴意义。

1. 以基金项目引导促进地方战略整体性

纽约州对于地方经济发展的重要着眼点在于促进地方经济发展的整体性，避免各地区的经济发展因各自为战而碎片化。为达这一目标，纽约州并未以政策性的经济战略规划作为调节手段，而是以投资项目作为引导，将各地方的经济促进计划诱导到州的总体思路上。这一宏观性的调整手段十分巧妙，一方面避免了直接调控过程中各层级政府的龃龉，同时对地方政府的项目进行了实际的财政支撑，可谓“润物细无声”。

① New York State，“New York State Consolidated Funding Application，” 2012－01.

2. 经济促进战略中的“竞合”导向

纽约州以基金项目带动地方政府的经济促进方式，有助于地方政府的积极性，但其竞争性的特征也容易引起“赢者全得”或恶性竞争的问题。因此，纽约州的经济复兴项目设定中，着力推进了地方政府间的“竞合”互动。相关的项目设定，更好地鼓励不同主体间的合作与共同参与。这样，就以基金项目的形式，实际上推动了地方政府多层级之间的彼此联系。

3. 基金项目的相互支撑

纽约州的联合基金项目共分10个部分，基本涵盖了经济建设的各个领域。在具体的项目设计中，不难发现，项目之间的相互渗透与联系异常紧密。大量的项目都与低收入住房、就业等经济活力相关的关键性领域有着内在的联系。这种项目之间的彼此支撑，使整个基金项目体系具有完整性与有机性，同时，也推动了不同部门之间的相互联系，起到了一举多得的作用。

4. 基金项目对创新的激励

纽约州的基金项目尽管覆盖的领域众多，但其实质并非“利益均沾”式的普惠资助，而是对于创新等重要领域具有特别引导的指向性扶持。项目中对于高端就业、新能源、劳动力技能等方面的引导，均有利于该州经济未来以创新要素为核心的可持续发展。

参考文献

魏家雨等著《美国区域经济研究》，上海科学技术文献出版社，2011。

New York City Economic Development Corporation, “Economic Snapshot: A Summary of New York City's Economy,” 2009 – 02.

Central New York Regional Economic Development Council, “Five-Year Strategic Plan: 2012 – 2016,” 2011 – 11.

New York City Economic Development Corporation, “Manhattan Update: A Summary of Manhattan,” 2010 – 03.

Bruce Katz, *Growing the Economy from the Bottom Up* (Washington, D. C.: Brookings Institution, 2011).

New York State, “New York State Consolidated Funding Application,” 2012 – 01.

Regional Economic Recovery: New York State Economic Development Strategy

Abstract: The paper, based on the best practice of New York State Consolidated Funding program, illustrated the new trends, a new wave of innovation in economic development is emerging at the state and regional scale. It shows many regional councils in New York—public-private partnerships of corporate, civic, university, labor, environmental and political leaders—crafted strategic plans for their regions to compete for state funding, and form Regional Economic Development Plans. The competition plans focus on variable direction, included: affordable housing, community and waterfront revitalization, direct assistance to businesses, energy and environmental improvements, low-cost financing, municipal/public infrastructure, parks, historic preservation and heritage areas, sustainability planning assistance, etc. The plans by State Regional Council competition showed the liberating effect of collaboration across local governments, sectors, and institutions that were either unaware of each other or locked in debilitating conflict.

Key Words: New York State; Regional Economy; Economic Recovery

B.12
交易所合并重塑东京国际金融中心的地位

闫彦明

摘　要：

受国际金融危机的冲击及全球金融交易所并购浪潮的影响，日本两家最大的证券交易所东京证券交易所与大阪证券交易所实施了合并计划，并将于2013年1月1日正式合并成为日本交易所集团。该并购活动的开展，将对处于徘徊不前状态中的东京国际金融中心带来多方面的积极影响。

关键词：

证券交易所　并购　东京　国际金融中心

一　日本两大证券交易所合并案的进展情况

（一）合并获批

2012年7月5日，日本两家最大的交易所东京证券交易所（Tokyo Stock Exchange，简称TSE）与大阪证券交易所（Osaka Securities Exchange Co.，简称OSE）在完成了审查程序后，正式对外宣布了合并计划，两家公司在此前已获得日本公平交易委员会发出的批准函。按照合并计划，东京证券交易所将对大阪证券交易所展开要约收购，整个合并过程将长达近半年的时间，最终将于2013年1月1日正式合并成为日本交易所集团。

（二）合并进程

根据两家交易所透露的信息，合并过程具体分为两步进行。

第一步，2012年夏季，东京证券交易所公开收购大阪证券交易所股票，购买数量不多于后者总股本数量的66.67%。具体购买价格为每股48万日元，该价格与大阪证券交易所2011年11月21日的收盘价格相比，溢价约14%。

第二步，2012年秋季，以保留大阪证券交易所的形式将其纳入日本交易所集团内，大阪证券交易所与东京证券交易所的合并比率为1∶1.7。

整个合并过程将涉及新公司的组建、启动与运营，资金划转及财务合并，双方雇员的整合与人事变更、市场网络融合及电子交易系统的整合等一系列重要事项，因此也需要一定的时间来加以推进。例如在人事安排方面，根据披露的信息，在新成立的控股公司中，东京证券交易所总裁齐藤惇将任首席执行官，大阪证券交易所总裁米田道生将任首席运营官。

二　两大证券交易所实施合并的主要动因

日本两大证券交易所实施合并并非偶然性事件，而是在日趋严峻的国际国内金融发展形势下作出的战略选择。事实上，在2008年国际金融危机爆发前后，全球范围内出现大型交易所并购此起彼伏的热潮。从2007年开始，先后有纳斯达克市场收购OMX平台、芝加哥商业交易所收购芝加哥期货交易所、并购纽约商品交易所；2010年新加坡交易所参与并购澳大利亚交易所，伦敦证券交易所拟与多伦多证券交易所合并；以及2011年2月德意志交易所集团和纽约泛欧交易所集团宣布拟合并等一系列交易所重大并购案。虽然目前不是所有并购案都获得成功，但却反映出各大交易所主动出击、强强联合，积极应对国际金融危机冲击的战略意图。从日本两大证券交易所实施合并的动因看，主要体现为如下几个方面。

（一）获得更大的规模优势

东京证券交易所、大阪证券交易所以及名古屋证券交易所是日本三大证券交易所，在日本发挥着重要的经济和金融中枢功能。其中东京证券交易所发展的历史虽然不长，但却是世界上最大的证券交易中心之一。在国际金融危机爆发后，日本的经济、金融发展也受到了较大影响，而东京证券交易所、大阪证券交易所也出现了国际排名下滑的现象（见表 12－1）。

表 12－1　全球总市值最大的 10 家证券交易所：2009 年与 2011 年比较

单位：十亿美元

名次	2009 年		2011 年	
	证券交易所	总市值	各地交易所	总市值
1	纽　约	19009	纽　约	11796
2	东　京	4645	纳斯达克	3845
3	纳斯达克	3946	东　京	3325
4	伦　敦	3759	伦　敦	3266
5	大　阪	3133	泛　欧	2447
6	香　港	1709	香　港	2258
7	多伦多	1675	多伦多	1912
8	德　国	1659	澳大利亚	1198
9	马德里	1345	德　国	1184
10	瑞　士	1232	韩　国	996

资料来源：根据 world-exchanges、中国证监会等网站资料整理而成。

国际金融危机推动了全球证券交易所新一轮“洗牌”的过程，日本证券交易所出现了集体排名下降的现象。为了进一步在全球范围内保持竞争力，促成日本两大交易所合并的事件。据报道，合并后的日本交易所集团总市值将达到约 3.67 万亿美元，超过美国纳斯达克（OMX），成为全球第二大证券交易所，规模的扩大将有助于其在全球股票交易所市场更具竞争力。

（二）金融交易业务的优势互补

并购重组对于任何一个交易所而言都是极为重要的战略抉择，所要考虑的因素也是全面而细致的。因此在选择合并对象的过程中，除了规模因素之外，业务结构和发展优势的互补性也是极其重要的考虑内容。

从日本两大交易所的发展情况看，合并将能带来巨大的协同效应，最为突出的是合并成立的新企业将会在资源整合的基础上，兼具东京证券交易所在现货交易领域与大阪证券交易所在金融衍生品交易领域（例如，大阪证券交易所的“日经 225 指数期货合约”的交易量，远远高于东京证券交易所的“东证指数（Topix）合约”）的优势。经过业务优化重组后，现货证券交易、金融衍生品交易将分别占到新交易集团总业务量的27%和16.2%。虽然此前这两家交易所分别在日本证券业的现金股票业务和衍生产品交易中占有主导地位，合并后将进一步强化其在国内的垄断地位，也显著提升了国际竞争力。

（三）资源共享及成本节约

根据并购理论，节约成本往往也是开展并购活动的重要动因之一。在本案例中，合并活动的实施也将通过降低成本来达到提高交易集团的国际竞争力的战略目标。2011年，这两家交易所加总的营业收入高达800亿日元，而合并完成后预期每年可减少的成本则将达到70亿日元，由此可以带来接近10%的成本节约。

根据以上分析，日本两大证券交易所实施合并计划具有良好的预期前景。正如两家交易所发布的联合声明所称：“在海外，交易所国内和国际合并势头越来越强……在这样一场全球竞争中，日本交易所要想存活，必须……扩大规模、多样化金融交易工具、降低成本……以增强竞争力，建立流动性足、运作高效的市场，为投资者提供更多便利。”

三　彷徨与探索：对东京国际金融中心的影响

长期以来，东京在全球金融中心体系中扮演着非常重要的角色，这与日本自第二次世界大战后快速崛起为全球第二大经济体的实力和地位是相称的。但是，客观上东京在发挥国际金融中心的功能方面却存在着一定的缺陷。

（一）激烈竞争环境中的彷徨

在20世纪80年代全球金融自由化浪潮影响下，从1998年4月1日起，日本启动了“东京版金融大爆炸”（Tokyo Big Bang）的金融自由化改革方案，也在一定程度上推动了其国内金融市场的透明化、自由化、国际化发展，并使得东京在打造国际金融中心方面更具优势。但从近些年来东京金融产业发展的实际情况看，由于日本特有的国民文化及财团垄断下的经济制度等因素制约，金融市场的国际化发展效果很不理想，尤其与其他国际金融中心的主要交易所相比，东京证券交易所来自海外的上市公司比例是非常低的。

表 12－2 的数据清晰地反映出东京证券交易所在国际化（吸引海外公司在本交易所上市）方面的效果是非常差的，海外公司的比例仅为 0.5%，远低于新加坡证券交易所、纽约证券交易所、伦敦证券交易所等。

表 12－2　主要证券交易所外国上市公司比例比较

单位：家，%

证券交易所	上市公司数		外国公司所占比例
	本国	外国	
纽　约	1788	520	29.1
纳斯达克	2383	297	12.5
伦　敦	2288	598	26.1
新加坡	462	311	67.3
泛　欧	969	143	14.8
东　京	2280	11	0.5

资料来源：根据上海证券交易所《2012 年市场资料》有关数据整理及计算而成。

近年来，受日本国内实体经济长期低迷及外部国际金融危机冲击的综合影响，东京在全球金融中心的排名、地位及影响力出现不同程度的下降。目前不仅无法与纽约、伦敦并驾齐驱，即使在亚洲也面临着香港、新加坡、上海等城市极为激烈的竞争。根据伦敦金融城发布的“全球金融中心指数（The Global Financial Centres Index，简称 GFCI）”，东京的国际地位虽然有小幅度回升趋势，但是无法“挤入”由伦敦、纽约、香港、新加坡等城市所构成的全球金融中心体系中的“金字塔尖”序列（见表 12－3）。

表 12－3　东京在历次 GFCI 中的排名及得分变动情况

发布时间	GFCI 期数	国际排名	综合得分
2007 年 3 月	第 1 期	9	632
2007 年 9 月	第 2 期	10	625
2008 年 3 月	第 3 期	9	628
2008 年 9 月	第 4 期	7	642
2009 年 3 月	第 5 期	15	611
2009 年 9 月	第 6 期	7	674
2010 年 3 月	第 7 期	5	692

续表

发布时间	GFCI 期数	国际排名	综合得分
2010 年 9 月	第 8 期	5	697
2011 年 3 月	第 9 期	5	694
2011 年 9 月	第 10 期	6	695
2012 年 3 月	第 11 期	5	693

资料来源：根据伦敦金融城政府 The Global Financial Centres Index（第 1 ~ 11 期）数据综合整理而成。

（二）新的探索：并购案对东京国际金融中心的影响

国际金融中心建设是复杂的系统工程，一个城市要在全球金融中心中获得较强的竞争力，一方面需要坚实的实体经济基础作为支撑，另一方面也需要通过金融业自身的创新与发展来寻求突破。日本两大证券交易所合并案的出现，在一定程度上可以视为日本金融业在严峻的国内外形势下寻求新突破的重大战略举措，同时也将对东京提升国际金融中心竞争力产生积极的影响。

1. 完善金融中心功能

东京是日本金融制度的浓缩，也反映了日本金融产业发展的主要特征。在日本的法律上虽然没有明文规定主银行制度，但主银行制度作为日本金融界和企业界的一种惯例却根深蒂固。在主银行制度下，日本的证券市场在一定程度上受到抑制，这体现为日本最大的东京证券交易所在金融衍生产品业务等方面的创新活力不足。该交易所在交易品种、交易规模等方面也远远比不上美国和欧洲主要的证券交易所、金融衍生品交易所。在东京金融市场中，虽然债券市场拥有一定的规模，但从品种结构看主要是政府发行的国债产品，而企业债券仅占债券发行总规模的 7% 左右。与东京证券交易所同年成立（1878 年）的大阪证券交易所，目前是日本国内最大的金融衍生品交易平台，通过合并计划的实施，可以使新的交易所集团拥有更为完备的金融交易功能，同时也有助于推动东京国际金融中心的功能完善。

2. 提高城市金融资源配置能力

从金融中心形成的机理和过程看，主要体现为高端资源不断积聚，同时也向金融腹地发挥辐射功能，在此过程中金融中心的资源配置能力也得以不断提升。由于东京金融市场呈现较为突出的封闭式特点，只有通过多渠道拓展市场的资源配置能力才是有效提升金融中心功能的根本策略。东京证券交易所对大阪证券交易所实施要约收购完成后，将对提高东京对于国内外金融资源的配置能力发挥重要作用。第一，被收购的大阪证券交易所在国际上有着一定影响力，在日本国内也是规模仅次于东京证券交易所的金融市场，根据表 12 - 1 的数据，2009 年其总市值也高达 31330 亿美元左右；收购计划完成后的新交易所集团规模也将跃居世界第 2，其全球化资源配置能力必将因此而获得提升。第二，收购活动结束后，新成立的交易所集团公司将设立在东京，而其市场网络体系也将建立在对合并双方网络资源充分整合的基础上，东京总部的业务拓展能力、业务创新能力乃至综合纳税能力等也都将获得提高，这将对东京提升金融中心地位产生积极影响。

3. 完善城市金融市场的电子化交易系统

近年来，东京证券交易所的电子化交易系统屡次出现重大故障，并多次导致系统瘫痪情况的出现。在 2005 年末和 2006 年初就曾两次出现过系统瘫痪的尴尬局面，这严重影响了东京作为国际金融中心的形象。2012 年 2 月 2 日上午 9 时，东京证券交易所系统再次出现故障，导致索尼、东京电力等 241 只上市品种停止交易；8 月 7 日，由于交易系统再次发生故障，东京证券交易所被迫宣布，当日上午 9 点 22 分起东证指数（TOPIX）期货等所有金融衍生产品及长期国债期货等产品的交易全部暂停，这次系统故障导致市场交易停止一个半小时。客观上讲，作为全球性金融中心的金融市场频繁出现如此严重的系统故障，必然会影响东京的国际信誉；同时，也会给广大市场参与者带来不同程度的损失。而近年来大阪证券交易所并未发生类似的严重事件，通过双方电子化交易系统的整合，也有助于提高新交易所集团乃至东京市的金融市场信息技术保障水平。

四　对东亚国际金融中心格局的影响及中国的借鉴

日本交易所合并案对于未来东京国际金融中心的建设将带来多方面的推动

作用，同时也将进一步加剧东亚地区金融中心之间的竞争。有关举措对上海、深圳、北京等中国金融中心城市的发展具有一定借鉴作用。

（一）对东亚国际金融中心格局的影响

虽然受到日本经济长期持续低迷的影响，东京作为国际金融中心的地位在较长时期中呈现下降的态势，但是近年来日本政府及东京市政府也在积极探索金融发展的新路径。在政府引导、市场竞争的共同推动下，东京出现了国际排名缓步回升的新趋势，表 12 - 3 的数据就显示了 2010 年以来这样的趋势。

日本交易所合并案不仅在微观层面将引起全球证券交易所的重新“洗牌”，对于处于整体崛起过程中的东亚国际金融中心格局也将产生重要的影响。主要将通过增强东京资本市场对海外企业上市的吸引力、推动东京金融功能的完善、推动东京形成更为开放的金融市场氛围、推动金融中心的创新发展与转型等途径，进一步强化东京国际金融中心的影响力、控制力，在金融竞争十分激烈的东亚地区保持稳固上升的地位。一旦交易所合并案完成并投入实施，必将对香港、新加坡、上海等东亚地区最重要的国际金融中心产生新的挑战。

（二）对中国建设国际金融中心的启示

中国的上海、北京、深圳等城市近年来致力于区域金融发展和金融中心建设，在东亚地区的影响力逐渐扩大，在未来发展过程中，也可以借鉴日本交易所合并案的有关经验。主要的启示有以下几点。

第一，推动金融资源的优化组合，提高城市金融业的国际竞争力。金融业的许多领域都具有较为突出的规模报酬递增特点，全球证券交易所不断开展跨地区乃至跨境重组，就是希望获得更高程度的规模经济。在日趋激烈的竞争环境下，我国各金融中心城市迫切需要按照错位发展战略，依托各城市金融产业基础，通过“强强联合”，形成若干具有相当规模、资本实力的金融市场、金融机构，以此在国际金融体系中保持竞争优势。

第二，在保持“安全性第一”的前提下，稳步推进金融市场的国际化发展。虽然日本及东京金融市场具有较强的“对外排斥”缺陷，但是近些年来政府与市场机构在积极寻求建立更为开放的金融发展环境，利用交易所功能重组与完善来吸引海外公司上市就是重要举措之一。我国目前仍实行比较严格的资本项目管制制度，但近两年也在探索多渠道的资本项目开放举措，例如在2012 年国家批准的“前海金融改革方案”中就有所涉及。目前存在的一个重要的缺陷仍在于，我国国内的资本市场仍没有开辟海外优质公司上市融资的渠道（即“国际板”），这其中主要是有财税制度、法律制度尚未实现与国际接轨等方面的障碍，但从中长期看，推出“国际板”及其他渐进式开放资本市场，将成为中国金融中心向国际金融中心转型的必由之路。

参考文献

伦敦金融城政府：The Global Financial Centres Index（第 1 ~ 11 期）。

吴心韬：《东交所和大交所正式宣布合并》，《中国证券报》2011 年 11 月 23 日。

屠启宇主编《国际城市发展报告（2012）》，社会科学文献出版社，2012。

闫彦明：《东亚地区金融中心崛起的趋势、动因与发展战略》，《东南亚纵横》2012 年第 7 期。

Stock Exchange Merger and its Effect to Tokyo as an International Financial Center

Abstract: By the influence of international financial crisis and the trend of merger among global financial exchanges, Japan's two biggest exchanges Tokyo Stock Exchange and the Osaka Securities Exchange will be formally merged into Japan exchange group in January 1, 2013. The M & A activities will bring positive influence in many aspects to Tokyo International Financial Center which is falling in some stagnant condition.

Key Words: Stock Exchange; Mergers and Acquisition; Tokyo; International Financial Center

B.13 美国地方政府破产案及地方债管理的启示

闫彦明

摘　要：

受经济复苏乏力、投资规模过大等因素的影响，近来美国地方政府的债务危机现象愈演愈烈。本报告通过对美国地方政府破产案中制度的梳理，对美国地方债、担保方式、监管方式以及鼓励政策等特征进行了分析。同时，指出美国地方债管理制度的缺陷所在，特别是财政预算规模约束与财政资金运用方面的问题。文章最后根据美国地方政府债务的实践经验与教训，对我国规范发展地方政府债务融资行为提出了政策建议。

关键词：

地方政府　政府债券　地方政府破产

作为世界第一经济强国，美国是允许地方政府通过发行市政债券等方式进行债务融资的代表国家之一，也是目前全球地方债务规模较大的国家。据统计，在次贷危机爆发前，美国市政债券余额已达2.7万亿美元，相当于同期国债余额的28%、当时年度GDP的19%和州及地方财政收入的120%。长期以来，地方债务在推动美国地方经济与社会发展方面发挥了重要作用，但是市政建设需求不断扩大，使得近年来地方政府债务激增。与此同时，与中央政府相比，地方政府解决财政问题的手段相对有限，当面临还债高峰期的时候，往往存在较大的财政风险。

一　美国地方政府破产案的进展

受经济增长持续低迷、复苏乏力等因素的影响，近来美国各州和地方政府债务已达到或接近历史最高水平，其中小部分地方政府甚至陷入了破产困境，此现象应当引发各界对政府破产现象所折射出的政府职能、地方政府债务制度等问题的深刻反思。

1. 美国地方债务危机趋于恶化

2011 年，美国地方债务危机集中爆发。1 月，加利福尼亚州州长施瓦辛格卸任，留下 250 亿美元赤字，而当时的州债务规模达 3650 亿美元，占州国内生产总值的 18.8%，引起美联储和联邦政府的高度关注。截至 6 月，纽约市财政赤字也高达 20 亿美元。8 月，罗得岛州一个人口不足 2 万人的小城市中央瀑布城（Central Falls）宣布破产，一度引发包括《华尔街日报》在内的美国各大媒体关注，其主要原因是巨额的退休金计划导致的财政赤字。10 月，宾夕法尼亚州首府哈里斯堡市由于无法偿还大规模债务，宣布申请破产重组。11 月，阿拉巴马州杰斐逊县（该县拥有亚拉巴马州最大的城市伯明翰）由于债务压力过大，县政府以 4∶1 的票数同意申请破产保护，其破产规模达到 41 亿美元，这大幅度打破了 1994 年加利福尼亚州奥兰治县 17 亿美元债务破产案的历史纪录。

2. 地方政府积极进行自救

地方政府破产意味着政府信用失败，重新建立信用则会更加困难。因此，各地方政府力图避免“悲剧”的发生。在杰斐逊县破产案中，地方政府曾几经努力来加以挽回。例如杰斐逊县的立法部门和当地行政部门曾进行磋商，通过了“占有税”的议案，这一税收占到了总财政收入的 1/4。但在 2011 年 3 月，这项新税种遭到亚拉巴马州最高法院驳回，法院认为新税缺乏公众的认可，在目前的经济状况下可能会促使局势恶化。2011 年 9 月，杰斐逊县曾与债权人达成一个短暂的债务协议，此协议将使该县债务减少超过 30 亿美元，但这项协议并没有得到立法者的支持，最终杰斐逊县还是选择了寻求破产保护。

3. 地方政府财务危机易引发连锁反应

连续爆发的地方政府债务危机，使得疲弱的美国经济及“债台高筑”的美国政府雪上加霜。如果有更多的地方政府陷入破产危机，则会给美国政府信用和金融市场带来极大的负面影响。例如，承销杰斐逊县债券的两家公司 FGI

和 XL 金融保险公司因被下调评级，遭遇投资者抛售，而杰弗逊县的债券也遭遇看空，最终可能沦为垃圾债券。更为重要的是政府破产案的导向作用非常突出，可能直接对规模高达约 3 万亿美元的美国市政债券市场造成很大的冲击，也会由此进一步拖累美国经济的复苏。

二　美国地方债管理制度的特点与反思

作为联邦制国家，美国是允许地方政府债务融资的典型国家之一，其相关制度一直为各国所借鉴。但是，随着一系列债务危机现象的出现，这一制度也暴露出种种内在缺陷。

1. 美国地方债管理制度的主要特点

（1）地方政府债券是重要的融资方式。

发行的地方政府债券（Local Treasury Bonds）一般用于交通、通信、住宅、教育、医院和污水处理系统等地方性公共设施的建设，并往往以当地政府的税收能力作为还本付息的担保。目前，各州及州以下地方政府融资大部分采用发行市政债券的方式。

（2）主要分为一般责任债券和收益债券两种类型。

其中一般责任债券主要是以发行机构的声誉及信用为担保并以政府财政税收（如财产税、收入税、销售税等）为支持的债券；收益债券往往与特定的项目或税收相联系，还本付息主要来自于这些项目的收入。

（3）通过立法及加强监管来控制地方债的风险。

各州的宪法或法令都要求实施平衡预算规则，其中 35 个州的平衡预算法令要求预算执行中出现的赤字必须在财政年度末期予以消化，禁止结转到下一年度。同时，各地方政府部门还建立了债务风险评估和预警制度，通过量化的风险指标，动态地评估和预警政府债务风险，较为典型的有美国俄亥俄州模式和哥伦比亚“红绿灯”模式。

（4）有效降低债券风险来提高债券收益。

为了推动地方债券的发展，美国政府对市政债券推行税收减免的政策，使得此类债券风险相对较低且收益率较高。

2. 美国地方债管理制度的缺陷

虽然美国地方债管理制度在长期中不断趋于完善，且用一系列法律条文加以规范，在很大程度上规避了地方政府的不合理行为。但是集中爆发的债务危机揭示出其仍存在一些不足之处。

（1）财政预算规模约束存在不足。

作为发达国家，美国联邦及地方政府必须为日益膨胀的基础设施建设和社会保障支出等买单，但是既有的制度和立法却难以有效控制地方政府的赤字规模。例如，此轮地方政府破产涉案规模最大的杰斐逊县，实际上多年来一直深陷财政危机的困扰中：1996 年，美国联邦政府的调查发现，杰弗逊县存在违规排放污水情况，并裁定该县必须重新修建荒废的污水管道系统。经初次评估，改造工程款项高达 4.68 亿美元，由于难以从公共财政中支付，杰弗逊县不得不自行发行债券筹集款项，但最终投资款规模却大大超出了预算，也使得该县财政状况迅速恶化。又如，新罕布什尔州斯特拉福德县的财政状况也很糟糕，该市 2009 年财政收入为 3600 万美元，累计债务却达到了 2300 万美元，主要原因是对当地一家养老院的供应（穆迪评级公司的评估报告显示，该县 2/5 的预算都投入到了那家疗养院），该疗养院中不到 85% 的病人符合美国医疗补助（Medicaid）资格却享受着高额养老标准。从 2004 年到 2009 年，该疗养院亏损 3600 万美元。由于缺乏有效的财政支出约束，类似状况在美国联邦及地方政府层面较为常见。面对集中爆发的债务危机，2011 年 11 月 9 日，美国总统奥巴马利用行政手段，绕开国会签署一项旨在减少联邦政府浪费现象、削减开支、促进政府高效运作的行政令。同时，奥巴马政府也开始敦促地方政府减少浪费，控制财政赤字。

（2）财政资金投资约束不力。

一般而言，财政资金作为公共管理和支出的保障，在资金运作过程中的安全性应当永远放在第一位。但是，美国有些地方政府却存在财政资金投放于风险领域的现象。此方面加利福尼亚州橘县是典型案例，该县曾是加利福尼亚州最富有的地区，2000 年前该县年均 GDP 已经达到 1180 亿美元，人均收入 7 万美元。作为地方政府，橘县设立司库机构来具体管理地方税收及地方公共机构存款，该机构的主要职责是运用财政资金进行投资，并将所得用于橘县的公共支出。时任司库的鲍伯·西顿被认为是开辟橘县特色的地方财政模式的英雄人物，并在该职位连任七届。1994 年，橘县财政投资总规模一度达到 206 亿美元，有 200 多家机构参与其中。但后来鲍伯将这些资金投资于高风险的华尔街债券市场，试图在浮动利率交易中进行套利。然而，随着利率的波动，到 1994 年下半年，金融投机让橘县财政损失了 17 亿美元，并直接导致橘县于当年 12 月被迫宣布破产，在当时刷新了市政当局的破产纪录。又如在杰弗逊县的案例中，政府债务由于金融衍生品运作及次贷危机而受到牵累，其中承销杰斐逊县债券的 FGI 和 XL 等金融保险公司因房屋抵押债券被下调评级，而杰弗逊县的债券也最终沦为垃圾债券。这些案例可以反映出，美国地方政府在财政资金管理和运作方面存在投资约束不足的问题。

任何问题的出现总是有其内在、外在的原因。政府部门由于掌握庞大的公共资源，往往被市场主体认为有很好的信用保证。美国的财政制度虽然在长期探索中不断完善，并准许地方政府可以通过信用方式发行债券进行融资，但是由于制度存在缺陷，使得一些存在投资冲动的地方政府由于投资不当或受经济危机影响而陷入巨额债务的困境，这需要更好地进行制度层面的反思。

三　对中国地方政府债务制度的启示

在我国单一制的国家政体及现行法律制度下，地方政府一般不允许发行债券进行融资，其目的是规范地方政府投资冲动和不合理行为。《中华人民共和国预算法》第二十八条规定，地方各级政府预算按量入为出、收支平衡的原则编制，不列赤字；除法律和国务院文件另有规定外，地方政府不得发行地方政府债券。这虽然在形式上约束了地方政府举债，但为了履行政府各项职责，仍有银行借款、国际机构贷款等方式可以采用。实际上，近些年全国不少地方政府为了发展，搭建各种融资平台举债多方筹措资金，已然产生了大量的隐性负债。经过深入调研，2011 年 6 月，审计署对外发布审计数字：到 2010 年底，我国地方债总量为 107174. 91 亿元。根据测算，我国地方政府债务率低于国际警戒线，整体仍处于安全范围内。

从地方政府债务融资角度看，1980 ~ 1990 年，我国各区域经济和基础设施建设处于快速发展的轨道，为了满足建设资金需求，当时曾经允许地方政府发债，但是由于“一放就乱”的情况导致地方债很快被禁止。近年来受金融危机影响，我国重新探索地方政府债券融资。2011 年 10 月，国务院批准上海、浙江、广东和深圳市开展地方政府自行发债试点。11 月 15 日上海市财政局发行的总额为 71 亿元人民币的地方债开始招标；之后，广东、浙江也先后分别招标发行总额为 69 亿元、67 亿元的地方债。在此背景下，我国应当未雨绸缪，积极借鉴美国等发达国家的经验和教训，推动地方政府投融资的规范发展。主要启示有以下几点。

1. 地方债制度与法律的建设、完善至关重要

法律手段的强制性和约束性比其他手段更强，我国在《中华人民共和国预算法》及其他相关法律中对政府举债行为进行了较为明确的规定。但是，仍存在条款需要细化、内容有待完善等问题。在美国等发达国家，在长期实践中都建立了较为完善的法律制度来约束有关政府的举债行为，如美国对属于国家层次的联邦债和属于地方层次的州债都分别制定相应的法规来加以管理；另外，《政府会计、审计和财务报告》（1983）等还确立了政府债务报告基本准则，对记录和报告政府债务作出规定。我国近年来开展的地方政府发债试点，是在现有法律框架下的有益探索，对于推动地方负债从隐性转向显性、推动融资行为的规范都有积极意义。但随着试点的推进，应当从制度及法律层面作出规定，并重点推动政府预算、证券交易等领域法律制度的完善。

2. 推动“阳光财政”和倡导“透明化、精细化”预决算

在“政绩效应”的驱使下，地方政府存在很强的投资冲动。尤其是在我国 4 万亿元投资计划背景下，地方政府需要配套开展大规模基础设施建设和民生领域的投资，但是其中也存在一些不规范操作、寻租等现象。因此，从预算环节加以规范是行之有效的举措。客观来看，财政预、决算信息应是高度民主化、公开化、透明化地制定与发布的，并应持续、动态地接受纳税人和公众的监督。在此方面，可以借鉴发达国家的合理举措来加以完善。为了应对地方政府债务风险，美国逐步形成了以法律法规、行政监控、信用评级、债务担保、透明度要求、债务危机化解为主要内容并接受监管机构监督的风险控制框架，并在一定程度上推动了地方政府举债行为的规范；但即便如此，仍然存在资金运用方面的一些问题。因此，我国应当认真推行“财政公开制度”等有针对性的举措，要求各地依法、及时、主动公开财政预算信息、决算报表以及预算执行和财政转移支付情况等。

3. 建立强有力的地方债务预警系统

资料显示，未来几年将是我国地方政府偿还债务的高峰期，包括本息在内的偿债计划可能会给地方财政体系带来较大压力。其中一些隐性的债务存在更大的风险，甚至会影响未来的经济和社会秩序。因此，借鉴发达国家经验和教训，建立覆盖全面、强力有效的地方债务预警系统是迫切需要关注的问题。在美国地方政府破产案中，其主要教训也在于缺乏有效的预警系统，导致预算规模和举债规模都不断膨胀，最终造成政府无力偿付的悲剧。根据我国财政体系的特点，应当由中央政府为主体建立一套地方债务预警指标体系，对债务的违约风险进行动态跟踪并作出前瞻性评价，其范围应当覆盖各类地方政府实际采用的举债行为；通过指标的量化测算，有助于及时发现问题，合理计划举债规模与次序，并有效控制地方政府债务危机的发生。

参考文献

财政部预算司考察团：《美国、加拿大州（省）、地方政府债务情况考察报告》，《财政研究》2010 年第 2 期。

刘均胜、李淑娟：《国外地方政府举债的监管与风险控制及其对中国的启示》，《武汉金融》2010 年第 12 期。

白朝阳：《美国地方政府破产案屡创新高》，《中国经济周刊》2012 年第 29 期。

Inspiration of Local Government Bankruptcy and Local Debt Management of USA

Abstract: During a long-period, local government of the United States can issue bonds to lend money, and this has played an important role in the promotion of local economic and social development. Because of the economic recovery is very weak, the investment scale is too large, and other factors, recently the phenomenon of American local government debt crisis appeared frequently. The local government is facing bankruptcy because of the debt scale is too large and the inability to repay the debt. These phenomena reveal that current local government debt management system of United States still exist defects. To analyze cases of local government bankruptcy of the United States can bring enlightenment to our country to regulate the development of the local government debt financing behavior.

Key Words: Local Government; Government Bond; Bankruptcy

城市社会篇

Urban Society

B.14

幸福城市：国际智库绘就全球地图

王红霞

摘　要：

本文梳理分析了伦敦经济学院城市时代项目组最新发布的对全球各大洲 129 个城市地区幸福水平的客观度量结果，结合盖洛普咨询公司最新发布的美国幸福城市调查年度报告结果和美国哥伦比亚大学地球研究所同联合国共同发布的《全球幸福指数报告》结果，总结归纳出幸福城市的若干特点并进行国际比较，最后就对中国城市的启示进行了总结。

关键词：

幸福指数　城市　经验借鉴

随着经济发展和人类文明的不断进步，和谐、可持续发展成为当今世界发展的主旋律。全球各国在追求经济增长的同时，更加关注社会的全面发展和人民的切实需求。在此背景下，GDP 和全民幸福感或幸福度的提高正在成为各国发展的双重目标。美国政府很早就开始把幸福指数和 GDP 一起核算；英国政府提出在 GDP 指标之外，开展全国范围的幸福调查来全面衡量国家发展的绩效；法国政府也提出把幸福纳入国民核算账户体系。我国当前也开始考虑把民众幸福感指标纳入国民经济考核指标体系之中。

一　幸福指数内涵及指标体系建设

对幸福的测度是比较复杂的工作，而且由于它主要是反映民众对幸福的主观感知度，因此，更增加了对其科学性和客观性的要求。综合国际上迄今为止对幸福的测度，多是通过构建一整套全面反映人们对幸福的主客观认识和体会的指标体系来完成的。一般来讲，大部分幸福指数指标体系不仅包括民众对幸福感的主观评价，而且包括决定和影响人们幸福生活的经济社会发展条件等客观因素。

根据世界卫生组织（WHO）的定义：幸福是一种状态，它不仅仅是指人们远离疾病，而且是指包括人们物理的、精神的、社会的、经济的、全面的生活幸福状态。[①] 联合国在 1990 年提出用人类发展指数（HDI）来衡量人类发展的经济社会绩效，这是一个相对比较成熟的幸福测度指标，但是由于统计口径原因，这一指数尚无城市范围的数据统计。

经合组织（OECD）2011 年发布幸福指数，包括收入、就业、住房、教育、环境、卫生、健康、社区生活、机构管理、安全、工作与家庭关系以及对生活条件的整体满意度 12 项因素。

也有一些地区开始对本地区的幸福度进行评价，如大伦敦行政区，近几年推出伦敦选区幸福评分制度，制定了一套幸福指标体系，包括健康、经济保障、安全、教育、孩子、家庭、交通、环境、社区等 12 组指标。根据选民对这些指标的打分高低，评价每个选区居民的幸福程度。[②]

---

① Preamble to the Constitution of the World Health Organization as adopted by the International Health Conference, NewYork, 19 – 22 June, 1946; signed on 22July 1946 by the representatives of 61 States (Official Records of the World Health Organization, no. 2, p. 100).

② 具体参见 London Ward Well-Being Scores-2012 edition，http://data.london.gov.uk/datastore/package/london-ward-well-being-scores。

荷兰社会学家路德·魏荷文（Ruut Veenhoven）从1994年开始持续搜集大量关于幸福的经验性数据，涉及120个国家、8000多份调查，总结了各种可能影响幸福的客观因素，包括性格、年龄、外表、智力、教育、婚姻、工作、子女、社会、环境、气候等149多项指标。[①]

总体来看，国际上常用的对居民幸福度的衡量，不仅包括充分考虑个人、社会的主观指标，而且也包括经济社会发展的客观指标，以综合反映人们的生活状态。但是，目前尚未形成获得公认的测度指标体系，许多指标仍然在不断探索和改进之中，而且相当部分的幸福度量以主观评价为主（如民意问卷抽样调查、选民评价等）。值得注意的是，对幸福评价的主观指标更多地反映人们的心理和感受，所以很容易受到主观性偏差的影响而有失公允；相比主观指标度量，客观指标体现了政府对公民福祉的责任、态度和努力。联合国与美国哥伦比亚大学地球研究所于2012年4月首次发布《全球幸福指数报告》，对世界各国民众幸福的比较和评价更多地采用客观指标。该报告指出：财富不是衡量幸福的唯一指标，虽然从平均水平来看，富人比穷人要相对更幸福些；失业明显会降低幸福程度，这不仅仅是因为失去了收入来源，而且同时也失去了自尊和社会地位。较高的生活水准一般对应着较高的幸福度，但并不是所有国家和地区的人们都如此认为。总体来看，应该从社会层面和个人层面结合起来测度人们的幸福。《全球幸福指数报告》中的幸福指数指标体系包括社会层面的指标：经济收入、个人的自由度、社交网络、杜绝贪腐等因素；个人层面上的指标包括良好的精神状态及身体健康、稳定的家庭和婚姻、工作保障等因素。

伦敦经济学院城市时代项目组发布其最新研究成果，与以往绝大多数研究基于国家范围不同，它们以城市为研究范围，客观测度了全球各大洲129个城市地区的幸福程度。该研究在联合国人类发展指数基础上，构建了一个综合性的客观指标体系，通过教育、健康和财富指标来客观评价城市居民的幸福程度。

---

① 参见《世界幸福数据库》（World Database of Happiness），http：//worlddatabaseofhappiness.eur.nl/hap_ cor/src_ fp.php。

二　基于城市的全球幸福状况比较

根据伦敦经济学院城市时代项目组的研究，全球 129 个城市的幸福状况具有如下突出特点。

1. 多数城市幸福状况好于所在国家和地区

根据伦敦经济学院的研究，在 129 个城市样本中，绝大多数的城市都表现出了健康和幸福的绝对优势。从健康指标来看，只有 19 个城市的状况低于所在国家的水平；从教育指标来看，只有 10 个城市低于所在国家水平；从财富指标来看，只有 14 个城市低于所在国家水平。

2. 香港在健康维度方面排名首位

在健康、教育和财富三个评价幸福状况的维度中，各城市在不同维度的得分有所差异。健康维度主要包括婴儿死亡率和预期寿命两项指标，研究发现高收入的亚洲和西欧地区得分最高。香港是 129 个城市中健康指标得分最高的地区，第 2 到第 10 位依次是大阪、东京、新加坡、斯德哥尔摩、罗马、马德里、巴黎、柏林、悉尼。此外，伦敦排在第 12 位，纽约排在第 15 位，北京排在第 37 位，上海位列第 40 位。

3. 悉尼在教育维度方面独占鳌头

从教育维度来看，包括 6 岁以上人口的识字率和市民的平均受教育年限等指标。得分最高的城市依次是：悉尼、波士顿、旧金山、华盛顿、纽约、费城、柏林、多伦多、迈阿密、芝加哥和亚特兰大等。我国北京和上海的教育维度得分分别为 0. 54 分和 0. 53 分（满分为 1 分），尚未到及格水平。

4. 华盛顿在财富维度方面排名第一

财富维度包括人均 GDP 水平、居住条件和最低生活保障水平等指标。华盛顿是全球 129 个城市中财富指标得分最高的城市，其他依次是纽约、波士顿、费城、新加坡、斯德哥尔摩、巴黎、洛杉矶、芝加哥、亚特兰大、香港、伦敦等城市地区。上海财富维度得分略高于北京，在全球 129 个城市中位列中上水平。

5. 悉尼是全球最幸福的城市

根据伦敦经济学院城市时代项目组的研究，从教育、健康和财富三个维度的综合得分情况看，悉尼、旧金山、斯德哥尔摩、波士顿和纽约（并列第4）、东京位列前5名。悉尼是129个城市中最幸福的城市，我国香港位列第10位，北京和上海并列排在第35位。

三 对我国城市的启示与借鉴

1. 幸福指数体系中更强调社会发展指标

幸福指数本身是源自幸福经济学的概念，从国际上常见的幸福评价来看，幸福指数不仅衡量人们的幸福感，而且还评价能给人们带来幸福的物质条件和社会、政治及自然环境水平。实际上，对幸福的测度可以划分为不同的群体范围，一般来讲，常区分为国家（或地区）幸福度、公众幸福度及个人幸福度。而一套科学的幸福指数体系也应针对不同群体有所区分。从社会学界关注的热点来看，通常讲的幸福指数是对一个国家或地区幸福度或者公众幸福度的测量，其结果反映的是一个群体的平均状态水平。总结国际上对幸福指数的测度，无论是不丹王国的GNH（国民幸福总值）指数，还是美国的300余项指标，还是法国经济绩效与社会进步评估委员会所提出的测量幸福的要素等，它们都有一个共同特点：首先覆盖收入、教育、医疗、环境、家庭等宏观层面。

幸福指数体系一般包括经济发展、社会发展、环境以及个人身心状况四个层面，具体包括：财富（收入和就业）、健康、教育、社会、政治、自然环境等指标。对国家或者地区的幸福评价最重要的指标是财富、稳定的政治环境、公民自由及社会安全；而对于公众幸福度来讲，财富、健康、教育、社会、安全等指标是公众关注的重点。最近关于幸福测度的研究表明，无论是一个国家的幸福度还是公众幸福度评价，社会发展指标比经济增长指标更加重要——特别是随着人类文明的进步和人们需求层次不断上升的演进，经济增长能否促进幸福感的提高，不仅受收入水平的影响，而且越来越多地受到社会认可、社会参与和社会公正等因素的影响。

2. 改善教育条件是提升我国城市居民幸福水平的重要基础

从伦敦经济学院城市时代项目组的度量结果来看，北京、上海的总体幸福水平处于129个城市的上游水平。但从分项指标来看，相比较健康和财富维度，在教育维度测度方面我国大部分城市的幸福度相对较差。这表明我国城市要提高居民的幸福水平，必须加大对教育状况的改善力度。

实际上，来自美国盖洛普咨询公司的最新调研结果发现：教育不仅在客观上影响着人们的幸福水平，而且也影响着人们的幸福感。盖洛普咨询公司2012年3月发布的美国幸福城市调查年度报告指出，拥有大学比较多的城市地区也是民众幸福感评价较高的地区。实际上，许多对教育与幸福感之间关系的研究发现：教育程度与居民的主观幸福感存在正相关性。我国央视财经频道中国财经报道栏目主办的“CCTV经济生活大调查”连续几年对全国8万民众的幸福调查显示：文化程度越高总体幸福感越强，在很不幸福的人群中低学历比重最高，高学历比重最低。[①] 分析其原因，教育之所以对幸福感产生如此明显的影响，是因为在现实社会中人们的受教育程度与其在社会政治、经济生活中所能得到的各种待遇和发展机会密切相关，人们从高等教育中获得更多的实际利益。与此同时，一个不容忽视的事实是教育也使人获得了感受和追求幸福的能力，人们通过掌握、运用知识完善了自身的人格和智慧，有助于提升人生的意义和价值，提升人们的世界观和价值观，因而拓展了人类的快乐和幸福的意义。一般来看，教育程度越高则总体的生存条件越好、发展机会越多，所以就会有更多的人更为幸福。

3. 幸福城市建设可以多借鉴东京和香港的经验

在幸福水平最好的城市中，同在东亚的东京位居前列，我国香港地区的综合幸福水平也处于全球城市的较高水平。香港城市的一个突出特点是，城市建设、城市管理和城市服务等皆围绕市民需求展开，尽管香港城市拥有较高的城市密度，但其在教育、卫生、养老、交通、居民的社会发展、社会参与和政治参与等方面都拥有较高的水平，因此，我国城市需要更多地学习东京和香港城市建设的经验，以提高城市居民的幸福水平。

---

① CCTV经济生活大调查2006~2012年。

最后，需要指出的是，测度城市的幸福水平不仅要看生理、健康、教育、经济收入等宏观发展层面和个体物理条件层面的客观指标，而且还必须关注社会层面的指标对人们幸福感的影响。2012 年 3 月，美国哥伦比亚大学地球研究所与联合国共同发布《全球幸福指数报告》，基于对全球 156 个国家的调查研究指出，相对于对人民财富增长的关注，世界各国在发展中对人民幸福的关注程度正在明显增强。《全球幸福指数报告》作者之一、美国哥伦比亚大学经济学家杰弗里·萨克斯教授特别强调指出：经济增长带来一些弊端，诸如饮食不合理引发的糖尿病、肥胖等健康问题，沉迷于购物、电视、赌博往往养成不健康的生活习惯，最重要的是经济发展还会带来一些社会问题例如社会信任危机等。现在，人们更看重社会支援、社会的清廉度以及个人自由，对于人们的幸福感来讲，这些远比财富更加重要。

参考文献

《世界幸福数据库》（World Database of Happiness），http：//worlddatabaseofhappiness. eur. nl/hap_ cor/src_ fp. php。

盖洛普咨询公司（The Gallup Or Ganization）：《美国幸福城市调查年度报告》，2012 年 3 月。

美国哥伦比亚大学地球研究所、联合国：《World Happiness Report》，2012 年 3 月。

中国中央电视台财经频道：CCTV 经济生活大调查 2006 ~ 2012 年。

王红霞：《城市密度与幸福：对中国 172 个城市的实证研究》，待发表论文。

Ricky Burdett and Myfanwy Taylor，"Can Cities be Good for you?，" *The Conference of Cities*，*Health and Wellbeing*，*Urban Age Hongkong*，16 – 17，2011.

Ricky Burdett，Antoine Paccoud，"Measuring Metropolitan Well-being"，http：//lsecities. net.

"Top 10 U. S. Cities for Well-Being"，http：//www. gallup. com/poll/145913/City-Wellbeing-Tracking. aspx? ref = interactive.

London Ward Well-Being Scores-2012 edition，http：//data. london. gov. uk/datastore/package/london-ward-well-being-scores.

Official Records of the World Health Organization，No. 2，signed on 22 July 1946 by the representatives of 61 States.

Xuejin Zuo，"Quality of Life in Chinese Cities"，Presentation at the conference of Cities，Health and Wellbeing，Urban Age Hongkong，Held by LSE，16 – 17. Nov.，2011.

Happy Cities: International Think Tank on the Happiest Metropolitan Area

Abstract: This paper reviews and analyses the research findings given by the LSE Urban age program team, who studied and measured the 129 metropolitan areas' well-being. With the research report on Measuring American Happiness Cities issued by the Gallup Corporations and the Global Happiness Report 2012 finished by the UN and the Columbia University, it summarizes the main common features of the Happiness cities, it also discusses some suggestions for Chinese Cities.

Key Words: Happiness Index; Metropolitan Area; Empirical Study

B.15
测量幸福：伦敦的幸福指数统计尝试

张剑涛

摘　要：

当前很多国家、地区和城市都在开展幸福指数的研究。人们更关注的是生活的综合质量和整体感受，经济不再是唯一或者主要标准。英国从2010年开始全国范围的幸福指数调研。伦敦作为英国的政治经济中心，社会经济人口等诸多方面具有鲜明特色。理解伦敦居民的幸福指数对于改进决策过程、完善政策成效、提升居民生活质量和幸福感等都有显著裨益。伦敦市政府近年来从主观感受和客观指标两方面衡量居民的幸福指数，并以此为出发点寻求经济、社会、民生、环境等各方面均衡和谐的发展。这些可以为转型发展中的中国政府和社会提供经验借鉴。

关键词：

伦敦　幸福指数　主观感受　客观指标

伦敦的人口占全英国的13%，但其GDP却占了全英国的21.5%，它是英国生产力最高的地区，同时也是英国城市中规模最大、最多元化的。然而这些数据和事实并不能定义伦敦居民的幸福感和他们相对英国其他城市居民的幸福程度。虽然通常观念中更高的经济水准意味着更多的收入和消费能力，但是经济并不能简单地等同于幸福。越来越多的社会学者认同需要有一种更全面、更准确地衡量和判断人们幸福感的方法。这有助于更好的评估公共政策，推动社会发展和进步。伦敦市政府就进行了针对伦敦居民的幸福指数的专项研究，以期改进和推动政府的公共政策。本文基于伦敦市政府的相关研究数据和信息，并结合中国的相关实践和研究，为推进中国的幸福指数研究和应用提供了一种国际视野和经验借鉴。

一　国内外对于幸福指数的研究

幸福指数并非一个新概念，但是如何界定和衡量，却说法众多。越来越多的国家和城市开始认识到仅有经济增长和物质条件并不是幸福感的全部，越来越多的学者和学术研究也开始聚焦这个领域。如法国总统萨科齐委托学者所作的关于这方面的前瞻性研究、[①] 欧盟委员会的“GDP 及其超越”项目、经合组织（OECD）的“衡量社会进步的全球性项目（Global Project On Measuring The Progress Of Societies）”，这一系列项目都是国际组织、各国政府与学术界携手展开对于幸福指数定义和如何衡量的研究。

2010 年 11 月，英国首相卡梅伦要求英国国家统计局牵头开展“全国幸福感项目”的研究。此项研究的目的是为了全面了解英国居民的生活状态和社会的运行状态，而不仅仅是凭借 GDP 等经济指标来衡量这些。研究结果将提供一系列与英国居民幸福感最为密切相关的领域的数据，同时关注英国居民的生活质量和对环境造成影响的要素。数据中的重点是居民对于他们幸福感的主观感受，这将与现有的客观量化数据结合在一起用以分析和评价英国居民和社会的幸福指数。同样，在法国总统萨科齐所倡议的相关研究中，学者们给出的建议之一就是国家统计部门应当收集公众对于他们自身幸福感的主观感受的信息。

2011 年 3 月，江苏卫视与零点研究咨询集团联合 13 家媒体发布了历时三个多月调查的《2009 幸福指数调查报告》，一共回收了 15801 份调查问卷。调查结果显示，中国人的幸福指数平均为 69. 84 分。2011 年 3 月，中宏保险和《理财周报》联合发布《中产家庭幸福白皮书》。这项调查历时 2 个月，覆盖全国 10 个省区 35 个城市，共有 10 万人参与。调查结果显示，生活在二线城市的中产家庭的幸福感较一线城市强。江苏、四川、福建、重庆四地幸福指数最高，有近半数的被调查者对家庭生活现状表示满意。而经济最为发达的深圳、北京、上海幸福指数最低，成为中产家庭心中“不够幸福”的城市，或者成为“伪幸福”的城市。

---

① Report by the Commission on the Measurement of Economical and Social Progress, Stiglitz, Sen and Fitoussi, http：//www. stiglitz-sen-fitoussi. fr/en/index. htm.

中国社会科学院2011年5月发布的2011年《城市竞争力蓝皮书》[①] 在对城市综合竞争力进行考察时首次将“幸福感竞争力指数”引入竞争力评价中。石家庄成为幸福感竞争力最强的城市，其后的9位依次为临沂、扬州、承德、滨州、莱芜、鹤壁、包头、北京、新竹。总体来看，我国城市居民整体上比较幸福，幸福感指数达到70分，平均指数处于上升趋势。但是中国的部分经济发达地区已经开始出现经济发达程度与幸福感呈现了“倒U”的现象，这是全世界都有的，经济发展和人均收入开始的时候是正相关的，但到一定程度以后开始负相关了。调查显示，一些发达城市的幸福感并不是很高。

《中国经济周刊》旗下智囊机构中国经济研究院按照GDP含金量的计算办法，编制出了“2011年全国31个省、区、市幸福指数（GDP含金量）排名”，前10名依次为：上海、北京、广东、浙江、贵州、海南、云南、安徽、江西、重庆。

2012年2月，广东省统计局发布《2010年建设幸福广东综合评价报告》，首次发布广东全省21个地级市建设幸福广东水平指数、发展指数和综合指数。在综合评价报告中，珠三角地区范围内，广州市以指数83.79排名第1，东莞第2，珠海第3，深圳第4，其后分别是佛山、中山、惠州、江门、肇庆。广东首份“幸福指数”综合评价报告颠覆了根据GDP排名评价幸福指数的传统观念，人均GDP位居广东省第1的深圳，幸福广东综合指数仅列珠三角地区第4；其他各地级市的“幸福指数”排名与人均GDP排位基本上也对不上。

综上所述，很多国家、地区和城市都在开展幸福指数的研究；人们更关注的是生活的综合质量和整体感受，经济不再是唯一或者主要标准。

二 对伦敦幸福指数研究的由来

（一）英国对幸福指数的关注

在英国用GDP衡量幸福指数的不足已经为政府、学术界和公众所接受。

① 倪鹏飞：《2011年中国城市竞争力蓝皮书：中国城市竞争力报告》，社会科学文献出版社，2011。

首先，它无法体现公众对幸福感的主观感受。其次，作为一项宏观经济指标，它无法衡量涉及具体民生的微观经济方面如个人收入、消费等，同时也无法衡量诸如经济发展对于环境和自然资源的影响等方面的状况。而这些方面对于公众的幸福感是十分重要的。

英国国家统计局根据首相卡梅伦要求从2010年11月开始的评价公众幸福指数的项目，第一阶段是收集公众对于幸福感的看法，到2011年4月告一段落。国家统计局收到了约8000份回馈问卷，此外还有来自网站的公众点评，以及公众通过电子邮件和电话的回复。从这些公众的观点和建议中可以归纳出公众认为幸福感主要包括：健康；与家人和朋友的良好关系；工作满意及经济安全；环境质量；教育和培训。而伦敦市政府针对伦敦居民的调查显示，在以上方面之外，犯罪（安全）、住房和交通（可达性）也是公众认为幸福感的重要组成方面。

（二）伦敦幸福指数的独特性

伦敦的人口统计数据与英国其他地区差异显著。[①] 伦敦的人口密度超过4900人每平方公里，是英国人口密度第2位的西北地区的10倍；伦敦居民的种族多样性也超过了英国其他地区；伦敦居民中16岁以下人口的比例是全英国最高的，而65岁以上人口的数量是全英国最少的；伦敦的单身家庭比例是全英国最高的。伦敦居民对于生活的满意程度在16~19岁和65~74岁的人群中的最高，而其间的中年人群对于生活的满意程度低于青少年和老年。[②]

在经济方面，伦敦同样与英国其他地区有明显差异。伦敦的家庭平均每周收入达到900英镑，比英国平均家庭收入第二高的地区高出15%，比英国平均水平高出35%。[③] 而与此同时，伦敦的贫富差距是全英国最大的。伦敦儿童生活在失业家庭中的比例达到20.7%，高于英国15.8%的平均水平。[④] 伦敦的

---

① Focus on London 2010：Population and Migration.

② Dolan P，Layard R and Metcalfe R.，Measuring Subjective Well-being for Public Policy，and Initial Investigation into Subjective Well-being from the Opinion Survey. ONS. 2011.

③ Focus on London 2010：Income and Spending.

④ Second Quarter of 2011，ONS Working and Workless Households 2011.

失业率也高于英国的平均水平。伦敦居民所需支付的税收、保险、住房、日常生活支出都多于英国其他地区。①

伦敦的社会出租房比例在英国处于第 2 位。2007 年，23% 的伦敦家庭住在政府和社会组织提供的出租房里，而全英国的平均比例为 18% 。② 伦敦的房价和租金价格都是全英国最高的，这对伦敦居民的生活造成了明显的负担。伦敦居民的工作时间是英国最长的，同时伦敦居民的工作出行时间也明显多于英国其他地区。

以上多方面的数据显示了伦敦的幸福指数的构成与英国其他地区差异显著。因此研究伦敦幸福指数的目的是为了明确伦敦幸福指数的含义以及如何衡量它。

三　伦敦幸福指数的含义

（一）伦敦居民的主观感受

公众对自身幸福程度的评价，即公众如何感受和判断自身的幸福程度是幸福指数的一个关键要素。幸福指数的相关研究③表明，主观的幸福感受与客观的生活指标如收入、就业等数据之间关联密切。而且仅凭这些客观数据指标本身无法评价幸福指数。如在联合国儿童基金会（Unicef）的一份关于发达国家儿童和青少年的幸福感的调查报告④中，英国排名最低。这份调查报告主要从物质生活条件、健康、安全、受教育程度、家庭关系、行为和风险 6 方面调查了 21 个发达国家的儿童和青少年的幸福感。

1. “公众参与”调查（Taking Part Survey）

“公众参与”调查（Taking Part Survey）是由英国文化、传媒与体育部开

---

① Focus on London 2010：Income and Spending.

② ONS Regional Trends 43，2011 Edition Release.

③ Supplementary Paper：Measuring Subjective Well-being. ONS. 2011.

④ Child Poverty in Perspective：An Overview of Child Well-being in Rich Countries，A Comprehensive Assessment of the Lives and Well-being of Children and Adolescents in the Economically Advanced Nations，Unicef Innocenti Research Centre，2007.

展的一项涉及公众生活幸福程度的年度调查，通过面对面的方式对成人和儿童进行问卷访谈式调查。调查数据为国家统计数据，调查对象约1.4万人，来自全英各个省和市。

该项调查2010～2011年的问卷内容包括了社会资本、社会生活、志愿活动和慈善捐助等方面。社会资本的内容涵盖了人际关系的模式和深度，以及由这些人际关系带来的共同价值观。问卷中社会资本方面的调查内容主要涉及公民权益、邻里关系、社会网络和公民活动。除此之外，调查还涉及健康、教育和就业等一系列与公众主观幸福感相关的方面。

图15-1显示了2005/2006～2010/2011年伦敦居民对自身幸福感的评价低于英国其他地区居民的相应评价。虽然两者之间差距不大，但是在调查的6年期间，这个差距一直稳定地存在。图15-2显示了英国不同地区的居民对自身幸福感的评价。除2010/2011年之外，在其他调查的年份，伦敦居民对自身幸福感的评价是全英国最低的。图15-3显示了2010/2011年调查中各项内容的具体评分，由此可见伦敦居民的各方面的幸福感基本都低于英国的平均水平。

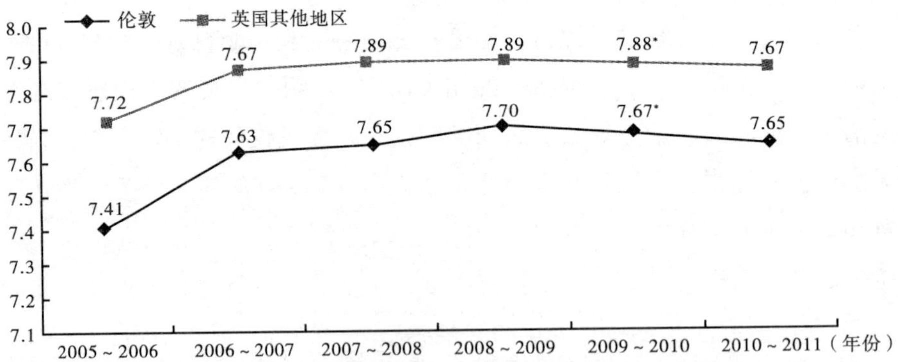

图15-1　伦敦居民对自身幸福感的评价与英国其他地区居民对自身幸福感的评价的对比

资料来源：Taking Part 05/06－2010/11. Respondents select from a scale of 1 to 10。

2. “理解社会”（Understanding Society）调查

这是一项由英国国家社会研究中心（National Center for Social Research）负责的调查，从2010年开始至少将持续到2015年。这项调查取代了从1991

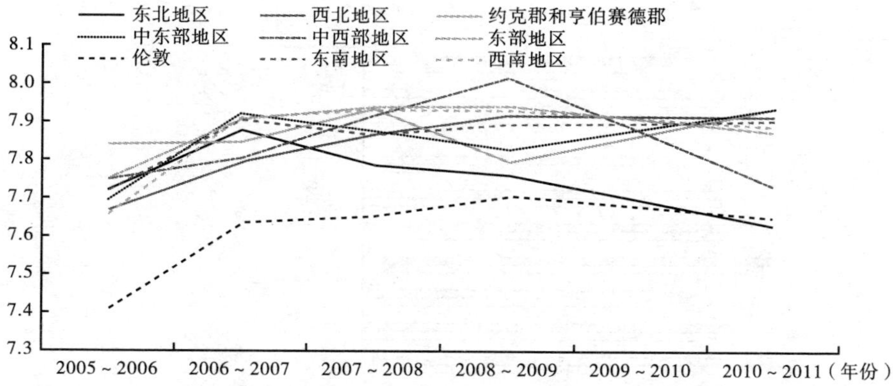

图 15－2　英国不同地区的居民对自身幸福感的评价

资料来源：Taking Part 05/06－2010/11. Respondents select from a scale of 1 to 10。

年开始的英国家庭状况调查（British Household Panel Survey，BHPS），并吸收了后者的内容。这项调查针对 4 万户家庭，覆盖了健康、犯罪经历、个人经济状况、抚养儿童、参与社区活动、就业以及对政治体制的看法和展望。目前这项调查在英国针对公众幸福感主观感受的各种调查中处于领先地位。

虽然目前只有 2010 年的调查数据，但是这项调查中收集到的各方面信息和数据对于判断幸福感与各种因素之间的因果关系至关重要。图 15－4 显示根据这项调查，伦敦居民对生活的满意程度低于英国其他地区的居民；图 15－5 显示了伦敦居民唯一高于英国其他地区居民的是对于健康的满意程度；图 15－6 则显示了无论伦敦还是英国其他地区的居民，对于寿命整体的满意程度都高于对于收入的满意程度，虽然两者之间的差距在逐渐缩小。

3. 综合家庭调查（Integrated Household Survey，IHS）

综合社会调查是一项复合型的大型社会调查，收集到针对大量家庭的重要信息，它包括了英国国家统计局（Office for National Statistics）的一系列社会调查中的许多问题。这项调查的目的是为了获得比国家统计局的普通单个调查更加精确的信息和数据，以用于政策参考和制定。根据综合社会调查所收集的数据，可以分析和判断英国各地区居民对于自身幸福感的看法。在 2011 年的综合社会调查中增加了关于幸福感的主观看法的新问题，包括以下几点。

整体而言，你对自己当前生活的满意程度如何？

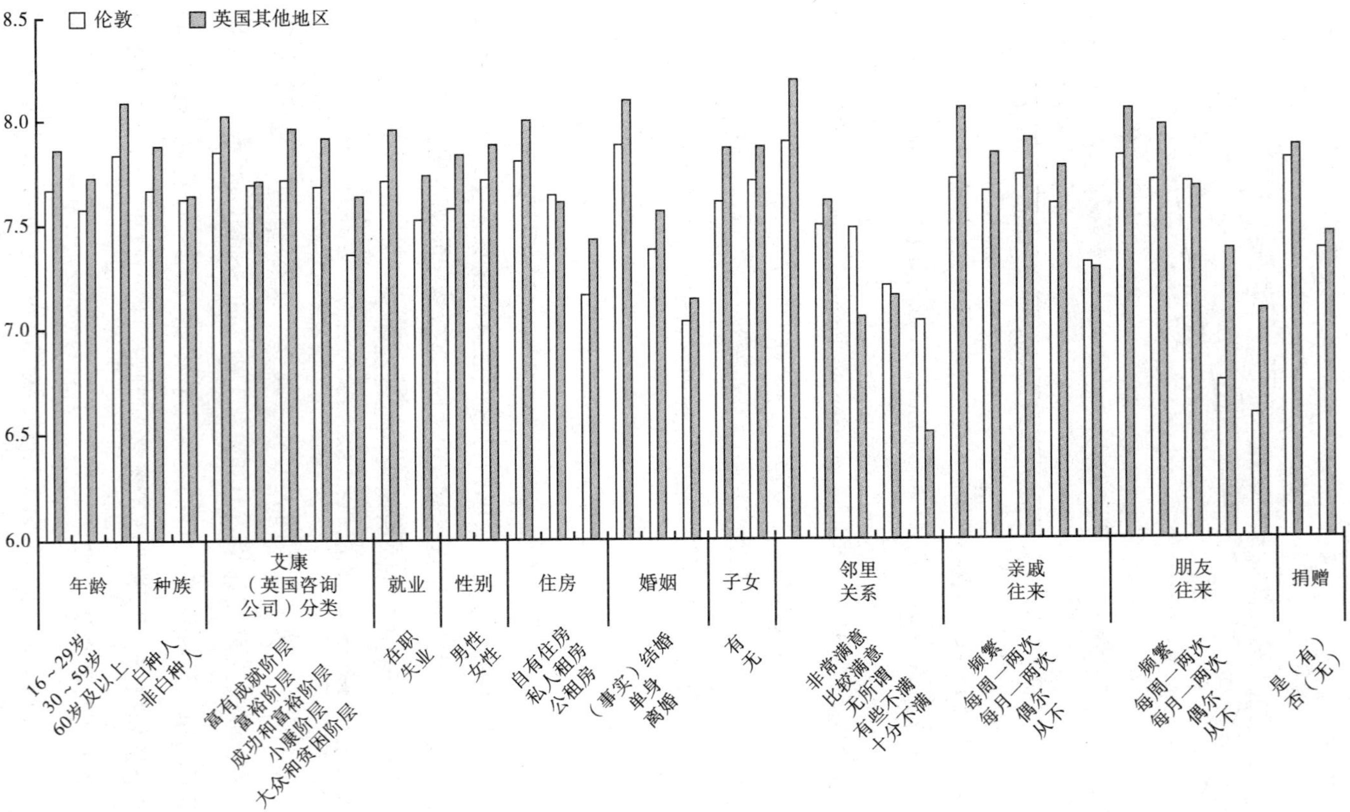

图 15－3　2010/2011 年英国“公众参与”调查中各项内容的具体评分

资料来源：Taking Part（2010/2011）。

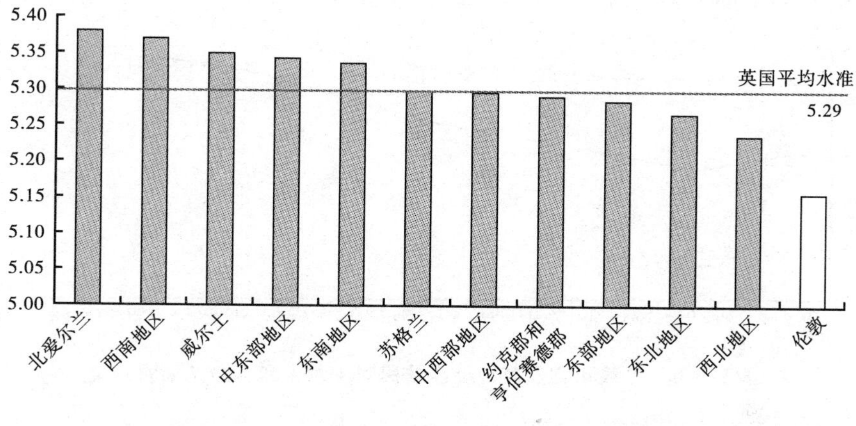

图 15－4　英国各地区居民对生活的满意程度

资料来源：Understanding Society，2010，Respondents select from a scale from 1 to 7。

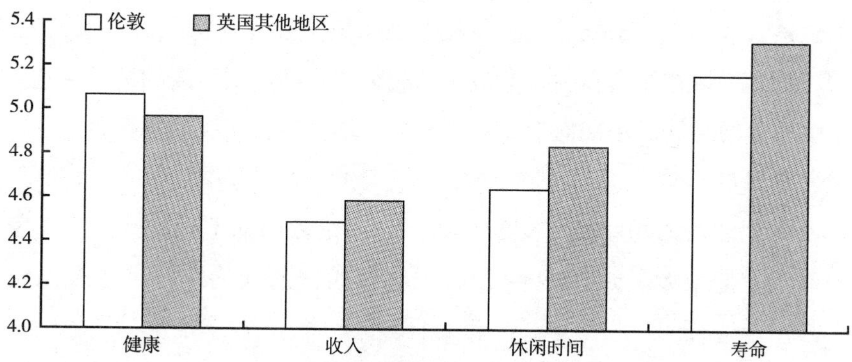

图 15－5　伦敦和英国其他地区居民对于各方面生活条件的满意程度

资料来源：Understanding Society，2010，Respondents select from a scale from 1 to 7。

整体而言，你对自己的过去是否感到幸福？

整体而言，你对自己的过去是否感到焦虑？

整体而言，在何种程度上你认为你所做的是值得的？

（二）衡量伦敦幸福指数的客观指标

针对伦敦以及英国其他地区居民幸福指数的量化客观数据已有很多，涉及了收入、健康、教育、住房、交通、安全等诸多方面。

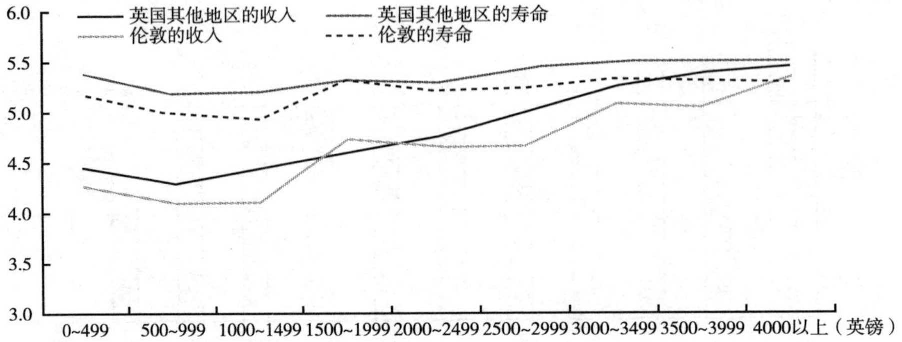

图 15－6　伦敦和英国其他地区居民对于收入和寿命的满意程度

资料来源：Understanding Society，2010，Respondents select from a scale from 1 to 7。

1. 家庭可支配总收入（Gross Disposable Household Income，GDHI）

家庭可支配总收入是指一个家庭成员在支付各种税、保险、养老金、贷款之后的整体收入。人均家庭可支配总收入是衡量社会福利状况的一项关键指标，英国国家统计局将此作为评判一个地区居民整体经济富裕程度的标准，这项指标比简单地用人均经济总增加值更适合评判一个地区居民居民的富裕程度。

伦敦地区的人均家庭可支配总收入是英国最高的。图 15－7 显示了 2009 年英国不同地区的人均家庭可支配总收入，而伦敦内部不同地区的人均家庭可支配总收入差异很大。如 2009 年伦敦中心区西部的人均家庭可支配总收入达

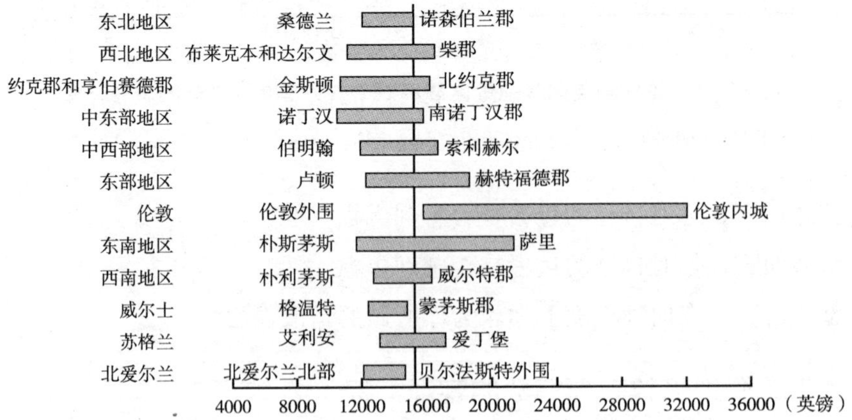

图 15－7　2009 年英国不同地区的人均家庭可支配总收入

资料来源：ONS，2009。

到 32069 英镑，而伦敦郊区东部和东北部的人均家庭可支配总收入为 15854 英镑，伦敦中心区东部的人均家庭可支配总收入为 17684 英镑。英国国家统计局的数据显示，从 1995 年开始，伦敦各地区的居民收入差距逐步增大，而同时期英国其他地区的居民收入的差距没有伦敦地区那么大（见图 15－8）。

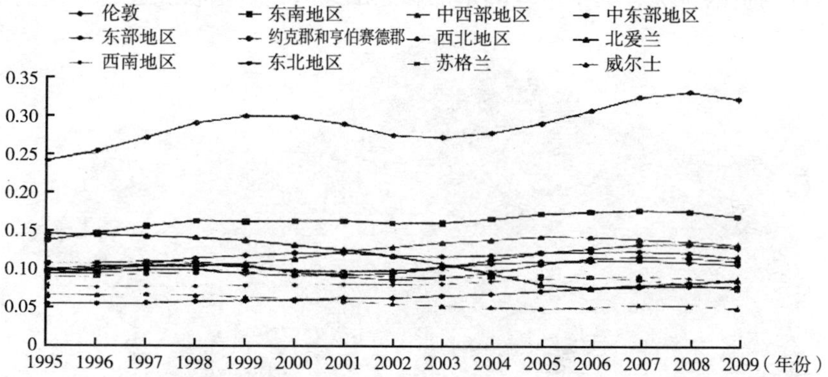

图 15－8　1995～2009 年英国不同地区的人均家庭可支配总收入的分布差距

注：图中数据为平度人均家庭可支配总收入变动系数。
资料来源：ONS，1995～2009。

除此之外，英国国家统计局还有一系列的量化统计数据用以衡量公众的幸福指数。其中一些数据如表 15－1 所示。

表 15－1　英国国家统计局用以衡量公众的幸福指数的量化统计数据

主题	数据	主题	数据
健康	预期寿命	环境	排放量
	残疾补助申请者	教育	学生获得 KS1－3 和 GCSE
	残疾福利享有者		学生缺课
	有长期疾病或残疾未报道者		无学历(LFS)的比例
与家庭和朋友的联系	需要照顾的儿童		非义务教育和职业培训的参与程度
	单亲家庭	安全	犯罪率
经济安全	就业率和失业率	住房	住房价格
	裁员		房租价格
	就业中心的空缺职位		房产税
	倒闭的商业	交通	平均出行时间
	失业家庭		平均交通开支

资料来源：LFS data，2011。

2. 多种贫困指标（Index of Multiple Deprivation，IMD）

贫困是幸福感的反向指标。多种贫困指标（IMD）是一种综合性指标，包含了针对贫困的7个不同方面的因素，它是伦敦市政府用以判断不同地区的贫困问题以及哪些地区需要解决贫困问题的主要手段。图15－9显示2011年了伦敦不同地区的贫困状况，其中伦敦的东部和北部地区是贫困状况最为严重的地区。

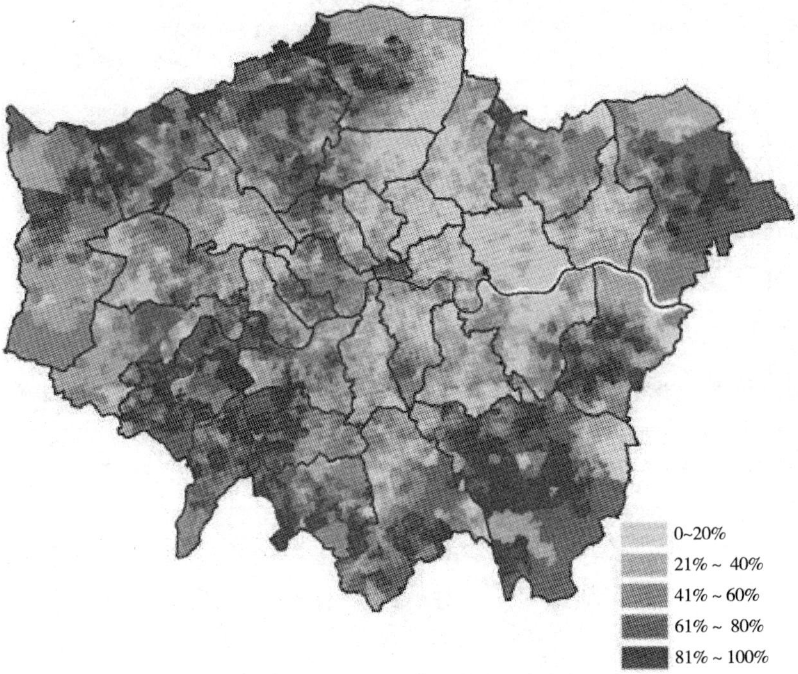

图15－9　2011年伦敦不同地区的贫困状况示意

资料来源：CLG，IMD 2011。

除此之外，多种贫困指标产生的数据被纳入伦敦的经济数据库（Economic Evidence Base），伦敦市政府利用这个数据库的信息支撑伦敦的城市规划、交通战略和经济发展战略。最近，伦敦市政府进一步利用多种贫困指标来分析伦敦的骚乱。伦敦市长基金作为一个用于帮助贫困的儿童和青少年以及他们家庭以获得更多更好机会的独立的非政治性慈善基金，利用多种贫困指标以及其他数据信息以选定和评判它的援助活动。

尽管多种贫困指标有以上多种用途，但是也有不足，目前它的数据还无法实现每年更新。例如目前的多种贫困指标还包含了许多2001年人口普查的数据，这些数据直到下一次人口普查才能够被更新。而且它的数据所覆盖的区域范围较大，无法提供较小区域内的详细数据，特别是各个市议员选区内的具体信息。但市议员往往能够为各自选区内的居民提供最直接有效的帮助。

3. 伦敦各选区幸福指数

伦敦市政府开发一种用以评判各（市议员）选区幸福指数的方法，它可以弥补多种贫困指标的一些不足。这种方法利用伦敦市政府的统计部门收集的总共625个选区的数据信息。这些数据信息都是可以量化的客观指标，包括了12个方面的要素（见表15－2）。这些要素都是根据英国国家统计局针对幸福指数的分析报告，同时参考伦敦市的年度调查报告而选定的，每个使用者都可以根据自身的判断和需求调整不同要素的权重。

表15－2　伦敦市各选区幸福指数的相关指标

主　题	要素	主　题	要素
健　康	死亡率	家　庭	单亲家庭儿童
	残疾补助申请率		失业家庭儿童
经济安全	收入资助申请率	环　境	空气排放
安　全	犯罪率	住　房	平均房价
教　育	GCSE成绩	可达性	食品店的公交或步行可达性
儿　童	未经同意的缺课	社　区	选举结果

资料来源：GLA Intelligence Unit，2011。

每一项要素都会被评分。伦敦市的平均分为零，负分就视为幸福指数较低。每个选区的幸福指数能够被清晰地显示在地图上，而且每个选区每年的幸福指数变化趋势也能够被清晰地用图表显示出来。因此这个方法对于政府和决策者而言是一个很有效的工具，可以用来判断不同地区的幸福指数以及需求，同时使资金和各种措施能够有效地针对实际需求。

四　伦敦幸福指数的政策意义

对于政府和决策者而言，理解什么因素能够提升幸福感，同时如何帮助公众摆脱各种不幸福，是制定政策的一个重要出发点。同一套政策可能既促进经济增长又能提升幸福感，但是这种情况并不是一直存在的。有时一些促进经济增长的政策可能会损害幸福感，如造成犯罪率提高、破坏环境或增加不公平等。伦敦在某种意义上恰恰如此，伦敦有全英国最高的人均收入，但是幸福感却是全英国最低的。这可能与诸多因素相关，如住房条件、公共绿地、交通出行、社会不公等。英国国家统计局的研究[①]发现，相比提升幸福感和提升效率，人们更加关注的是减少痛苦和减少不公正。从宏观经济的角度看，这促使决策者不仅仅简单地关注GDP的增长，而且还审视经济发展的过程。从微观经济的角度看，这促使决策者在评估政策时加入对幸福指数的成本效益分析，并以此指导政策的设计和制定。

幸福指数对英国政府政策影响的一个例子是2011年7月英国财政部和劳工部联合发布了讨论如何评价社会影响的一本绿皮书。这本绿皮书中英国财政部提出了英国中央政府各部门评价所有政策、计划和项目的框架，在此之中提到了经济评估的一个重要方面就是对非市场影响的评价。这本绿皮书中首次提出了衡量主观幸福指数这种非市场的方法与另两种“市场导向”的方法相结合，用以分析社会成本效益。但是主观幸福指数的衡量方法目前还未完善，尚不能被直接被用于社会成本效益分析。尽管如此，它还是可以用于提示决策者更加审慎地考虑政策所可能造成的全面影响，而不仅仅只是考虑经济影响。如果主观幸福指数能够正式被引入英国财政部的绿皮书，它将成为财政部用于指导政府部门进行政策评估的规范。

幸福指数对英国政府政策影响的另一个例子体现在政府的心理健康策略的制定过程中。这个策略的基础是政府关于心理资本和心理健康的预测报告。[②]策略的关注点从治疗心理疾病转移到了公共心理健康和心理疾病预防。幸福指数还影响地方政府的相关心理健康政策、措施和财政配套，如为老年人提供更多的公园，为青少年提供更多的训练场所等。这些政策和措施的目的是

---

① Paul Dolan, London Scholl of Economics and Robert Metcalfe, University of Oxford, *Comparing Measures of Subjective Well-being and Views about the Role They Should Play in Policy*. (London: Lucy Tinkler, 2011).

② Jennifer, M. kidd, *Mental Capital and Wellbeing: Making the most of ourselves in the 21 Century*. Foresight. 2008.

通过前期的投入增强公众的幸福感，减少之后发生心理问题和疾病的后期投入。

伦敦市政府最近才关注公众的幸福感评价对政策制定的重要性。伦敦市政府与幸福感相关的一个政策措施的例子是伦敦市长的志愿者策略——“伦敦团队（Team London）”。这是一个全市性的活动，目标是鼓励更多的伦敦市民作为志愿者参与大型慈善活动。虽然这对伦敦的经济总值没有影响，但是对于伦敦公众的幸福指数影响显著，同时增强了志愿者和慈善活动受益者的幸福感。对主观幸福感的评价是这个政策的重要组成部分。伦敦市政府与幸福感相关的另一个政策措施的例子是在旧城改造项目中引入对主观幸福感的影响进行成本效益分析的方法，使旧城改造项目政策的评估方法有了很大变化。同样，在交通项目的评估中引入针对过度拥挤、出行条件差等情况的主观幸福感的影响进行分析的方法，使之与传统的定量分析方法有很大不同，从而对交通项目的评估能够更加全面和客观。

五　伦敦幸福指数对中国城市的借鉴

伦敦是英国经济的发动机，占据了英国经济总量的1/5强，伦敦居民拥有英国最高的人均收入和最好的医疗健康条件。然而调查发现，伦敦居民的主观幸福感和幸福指数低于英国其他地区的居民。虽然数值上的差距不大，但是多个调查都能得出这个结论。而且这种高收入、医疗卫生好但是低幸福感的情况，不仅出现在英国，也出现在世界其他国家，因此决策者需要审视这其中的原因。如何判断政策对居民幸福感的影响，如何提升居民的幸福感，这是越来越多的政府需要认真面对的课题。伦敦市政府所采用的种种对于幸福指数的主观感受和客观量化指标的分析方法，为政府决策能够更多、更有效地提升居民的幸福感提供了一个良好的基础。

调查显示，一些发达城市的幸福感并不是很高。

在中国，如何界定以及如何提升公众的幸福指数也逐渐成为政府和社会关注的焦点之一。许多地方政府也纷纷把提升百姓的幸福指数作为施政目标。2011年中宏保险和《理财周报》联合发布的《中产家庭幸福白皮书》调查结果显示，经济最为发达的深圳、北京、上海等城市的幸福指数低下的原因，是由于家庭经济压力较大，尤其是高昂沉重的房价负担，以及工作竞争激烈、交通拥挤、子女教育成本高等因素。健康、情商、财商、家庭责任以及社会环境被绝大多数调查者认为是影响家庭幸福的最重要因素。同时，家人之间的沟通也是影响守护家庭幸福的重要因素，并且与其他四个重要因素之间有着千丝万缕的联系。“缺少与家人相处的时间”也成为一线城市的中产家庭低幸福感的原因。

中国社会科学院发布的2011年《城市竞争力蓝皮书》中首次将“幸福感竞争力指数”引入竞争力评价中。调查发现，中国城市居民的幸福感程度随着人均可支配收入的增加而上升，但二者并非线性关系，幸福感在一定阶段出现了下降或者不再敏感。我国城市居民总体上比较幸福，城市之间差距较小，但一些发达城市的幸福感程度并不符合其发达程度，如香港、上海、台北，这说明我国城市也开始呈现发达程度与幸福感背离的现象。

针对294个城市的调查中，人们的满意度按照平均得分排序依次为：未来生活和社会发展的信心、居住状况、环境卫生状况、交通状况、社会医疗保健条件、就业状况。针对33个城市的重点调查中，14项指标按照平均得分排序依次为：家庭和睦状况、人际关系状况、未来生活和社会发展信心、灾害防范状况、居住状况、社会治安状况、教育状况、环境卫生状况、当前的社会保障制度、就业状况、社会医疗保健条件、社会道德风气、经济收入状况、交通状况。调查显示，家庭关系和人际关系最满意，收入状况和交通状况最不满意。

2012年2月广东省公布的首份幸福指数综合评价报告中，人均GDP位居广东省第1的深圳，幸福广东综合指数仅列珠三角地区第4。广东省统计局表示，深圳市因发展指数靠后影响综合指数排序，主要原因在于其社会发展未与经济发展保持同步。尽管深圳人均GDP位居全省第1，但劳动者报酬占GDP比重、每万人拥有公共文化设施面积等指标均落后于全省平均水平。而与之相反，珠海2010年的综合指数比2009年位次上升4位，排在了珠三角地区第3位，主要原因在于珠海2010年人均参与文化活动次数、水功能区水质达标率发展速度在200%左右，使发展指数从上年的第5位上升到第1位，综合指数随之水涨船高。

这是广东省统计局首次采用“建设幸福广东评价指标体系”的新评价方法而作出的报告，其评价方法分为客观和主观指标体系，通过各市当年各指标的完成情况及比上年增进的情况进行权重合成为综合指数。该体系的一级指标共有10项，囊括了就业和收入、教育和文化、医疗健康和卫生、社会保障、消费和住房、公用设施、社会安全、社会服务、权益保障、人居环境10项一级指标，并为之设定了不同比例。一级指标下设二级指标，二者的权重因地域不同而有所差别。本次评价报告的结果就表明广东发展仍存在一些问题，比如在各市10类一级指标水平指数中，社会服务指数均较低，各地协调发展中仍有短板指标，不同群体之间收入差距还比较大，行业区域间均衡发展问题突出，农村养老保险覆盖率仍远低于城镇，城镇化进程中人居环境建设问题突出等。与主要以GDP为考核指标的评价体系相比，幸福广东指标体系更加科学，能够更科学地评价一个地方的居民生活状况、幸福程度。

中国经济的发展和转型和中国城市的进一步发展，需要超越传统发展模式的老路，坚持速度与质量、效益并举；坚持以人为本的发展，破除“重物轻人”的观念，把人的幸福感作为发展的目标和追求，创造让公众分享发展成果的环境。因此，明确和提升幸福指数是必然趋势。提升居民幸福感已经成为当前各级政府的重要理念，在实践中需要注意以下几个方面。

科学量化幸福感指标体系，实现从GDP向“幸福”的目标转换，是中国逐步由中低收入国家向中等收入国家过渡的必经阶段，是向社会和谐发展目标的进一步跨越。当前需要避免幸福感考量的“一刀切”做法，幸福感在根本上是个阶段问题，不同城市的发展阶段相差还比较大，要避免用发达城市的发展模式来替代其他阶段的发展路径。所以，在目前的阶段，建立与“幸福”相关的更综合的科学指标体系并以之为政绩评价体系并无不可，但更重要的是考虑“因时因地”的具体情况和评价体系的执行应用情况。

改进和完善政府的基础公共服务。幸福的概念在根本上是主观的，但这背后的基础却是客观的。构成幸福的要件多种多样，提供一个健全的政府公共服务体系正是人们获得幸福的客观基础，也是人们对政府的期望。这包括社会保障体系、医疗服务、基础设施建设等，用基础公共服务来降低现阶段较大收入差距带来的“不幸福感”。

构建城市发展的深层激励体系。如何设置更高层级的激励制度来使得各地方去追求人们想达到的“发展”，如何将设定指标“内生化”，这样才跳出了“指标”的圈子，走向“代表最广大人民根本利益”的发展。要实现城市发展、竞争和追赶的转型，中国的城市要从各种硬指标的竞赛转向软硬指标兼顾的综合性提升。

参考文献

广东省统计局：《2010 年建设幸福广东综合评价报告》。

江苏卫视与零点研究咨询集团：《2009 幸福指数调查报告》，2009。

倪鹏飞：《2011 年中国城市竞争力蓝皮书：中国城市竞争力报告》，社会科学文献出版社，2011。

中宏保险与《理财周报》：《中产家庭幸福白皮书》，2011。

Dolan P, Layard R and Metcalfe R. , *Measuring Subjective Well-being for Public Policy, and Initial Investigation into Subjective Well-being from the Opinion Survey*, 2011, http://www. ons. gov. uk/ons/dcp171776_ 244488. pdf.

GLA, Focus on London 2010: Income and Spending, http://data. London. gov. uk/documents/follo-income-rport. htm.

GLA, Focus on London 2010: Population and Migration, http. //data. London. gov. uk/datastorefiles/documents/Focus On London-Population And Migration. pdf.

Paul Dolan, London Scholl of Economics and Robert Metcalfe, University of Oxford, *Comparing Measures of Subjective Well-being and Views about the Role They Should Play in Policy* (London: Lucy Tinkler, 2011).

ONS, Second Quarter of 2011, ONS Working and Workless Households, 2011.

ONS, Supplementary Paper: Measuring Subjective Well-being, 2011.

ONS Regional Trends 43, 2011 Edition Release.

Jennifer, M. kidd, *Mental Capital and Wellbeing: Making the Most of Ourselves in the* 21 *Century*, (Uk: Foresight. 2008).

Stiglitz, Sen and Fitoussi, Report by the Commission on the Measurement of Economical and Social Progress, http://www. stiglitz-sen-fitoussi. fr/en/index. htm.

Child Poverty in Perspective: An Overview of Child Well-being in Rich Countries, A Comprehensive Assessment of the Lives and Well-being of Children and Adolescents in the Economically Advanced Nations, Unicef Innocenti Research Centre, 2007.

Measuring Well-being: The Case of London

Abstract: Well-being is an area of public interests in many countries. Economy is not the only or major indicator of well-being and its focus has shifted to the overall quality and subjective feeling of life. The "National Well-being Project" has been carried out in the UK since 2010. London, as the political and economic center of the UK, is different from the rest of the UK in social, economic and demographic features. To understand the well-being in London is helpful to the improvement of decision-making process, policy impact and the quality of daily life. GLA has been trying to measure well-being in view of subjective assessment and objective indicators. The aim of the measurement is to promote the balance between economy, society, welfare and environment. The experience of well-being in London can be a reference to the Chinese society and government in transition.

Key Words: London; Well-being; Subjective Assessment; Objective Indicators

B.16

数字社会：数字城市的发展之道

李　健

摘　要：

城市人口的快速增长带动了城市快速发展，但在创造巨大社会福祉的同时也产生了诸多社会问题。城市管理者开始推行更多的新城运动和城市改造活动，在这个进程中产生了很多新思想和新设计，其中智慧/数字城市建设成为未来城市发展的重要目标和选择。本文主要基于数字城市和数字社会两种城市数字化发展战略，分别介绍其不同的发展内容，并分析了数字城市建设中的不同功能模块。

关键词：

数字城市　数字社会　智慧城市

人口增长、城市化及全球变暖是当前全球城市最为关注的热点和挑战。调查发现，随着全球人口逐渐增至70亿人，人们对于城市化发展所带来的福祉渴望更甚于经济、社会及环境的可持续发展。适应未来巨大的人口增长，人们必须更加智慧地利用资源，以减少浪费而产生更多的收益。对于城市的设计、建筑以及运作人员而言，信息技术是重要的可持续增长的动力，新的绿色城市建设以及城市更新项目都为城市的革新发展提供了机遇。人口压力推动城市建设进入了一个前所未有的爆炸时代。联合国有关机构的报告显示，从目前至2050年，全球城市将增长29亿人口，因此联合国秘书长潘基文先生亦将21世纪称为“城市世纪”，更多的城市将会建设和扩张以容纳移民和人口增长，彼此竞争以获取投资机会、吸引商业和人口来推动经济增长，城市经济、社会、环境可持续发展的极限将会在这场竞争中得以检验。因此，智慧和智能成为当前城市政策语言中的热点词汇，借助IT技术提升城市基础设施产出效率、服务效率，减少能源使用和二氧化碳释放是终极目标。但目前智慧和智能还不能包治百病，因此“数字”一词更加中性和科学。

在大多数有识之士看来，数字城市战略是未来城市培育自身竞争力的重要手段。数字城市战略带来了新的发展思路和内涵，与此同时也变得越来越全球均等化，任何城市都有均等发展机会。数字城市战略的模块主要包括：无所不在的连接、实时实地联系设备、合作平台、云计算、面向服务的体系结构、地理空间平台、物联网、高速分析、社会数据的公开、数字控制的设备、Web2.0 社会网络等。云计算为城市创造分享全球技术和方法平台的方法，如松岛就通过云计算加速了城市数字城市战略的实施。作为一家在全球电信产业界富有权威性的咨询顾问公司，OVUM 咨询公司受思科系统公司的委托，在调研诸多城市之后发布《你的城市足够智慧吗》报告，该报告提出数字城市和数字社会两种城市数字化战略，分别探讨两个战略的主要发展内容，并就数字城市发展的功能模块进行了分析。

一　数字城市与数字社会的建设内容

智慧、数字及智能战略在目前的城市及社区研究中被广泛提及，例如思科的智能互联社区项目、数字社区媒体网；IBM 公司智慧星球项目、智能社区论坛、智慧城市合作项目及智能互联社区研究院等。在 OVUM 的研究中，总结出两种不同类型的城市数字发展战略。

第一种是数字城市战略，是一种正式的、由内向外实施的计划，主要是由政府机关、大都市区官方等资助和管理，为城市公共部门和开发机构建设更有效率的基础设施和服务来提供全新的方法和思路，使城市能够充分发挥能力，并且为数字社会创新发展的战略提供良好成长环境。数字城市战略包括 IP 网络基础设施，E－政府/电子政务 2.0，以及城市规划、交通、社保、教育、设施、建筑等建设过程和系统的数字化。

第二种是数字社会创新，是一种由私人机构、社区组织、大学及其他创始者发动的由外及内、突发性的创新活动，政府投资较少且多应用公共 ICT 平台和解决方法，在社区生活中它提倡自我服务和合作生产，强化社会资本建设和

表 16－1 数字城市战略的主要内容

	主 要 内 容
网络化的基础设施供给	无线或有线宽带网络基础设施的建设提供了固定和移动的电信联络平台，网络联系及城市活动的整合系统，这往往也是数字城市建设的基础设施先决条件。例如越南Danang与世界银行合作在大都市区域配置网络作为智慧城市建设的基石，开发者和企业管理者在采访中都认为IP网络基础设施是城市发展基础，可以推进固有资产的灵活开发和保持长期价值
数字化城市规划	城市政策和规划的信息都能够网络公开，城市发展战略能够网络展示，在城市规划讨论的过程中提供在线平台以推动民众广泛参与
新一代电子政务	保证所有的公共服务都能够通过网络、电话实现，提高办事效率和减少不必要的往来通勤。电子政务的范围很广，韩国政府被认为是目前的全球领先者，在联合国2010年电子政务调查中排名首位，首尔也成为领先的城市
数字化交通	发展数字化交通提高交通通过效率和安全性，利用价格杠杆及其他手段来推进交通规划和管理。例如通过数字化的设计管理交通收费和拥堵收费，控制高峰时间的交流流量，帮助居民合理规划自己的出行，寻找停车位及多使用公共交通替代驾驶
数字化医疗	使用电子健康记录/管理系统以及网络技术推进社会医疗管理和服务水平，例如远程诊断、信息观测、住家诊疗、在线会诊等活动
数字化教育	通过ICT（信息通信技术）丰富教育手段，推动更多人接近教育资源，提升学生、教师以及家长/监护者之间的教育合作。此外，网络教育已经成为全球事务，减少了教育的通勤需求
设施网络的数字化	利用数字化系统实时控制智能电力网络、煤气和自来水设施网络。这些系统可以使用电子控制手段，来采用阶梯价格以及更加有效率的供应和需要安排，减少城市资源的消耗
数字化建设	利用数字化系统提升建筑行业的效率以减少废物和降低排放，利用建设自动化系统减少能源消耗和楼宇空间灵活运用。领先的企业更加应该注意提高建筑行业工作效率和减少物质、能源消耗所带来的巨大商业利益
公开公共部门数据	公开公共部门所掌握的社会数据库以增加透明性，推进社会创新和服务合作的社会源泉
ICT引导的经济发展	技术密集型的产业或者R&D集群，特殊的经济区、技术极城市都吸引和刺激高科技产业的成长。案例包括日本的信浓川技术区、马来西亚的赛柏再也、班加罗尔的软件和技术工业区、中国的无锡新区等。在近期更加突出的地区包括印度的高知电子工业区以及中国成都的天府软件园区

资料来源：Steve Hodgkinson，“Is Your City Smart Enough?” Ovum Consulting，2011－03。

推进数字融合。数字社会创新主要包括如下行动：城市活动论坛、城市服务接口、地方营销网站、支撑网络、志愿者网络、集体行动论坛、汽车分享网络、社会创新孵化器、数字融合项目以及社会网络平台的应用，推动社区发展和地方行动开展。尽管人口压力日益增大，但循序的数字城市建设和突发性的数字社会创新还是为未来城市发展提供了美好的发展愿景。

表 16－2 数字社会战略的主要内容

单位：%

	主要内容
城市行动论坛	通过论坛建设推进城市规划事务和战略的讨论，并推进地方行动
社区服务接口	城市居民利用网站向地方政府反映自身诉求，并监督它们的实践行动
地方宣传网站	建设网站推动地方社区和邻里小区人员的广泛参加，共同关注地方社会事务
慈善帮助网络	构建平台，使得社区和民众能够关注弱势群体、残疾人以及年老人等
志愿者网络	通过平台的建设，便捷志愿者报名和为志愿者社会服务提供机会
老年人帮助平台	为老年人提供帮助的社会网络平台
集体活动平台	推动地方创新的社会参与平台
汽车共享网络	通过网站建设方便社区民众分享汽车，以更好地提升交通效率
社会创新孵化器	利用网络作为催化剂，推动社会创新的发展
数字分割项目	在城市贫困地区通过赠送或出售低价电脑、建设网络系统消除数字分割
社会网络平台	已经有普遍性的社会网络平台被广泛使用，比如 Facebook，Blogger，You Tube 及 Twitter，这些平台能够基于地方事务、自然灾难等推动社区合作和行动

资料来源：Steve Hodgkinson，“Is Your City Smart Enough?” Ovum Consulting，2011－03。

区别数字城市战略与数字社会战略的行动内容具有一定的意义，两项城市发展战略截然不同却相互推动。就目前基于 ICT 产业的发展思路，数字城市战略占据主流，因为可以提供核心的基础设施和服务。但必须予以承认，数字社会战略对于城市的未来发展将发挥更加重要的作用。

二　数字化城市中的 ICT 功能模块建设

基于 ICT 产业模块化生产的特点，数字城市在建设过程中同样存在模块化发展的特征，由此形成数字城市的不同 ICT 功能模块，OVUM 咨询公司总结了数字城市的 ICT 功能建设模块（图 16－1）。

1. 基础设备

无所不在的联系——永不停息：无所不在的联系网络是 21 世纪城市中最基础的设施，恰如 20 世纪时铁路、公路对于社会经济发展所产生的推动作用，

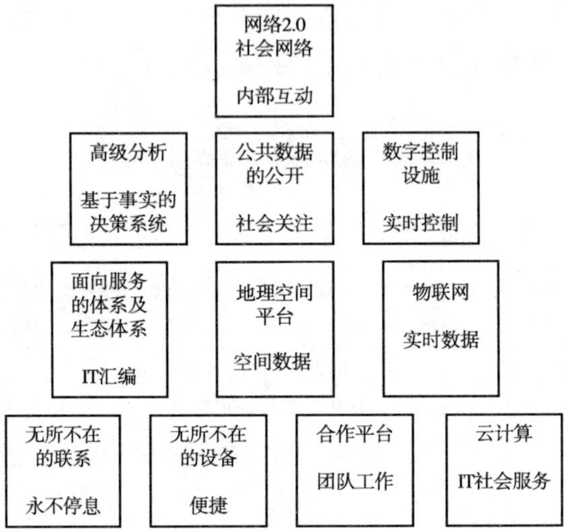

图 16-1　数字城市的 ICT 功能建设模块

资料来源：Steve Hodgkinson，“Is Your City Smart Enough?” Ovum Consulting，2011-03。

其中高速带宽、实时实地联系的网络被大多数的城市政府认为是现代经济体的重要平台。在国家、地区、大都市以及社区层面都已经实施诸多不同类型的 IT 项目以辅助网络联系。近期最大规模、最具雄心的宽带网络投资当属澳大利亚政府的“400 亿澳元 + 国家宽带网络”计划。光纤传输技术将使 93% 的澳大利亚家庭享受到 1Gb 的网络连接速度以及 12M 的无线网络连接速度，该项目从 2010 年开始并将持续到 2018 年。

实时实地设施——便捷：移动电话的发明改变了人们日常生活和工作的方式，业界认为下个阶段的巨大变革将来自于最新一代的智能手机、平板电脑及笔记本电脑。苹果公司 iPad 产品改变了过去人们对网络连接设备的感知，其他的平板电脑和网络书籍同样打破了手机与计算机的界限，iPhone 和安卓智能手机用它们的软件商店打破固有的网络连接和应用方式。其他接口设备包括人机交换系统、自助服务系统以及自主销售设施，实际上实时实地的网络服务已经可以实现。

合作平台——团队工作：统一的通信和合作平台已经发展成熟，如音频、SMS 及邮件信息、日历、办公室自动化工具、在线会议以及电视会议。这些平台能够大大提升团队工作效率，实现远程互动工作，降低通勤频率。最新一代的在线会议和电视会议系统如思科的 WebEx 和 TelePresence，就为面对面的会议提供了一个非常好的选择。

云计算——IT 社会服务：云计算是指计算机处理过程、储存、应用等，通过公共网络或适宜的私人网络来实现，这使得计算服务可直接来自宽带网络而不需要专门购买专用计算机软硬件。云计算对于数字城市与数字社会来说都是强大的助推器，使得大批量计算、网络存储能力以及社会应用得以实现，包括个人、小企业、NGO、地方当局或大都市区政府等可以广泛应用云计算。随着云计算的技术日益成熟和可信，将会降低投资门槛以及应用技术要求，这也将再次掀起城市和社会数字化创新的浪潮。

2. 运作平台

开放标准、服务导向的体系结构——数字融合：过去十年中 ICT 产业最有意义的一个趋势是意识到标准开放、界面公开及生态系统建设的重要性，并且能够在一个服务导向的体系内进行生产，最终形成模块化的生产模式，使得 ICT 产业的生产脱离了过去的组织模式。在数字城市建设中开放标准，推动不同领域、不同接口的数字融合亦是重点，这将保证不同领域、不同平台的对接更加容易。

地理空间平台——空间数据：包括 Google Maps 和微软 Bing Maps 等免费或者低价的地理空间平台，将其与 GPS 及其他区位感知技术共同嵌入手机中，在现有技术条件下已经变得非常容易、快捷和低价。互动地图使得我们对社区和邻里小区的地方资产、资源以及服务都能非常容易地把握。

物联网——实时数据：随着网络联系技术的发展及网络设备成本的下降，利用各种有线设备或者无线设施如 RFID、WiFi 及 3G 网络联系的各种传感器日益可行，包括电视照相，温度、湿度、光亮、振动、空间感知、风、电力和水消费，民众和设备健康的运行情况等都可被随时感知。一旦传感器连接到网络，数据会被任何地方的任何网络设备所记录、分析和储存，较好的实践包括远程安全监控、能源消费监控、食物追踪，以及设备、车辆和民众的远程监控。

3. 数据计算

高级分析——基于事实的决策系统：随着物联网采集的数据越来越多，分析工具就变得非常重要，未来我们将能看到基于实时数据的现状决策和控制管理系统的快速创新。高级分析和商务智能系统则会在数据海洋中为模式探查、警报提供、趋势预测以及信息挖掘等方面提供分析工具；高级分析系统的产生也会为物联网和云计算的发展和嫁接提供最佳的平台和工具。

公共数据的公开——社会关注：标准公开的发展趋势同样延伸到数据库。当政府意识到社会关注的重要性的时候，社会公共数据的价值才能得到提升。许多国家沿着美国政府的数据网站发展模式建设自己的政府数据库，如英国政府数据网站已经提供了5600个数据库和数百个应用程序以帮助居民寻找信息和作决策。

数字控制设施——实时控制：家庭、楼宇以及基础设施的数字化控制系统已成为普遍的趋势。例如家庭自动化技术使得加热、降温、照明、窗户遮挡及安全系统等都可以依靠一个中央控制器进行控制，甚至可以通过一部手机或者电脑进行远程控制。数字控制设备是智慧大楼和智慧交通体系中的核心控件，但一个关键事宜是这些数字控制设施和系统需要在楼宇建设初期就配置其中，如果需要重新铺设则会代价昂贵。再例如一个传感器可通过无线网络任意配置，但实际上控制一个器件或服务还需要一个发动机和制动器，如果这些在设备中并没有安置，从经济上考虑配置传感器并不可行。

4. 社会网络

社会网络——内部互动：Web2.0设计模式和软件能力对于在线服务来说具有重大影响。Web2.0的应用对于城市和社区数字化的发展同样更加适应，社会参与、内部互动、便捷应用等都具有更好的支撑。包括Ning、Wikia以及Blogger、WordPress等都能够更容易发布和分享信息并推动社区活动。此外如Facebook、Twitter、Linkedln、Myspace及Orkut已成为最流行的几个社区交流平台，特别是Facebook已经从原先只是社会非正式的网络联系成长为一个正式的，包括特定组织、城市、社区等众多层次广泛参与的社交平台。在未来，社交平台将会成为城市社会网络建设的最强大工具。

三　思科“智能网络社区”的应用：松岛新城的经验

快速增长的城市人口对新城建设产生巨大需求，特别是在亚洲绿地城市建设成为主要趋势，这些新城利用最新技术来设计和建设，形成全新的城市景观和功能。其中韩国松岛新城成为利用最先进数字技术推动新城发展的典型案例。松岛新城占地1500英亩，计划至2015年完成。新城的总体规划和建筑完全符合美国绿色建筑委员会下属的能源和环境设计部门的环保标准。思科系统公司作为技术伙伴与盖尔国际共同开发松岛新城，其智能网络联系社区系统得以在松岛新城基础设施和系统控制中大规模应用。该系统将花费20亿美元，主要应用包括整合的公共交通系统、最先进的医院和国际学校、空港商业区、中央垃圾处理收集系统等建设。

思科项目的本质在于协助城市规划者和建筑师将数字技术凝结于城市规划与建设中，成为城市规划和建筑的一部分，并将创新性的成果作为下一座新城建设的经验。在松岛，数字技术和管理系统无处不在，在思科的规划体系中松岛的每个家庭都有一套远程控制系统。远程控制系统可以使得居民在家里通过高清晰电视而操控相当范围内的城市服务。松岛 Chadwick 国际学校于2010年开始运行，利用两个远程控制演播室并在每个教室安装一个大屏幕以供在线教学和电视教学。思科将这些面向家庭、顾客的应用归结为“社区+联系”——利用数字技术改变人们日常的居住、工作、游玩和学习方式。

思科的智能网络联系项目凝结于松岛新城的总体规划中，意味着城市的基础设施和服务都可以通过一个整合的中央操作中心来联系和控制。思科定义为一个“社区+交换”中心——将设施、交通、急救、自动化系统以及政府服务整合进程的后台办公室。思科的“智能网络社区”项目在松岛的经验上加速了其他智慧城市规划和建设的进程，包括中国的天府新城、俄罗斯的Skolkovo 技术城及葡萄牙的普兰尼特谷等。

四 结论

在目前的智慧/数字城市的建设进程中，多关注数字城市基础设施的建设及其所形成的不同功能模块。但在 OVUM 咨询公司的报告中，不仅关注城市基础设施数字化的发展，更提出数字社会战略的实施，以弥补数字城市战略所遗漏的社会内容建设，特别是其提出的“提倡自我服务和合作生产，强化社会资本建设，推进数字融合”等新理念对于解决当前存在的许多社会矛盾非常有益。此外，在数字城市功能建设模块方面，既有研究和实践多从社会功能方面入手，缺乏逻辑操作性，而 OVUM 咨询公司的研究从基础设备、运作平台、数据计算、社会网络四个层面分别进行 ICT 模块构建，具有更强的现实操作性。

参考文献

Steve Hodgkinson, *Is Your City Smart Enough*? Ovum Consulting, 2011.

Profiting from Smart Meter Communications Networks: Alternative Revenue Theories and Cisco's S + CC, January 2011, OI00034 – 005.

Mobile Applications in the UK Public Sector Post-CSR: Equipping Government's Field Forces for Efficient Working, January 2011, OI00020 – 003.

2011 Trends to Watch: Cloud Computing Technology: One of the Most Important IT Trends of the Decade Has Barely Started, January 2011, OI00001 – 011.

Digital Society: The Development of Digital City

Abstract: With the development of global urbanization, the rapid growth of urban population has become increasingly evident. Since urban population in 2009 was more than 50% of the world's population for the first time, Ban Ki-moon, Secretary-General of United Nations, has said that the world has entered the era of the "urban century". The rapid growth of urban population has led to urban construction quickly, and took more social problems happened. Urban managers launched New City movement and urban renewal activities. In this process, there are many new ideas and new designs to be created, and smart / digital cities become the first choice for future urban development. The paper introduced different content of digital city and digital society, and analyzed different functional modules in the construction of digital city.

Key Words: Digital City; Digital Society; Smart City

𝔹.17

城市权利：印度推进包容性城市建设的主张*

林 兰

摘 要：

同为“金砖四国”的印度和中国，具有相近的经济发展阶段和城乡人口结构，如何实现真正的“城市化”是两国在现今和今后相当长的一段时期内都无法回避的现实问题。本文基于 UNESCO 2011 年发布的《印度城市公民权利》报告，介绍了印度城市在经济、文化、政治等各方面融入外来人口的经验，并尝试关注中国城市外来人口的城市权利（Right to the City）。

关键词：

印度 城市权利 外来人口

一 城市权利概念的引入

城市权利的概念由法国社会学者 Henri Befebvre 于 1968 年提出，其初衷是为了争取城市中所有居住者的空间生存权。他指出，在城市中居住的所有居民（不论原住与外来），不仅具有诸如公民选举权的最基本的权利，还具有通畅的在城市生活、生产、迁移的权利，对城市的公共政策决策有决定性的影响。

尽管现在的城市与 20 世纪 60 年代的城市有很大的不同，但由于城市权利对非市民（外来人口）进行了特别的关注，其分析框架仍然对大多数处于快

---

* 本文主要基于对 *Urban Policies and The Right to The City in India* 的介评，并进行了中国启示的研究分析，特此致谢。

速城市化的发展中国家城市具有较大的借鉴意义。城市权利指出，外来人口因长期被排斥在“社区”的社会范畴和空间范畴之外，而产生了一系列的城市问题，诸如文化隔阂、城市安全、资源分配不公等，而这些问题都是我们迫切需要解决的。

二　印度城市外来人口的发展情况

在1961～2001年的40年间，印度城市外来人口的比重由19%增长到了24%，农村土地不断被新拓展的城市侵蚀，产生了一种“被排斥的城市化”。新增的城市人口除了城市扩张产生的边缘地带人口，还包括大量居住在边缘地带的迁移者，而后者往往更容易被统治者忽略，而产生一些不稳定因素。

长期以来，印度政府没有给外来人员提供足够的工作机会，其消灭城市贫困人口的做法一般有两种：一是在边缘地带长期发展非正规经济（如小的生产作坊集群）；二是通过基础设施的大规模修建和改造将贫困人口驱逐到更远的边缘地区，以实现城市的扩张。

因此，贫民窟在印度十分常见。截至2011年，印度共有9000多万人口聚集在贫民窟，与20年前相比人口翻了一番。以最大城市孟买为例，1600万城市居民中，有超过62%的“贫民窟”居民，其中的达拉维贫民窟是世界第二大贫民窟，仅次于南非的索韦托。

三　新“城市权利”的提出

全新意义上的城市权利已经不仅仅局限于保障外来人口能够获得与原住居民同等的资源分配权利，而是强调通过改造城市来改造人；它强调的是在重塑城市形象与地位过程中的普适权利与个人利益的统一，而不是对原住民与外来人口任何一方有所偏废。

20世纪70年代和80年代，印度政府曾推出“城镇无贫民窟”政策，试图通过强行安置等措施来解决贫民窟问题，但没有获得成功。因此，对于城市贫困产生的空间碎片化问题，印度城市政府主张通过改善贫困区的居住条件而非拆除重建的方式来消除贫民窟，从而避免表面统一、光鲜的单一城市形象，不仅通过改造而使城市具有特色，更在一定程度上满足了生产和生活结构的层次性与多样化。

1996年，印度政府发起“全国贫民窟开发项目”，拨出大笔资金为贫民窟提供饮用水和社区公厕服务，大约4600万人受益。2009年，印度总统帕蒂尔表示印度政府将开展城市特殊造房计划，旨在为城市穷人和贫民窟住户提供住房，争取在未来5年消除贫民窟。从这个意义上来说，城市发展过程中对城市权利的考虑决定了我们在全球化的浪潮中，在个性发展城市的道路上能走多远、走多好。

四　一些值得借鉴的做法

（一）为贫民提供城市生存最基本的保障条件

印度各个城市都采取一些措施来提高贫民的福利，其中比较常见的是给贫民窟里的居民补贴水电费。例如，孟买市政府每年提供给贫民的水电补贴就高达千万美元，新德里更是超过了3000万美元。其他城市也基本都是如此高的补贴，几乎可以让贫民窟的居民免费使用水电。因此，印度的许多贫民窟一般都可以24小时供水供电，并有工人定期对基础设施进行定期养护和免费维修。这是政府为城市居民提供的最基本的生存条件保障。

（二）使贫民窟成为城市福利的重要源泉

印度城市在外来人口居住区仍然因地制宜地发展了商业与小型制造业，并提供服务业就业机会。贫民窟里最重要的商业活动是辅助城市环保工作的垃圾再循环。任何塑料、金属都被从垃圾堆里挑选出来，分类出售。在孟买的达拉维，80%的塑料品都被回收利用，有逾25万人以循环垃圾为生。

同时，政府为贫民提供了门槛很低的行业准入机会（例如出租车运营）。任何人一次性缴纳一笔约150元的费用即可获得三轮车的运营证，不再收取任何税费；缴纳约300元即可获得小汽车的运营证，愿意从事出租车业的人还可从政府获得优惠贷款。此外，贫民窟还为孟买提供廉价的保姆、司机等日常服务人员，它恰恰是城市的福利，使城市中心一直维持着较低的物价水平，富人一样在享受着廉价服务的福利。

达拉维有 1.5 万家家庭手工业作坊。尽管达拉维是全球有名的贫民窟，但早年间进入达拉维的人们经过原始积累大多拥有了自己的工厂，并招收新来的居民为工人，形成了一些特色产业“集群”。有的地方以生产皮革闻名，有的地方以生产陶器闻名，逐渐发展出了具有贫民窟特色的产业区，这些企业每年为孟买贡献的 GDP 逾 6 亿美元，提供了数十万个就业机会。在达拉维几乎人人都有工作，没有“失业”一说。

（三）走非集中化的城市建设道路，发展小城镇

20 世纪 70 年代末 80 年代初，印度各个城市政府逐渐意识到忽视中小城镇基础设施的建设会限制城市发挥活力，于 1979 年编制了中小城镇综合发展计划（IDSMT），并将此计划纳入印度的“六五”计划（1980～1985 年），制定出一些相应的政策，例如：用税收刺激在这些城镇建立新的工业、商业及专业单位；对住房、学校、娱乐设施、电力、供水、卫生设施以及排水方面的基本建设开支给予适当特许权等。之后，印度政府通过了第 74 条宪法修正案，确定在大城市走分散化的城市发展道路，合理配置过于集中的资源。

在一些特殊的经济区，实行“非民主”的政策（这里指特殊政策），如通过减轻赋税来增加实力不强的民营资本投资，间接改善投资结构，以确保民族企业与外资企业有同样的发展机会，解决大量外来人口的就业问题。在过去的几十年，印度许多的经济特区都发展成为了大城市，而理想的“非民主”政策的执行结果是，这些经济特区将演变为 50～70 个人口为 50 万～100 万人的卫星城镇。因为只有小城镇才更适合走分散化的建设道路，也是分散建设的必然结果。

（四）成立“市民社会组织”为外来人口争取生存条件

在德里、孟买等大城市，这些城市都拥有人数众多、比例较大的外来贫民。“市民社会组织”成立的目的是通过增强市民与政府对话的话语权，为外

来人口提供特殊的生存保障权利，如：提供低价的供水、安全的住房、完善的基础设施、畅通的信息来源等。外来人口的城市权利被扩大，不仅能够参与所在城市的各项选举，还能参与城市的福利分配，并在贫民区拆迁时享有安置权。

同时，外来贫民的孩子们可以在当地城市得到义务教育，读大学时每年的学费也维持在较低的水平，低费用的教育体制为贫民窟立足城市提供了便利。当孩子们满 18 岁并在城市居住满 5 年时，就可以申请一张新的选民证，在政治上融入当地社会。

因此，尽管印度并不是高福利国家，但是通过“市民社会组织”加强并规范了外来人口可以享有基本的福利，即使是外来贫民也可以享受与城市居民同等额度的公费教育和公费医疗等一系列市民权利。

（五）建立城市居民的身份识别系统

尽管印度是世界上经济增长最快的国家之一，但只有 58% 的印度新生儿有出生登记，大约有 40% 的印度居民没有个人银行账户，也没有存款。为解决身份冒用阻碍国家发展的问题，印度计划为全国 12 亿人口建立国民身份数据库，在全球首开使用生物识别系统的先例。

2009 年，印度许多城市都建立了针对于居民的身份识别系统，每位城市居民都会有一个 12 位数字的卡片，随卡片附带个人照片与生物识别信息（如指纹）。到 2010 年 9 月，世界上最庞大复杂的生物身份识别系统“Aadhaar（基础）”项目在马哈拉施特拉邦启动，利用生物辨识技术（照片、十指指纹和虹膜扫描），为每位居民提供一个独一无二的身份证明编号。该项目采用世界首例网上身份识别系统，即便通过移动通信网络，在印度的各个城市也都可实现居民身份“实时”验证。

印度居民凭此“基础”可以更好地享受公共和私人服务。这套系统有四个主要作用：一是通过政府对卡片进行统一管理，将个人信息纳入城市的福利分配系统；二是防止政府腐败，确保城市福祉能切实进入预期受益人的账户；三是防止各种欺诈行为，包括选举作弊；四是预防恐怖主义袭击。当然，建立这样一套身份识别系统也会产生一些麻烦，例如个人信息的安全管理问题、需要较大耗资以支撑系统运转等。

印度东部加尔克汉德邦（Jharkhand）负责实施身份识别计划试点工程。这将使得新的身份证与银行的个人账户关联在一起。政府下发的救助金将很快以电子账单的形式发放，被援助对象可到银行或村中小店取回电子账单，这也是防止政府腐败的一个良好办法。

（六）推行“Bhagidari 计划”，成立民间互动联盟

从 2000 年开始，新德里政府创新建立了一种公民—政府施政方法，推行“Bhagidari 计划”，成立了 Bhagidari 部门，这是新德里再造的主要部门，由公民团体、社区组织、NGO 及民间团体为新德里的发展繁荣而组成的伙伴组织。政府授权这个组织可以进入任何一个政府办公室，对它们感到疑惑的问题来要求进行解答。这项计划通过政府与上述组织的合作解决了许多百姓的日常问题，如：下水道堵塞、垃圾收集和处理、道路修筑和公园整治等问题。除了新德里，印度已经有至少六个邦考虑在其首府推行这种民主管理方式。“这些民间互助联盟成为人们发挥自我力量的一个有效平台。”

目前，印度大城市的 Bhagidari Cell 和 Bhagidari Net 也已经形成，当地团体的网络已从 2000 年的 20 个市民团体发展为今天代表约 300 万市民的 1600 多个市民团体。这些团体与政府代表讨论阻碍有效提供服务的问题，随后在供水、卫生、学校、供电和城市交通等领域共同提出可行的解决办法。同时，印度在市一级层面实行了名为“市民报告卡制度”的做法，将其作为一种辅助的以市民为基础的监督与公共问责制度。

参考文献

联合国经济及社会理事会：《为实现包括千年发展目标在内的国际商定的发展目标进行施政与公共行政创新》，公共行政专家委员会第五届会议《进行施政和公共行政创新，以实现国际商定的发展目标，包括千年发展目标》，纽约，2006 年 3 月。

建太：《印度中小城镇综合发展计划的实施》，《城市规划通讯》2000 年第 5 期。

UNESCO, Urban Policies and the Right to the City in India. Printed in India, 2011.

"Right to the City": Inclusive Policy Experience from India

Abstract: The same as one of the "BRIC", India and China have similar economic development stage and urban-rural population structure, which both have not stepped into a true urbanization for so long a time. Based on "Urban policies and the right to the city in India (2011)" released by UNESCO, this paper introduce experiences of India on economic, cultural, political to integrate foreign population into big cities. The paper also tries to concern on Chinese city Right to the City.

Key Words: India; RTTC; Foreign Population

城市文化篇

Urban Culture

B.18
国际“慢城”运动变革城市生活方式

林 兰

摘 要：

经过改革开放后快速城市化和工业化的进程，中国城市的繁华度和现代化程度都大幅提高。在急速推进城市建设的同时，中国城市也面临特色消失、环境污染、交通拥堵、生态遭受破坏等问题。近期频发的一些公共事件（饮用水源污染、暴雨淹城等），提醒我们应该适当放缓脚步，思考城市的科学发展方式。本报告介绍了“慢城”的起源、内涵、组织核心理念及慢城联盟，以期按照“慢城运动”的思路，为我国城市化发展尤其是小城镇发展之路提供一些借鉴与参考。

关键词：

慢城　可持续发展　小城镇

一　城市“发展节奏”调节催生“慢城”运动

“慢城”源于城市在困境中寻求出路。随着城市化进程的快速推进，不断加快的节奏并没有使城市居民的生活更美好，“城市病”却与之俱来。同时，城市文化和信息资源逐渐放开共享，地域文化差别淡化，区域发展被推向同化和消亡的危险边缘。在这种情形下，“慢城”［Slow City-citta Slow（意）］的概念应运而生。

慢城运动由意大利的慢餐（Slow Food）运动发展而来。1986 年，因在著名的西班牙广场纪念碑台阶上建立快餐店而导致了意大利民众的抗议，提出了“慢餐运动”。1999 年，第一届“慢城市”大会在意大利奥维多召开，基安蒂地区的格里韦、奥维托、布拉和波西塔诺四个小城的市长联合发起“慢城运动”，在“慢食运动”的基础上提出“慢城”这一新的城市模式——一种放慢生活脚步的城市形态。同年，国际慢城组织正式成立并形成《慢城国际宪章》。

从 1999 年至今：慢城运动从意大利基安蒂山区扩展到世界范围。迄今为止，慢城联盟已发展了全球 147 个成员，遍及英国、德国、西班牙、葡萄牙、奥地利、波兰、挪威等 24 个国家；有 300 多个城市先后咨询加入慢城模式的途径；同时，现有的慢城也在接待一批又一批对这种生活模式感兴趣的国际访客。

二　慢城发展方式的内涵与要点

（一）慢城哲学

慢城哲学是一种随慢城运动而兴起的生活哲学。所谓慢，并非真的慢，而是以慢制快，以静制动。慢城摒弃的是高速发展时代事事“牛步化”的粗放式发展方式，而是希望活在一个既生态又现代化的世界，在传统与现代之间寻求一种平衡。该快则快，能慢则慢，没有一成不变的公式，也没有万用的守则，每个人都有权利选择自己的步调。从这一点来看，慢城哲学倡导的是一种生活理念，回归舒缓的生活节奏和更自然的生活状态，同时又找到一种新的经济发展模式。

（二）慢城的内涵

国际慢城联盟并没有对慢城的内涵做过多的界定，而 2011 年我国江苏高淳加入国际慢城网络则丰富了“SLOW”的内涵。SLOW即：可持续（Sustainable）、低碳（Low Carbon）、选择（Option）、富有（Wealthy）。

1. 发展的可持续性

“慢城”并不是慢发展，而是可持续、有效率地发展。“保护和维持纯净的自然环境”是国际慢城的8大公约之一，这要求我们为子孙后代着想，一直保持高品质的生活。

2. 低碳发展

在产业发展的过程中，不断提高环境门槛、强化产业的甄别，着力构建以绿色产业为主导的现代产业体系，所有的新建项目必须全面推广环境管理体系。

3. 发展选择权

慢城运动一个很重要的理念是发展模式和选择要尊重当地居民的意见。

4. 让居民幸福富有

贫穷不是慢城，慢城既是一种文化特色，又是一种生活品质。慢城模式并不是简单地以牺牲效益换取舒适生活，因为可持续实际上反而能创造经济价值。例如，在意大利的城市布拉，慢城模式为其带来了极佳的经济效益，零售额以每年15%的速度递增。

（三）慢城的组织核心理念

慢城的组织核心理念有8条：

——解决城市现代化过程中的一系列经济、社会、政治、生态矛盾；

——贯彻保护环境的政策，致力于维持和发展本地区特有的环境特征和城市内质，有义务发展废物回收和重复利用技术；

——贯彻功能性基础设施政策，致力于合理发展利用土地而不是占有、消耗土地；

——推动有利于改善自然环境和提升城市品质的技术运用；

——鼓励生产和食用采用自然和生态协调技术制造出来的食物，拒绝转基因产品，如有必要可设立主席，在与慢餐项目和美食红酒主席紧密合作的基础上，去领导保护和发展暂处于困境的代表性产品的运动；

——保护根植于当地文化习俗且能表现当地典型特征的自生产品，维持它们的特质和传统，提供优先的机会和空间鼓励消费者与产品生产者、承包商直接接触；

——推动维系当地社区和它们特质之间真正纽带的那些热情好客特征的发扬光大，去除那些可能危害当地资源、完全普遍运用的自然和文化方面的障碍；

——促进生活在慢城的当地居民的相互认同，而不仅仅只是内部执行者的相互认同，要通过有系统的趣味教育指导，来特别关注那些年轻人和新办学校。

（四）慢城联盟的准入条件与会员认定

《国际慢城宪章》对慢城联盟的准入条件作了规定，宪章致力于解决环境保护与城市可持续发展，共有55条准则，定义了慢城协会的性质与目标、会员城镇必须作出的承诺与享有的权利以及年度慢城协会大会的相关要求。

1. 慢城联盟的准入条件

主要包含两大块。①基本条件：申请加入的城市人口须在5万人以下，追求绿色的生活方式，反噪音、反污染，支持都市绿化，支持传统手工方法作业，不设快餐区和大型超市等。②申请条件：须在环境立法、市政公共基础设施、城市品质、本土产品、热情友好和知识教育6个政策方面提交执行情况的自我评价报告，并经相关的慢城协会领导人的视察与批准。

慢城的执行审核既严格又宽松。其严格之处体现在于被批准的会员城镇将签署一系列保证书，城市慢城政策的执行情况每隔4年被重新视察，以确保慢城不走样。并且，考核标准是根据慢城运动的目标而建，各个成员国标准一致。宽松之处则体现在6个政策方面，除对市政基础设施政策方面是硬性要求外，其他仅是参考建议，这也为慢城的多样性提供了可能。

2. 会员城市职责

①保护环境，维持和发展本地区特有的环境和文化；合理发展利用土地，积极利用新技术来改善城市生活环境；②生产和采用天然的食材，保护当地的

美学与美食传统，保护当地的传统生产和手工艺等；③发扬居民的热情好客，促进相互认同，通过公共教育来培养居民的审美意识和慢城意识，从而提高城市生活质量。除了人口数以外，还有一些条件是比较苛刻的，例如，必须限制汽车的使用，汽车在城市街道的行驶速度不得超过20km/h；必须有噪音管理系统和污水生态处理系统；还必须保持城市的个性等。因此，慢城更适合在小城镇发展。

在诸多的条件中，保持城市的个性尤为难能可贵。为此，“慢城市网络”号召会员“一起实践共同的、具体的、有形的准则”，以体现小同大异。小同，即提供地方美食、高品质的接待设施、绅士的服务以及良好的环境；大异，即所有的慢城必须力图保持地方特色和特有的城市肌理，保护本土手工业、文化和传统，并通过发展旅游业使外来游客与制作特色产品的当地手艺人交流，从而促进不同地区的文化交往。

三　慢城的延展领域

（一）慢学校

“慢学校”随着慢城运动应运而生。这些学校提倡没有竞争的教学方式，给学生更多的自由时间，反对“填鸭式”的教学。“慢学校”运动提倡建立一个新的教学体系，授课时间灵活，并根据学生的需要设置课程。世界上最典型的慢学校是美国加利福尼亚州的伯克利马丁·路德·金学校，大约有1000名学生支持了这种健康心态、积极奋斗、高度自信的慢学习方式。

（二）慢餐

由于快餐文化对于慢吃的意大利人来说近乎可耻，1986年意大利记者卡洛·佩特里决心搞一场慢文化的复兴，由吃的文化开始，成立“国际慢餐协会”，是为“慢吃运动”（Slowfood Movement）。慢餐运动者有“6M”宣言：Meal（美食）、Menu（菜单）、Music（音乐）、Manner（礼仪）、Mood（气氛）、Meeting（聚会）。慢餐强调一种放慢脚步、品味美味的优质生活方式，这种方式对打通社会隔阂、促进人与人之间的交流和沟通起到了很大的促进作用。

四　慢城运动对中国的启示

（一）慢城对中国城市建设的启示

中国目前还处于快速城市化的加速发展阶段，随着“城市病”的突出涌现，区域究竟是走特大城市、大城市道路还是重点发展小城镇，成为摆在决策者面前的疑问。慢城运动给我们的启示是：真正的城市化不是将人口集聚到大城市，将农民赶进城市；而是将城市文明、城市生活方式引入农村，让农民与城市人享受均等的公共服务。慢城对于中国的启示在于将慢城的原则和哲学糅合到城镇（尤其是小城镇和大城市的卫星城镇）的建设和管理中，建设具有中国特色的“慢城市”。

中国原本就具有“慢”的传统生活元素，老北京、成都人的生活就体现出“慢”的智慧。而与我国汉文化相近的日本和韩国也已有成功慢城的典型实例。国内众多历史悠久又保持着传统生活节奏的小城——丽江、乌镇、西塘、宏村等，以及一些大城市的卫星城镇，都有可能发展成为中国的慢城。

（二）中国慢城发展的国情条件

相比发达国家的城市化“过去式”而言，中国还处在一个快速城市化的发展阶段，而《慢城运动宪章》的许多条款都脱胎于欧洲国家，未必适合于中国。世界慢城联盟的官员也说，这些条款在中国可能不现实，需要调整。值得高兴的是，韩国做了良好的范例。例如，韩国慢城总部从该国实际出发，将审批标准由原来的50多条缩减成了26条。

中国的慢城数量只有一个，必须达到三个及以上的慢城才能建立慢城联盟分会。而且即使有了自己的分会，规则也不会马上改变。因此，受人口限制，中国目前主要以县或者小城镇作为申请的主体单位，再挑选几个下面更小的行政单位来参加。这也决定了慢城只能是小城镇或是卫星镇。

（三）发展思路

1. 张扬城市个性

摒弃静态保护，保留城市文化遗产的精髓，充分利用本地的资源、生产和工艺来实现经济上的发展和可持续性，创造文化和经济的双重价值，确保经济发展和环境保护的平衡。

2. 永远人性化

营造舒适的公共活动空间和城市宜居性。①将居住、开放空间打造成慢社区，形成与商业区等快社区相对应的多样性空间。②在多样的空间里，提供更多的绿色开敞空间和游憩设施，加强人性化设计，增加交流的非正式场所。

3. 生态的慢城

环境宜人的小城。①增加有地方特色的生态环境设计。②限制公共交通的速度和流量，限制碳排放。

4. 慢餐、慢生活

在饮食文化中渗透“慢食哲学”。①倡导本地生产新鲜、绿色有机蔬果的消费，鼓励发展可持续性农业。②减少快餐消费，提倡传统饮食。③进行大众审美教育，推广享受悠闲舒适生活的理念。④慢节奏生活——慢吃、午睡、休闲等。

参考文献

百度百科（http：//baike. baidu. com/view/1205687. htm），2012. 01. 04。

国际慢城网站（http：//www. cittaslow. org/），2012. 04. 08。

宗仁：《“国际慢城”在中国及其现实意义研究》，《现代城市研究》2011 年第 9 期。

张明斗、杨霞：《慢城现象：理论述评与城市发展启示》，《江淮论坛》2012 年第 2 期。

张明斗、王雅莉：《慢城：低碳、宜居城市新模式》，《经济问题探索》2012 年第 3 期。

朱晓清、甄峰：《慢城运动对国内城市宜居建设的启示》，《现代城市研究》2011 年第 9 期。

朱晓清、甄峰、蒋跃庭：《国外慢城发展情况及对中国城市发展的启示》，《城市发展研究》2011 年第 4 期。

International "Slow City" Movement and the Change of Urban Lifestyle

Abstract: After rapid urbanization and industrialization of 32 years, the flourishing degree and modernization degree of cities in China are dramatically increased. But at the same time, by advanced construction, our cities are also facing some serious problems, such as distinguishing features disappeared, environmental pollution, traffic congestion, ecological destruction, and cities are far from people's 'livable' land. Especially some recent public events frequently happened (such as drinking water pollution, water-logging, etc.), which remind us slowing down steps, thinking about the scientific way to build and rebuild our cities. The report introduces the origin, connotation, core idea of 'slow city' and the Slow City Alliance, in order to provide some reference for building characteristic slow cities in small towns or in some regions in big cities in China.

Key Words: Slow City; Sustainable Development; Small Towns

B.19
伦敦文化创意空间的管理*

邓智团

摘　要：

作为最早提出城市创新发展的伦敦，同时也是最早成立城市创意空间管理机构的城市。创意空间管理局作为伦敦创意空间管理机构在推动城市闲置厂房和居住空间的有效利用上发挥了积极的作用，该局通过咨询和培训服务、创新企业家商业计划以及基金资助等一系列举措，有力地促进了伦敦创意产业健康快速发展。伦敦空间管理的实践与经验，对我国大多城市建设创新城市具有十分重要的借鉴意义。

关键词：

创意空间　管理机构　成功经验　伦敦

英国伦敦是最早提出并推动城市创新发展战略的城市，肇始于英国政府1998年提出的“创新驱动型经济”。此后，伦敦在2002年提出伦敦《创新战略与行动计划》。为配合推动伦敦的创新发展，伦敦发展管理局（LDA）制定了一系列跟进的发展战略，并相应成立了若干与城市创新发展相关的管理机构，其中伦敦创意空间管理局（London Creative Space Agency）于2006年成立。伦敦创意空间管理局作为伦敦发展管理局的下属机构，专门负责伦敦创新创意空间的管理，有效地推动了伦敦城市创意空间的开发与管理。

一　伦敦创意空间专门管理机构的设立

1. 伦敦创意产业的飞速发展

英国在20世纪90年代后整个经济增长速度不断下降，为了寻找城市新的

* 2011年上海市科委软科学项目“创新驱动背景下上海城市的空间布局和响应研究（11692107000）”。

发展动力，英国政府于1998年提出建设“创新驱动型经济”，随即伦敦于2002年提出伦敦《创新战略与行动计划》。在政府的大力推动下，伦敦创意产业取得了快速发展。到2008年，伦敦创意岗位就业人数达到64万人，比1994年增加了近1倍。2010年，伦敦创意产业的产值超过了210亿英镑。根据伦敦投资局预测，到2012年伦敦奥运会，伦敦创意产业产值将超过300亿英镑，并超越金融行业成为伦敦第一产业。为了推动和管理文化创意产业的发展，伦敦市成立了“文化产业发展管理局”。

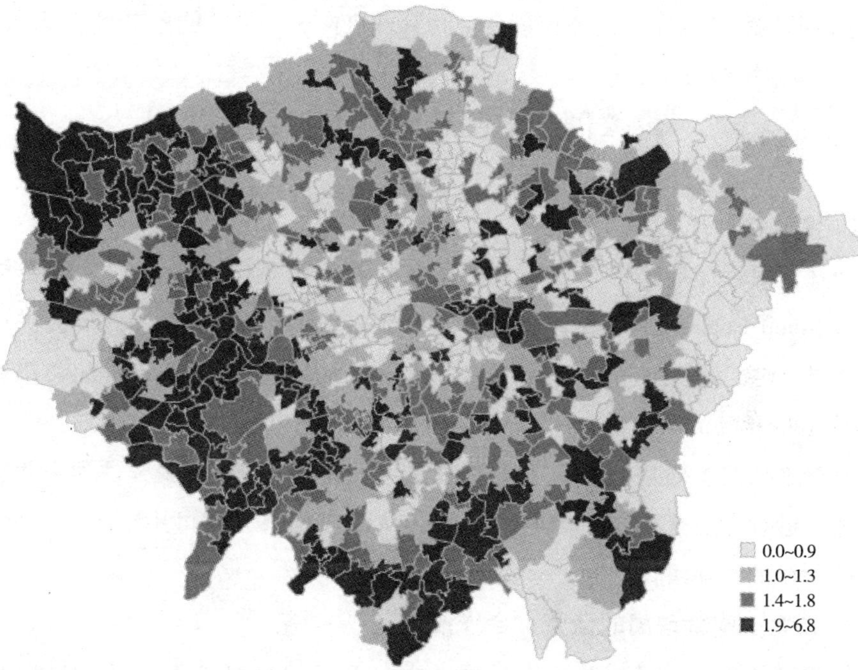

图19－1　伦敦创意产业空间集聚示意

2. 伦敦缺乏创意空间领域的专门管理机构

与多数发展中国家的城市一样，伦敦城市空间的管理也经历了一个从无序到有序管理的过程。为了推动城市空间发展的有序和可持续化，伦敦管理当局于1970年专门成立了伦敦城市空间管理局（Urban Space Management）。伦敦城市空间管理局最初设立的目的是为了推动那些衰退地区和低水平利用空间的经济化更新，其内容包括对开发中土地的过渡性使用，以用于零售、工作室和社区利用等。作为一个咨询、开发、管理和投资全方位服务的机构，从1970年代成立至今，与中央和地方政府以及英国范围内的建筑商和开发机构一起推动地方的城市更新，除了提供咨询服务外，共推动了超过40个项目的更新。

在创意产业快速发展的过程中，伦敦当局发现创意产业不断变换的空间格局在对城市空间的转型起到了极大推动作用的同时，创意产业对空间需求的不确定性增加了创意空间管理的难度。在这样的背景下，为了更好地管理好城市创意空间，改善当前的城市空间管理机构和管理方法不能完全解决创意产业发展需求的状况，成立了新的城市创意空间管理机构——伦敦创意空间管理局。

二　伦敦创意空间管理局的目标与作用

1. 伦敦着力开发创意空间

创意空间管理局是一个变革性的服务机构，由英国（伦敦）艺术委员会（Arts Council England）和伦敦发展署（London Development Agency）提供资助于2006年成立。并由城市空间管理局（Urban Space Management）和文化产业发展局（the Cultural Industries Development Agency，CIDA）联合运营。

设立之初的主要目的是希望通过创意空间管理局的相关服务，为空置房屋的业主和创意专业人员搭建沟通的桥梁，从而在伦敦寻找可用于工作、展览、表演或彩排的潜在可用空间。

2. 创意空间管理局的运营：合作推进

创意空间管理局（2006～2008年）是一个由文化产业发展局和城市空间管理部门联合运筹的计划。文化产业发展局和城市空间管理部门联手促成创意人才和房屋所有者之间的互动和交流，以满足他们各自不同的需求，即一方需要空间，一方出售或出租空间。这可在创意空间管理局一些成功的研究案例和一本实用指南（指导人们如何寻找创意空间）中获得大量的案例细节。

3. 创意空间管理局的目标：促进创意“空间合作”

发布于2006年7月的创意空间管理局的目标——倡导对空置建筑的短暂利用。即通过为房屋业主或其代理人与需要空间的创新人才和组织建立沟通桥梁，从而确保空置房屋的暂时利用。

创意空间管理局提供的服务包括：一张不断更新的伦敦可资利用空置房屋的清单，便于使用的明细表以帮助人们在其创意空间之外获得更多的事实信息。因此，创意空间管理局的一个主要任务是推动伦敦城市空间管理局和伦敦文化产业发展局的通力合作。

在这个合作框架中，伦敦城市空间管理局的角色是直接联系有意将闲置房屋用于创意空间的物业业主，并与他们签约成为“空间合作方”，同时在他们制定闲置房屋的暂时使用条款时提供合理框架性的建议；以及让空置房屋的业主直接与那些经过文化产业发展局筛选的创意组织联系。而文化产业发展局将会不间断地对闲置房屋进行维护以供创意人员居住和使用。

4. 创意空间管理局的作用：促进创意企业与业主的双赢

通常而言，创意企业虽然通常不能够支付全部的市场租金，但是它们对空置房屋的使用仍能给业主带来诸多有益之处，其中包括：闲置资源在改造之前的利用；对于业主而言极佳的公关机会；给予了空置房屋的未来发展一个积极信息——艺术活动能为建筑添彩；有助于“地标制造”——让一些地方在地图上显示；因参与创意活动和帮助创意界的个人和组织而带来附加值。

虽然不是所有的地方和全部的业主都能享受以上所列的优势，但是对于公有和私有部门的物业业主来说，目前正在探讨的企业社会责任的议题和从公众与房产市场视角阐述的对于空置房屋的负面新闻报道正在直接影响着他们的形象和行为。

三　创意空间管理局的主要举措

1. 形成与文化产业发展局的互动

创意空间管理局作为文化产业发展局与城市空间管理局的联合运营项目，成为了文化产业发展局推动创意产业发展的好帮手。由于文化产业发展局通过其所涵盖的服务：信息提供、商业支持、专业规划培训、提供沟通和展示创意的平台以及创造新岗位，帮助了数以千计的创意个人、公司和艺术机构。因此创意空间管理局能够为任何一个创意人员、公司或是艺术机构提供实际的帮助。包括以下几个方面。

（1）发布信息。在创意空间管理局的网站和定期的电子报上刊登有最新的创新事件，提供一个接触最新创意的渠道。

（2）商业支持和专业规划。借助专业顾问和产业专家，给创意空间管理局的培训课程提供实际指导。

（3）沟通和展示的机会。通过创意空间管理局举办的活动聚集创意人才，分享知识，构筑联系渠道，让新的更多市场和陌生的观众接触到创新人士的作品。

（4）文化出品和授权。创意空间管理局与相关的组织机构建立了新兴的合作伙伴关系，如东伦敦设计展、伦敦城市大学和 BBC 伦敦。从而更好地实施人才战略：培养人才、授予资格和支持可持续发展。

2. 展示伦敦各区的创业创意发展计划

创意空间管理局在普通老百姓和政府间搭建了一个很好的连通渠道，能很好地帮助政府特别是文化产业发展局开展工作。例如，当前，创意空间管理局向创业者们推荐了“创新企业家商业计划”，“创新企业家商业计划”由文化产业发展局运作，伦敦哈姆雷特塔自治镇资助。该计划旨在为参与者提供机会，实现他们从想法到商业计划的草案设计。

该计划提供 5 天的培训，在前 4 天的密集培训中，首席专家们将会讲授有关商业计划、市场营销、展示以及广告促销的课程。在培训计划的第 5 天会举办一个主题为“新一代创业者”的人气聚会，现场有一组成功年轻的创业者探讨他们是如何将梦想变为现实。现场的参与者有机会向成功小组推销或是展示他们的想法或商业理念，而一个推销或展示成功的幸运儿将会获得 500 英镑作为自己创业之旅的启动资金。对于居住或是工作在哈姆雷特塔的人们，“创新企业家计划”完全是免费的。每一次项目和培训的信息，其网站都会实时报道和更新通知。

3. 为创新活动提供基金资助

伦敦创意空间管理局资助和批准的创意均考虑了当地艺术家或是当地艺术组织的利益。到目前为止，伦敦创意空间管理局已经资助了 92 项与创意相关的活动，主要包括：观众拓展（1 项），即英格兰艺术委员会——观众聚焦基金；奖励（8 项），如明斯特伯爵夫人音乐信托及乐弗赫莫（Leverhulme）信托艺术组合等；BME（1 项），古本基尔（Calouste Gulbenkian）基金；资本融资（7 项），如漫画救济补助金和土地援助团体等；慈善（16 项），如建筑业和地产业慈善团体（CRASH）与汉琳（Paul Hamlyn）基金会教学计划等；社区艺术（24 项），如 Alec Dickson 信托和 Calleva 基金会；核心资助（1 项），如乡村首都伦敦孵化器计划；创意产业（2 项），如微型商业启动基金；舞蹈（2 项），如 Lisa Ullmann 旅行学者基金等；残疾人艺术（5 项），如古本基尔（Calouste Gulbenkian）基金会等；教育（12 项），如教育捐助基金会和平等慈善基金会等；环境（7 项），如社区植树计划和女王伊丽莎白二世田野挑战计划等；欧盟（1 项），如 2007 年欧盟多媒体计划；电影及新媒体（4 项），如多媒体“121 视听”计划等；政府（4 项），如商业发展基金等；卫生与艺术（4 项），如心脏健康捐助基金等；文化遗产（9 项），如 WREN 文化遗产保护基金等；个人（4 项），如迪克森（Alec Dickson）信托基金；国际（9 项），如欧洲青年基金会等；文学（2 项），如 MSE 慈善会等；主要基金团体（7 项），如居民健康信托基金小额捐助计划等；多维艺术（14 项），如韦伯（Andrew Lloyd Webber）艺术基金会等；音乐（9 项），如青年音乐艺术家奖等；老年人（5 项），如彼尔顿（Percy Bilton）慈善基金会；奥运会（1 项），即 2012 变动地区捐助基金；表演艺术（4 项），如 BBC 表演艺术基金和 Fidelio 信托捐赠计划等；研究（2 项），如 ESRC 联动社区项目等；科学与艺术（2 项），如 2011PRISM 捐赠基金会和友好信托艺术奖等；培训（1 项），如 MSE 慈善会；视觉艺术（6 项），如 B&Q 废品捐助计划和 FLAMIN 生产计划等；弱势群体（21 项），如迪克森（Alec Dickson）信托基金和欧洲青年基金会等；青年艺术（26 项），如库克（Ernest Cook）基金和希尔顿社区基金会等。

四　对中国城市创意空间管理的建设与启发

创意产业通过两个途径对城市的空间格局进行塑造：一方面，文化地位更趋凸显的城市中心区成为文化和艺术创造力的焦点和中心；另一方面，不同类型的创意产业在不同城市区位中集聚，形成了不同的文化氛围（厉无畏，2009）。创意产业发展前，城市空间因地价杠杆的作用而呈现出层级差别，而随着创意产业对城市空间的重新塑造，使得城市内部空间的层级关系转变为类型差别，从而改变了整个城市空间的土地价值，进而推动整个城市发展环境的提升。

因此，对城市创意空间的管理不仅有利于推动城市内部空间结构的优化，也有利于推动城市空间土地价值水平的整体提升。从伦敦城市创意空间管理局的经验，可以得出以下几点启示。

1. 城市创意空间的专门管理机构亟待建设

创意空间对城市空间的重塑及对城市空间价值的再造，一定程度上将取决于对城市创意空间的疏导和管理。我国城市传统旧城的更新方式是推倒重建，随着创新、创意产业的兴起，旧的城市空间出现了新的改造方式。而在这个旧城、旧厂房等闲置空间的创意化更新改造过程中，存在供给和需求两方，如何让两者发现和了解对方成为一个的关键问题。在伦敦城市空间的改造过程中，通过成立城市创意空间管理局很好地解决了这一个问题。因此，我国的城市在推动城市空间更新和创意产业有序发展的过程中，可以通过建立创意空间的专门管理机构，并开通其官方网站，为有助于为闲置房产所有者和创意产业创业者搭起了桥梁，并通过对创意创业者的筛选，实现城市相关创新创意产业的空间集聚性，提升城市空间的有序发展水平。

2. 推动创意空间专门机构与重要的组织机构建立新兴的合作伙伴关系

当前我国多数城市的创意产业发展仍处在一个相对分散的状态，多数企业的发展均是凭自己的能力在独立的发展。可以借鉴伦敦创意产业发展的相关经验，在新成立城市创意空间专门管理机构后，为这个专门管理机构设立一个重要的职能，就是要推动创意空间专门管理机构与重要的组织机构建立新兴的合作伙伴关系。在这个合作伙伴关系中，创意空间专门管理机构代表的是大量相对较为分散的创意产业创业者的利益，与大学、科研院所和一些大型企业开展对话，进而推动城市创意产业快速有序的发展。

3. 针对创新创意者的商业培训计划不可或缺

根据伦敦创意产业的发展经验，政府当局为创新创意者提供大量的商业培训计划，而这一信息的发布和咨询工作，则可以通过城市创意空间专门管理机构的相关网站进行推广。针对我国的实际情况，我国城市的大多创意产业创意者与一般创意创业者十分相似，即均拥有极好的创意思想，但商业推广能力相对较弱，因而创意空间专门机构可以参与和组织一些为创新创意者提供的商业培训计划，可以更好地提高创意产业创业者的成功几率，进而保障城市创意空间的相对稳定和良性发展。

4. 为创新创意者提供基金支持

由于我国城市创意产业的发展，基本上仍处于文化创意产业园区的集中发展阶段。创意产业园区的商务成本相对较高，因此在一定程度上制约了创意创业者的多元化和需求规模。因此，我国的城市可以通过设立的创意空间管理机构以基金的形式给予资金资助，帮助创业者们克服商务成本偏高的障碍。该基金的资金来源渠道可以是政府资助，也可以是社会的广泛捐赠，使得该基金具有可持续性，更好推动创意产业的良性发展。

参考文献

伦敦创意空间管理局官方网站，www. creativespaceagency. org. uk。

厉无畏、王振主编《创新型城市建设与管理研究》，上海社会科学院出版社，2007。

Alan Freeman，"London's Creative Sector：2007 Update，" Working Paper 22，Greater London Authority.

The Management of Creative Space in London

Abstract：London is the first city to propose the creative development and the oldest city that has the creative space management agency. The Creative Space Agency has played a positive role in promoting the effective use of the urban idle plant and living space by consulting and training services, and innovative entrepreneurs' business plan to promote the healthy and rapid development of the creative industries in London. The Space management practice and experience in London has a very important reference.

Key Words: Creative Space; Management Office; International Experience; London

B.20
赫尔辛基塑造世界设计之都

屠启宇

摘　要：

赫尔辛基作为2012年世界设计之都，采取开放理念举办大事件，最大限度地调动了社会各方面的参与度，使设计进入生活；在注入国际旗舰项目和培植本土创意集群之间，尊重民意选择后者，增进了芬兰设计的自信，为运行城市发展大事件提供了新的模式。

关键词：

赫尔辛基　创新城市　世界设计之都　大事件

赫尔辛基市是芬兰的首都，拥有人口59万人，赫尔辛基大都市区包括赫尔辛基市和比邻3个市埃斯波市（Espoo）、万塔市（Vantaa）和高乌尼亚宁市（Kauniainen），拥有人口超过100万人，赫尔辛基地区范围在大都市区外还包括10个市，覆盖人口扩展到130万人。赫尔辛基地区集中了全芬兰人口的25%、劳动力的30%和研发投资的40%，按购买力平价计算的人均GDP达41100欧元。赫尔辛基市的服务业就业占比为87.8%，其中10%从事信息和传媒行业。2012年赫尔辛基被国际工业设计协会理事会（ICSID）命名为世界设计之都。赫尔辛基提出了“小人口大设计”的口号，指出设计是芬兰人生活方式的一个部分，设计带来幸福。目标是成为国际设计界的领导者。赫尔辛基的城市创新成就得到了新的国际肯定。

一　赫尔辛基创新城市的建设概况

事实上，赫尔辛基在国际创新城市中早已建立有良好的声誉。欧盟区域政策部在2007年发布的首部《欧洲城市状况报告》（*State of European Cities Report*）中，就将赫尔辛基列为欧洲第一等级的 9 个国际知识极城市（International Knowledge Hub）之一（被调查欧洲城市共 258 个），其他 8 个为阿姆斯特丹、巴塞罗那、哥本哈根、都柏林、伦敦、米兰、慕尼黑和斯德哥尔摩。根据欧盟的评价，国际知识极城市在人均 GDP 和人口两方面都处于欧洲城市的顶尖位置。其功能性含义是：在全球经济中扮演主要角色，凭借高水平的人才资源和同全世界的高效连接，获得了超越本国城市等级体系并处于国际产业、商务和金融服务的前沿地位。

在 2010 年发布的第二部《欧洲城市状况报告》中，赫尔辛基在新的分类中再次处于欧洲城市的第一等级，即“领先的欧洲首都和大都市”（Leading European Capital and Metropolis）。在总共 356 个被调查的欧洲城市中位于此最高等级的共有 24 个城市。

欧盟发布的《技术变革的地区影响 2020》（Rene Wintjets 和 Hugo Hollanders 2005）分析中，赫尔辛基属于最高等级的 23 个大都市知识密集型服务业地区（Metropolitan KIS Region）之一。此类型地区主要是高人口密度的大都市地区，拥有高于平均水平的知识吸收能力、知识扩散能力和接触知识的能力。

欧盟的《欧洲区域竞争力指数》（Paola Annoni 和 KorneliaKozovska 2010）评价中，赫尔辛基地区得到满分，同荷兰的 Utrecht 省、北部省（最大城市阿姆斯特丹）、南部省（首府海牙）、丹麦首都地区、瑞典斯德哥尔摩地区、英国大伦敦地区并列区域竞争力第一。

根据欧盟 2009 年的统计数据，赫尔辛基地区在研究投入强度（研发占 GDP 比例）上在欧洲的 258 个地区中，排名第 4（见表 20－1）；在专利授

表 20－1　欧洲研发投入比例前 10 位的地区

单位：%

排名	地　区	研发投入占 GDP 比例	排名	地　区	研发投入占 GDP 比例
1	瑞典西部地区	6.3	6	瑞典中东部地区	4.3
2	芬兰北部地区	4.9	7	瑞典南部地区	4.2
3	英国东部地区	4.6	8	柏林地区	4.0
4	赫尔辛基地区	4.4	9	巴登—符登堡州	3.9
5	斯德哥尔摩地区	4.4	10	芬兰西部地区	3.6

注：转引自 City of Helsinki Urban Facts，The State of Helsinki Region 2009-European Comparisons。

权数上排名欧洲第7，仅低于巴登—符登堡州、荷兰南部地区、拜仁州、瑞士、瑞典南部地区和斯德哥尔摩地区；每10万人专利拥有量为145项，处于欧洲各地区排名的第二集团，但仍远高于欧洲平均数（80项）。

二　赫尔辛基创新城市的营造策略

1. 回应大事件的城市创新战略设计

2009年赫尔辛基获得2012年世界设计之都主办权后，即开展了新一轮的三年城市战略部署，集中反映在《赫尔辛基战略2009～2012》。该战略明确赫尔辛基的城市愿景是：依靠科学、艺术、创意、学习和良好服务建设"持续更新的国际商务和创新中心"。同时将整个赫尔辛基大都市区作为一个围绕以自然环境的整体运行区域予以开发。三年城市战略分为4个主要领域，包括福利与服务、竞争力、城市结构与住房和领导力。其中竞争力领域的战略部署同城市创新直接相关。

在竞争力方面，赫尔辛基首先强调安全和多方面的国际竞争力，具体涉及建设有吸引力、功能性和令人愉快的城市；承诺保护波罗的海；成为发展客户导向的创新（Customer Oriented Innovations）的先驱；成为国际化城市。其次强调提供多样化的商务和产业结构与就业，具体涉及创造新就业的能力；提升劳动力素质的能力；推动服务业增长的能力。

2. 从知识型社会入手的创新生态营造

赫尔辛基被普遍认为在教育和知识竞争力方面表现尤其突出。赫尔辛基地区的15岁以上人口中受过高等教育的比例达34%，几乎高出芬兰全国平均水平9个百分点。赫尔辛基市民在艺术修改方面也相当突出，大都市区范围有公共图书馆76个、博物馆47个、艺术馆11个、专业剧院20个和乐团9个，而且各类文化设施的利用率相当高。据2005年的一项14个欧洲城市的调查，赫尔辛基市的图书馆利用率最高，人均年借阅量为18册，而14城市的中位数只有5册（见图20－1）。

在城市整体社会环境方面，根据欧盟2007年在54个城市开展的欧洲竞争力指数调查反映，赫尔辛基的城市安全度排名第2；城市满意度排名第4；

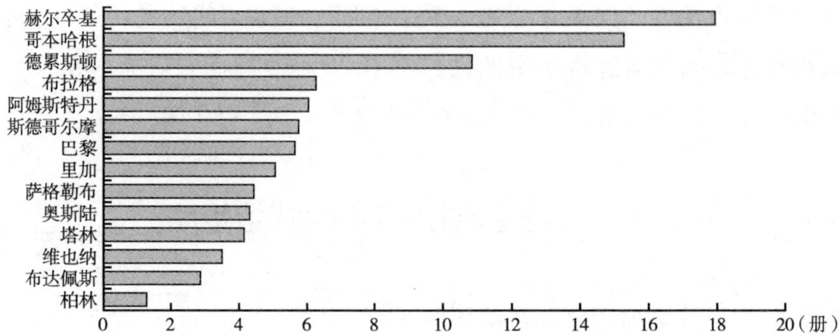

图 20－1　主要欧洲城市居民年度图书借阅量比较

教育满意度排名第2；就业满意度排名第5；公交满意度排名第1。

3. 国家对于城市创新关键环节的支撑

赫尔辛基作为芬兰的首都，集中了主要的研发力量，因此国家层级的创新政策也很大程度上投放在该城市—地区。芬兰国家技术创新局（Tekes）是主要的创新负责机构。芬兰国家技术创新局主要资助工业研发项目、大学以及研究所项目，尤其鼓励具有高风险性和创新性的项目。近年，芬兰国家技术创新局每年为公司、大学、研究所在研究创新方面的活动提供的资助都超过5亿欧元。Tekes确立有明确的战略，促进各行各业之间的合作和关系网络是其主要责任，其中就包括增进大型企业和小型企业之间；工业界和学术界之间；公共部门、私营部门以及非政府组织之间；全球—国家—区域间的创新合作。为此Tekes明确它的客户可以是公司、大学、理工学院和研究机构、国家机构和市政当局。

芬兰国家技术创新局通过建立科学技术与创新战略中心（SHOK）极大支持了赫尔辛基的创新基础设施建设。目前已建立的6个战略中心中有5个位于赫尔辛基地区，其中信息和通信产业与服务战略中心、能源与环境战略中心、建筑环境创新战略中心更是位于赫尔辛基市。

芬兰国家技术创新局还参与建立了芬兰的国际创新网络——芬兰创新中心（FinNode），总部在赫尔辛基，并分别在中国上海、印度新德里、美国硅谷的杉达克拉拉市、俄罗斯莫斯科、日本东京建立了芬兰创新中心，从而为赫尔辛基乃至整个芬兰建立了同一批世界一流创新城市深入创新业务层面的直接联系。

4. 城市对创新创业企业的互动支撑：愤怒小鸟的案例

作为愤怒小鸟的开发商ROIVO娱乐公司是继诺基亚之后在全球知名度最高的芬兰企业，截至2012年5月愤怒小鸟游戏的下载量已破10亿次。作为一家2003年才成立的游戏设计企业，ROIVO的成长可以说全面见证了赫尔辛基对于创新创业企业发育发展的良好环境。2003年赫尔辛基科技大学的三位学生赢得了诺基亚和惠普联合发起的一项实时移动网络游戏竞赛，由此创办了ROVIO的前身。2005年该团队获得了首轮天使投资。2009年12月该团队响应苹果手机上市，发布了愤怒小鸟游戏，获得巨大成功。2011年3月获得4.2亿美元的风险投资，全年营业额达7.5亿欧元。2011年11月首家产品专卖店在赫尔辛基开张，2012年2月赫尔辛基机场专卖店开张。目前愤怒小鸟的产品线已从手机游戏扩展到玩具、文具、服装、食品饮料和主题公园。愤怒小鸟还先后成为芬兰航空公司和赫尔辛基市域无线网络的代言，以至于有评论称“愤怒小鸟促成了偏于世界一隅的赫尔辛基为世人所熟知”。①

三　城市创新大事件的运作策略

1. 作为创新大事件的世界设计之都概述

世界设计之都2012是赫尔辛基进一步推动创新城市建设的一项重大事件。“世界设计之都”是由国际工业设计协会理事会自2006年发起的国际性活动，意在推广以设计为手段再造城市，改善城市人的经济、社会和文化生活。每2年有一个城市获得命名，由此开展一系列同设计相关的创新创意活动和城市营销工作。至今，意大利都灵（2008年）、韩国首尔（2010年）曾获命名，南非开普敦将继赫尔辛基后在2014年成为第4个世界设计之都。赫尔辛基在2009年获得世界设计之都的2012举办权，将此看做城市发展的大事件，随即开展了一系列的组织准备工作，并启动了战略性城市发展部署（《赫尔辛基战略2009~2012》）。

---

① 原文是“Angry Birds put Helsinki on the map,”摘录于trailsurfers. wordpress. com，2011年11月13日。

2. 世界设计之都 2012 运作特点

赫尔辛基计划在 2012 年全年举办各种活动和项目，包括公共活动、展出、开发项目，活动虽然多样但都贯穿着寻找改善城市和日常生活的新方案的思路。在整个执行中，赫尔辛基贯穿了与中国城市举办大事件截然不同的理念和运作方式。

（1）开放宗旨。

赫尔辛基在策划之初就明确，设计之都 2012 不是搞一个全年大派对，随后说拜拜，而是希望效果能持久，持久塑造这个城市并荫及几代人。为此确定全年的主题就是“开放”，将“开放”演绎为等同于透明度、好奇心、全球责任和创新，将整个活动从策划开始就向全社会开放。仅“芬兰设计论坛”一项活动，就明确没有设定主题，更没有专门的主题演绎，主题由公众共同形成。为此先后征集了 2500 多项建议，极大地激发了全社会的积极性和参与度。

（2）协作办会。

“世界设计之都 2012”并不是赫尔辛基一个城市独自运作，而是由 5 个城市共享品牌、共同运作的。全面覆盖了赫尔辛基大都市区的 4 个市和 Lahti 市。同时，强调世界设计之都 2012 的利益相关方包括 5 个城市、2 所大学、企业、非政府组织、市民和中央政府，鼓励所有相关方参与。比如整个全年活动的直接预算为 1600 万欧元，基本上由地方政府（5 个市政当局）、中央政府和企业捐助三方均摊。

（3）小团队大事件。

本活动的主办团队“世界设计之都赫尔辛基 2012 办公室”只有 26 个专职人员。主办团队并不主办任何项目，而主要担当项目孵化器的角色。该办公室通过向全社会开放项目建议，共征集到项目建议 1200 项，经审核后入选正式孵化运行了 400 项。项目构成包括：城市转型类、设计类、每年常规活动、展出、面对面交流项目和远程沟通项目。

3. 最佳实践：赫尔辛基设计区

在多达 300 多项的活动和项目中，赫尔辛基设计区（DESIGN DISTRICT HELSINKI）项目是其中的旗舰项目之一。在赫尔辛基 2009 年启动世界设计之都筹备期间，芬兰中央政府曾策划引进古根海姆美术馆项目，并承诺提供 80 万欧元的中央政府财政补贴。但是此项目遭到了赫尔辛基当地艺术界的反对，提出古根海姆美术馆项目在全球的分馆建设拓展中已太过商业化，引入不利于当地本土文化的发展。赫尔辛基应该建立文化自信，更多关注文化产品的出口，而非文化产品进口。最终，2012 年 5 月赫尔辛基市议会以 1 票之差否决了古根海姆美术馆项目。

同时，代表着赫尔辛基当地设计集群的“赫尔辛基设计区”项目脱颖而出，成为 2012 年的一个重大亮点。赫尔辛基设计区位于城市的东南部，它以设计博物馆、芬兰建筑博物馆为核心，覆盖周围 25 条街。它既是城市的一个重要社区，又是一个创意产业集群。2005 年成立的非政府组织“赫尔辛基设计区协会”拥有 200 个成员，包括设计事务所、精品设计酒店、古董商店、时髦店铺、博物馆、画廊、餐馆、咖啡馆和展示厅，已成为赫尔辛基标志性的文化区、创新创意集群和旅游目的地。

四　中国借鉴

芬兰赫尔辛基的创新实践，在相当程度上呈现了与中国城市创新推动不同的路径。

1. 比中国大事件运作更强调了开放性

同样作为城市发展中的大事件，赫尔辛基在世界设计之都的整个运行，从主题创意开放到项目征集开放到参与主体开放，以仅仅 26 人的小工作团队担当项目“孵化器”，同时又极大地调动全社会各方利益相关者的参与积极性，导演出了一场贯穿全年的“大戏”。在此同中国城市大事件运作中，领导亲自挂帅、政府全程控制、举全力办大事的现行模式形成了鲜明的对照。

2. 比中国城市创新创意集聚区建设更强调了本土性

在赫尔辛基否决古根海姆项目的同时力推城市设计区项目的案例中，对于本土创新创意活力的关注与扶持得到了充分的体现。在芬兰中央政府已表态出资支持植入外来创意项目（古根海姆美术馆）的情况下，赫尔辛基的当地社群坚持推动代表本土活力的文化创意项目（赫尔辛基设计区）建设，并最终通过市议会否决外来项目，支持本土设计。这可以说为中国城市在推动创新创意项目上，如何建立自信、善待本土资源提供了有益的镜鉴。

3. 比中国创新城市建设更强调了协同性

赫尔辛基市在申请世界设计之都2012主办权的申报阶段，就联合了其大都市区范围内的其他3个城市以及在地区外的拉底（Lahti）市（芬兰世界级音乐家西贝柳斯故乡）共同参与，而且把一批重要活动（包括世界设计论坛的闭幕大会）放在了伙伴城市举办，有效推动了创新创意以及大事件的溢出效应。

参考文献

City of Helsinki Urban Facts, The State of Helsinki Region 2009-European Comparisons, 2009.

European Commission Directorate-General Regional Policy, State of European Cities, 2007.

European Commission Directorate-General Regional Policy, Second State of European Cities Report, 2010.

Rene Wintjets, Hugo Hollanders, The Regional Impact of Technological Change in 2020, 2005.

Paola Annoni, Kornelia Kozovska, EU Regional Competitiveness Index 2010, JRC Scientific and Technical Reports, 2010.

Helsinki-the World Design Capital 2012

Abstract: As World Design Capital 2012, Helsinki uses openness as the key idea to motivate the whole society getting involved in this big event which makes Helsinki the key international knowledge hub. Just using an operative team of 27 peoples, Helsinki hosts more than 400 events in a year-long time and presents to the world another approach of running big event.

Key Words: Helsinki; World Design Capital; Creative City; Big Event

B.21 京都规划关西区域文化都市圈

春 燕

摘 要：

日本关西文化学术研究都市拥有丰富的自然资源和深厚的历史背景与众多的文化资源。1987 年日本内阁颁布了《关西文化学术研究都市建设促进法》，确定了关西文化学术研究都市。经过 20 多年的发展与建设，关西文化学术研究都市成为继筑波科学城之后日本又一结合文化科技的创新型城市建设的典范。

关键词：

关西　文化学术研究都市　日本

20 世纪 80 年代，以日本京都大学名誉教授奥田东为核心的“关西学术研究都市调查恳谈会”在思考发挥关西地区丰富的经济、文化、学术研究优势促进关西地区的发展中，借鉴筑波科学城建设的成功经验与不足，提出了“学术研究都市”的建设构想。之后京都国立民族博物馆原馆长梅棹忠夫进一步提出重视文化的“新京都国民文化都市构想”建议，由此“学术研究都市”深化为“文化学术研究都市”。1986 年日本政府考虑关西的文化学术研究资源以及城镇的协调发展，由内阁正式提出建立关西文化学术研究都市的构想。1987 年，由内阁总理大臣制定了关西文化学术研究都市建设的基本方向，颁布了《关西文化学术研究都市建设促进法》，[①] 旨在统筹规划公立研究机关、民间研究所、住宅区和公共设施及建设。1994 年国土交通省在“文化学术研究都市”概念的基础上，提出加强推进“产、官、学联合，共同推进文化、

① 沈汉：《日本新建关西文化学术研究城市》，《日本问题研究》1994 年第 2 期。

学术、研究的国际化、跨学科、行业性交流”，“文化学术研究都市”建设正式启动。2006 年 3 月，日本政府制定《学研都市三阶段规划》，明确了关西文化学术研究都市之后 10 年间的发展方向。其中针对学研都市建设、相关研发、创新产业、交通基础建设、居住环境、都市环境等，提出建设环境共生、节能、低碳的，以降低环境负担为目标的都市建设方针；同时，提出了推动“环保都市行动规划”以促进新型的生活形态。在此基础上，京都府于 2008 年依据关西文化学术研究都市建设促进法第 5 条第 1 项规定，在京都府域范围内，对文化学术研究都市建设规划进行了第 3 次修订。此次修订的规划明确了京都迈进 21 世纪的城市发展目标是全面实施文化学术研究都市建设的综合性措施。长期以来，各方面协力推进“关西文化学术研究都市”的意义已不仅是在近畿圈范围，而是与日本国内及世界文化学术研究领域形成联盟，创造出面向新世纪的跨学科、跨国际、跨行业的文化、学术、研究以及产业的新基地，对日本乃至世界学术文化的发展以及国民经济做出贡献。

一　关西文化学术研究都市与城市发展目标

1. 关西文化学术研究都市

关西文化学术研究都市以京都府精华街、西木津市地区为中心，区域总面积约 15000 公顷，总人口 23.8 万人。从地理位置上看，关西文化学术研究都市包括京都府南部的木津川左岸到大阪府东部至奈良县北部的广域地区，区域包括京都、大阪、奈良三府县的七市一街（见表 21－1）。关西文化学术研究都市是在近畿圈所集聚的学术研究功能、产业功能、城市功能的基础上，通过将关西的文化学术研究资源网络化形成协作联合体，不仅是在近畿圈范围，而是与国内及世界文化学术研究形成联盟。

2. 关西文化学术研究都市建设目标

（1）建设具有文化韵味的创新城市。

以形成文化基地为目标，集聚高等级文化设施，配合本地区的市民文化活动，整合区域的自然、环境、历史文化等资源，通过开展文化创新城市活动，表现多彩魅力的创新城市。

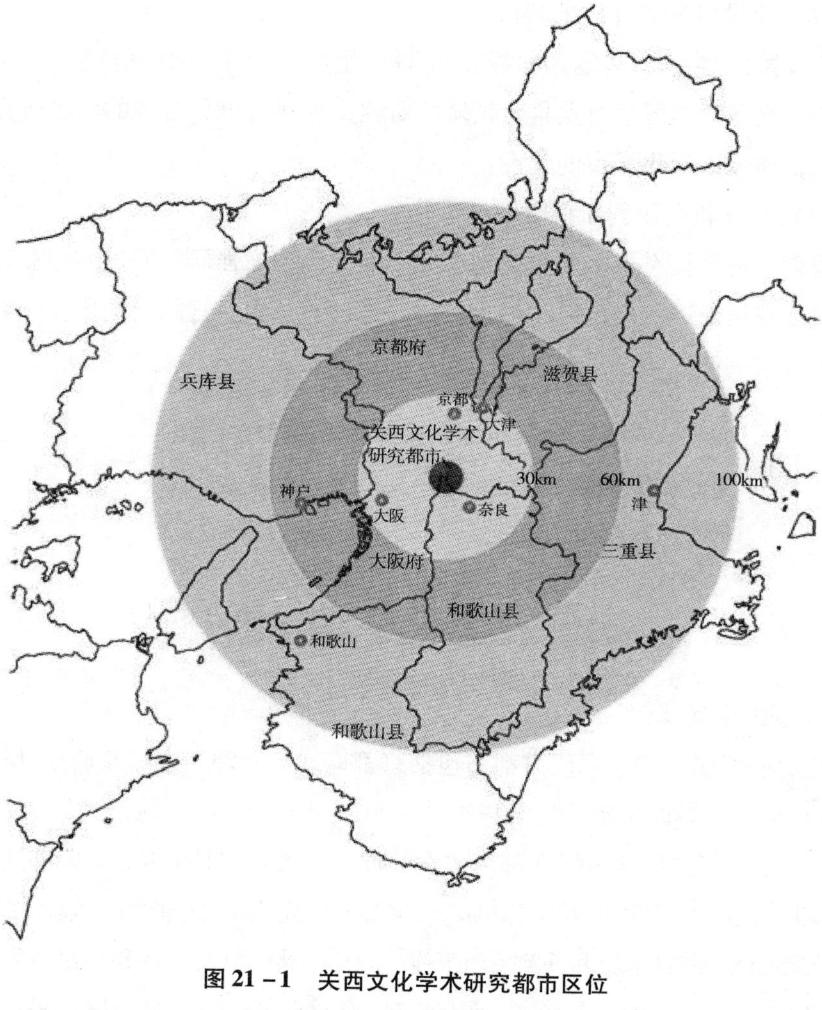

图 21－1　关西文化学术研究都市区位

资料来源：http：//www. pref. kyoto. jp/bunkaga/4. html。

表 21－1　关西文化学术研究都市概况

单位：公顷，万人

	区域构成	规划面积	人口	
			规划人口	实际人口
3 府县	七市一街	15000	41	23. 8
京都府	两市一街	7370	19	9. 8
京都府占比		0. 49	0. 46	0. 41

注：七市一街是包括京都府的京田辺市、木津川市、精华街，大阪府的枚方市、四條畷市、交野市，奈良县的奈良市、生驹市。

资料来源：http：//www. pref. kyoto. jp/bunkaga/1. html。

（2）建设向世界开放的城市。

建设国际性研发基地，积极拓展 IT、生物、纳米、生命科学、机器人、环境、激光等日本国家重点科研领域的研究，加强与世界各国的学术研究基地的联系，加强国际化城市的建设。

（3）建设新产业创新科学城。

发挥本地区拥有众多研究机构和大学的优势，加强研究开发同产业创新的联系，以建设新产业创新科学城为核心，通过产、学、官的共同协作，促进优秀研究成果的产业化，培育中小型创业企业成长。

（4）建设知识型创新城市。

以开拓未来知识型创新城市为目标，引导环境共生、节能等项目，形成良好的城市景观，形成低环境负荷的城市街区。

二　最新关西文化学术研究都市规划

1. 规划区现状

京都府所属文化学术研究都市包括京都府南部木津川左岸京阪奈地区东部的京田边市、木津川市以及精华街，区域面积约 7370 公顷，其中人口约为 88000 人，随着文化学术研究都市建设的推进，人口保持着持续增加的趋势。

京田边市、木津川市以及精华街与近畿日本铁路京都线、西日本旅客铁路奈良线、京阪奈线，西日本旅客铁路关西干线、同片街线，以及京奈和高速公路、国道 24、国道 163、国道 307 线等相连，距京都和大阪的距离分别为 20 公里和 30 公里。

规划区域城镇化比例为三成，其中，木津川地区是农业人口比例较高的区域，拥有良好的农业资源。随着人口增加和企业的增加与扩大、大型商业设施的增加，配合文化学术研究都市建设城市功能得到有序推进，以近畿日本铁路京都线沿线作中心的城市化逐步推进，服务业的从业人数也在不断增加（企业以小规模企业为主）。

2. 规划建设内容

（1）文化学术研究设施建设。

为促进高等级文化、学术、研究功能集聚，规划强调充实开展文化、艺术的相关研究、教育以及启蒙教育等的设施、大学教育研究设施、创新型基础研究设施、应用研究以及尖端的技术开发设施。充实为推动文化、学术、研究活动的其他设施，充实支持文化、学术、研究提供信息的设施及文化交流设施。

（2）产业振兴。

以支持创新产业技术开发和建设创新产业基地为核心，鼓励通过文化、学术、研究成果，培育研究型产业及支持文化、学术、研究活动产业发展和扩大就业。培育中小企业、风险企业，提高企业创新能力。

（3）居住环境建设。

以建设环境共生、节能低负荷的示范城市为目标，考虑老龄者等的需求，通过城市空间使住宅建设与文化、学术、研究都市目标相符合，形成有文化氛围，人性化的安心、安全、舒适的环境友好型人居环境。

（4）城市功能建设。

城市功能建设以综合建设为方向，适应文化学术研究都市研究和各项活动及国际化、信息化、少子高龄化的发展趋势。城市功能综合建设包括公共、公益设施、信息通信等基础设施建设。同时，城市功能建设要提升城市的服务水平，为市民、研究人员等创造更多的生活便利。

（5）广域交通设施、信息、通信基础设施建设。

基础设施建设以保证与近畿为核心的国内外研发基地的联系，保证文化学术研究都市作为信息源基地的功能建设。以道路、铁路等交通基础设施为基础形成综合城市交通体系，提高交通的安全和舒适度。建设高技术信息、通信基础设施。本市建设以学术、产业以及行政等领域的共同协作为基础在最大限度地发挥民间作用的基础上，保障相关街市发展的基本构想的协调一致，以人权保障和全社会福祉、生活、文化提升为目标不断推进。

3. 规划建设项目

（1）文化学术研究交流设施项目建设

文化学术研究交流设施包括交流促进功能设施建设、研究促进功能设施建设，教育研修功能、信息提供功能和支援功能设施建设。①促进交流功能：都市内外的研究者、企业等以及在给市民提供文化、学术、研究交流机会和场所的同时，支持和帮助产、学、官联合，推进创新产业发展。②促进研究功能，支持和帮助研究者实施与研究和开发相关的规划。③教育研修功能，提供各类教育和研修的机会和场所，开展各类研究和开发有关的活动。④信息提供功能，提供文化、学术、研究等相关的信息。⑤支持功能，提供满足以上①~④相关功能的必要的翻译、印刷，研究相关机械的销售、维修等服务。

（2）文化学术研究交流设施运营。

①为推进有关文化发展、学术振兴以及研究开发等的交流和共同研究所进行的设施建设及设施运营。②为推进有关文化发展、学术振兴、研究开发的交流的各项事业。③为设计和支持国际性、跨学科、跨行业的共同研究开展所必需的事业。④为进行文化、学术、研究普及和启蒙所需开展的活动。⑤为文化、学术、研究等活动开展，提供必要信息的活动。⑥为支持文化、学术、研究活动的设施建设及其运营活动。⑦为促使文化学术研究交流设施发挥作用的各种相关活动。

（3）公共设施、公益设施、住宅等设施建设。

①交通设施。广域交通设施，为加强同关西国际机场、大阪国际机场、国土干线轴、近畿圈的主要都市及研究开发基地等的联系，以至关西国际机场1小时，京都、大阪、奈良30分钟交通的建设方针，进行必要的相关设施建设。道路：推进地区高标准的学研都市联络道路（国道163号）、高标准干线道路京奈和机动车道（京奈道路）建设。同时，在相邻区域加速近畿机动车道名古屋神户线（新名神高速道路）、第二京阪道路的建设和推进宇治木津线规划落实。铁路：不断考察未来运输需求动向等，推进探讨从近畿日本铁路线学研奈良登美丘站，至同京都线高之原站和新祝园站的延伸线的建设方案。进一步加强西日本旅客铁道奈良线、片街线等现有线路的运输能力。②住宅及其他设施建设：都市开展文化、学术、研究等活动的设施建设还需要考虑环境共生、安心、安全、残疾人等，建设满足多样生活方式良好宜居的住宅和住宅环境建设；住宅建设考虑使工作与居住实现近距离化，文化学术研究区建设尽量与周边现有的街区相补充，实施空间配置形成社区建设。住宅构成以多种家庭形态、活动形态的新型居住环境为目标，作为一次生活圈，单位住宅社区设计为6000人和12000人的规模。为增加居住者的就业机会扩大城市功能，在道路沿线区域鼓励复合型土地开发，引导商业、业务等功能的进入。在文化学术研究地区的二次生活圈中，建设在居住区内没有的城市设施，满足周边居民的共同利益需求。③其

他设施建设：根据各文化学术研究地区的特性，建设能够支持文化、学术、研究等活动，使文化、学术、研究成果转化为研发型产业的设施。加强为促进城市活动纵深化、多样化发展的教育、健康、信息产业等新型都市型产业设施的建设。

三　关西文化学术研究都市建设的特点与启示

关西文化学术研究都市建设自始至终是在《关西文化学术研究都市建设促进法》确定的关西文化学术研究都市建设的基本方向基础之上，从政府内阁、国土交通省到地方政府的不同层面上保证了关西的文化学术研究资源利用，以及城镇的协调发展。这种规划的权威性和一贯性也确保了关西文化学术研究都市不仅能够承担在近畿圈范围内的城镇的协调发展，而且能够与日本国内及世界文化学术研究建立联盟关系。从某种意义上而言，关西文化学术研究都市建设是政府行政规划的产物，由此保证了关西文化学术研究都市在长期发展中能够承担超出自身都市行政职能范围的更高层面的发展目标。

伴随不同发展时期的变化，不同政府职能部门的一系列规划对关西文化学术研究都市的建设和发展起到了非常重要的作用。这些规划基本上是和各个时期日本的发展环境以及关西所处的地位和作用相联动的。虽然各个时期的发展得益于政府规划，但是规划中强调的动员民间力量成为调动民间力量的重要依据。因此，关西文化学术研究都市的发展仍然可以说受到了民间力量的大力支持与推动。

关西文化学术研究都市的建设确立了京都、奈良、大阪作为合作区域在文化、科研、研究以及产业之间相对比较明显的职能特征，[①] 树立了以文化为基础的文化科研、文化产业的合作关系。京都、奈良是著名的文化古都，大阪作为历史名城，同时也是世界著名的工商贸易大城市。此外，京都和大阪都有具有百年历史的国立大学，教育发达。

关西文化学术研究都市的建设对我国创新城市建设的重要启示有三点。

第一，创新城市的建设与规划与一般城市规划具有本质的不同。创新城市的使命不是单方面的现有城市基础的加强，而更需要立足于发挥区域的资源优

---

① 邱华盛：《关西文化研究城》，《科学与社会》1995 年第 3 期。

势，即文化、科技等资源优势，在区域的大环境下、在区域的城市网络中考虑创新城市建设。这种跨区域性的特性导致了创新城市规划要从超越城市建设投资本身，而在区域文化、教育以及科技范围内考虑问题。因此，高层次的决策和方针规划的连续性极为重要。

第二，关西文化学术研究都市的建设不仅是在所在地原有城市基础上的累加建设，而是质变性的建设，即需要有各具特色、能够整合文化和科技资源的功能性设施。这些功能性设施在种类上和规模上应是在不同层面上的城市核心功能区，起到与其他功能性设施形成分工互动的作用。

第三，政府行为和市场行为的互动是落实新城建设的关键。遵循产业的发展规律，鼓励和扶持民间力量在策划和规划的阶段就参与新城的建设也是十分重要的。

参考文献

京都府：《关西文化学术研究都市（京都府域）建设规划》，2008 年 8 月。

京都府：关西文化学术研究都市政府网，http：//www. pref. kyoto. jp/bunkaga/4. html。

沈汉：《日本新建关西文化学术研究城市》，《日本问题研究》1994 年第 2 期。

邱华盛：《关西文化研究城》，《科学与社会》1995 年第 3 期。

The Planning of Kansai Cultural Metropolitan Area

Abstract: The Kansai Cultural and Academic Metropolis of Japan has rich natural, historical and cultural resources. Japanese government enacted "Kansai Cultural and Academic Metropolis Development Act" in 1987 and established Kansai Cultural and Academic Metropolis. After its development over 20 years, Kansai Cultural and Academic Metropolis has become another showcase of innovative Japanese city besides Tsukuba.

Key Words: Kansai; Cultural and Academic Metropolis; Japan

城市生态篇

Urban Ecology

B.22

联合国首次评估全球大城市自然灾害风险*

汤 伟

摘 要：

全球70亿人口一半生活在城市里，未来40年还有23亿人口增量进入城市。快速城市化使城市应对自然灾害的紧迫性大为增强。2012年联合国经济和社会事务部发布新版《世界城市展望》报告，首次就城市的自然灾害风险进行趋势性描述。其中特别对人口超过100万人的大城市遭受自然灾害的风险作了系统评估。本文结合学术界对脆弱性评估指标体系和联合国减灾署提出的应对原则和方法进行梳理，认为应对自然灾害必须在"里约+20"坚持的可持续发展框架内。发展中国家城市应对自然灾害需要坚持三点：撇除错误认知，多种渠道筹措资金并积极开展人道主义工作。我国城市应对灾害尤其要注重战略整体的构建和技术措施的适当开展。

关键词：

城市　自然灾害　风险　可持续发展　里约+20

* 本文研究得到了上海市社科基金"城市生长和气候变化：低碳城市的理论框架和解决方案"（2010EZH002）的资助，特此感谢。

一 全球城市的自然灾害风险

全球一半人口正生活在自然灾害高发地带，而这些地带往往是人口密集的大城市或城市群，由此需要对这些城市和城市群自然灾害评估。人类风险主要分为三方面：自然灾害、城市交通事故等人为灾害、高新技术（如核技术、转基因）造成的隐性灾害。在所有风险中自然灾害以损失金额的庞大且日益攀升引人关注。根据联合国减灾署2012年发布的报告，2000~2011年，自然灾害受灾影响总人口高达27亿人，死亡110万人，其中2010年致使受灾人数最多超30万人，而经济损失2011年最严重。2011年全球共发生有记录的自然灾害302起，造成3万人死亡，损失金额超过3800亿美元，超过2005年的2/3，其中日本福岛海啸及核电站事故是人类历史上最大的事故，损失额高达2100亿美元，而新西兰地震及亚洲洪灾造成的损失金额再攀新高。[①] 2012年4月联合国经济和社会事务部发布新版《世界城市展望》报告，该报告不但持续跟踪世界城市化趋势，还首次就城市自然灾害风险进行了趋势性描述。报告指出目前世界70亿人口一半生活在城市里，未来40年还将有23亿人口增量被城市吸收，其中以亚洲和非洲最为突出。快速城市化确实使人均公共服务成本更为低廉、生活质量明显提高，却也给城市居住、环境、基础设施等各方面带来诸多风险，应对自然灾害的紧迫性大为增强。该报告首次列出75万以上人口的城市地理坐标，并将该地理坐标与空间和环境特征譬如沿海、气候类型有效联系，结合哥伦比亚大学的国际地球科学信息网络的数据对全球主要自然灾害风险进行了评估。报告认为城市面临的自然灾害主要有六种：飓风、干旱、地震、洪水、泥石流、火山，这六种自然灾害在不同地区存在不同系数。

二 全球百万人口城市的自然灾害风险评估

2012年的世界城市化分析报告（见表22-1）就大城市自然灾害风险得出以下八点结论。

① UNISDR，“Annual report 2011，UNISR secretariat work program” June，2012，http：//www.unisdr.org/files/27627_ ar2011v2. pdf.

表 22－1 全球人口最多城市自然灾害风险评估

序列	城市	人口（百万人）			风险等级（1～10 逐步加重）					
		2011 年	位置	气候类型	飓风	干旱	地震	洪水	泥石流	火山
1	东京（日本）	37.2	沿海	非干旱	8～10	无	5～7	8～10	无	无
2	德里（印度）	22.7	内陆	半干旱	无	5～7	无	8～10	无	无
3	墨西哥城市（墨西哥）	20.4	内陆	非干旱	无	1～4	无	8～10	5～7	无
4	纽约—纽瓦克（美国）	20.4	沿海	非干旱	5～7	无	无	8～10	无	无
5	上海（中国）	20.2	沿海	非干旱	8～10	无	无	8～10	无	无
6	圣保罗（巴西）	19.9	内陆	非干旱	无	无	无	8～10	无	无
7	达卡（孟加拉国）	15.4	沿海	非干旱	1～4	1～4	无	8～10	无	无
8	加尔各答（印度）	14.4	沿海	非干旱	5～7	8～10	无	8～10	无	无
9	卡拉奇（巴基斯坦）	13.9	沿海	干旱	1～4	8～10	无	1～4	无	无
10	布宜诺斯艾利斯（阿根廷）	13.5	沿海	非干旱	无	1～4	无	8～10	无	无
11	洛杉矶—长湾—圣安娜（美国）	13.4	沿海	半干旱	无	8～10	8～10	1～4	5～7	无
12	里约热内卢（巴西）	12.0	沿海	非干旱	无	无	无	8～10	无	无
13	马尼拉（菲律宾）	11.9	沿海	非干旱	8～10	1～4	8～10	8～10	无	无
14	大阪—神户（日本）	11.5	沿海	非干旱	8～10	无	5～7	5～7	无	无
15	伊斯坦布尔（土耳其）	11.3	沿海	非干旱	无	1～4	8～10	8～10	无	无
16	广州（中国）	10.8	沿海	非干旱	8～10	无	无	8～10	无	无
17	深圳（中国）	10.6	沿海	非干旱	8～10	1～4	无	8～10	无	无
18	雅加达（印度尼西亚）	9.8	沿海	非干旱	无	5～7	1～4	8～10	无	无
19	首尔（韩国）	9.7	内陆	8～10	1～4	无	8～10	5～7	无	无
20	武汉（中国）	9.2	内陆	非干旱	1～4	1～4	无	8～10	无	无
21	利马（秘鲁）	9.1	沿海	干旱	无	1～4	8～10	5～7	无	无
22	伦敦（英国）	9.0	沿海	非干旱	无	1～4	无	8～10	无	无
23	马德拉斯（印度）	8.8	沿海	非干旱	1～4	8～10	无	5～7	无	无
24	波哥大（哥伦比亚）	8.7	内陆	非干旱	无	5～7	5～7	8～10	5～7	无
25	拉合尔（巴基斯坦）	7.6	内陆	半干旱	无	8～10	1～4	8～10	5～7	无
26	德黑兰（伊朗）	7.3	沿海	半干旱	无	5～7	8～10	5～7	无	无
27	东莞（中国）	7.3	沿海	非干旱	8～10	无	无	8～10	无	无
28	香港（中国）	7.1	沿海	非干旱	8～10	1～4	无	8～10	无	无
29	成都（中国）	6.7	内陆	非干旱	无	无	无	8～10	无	无
30	佛山（中国）	6.5	沿海	非干旱	8～10	1～4	无	8～10	无	无
31	艾哈迈达巴德（印度）	6.4	沿海	半干旱	无	8～10	无	5～7	无	无
32	胡志明市（越南）	6.4	沿海	非干旱	无	5～7	无	8～10	无	无
33	圣地亚哥（智利）	6.0	内陆	半干旱	无	8～10	8～10	8～10	无	无
34	费城（美国）	5.9	沿海	半干旱	5～7	无	无	8～10	无	无
35	贝洛奥里藏特（巴西）	5.5	内陆	非干旱	无	8～10	无	8～10	无	无
36	杭州（中国）	5.4	沿海	非干旱	5～7	无	无	8～10	无	无
37	吉大港（孟加拉）	5.2	沿海	非干旱	5～7	5～7	5～7	8～10	无	无
38	新加坡（新加坡）	5.2	沿海	非干旱	无	无	无	8～10	无	无
39	罗安达（安哥拉）	5.1	沿海	半干旱	无	8～10	无	1～4	无	无

资料来源：UNDESA，World Urbanization Prospects the 2011 Revision。

（1）超过百万人口的450个城市（代表着14亿人口）中的60%，或者至少8.9亿人口生活在至少一种自然灾害的高风险地区。总体上来说，欧洲和非洲的大城市面临的自然灾害最少，这两个大洲分别只有26%和37%的百万人口以上的城市处在面临至少一种主要灾害风险的地带，而在拉丁美洲和加勒比地区、北美特别是亚洲，许多城市面临着较大的灾害风险。不同的区域，至少一半或者2/3的超过百万人口的城市处于至少一种自然灾害的高风险地区。对633座人口密集的城市来说，洪水是频率最高和程度最严重的自然灾害。至少233座城市处于高风险的洪水地区，而影响居民人数超过6.33亿人。处于高风险的洪水地区并不表示城市就真的受到洪水侵袭，主要有两个原因：数据采集难度，洪水事件的数据以1985～2003年的数据为准，之前的洪水事件并没有考虑在内，地理数据以50千米为半径；城市建造应对洪水的良好基础设施，比如大坝、泄洪区等。

（2）干旱是第二类经常性的自然灾害，影响了132个城市区域，紧随其后的是影响68个城市区域的飓风和威胁40个城市的地震。这意味着生活在城市中的2.77亿人口处于高危险的干旱地区，2.29亿人生活在台风之中。其他城市则一定程度上暴露在其他风险之中。

（3）在63个人口最密集（以2011年数据500万人口为准）的城市区域，39个至少暴露在一种风险之下；72%位于或者接近海岸，同时2/3位于亚洲。在六种自然灾害中，影响最大同时也最普遍的是洪水，影响区域大致包括63个城市中的30个，其次是飓风影响了大致10个城市，干旱威胁着另外9个城市，同时地震将影响超过6个城市。

（4）2011年面临至少一种主要灾害风险的五个最密集区域是东京、德里、墨西哥城、纽约—纽瓦克、上海。东京坐落的区域将面临洪水和飓风风险，德里面临高风险的洪水和中等风险的干旱灾害；墨西哥城面临高风险的洪水、中等风险的泥石流和低度的干旱。纽约—纽瓦克面临高度风险的洪水和中等程度的龙卷风，而上海面临高度风险的洪水。

（5）许多城市坐落的区域都暴露在超过一种的自然灾害之中，但人口密集的城市中只有10个面临超过三次以上的自然灾害风险。有着1200万人口的马尼拉面临极高风险的龙卷风、洪水和地震。其他四个亚洲沿海城市有着相似的高风险系数，具体为菲律宾的达沃面临着潜在龙卷风、洪水和地震风险，与此同时，中国的台北、高雄、台中等其他城市面临泥石流。还有一组内陆城市面临多重自然风险：圣地亚哥、智利的 Valparaíso、厄瓜多尔的基多、印度的 Guwahati 和尼加拉瓜的马那瓜、这些城市都面临高风险的干旱、地震和洪水，同时基多还可能遭受泥石流和火山冲击。

（6）没有任何自然灾害的区域或者低风险区域，主要为莫斯科、开罗、金沙萨、马德里、多伦多、利雅得、达拉斯、西安、陕西、亚特兰大、圣彼得堡，其中莫斯科和圣彼得堡尤为突出。对一些城市来说，哥伦比亚大学的国际地球科学信息网络数据库并没有记录 1985～2000 年时间段的高风险自然灾害事件。

（7）报告还提示由于六种主要自然灾害数据只是基于 1980～2000 年相对短的期限，而洪水数据更只是基于 1985～2003 年的时段，因此报告很有可能低估了自然灾害对城市区域的影响。同时又由于空间网格分辨率有限，对城市的绝对风险还难以进行有效评估、灾害严峻程度也难以比较。城市和城市群的空间信息是唯一的坐标点并通过“缓冲区域”相应延长，因此城市群和自然灾害地理上的重叠还只是局部。

（8）城市面临异常严峻的自然灾害风险说明城市可持续发展形势严峻。以前可持续发展主要是经济—社会—环境的框架，其面向的也仅仅是移民、全球化、经济发展、社会不平等、环境污染和气候变化等人造风险，而近期随着自然灾害对人类社会影响的日益深入，经济社会系统对自然灾害的吸收需求日益提高可持续发展内容亦相应扩容。实际上正是人为的气候变化、自然资源掠夺性开发的环境问题恶化等才导致发生自然灾害的频率和损失不断上升，鉴于这种深层次内在关联，在 2012 年 6 月份召开的里约 20 周年峰会（“Rio＋20”峰会）已将有效预防和应对自然灾害列为七大关键议题之一。

三　城市应对自然灾害必须整合入可持续发展框架

既然大量的科学证据证明，城市自然灾害的日益增多与人类活动造成的环境变化有重大关联，那么城市要实现可持续性就不得不将自然灾害整合到可持续发展框架中。应对自然灾害脆弱性最关键的是复原力，即自然灾害发生后能够恢复到原初样态的能力。这种能力不仅表现在灾害发生初期快速有效的应急管理上，还包括避免灾害发生和减轻灾害损失影响所采取的措施，无论应急管理还是具体措施减缓都需建立在具体地点自然灾害脆弱性科学评估的基础上构建政策框架。图 22－1 是衡量脆弱性时遇到的概念模型，最里层是自然灾害最纯粹的脆弱性；第二层是以人为核算单位可能受到伤害程度如伤亡人数、财产损失；第三层是地区或者国家敏感性和应对能力双重结构脆弱性，包含了若干社会性因素；第四层是更多社会性因素的加入不仅仅包括敏感性和适应能力，还包括暴露程度和应对能力，即对自然灾害发生后的某些要素也要加入；第五层是全部维度的脆弱性，包括自然、社会、经济、环境和制度等特征。

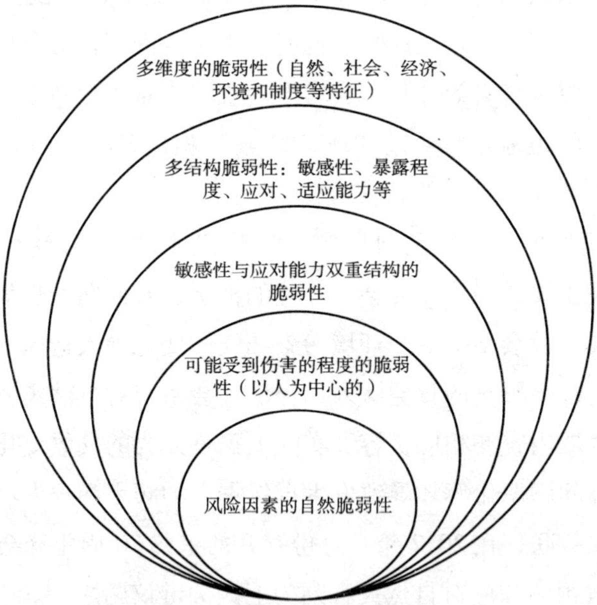

图 22－1　应对自然灾害的概念模型

学术界已对各个层次的自然灾害脆弱性评估体系作出有益探索（见表 22－2）。从脆弱性指标体系评估中不难看出编写本地区主要自然灾害类型的风险和脆弱性评估，并在此基础上构建预防体系已成为世界各国和主要城市的重大而且急切的任务。

表 22 -2　城市应对自然灾害脆弱性评估体系

尺度	项目机构	机构	灾种	备注
全球	灾害风险指标计划(DRI)	联合国开发计划署	地震、气旋、洪水、干旱	覆盖全球,以国家为单位,249 个国家
	热点计划	世界银行等	地震、气旋、洪水、滑坡、干旱和火山	覆盖全球,以 2.5 × 2.5 栅格为单元,共 410 万个
	Climate Change Vulnerability Index,CCVI	Maplecroft 公司	旱、洪涝、暴雨等自然灾害或生态后果,各种灾害	分析 168 个国家的应对气候变化能力。
区域	美洲计划	中美洲发展银行等	滑坡和碎屑流,地质构造运动、洪水和风暴及其他技术、生物灾害	以国家为单元,覆盖中、南美洲 12 个国家
	海啸脆弱性评估	斯里兰卡 Hettige 等	海啸	不同社会群体、关键基础设施和经济部门的脆弱性特征,经济社会体制转型下城市(农村)社会洪水脆弱性
	洪水脆弱性	俄罗斯下诺夫哥罗德州立大学	洪水	
地方	地方脆弱性评估	坦桑尼亚 Bilia	洪水、干旱、龙卷风	问卷调查等方法
	卡特里娜飓风海岸带脆弱性评估	佛罗里达大学 Oliver-Smith	飓风	压力释放模式,从根源、动态压力和不安全环境衡量脆弱性
城市	地震灾害风险指数(EDRI)	Davidson	地震	物理基础设施和人口的脆弱性
	飓风灾害风险指数(HDRI)	Davidson and Lambert	飓风	人口、建筑、经济脆弱性
	环境灾害社会脆弱性指数(SOVI)	Cutter, Boruff, Shirley	环境灾害	10 种因素的脆弱性分析
普查单元	洪水的社会脆弱性指数	Tapsell, Penning-Rowsell 等	洪水	两大类特征,7 个要素分析

资料来源：参见石勇《灾害情景下城市脆弱性评估研究》，华东师范大学博士学位论文，2010。

不难看出应对自然灾害已不是简单的救急应灾（见表 22 -3），也不是简单恢复原有样态而将其提拔、整合成更高、更广泛的可持续发展议程。2012 年 6 月，“里约 +20” 大会在巴西里约热内卢召开，其目标就是探讨如何将可持续发展从理念转化为现实，应对自然风险灾害方面的工作主要包括以下几方面。

表 22-3　联合国减灾署对全球各地应对自然灾害的指导准则

三个战略目标
1. 将减灾整合进可持续发展政策和规划 2. 从制度、机制和能力等方面发展和加强应对灾害的复原力建设 3. 在紧急准备、应对和复苏等项目上建设减灾系统
五个方面的有限行动
1. 确保国家和地方的减灾有着坚实的执行制度基础： 作为国家平台的减灾机制应有明确的指定责任 减灾是部门和多部门发展政策和规划的部分 以立法支持灾害风险削减 责任和资源要准确分配到地方 对人力资源和能力要有准备的评估 加强政治承诺 社区参与
2. 确认、评估和监测灾害风险的同时增强早期警示： 多风险评估和地图：阐述和传播 减灾和减小的脆弱性指标 数据和数据丢失信息 早期警示：以人为本的信息系统和政策 科学和技术发展：数据分享；太空观测，气候模型和预测，早期预报 地区性和新兴风险
3. 使用知识、创新和教育去构建所有层次安全和适应力的文化： 信息分享和合作 跨学科和地区的网络、对话 使用标准的灾害风险术语 将灾害风险加入学校教育，正式的或者非正式的 就灾害风险进行训练和学习，社区层次上、地方权威的、目标部分，平等进入 研究能力：多风险；社会经济 公众意识和媒体
4. 减少潜在的风险因素： 可持续生态系统和环境管理 整合气候变化适应的灾害风险战略 以复原力为目标的粮食安全 将灾害风险削减战略与健康部门和医院安全有效衔接 关键性公共设施的保护 复苏计划和社会安全网 收入多元化以降低脆弱性 金融风险共享机制 公私伙伴关系 土地使用计划和建筑标准 农村发展计划和减灾

续表

五个方面的有限行动
5. 为所有层级的有效回应而强化灾害准备： 灾害管理能力：政策、技术和制度能力 在灾害管理和发展部门之间的对话、协调和信息交换 削减灾害风险的地区路径 评估和运用准备和紧急计划 应急基金 自愿和参与
四个交叉议题
1. 多重灾害路径 2. 性别视角和文化多样性 3. 社区和自愿参与 4. 能力建设和技术转让

资料来源：联合国减灾署，www. unisdr. org。

（1）将减灾和适应力建设整合进可持续发展目标。

在可持续发展的背景下对减灾给予更多政治关注。譬如要求日本构建2015年后兵库行动计划，而国际社会也要求2015年后持续发展目标和议程。这两种目标要求所有部门、层次的融合，包括但不仅仅限于公共基础设施投资、可持续发展农业、健康教育和可持续的城市化。

（2）构建更富成效的国际体制。

包括发达国家在财政和制度上比发展中国家无论如何都能更好地应对风险暴露、脆弱性和气候极端事件，需要更好的国际合作，譬如增强灾害削减能力，加强知识、技术转让；分享最佳实践经验和知识创新；适当支持和帮助发展中国家的灾害削减并提高意识水平。

（3）鼓励更好的灾害风险知识风险研究，开拓信息获取渠道。

加强灾害风险观测需要知识共同体的能力建设提升信息交换质量。包括科学团体、经济社会议题专家和灾害相关实践者之间的网络联系；研究、观察、分析、画图能力建设，尽可能地科学预测自然和相关灾害、脆弱性和灾害影响；发展早期预警系统、监测设施，确保国际、地区各层次充分而自由地交换数据信息；建立国家灾害损失数据库时对灾害损失和风险概念进行综合评估；将处于风险中的大众和社区整合进政策过程，确保相关信息被有效传递给政策制定者；加强长期变化的研究、数据分析和报告，确认可能增强脆弱性和政府或者社区反应型的新议题；鼓励概率风险评估以支持风险分享和保险方面的金融创新以提高金融对复原力的支持力度。

（4）促进社会融合。

灾害造成的脆弱性有多方面原因，经济社会、健康以及相应治理机制都对地方社区适应能力产生影响；鼓励社区和地方政府通过获取信息、资源和其权威展开行动；灾害风险削减应该被视为正规和非正规教育的内在组成部分，包括成人教育和社区层次的意识训练；适应性社会保护和安全网可以显著降低灾害区域社区的脆弱性，保护房屋财产，确保危机时期的基本公共服务。

（5）鼓励灾害风险的投资。

捐赠、政府、UN 系统、IFI 和私营部门都应该考虑，灾害风险预防是可持续性的投资机会而非额外成本。虽然是城市应对自然灾害，但牵涉的显然不仅在于城市也在于国家，因此需要在国家层面搭建有效合作体系和平台。1990～1999 年联合国宣布应对自然灾害的十年；1994 年发起了建立更安全世界的 Yohohama 战略即自然灾害预防、削减和减缓行动计划；1999 年，联合国成立减灾署；2002 年约翰内斯堡峰会再次表示要对自然灾害、风险评估和灾害管理进行评估；2005 年全球减灾会议在日本兵库召开最终达成兵库行动框架；2007 年为支持兵库行动框架联合国大会成立两年一次的灾害削减平台，这个平台允许政府代表、非政府组织、科学家、私营部门、联合国机构都能有效参与和学习，与此同时 6 个地区级和 80 个国家也都有了自己的自然灾害应对平台。到目前为止《兵库行动框架》已成为国际社会协同应对自然灾害的主要机制。

四　发展中国家城市在可持续发展框架下应对自然灾害

目前大部分国家还没有建立有效管理灾害的综合框架，但《兵库行动框架》和技术评估体系的逐步完善以及“理约 +20”说明国家城市都有了努力的方向和行动框架，对发展中国家城市来说特别需要注意以下几点。

1. 树立应对自然灾害和公共安全为底线的城市规划理念，撇掉错误规范性的认识

譬如自然灾害是小概率事件，属次要因素，成本很大、收益很少最终导致自然灾害预防不足，发生后的应对也仅仅局限于技术、管理和程序层面最终导致失效，应对自然灾害必须提升到价值规范层次，这是有效行动的基本前提。目前发展中国家城市，譬如中国的北京、印度的加尔各答、孟买、孟加拉国的达卡、尼日利亚的拉各斯等都出现“摊大饼”，遏制不住地追求的建筑数量、速度和高度，对道路交通、地下水道、基本公共服务等基础设施关注不足甚至有意忽视，生态环境、社会问题滋生，运行秩序严重紊乱，灾害抵抗性大大减弱。滑坡、崩塌、地震、泥石流、水淹等造成重大伤亡和财产损失的灾害频频发生使前面的成果瞬间乌有。从区域规划的角度看，城市发展必须科学选择建设用地，避开有重大灾害隐患的区域，不能为了某种经济利益和城市格局而忽视灾害的可能性甚至最小的可能性。重新审视现有规划部门防灾的工作方法和技术原则，提供城市规划在综合性灾害方面的快速有效应对能力；针对承载力弱、地质灾害复杂的易发地区建立灾害评估体系，加强技术研究，积极应用新技术，提高灾害评估的可靠性和科学性。

2. 资金筹措和使用日益关键

然而早期预警和备灾系统、水文气象预报和机构保护等干预措施均需大量资金，而学校、医院和其他关键基础设施投资是目前应对自然灾害的主要资金集中流向，由此资金筹措和使用日益关键。这里存在两个问题：一是通过国际多边的、国家和地方的融资渠道和技术资源构建抵御资金；二是以市场和金融方式推进灾害保险，譬如以市场为基础，完全由私营公司经营洪水保险，而保险公司还可以通过再保险进一步分散风险；三是慈善捐款。这里特别应当将预防和减轻灾害与城市发展和产业需求融合起来，譬如将资金流整合入各行业发展规划及财务机构的标准业务流程，因地制宜地发展基础设施，同时城市通过自身网络进行组织，确定有说服力的论据及明确需求以保证创新资金的筹措和使用。

3. 注重人道主义

人道主义社区工作能相当程度减轻灾害风险，而人道主义行动需要与重建和发展结合起来。一般情况下国家和地方权威人士如果积极领导灾害恢复和重建，则可能有效管理并缓解局势，问题是地方领导人可能没有权威和能力协调国际行动和灾害后期资源，因此如何加强应对自然灾害地方层面的组织能力建设相当关键。更紧要的是，围绕应对自然灾害衍生出的各种网络要善于利用，因为国际非政府组织可能起到意想不到的作用。

五　中国城市应对自然灾害的建议

我国城市应对自然灾害而言，笔者以为除了坚持以上几点外，下列几方面还得关注。

1. 要建立应对自然灾害的战略整体

虽然1995年起，我国对加强城市综合防灾减灾就有战略宏观决策，《中华人民共和国消防法》《城乡规划法》《中华人民共和国防震减灾法》《中华人民共和国人民防空法》《地质灾害防治条例》等法律法规条文明确将各种专项防灾规划纳入城乡规划的统筹内容，但实施过程并未足够重视，协调一致的战略框架并未建立，而城市层面虽汶川大地震后对自然灾害有所加强，但总体上对风险的防范和应对非常不足，[①] 在这点上北京暴雨是最好的注脚；防灾减灾的相关部门，譬如应急办、安监局、国土局、公安局、交通局、环保局、防洪办、水利局、民政局等机构应该充分有效地配合和信息共享，形成有效的统一力量。[②] 并非不紧要的是，目前群众对应急应灾的意识严重匮乏，甚至尚处于无意识状态，这需要新闻媒体和教育体系的合作开展大规模群众教育，尽快提高群众的防范意识，推进群众对应急救灾战略整体的建立。

2. 更新技术装备，完善自然灾害应对的技术措施

有条件的城市或者特大城市必须每三年或者五年定期出台应对自然灾害的评估体系甚至可以考虑由地方人大通过相关条例。当然评估体系建设需要借助

① 鲍文：《灾害保险的国际比较与借鉴》，《金融与保险》2010年第11期。

② 梁伟、冀永进、李海梅：《灾害事件对我国城乡规划的启示》，《城市规划》2011年第2期。

现代计算机、通信、网络、卫星、遥感、地理信息、生物技术等高新技术，而这一方面我国与先进国家差距异常遥远。可以考虑在保证国家秘密的前提下加强国际合作尽快更新技术装备、完善自然灾害应对的技术措施，做好立体化的信息化普查工作，这样就会有应对的基础。

3. 提高基础设施的建设标准，强化规划管理

基础设施的不完备可使社会底层遭受异常深重的灾害冲击，而缺乏社会保护和风险转移可能将灾害变成贫困，因此大型工业设施建设和民居建设必须对灾害有充分的根据。严格落实市政基础设施用地和安全防护用地，并积极推进基础设施工程的优先建设，提高建设标准，为城市长远发展提供可靠的保障。在适应自然灾害的过程中，对灾害导致的社会贫困和弱势群体应当有救助措施和预案，以确保和谐社会进展。

4. 任何城市都必须保证有“生命线工程”

以道路、绿地、水系、地下空间为载体，构建城市安全防护隔离体系、统一制定防护隔离带以及安全卫生间距隔离标准，严格控制危险源隔离区、行滞洪区、地质灾害易发区的建设性侵入，城市生命线工程中的能源设施用地供应分散布局，并应与别的功能区之间设有足够的安全隔离区域。在城市开发建设中，对一些重大项目的选址要综合考虑防灾要求，必须有适当的城市外部开放空间。当地震、洪水等自然灾害发生时，这些空间可以成为有效的避难场所，城市广场、户外休闲娱乐场地等开放空间规划以及关键基础设施如水厂、电厂等，当然也应与城市防灾规划紧密结合起来。

参考文献

联合国可持续发展高级别小组：《具有承受力的人类、具有复原能力的地球：值得选择的未来》，第六十六届会议。

鲍文：《灾害保险的国际比较与借鉴》，《金融与保险》2010 年第 11 期。

梁伟、冀永进、李海梅：《灾害事件对我国城乡规划的启示》，《城市规划》2011 年第 2 期。

石勇：《灾害情景下城市脆弱性评估研究》，华东师范大学博士学位论文，2010。

UNCSD Secretariat, "Disaster Risk Reduction and Resilience Building" . RIO 2012 Issues Briefs.

Department of Economic and Social Affairs Population Division, " World Urbanization Prospects the 2011 Revision", New York, 2012.

The 1st UN Assessment of Natural Disasters Threatened Global Cities

Abstract: Half of the 7 billion global populations are living in cities. 2. 3 billion People will crowd into cities in the next 40 years. The rapid urbanization will expose cities to the threat of natural disasters. For the first time ECOSOC of UN has deliberated natural disasters threatening global cities in the 2011 Revision of the *World Urbanization Prospects*, particularly the systematic assessment of the hazard to cities with more than 1 million populations. This paper sorts out different vulnerability assessment indicators. Principles and methods of dealing with nature disasters proposed by UNISDR, then deems that response must be within the framework of sustainable development. Cities in developing countries responding to natural disasters must adhere to three points: abandoning total wrong measures; raising funds from a variety of channels and actively carrying out humanitarian work. As for China's cities, it is urgent to build the overall strategy and carry out appropriate technical measures, strategy and carrying out appropriate technical measures.

Key Words: Cities; Natural Disasters; Risk; Sustainable Development; Rio +20

B.23

首个欧洲“绿色之都”斯德哥尔摩的环保发展

张剑涛

摘　要：

欧盟为了鼓励欧洲城市在解决环境问题方面的努力和创新，设立了“欧洲绿色之都”。斯德哥尔摩作为首个“欧洲绿色之都”，制定了“2030环境保护规划”，以“绿色、洁净”打造城市环境核心竞争力，成为以先进科技实践环境意识的先锋城市。其成功经验对中国城市推进绿色节能环保具有积极的借鉴意义。

关键词：

斯德哥尔摩　绿色之都　环保

绿色环保是当今城市发展的重要主题，也是今后城市发展的方向。世界各地已经涌现出了许多绿色城市的实践案例。现今80%的欧洲人生活在城镇中，城市集中了绝大部分的环境问题。因此欧盟设立了“欧洲绿色之都”的评选，以鼓励欧洲城市在解决环境问题方面的责任、努力和创新。评选的主要标准视候选城市的基础条件而定：①长期以来致力于提升环境质量；②对于改善环境和可持续发展有长远的目标；③对于推动欧洲其他城市的环境改善具有示范作用。2010年，瑞典的斯德哥尔摩被评选为第一个“欧洲绿色之都”。它为我们提供了如何将良好的环境、优质的生活和经济增长成功结合在一起的经验和启示。

一　“欧洲绿色之都”的标准

欧盟为“欧洲绿色之都”的评选提出的标准涵盖了六大主题：①气候与

能源；②可持续的消费；③交通便利；④城市绿化和环境；⑤资源保护与经济；⑥城市发展与生活。欧盟为此设立了专门的专家评估委员会（Evaluation Panel）负责对每个候选城市进行分析和评估，然后由欧盟特别设立的“欧洲绿色之都”的评审团（Jury）根据专家评估报告，评选出最终的获奖城市。对于每个候选城市的具体分析、评价主要着眼于以下三个方面。

首先，当选城市必须是真正的“绿色”城市，是欧洲环境质量最好的城市之一，城市环境各方面的指标都能够在专家评审中满足最高标准。这不仅需要依靠所在城市地方政府的政策、财政、措施有执行力度，同时也要依托所在国家的宏观政策、法规和发展规划，私营企业和民间的资金、行动和配合，以及社会公众的意识和支持。一个真正意义上的绿色城市有赖于全社会的关注、责任和资金支持。欧洲各城市的发展水平各不相同，发展重点因城而异，首先达到绿色城市标准的是那些社会、经济、环境质量高的发达城市。

其次，当选城市的“绿色”措施必须是最富创意和有效率的，而且必须保证这些措施能得到长久施行。当选城市的环境品质并不是唯一的评判标准。如果一个城市通过富有创意和有效率的措施使环境品质得到持续提升，同时又有长远的可持续发展的规划，那么它也可能当选“欧洲绿色之都”。

再次，当选城市必须成为其他欧洲城市的“绿色”典范，为其他城市提供最佳实践的经验并激励它们为提升环境品质而努力。“欧洲绿色之都”的评选目的在于促进欧洲城市之间的相互学习，提升它们的魅力，促进它们的发展。因此当选城市需要制定富有成效的交流沟通策略和措施，以向其他欧洲城市推广其“绿色”实践和经验。

对“欧洲绿色之都”候选城市环境质量的具体技术评价标准包括：①对于改善全球气候变化的努力；②交通运输状况；③公共开放空间；④空气质量；⑤噪音污染；⑥废弃物管理；⑦水资源消费；⑧污水处理；⑨地方政府的环境管理；⑩可持续的土地利用。

二　以“绿色、洁净”打造城市环境核心竞争力

1. 全力保障高品质绿地塑造“绿色之城”

斯德哥尔摩多年不懈的努力使之成为世界上最清洁和最美丽的城市之一。

斯德哥尔摩现有1000个公园、7个自然保护区（周边地区共有200多个自然保护区）、1个文化保护区、1个国家公园、24块公共海滩、世界上最大的绿色制冷系统、2700多家清洁技术公司，人均每年可回收废弃物95公斤。政府规划到2050年城市不再使用石油和煤燃料。

目前斯德哥尔摩市内90%以上的居民的住宅离城市公共绿地的距离在300米之内。城市规划的一项重点就是提升现有绿地的品质，同时为公众创建新的绿地和海滩。随着城市的不断发展，越来越多的绿地楔入城市。当地政府专门制定法规以保护公共绿地上的生态多样性和公众自由进入的权利。这些绿地为提升居民的身心健康、减少噪音、净化空气和水质创造了良好的条件。同时这些绿地作为生态基础设施的一部分，为动植物的栖息活动提供了重要的场所，如当地的橡树林为1500多种不同的野生动植物提供了生存空间。

当地政府专门制订了“斯德哥尔摩公园计划”以发展当地的公园和公共绿地。该计划包括指导公园和公共绿地规划和管理的政策导引，明确表示享有绿地是公众生活品质的重要组成部分。市政当局作为城市主要绿地和水体的管理者，制定和实施了一系列广泛的政策措施以保护公众可以享受到生物多样性和自然生态所带来的益处。

2. 严格执行循环再生政策成就“洁净之城”

斯德哥尔摩的水面占城市总体面积的10%多。市政府下属的食品管理部门（Food Administration Authority）负责监控和管理城市的水质。自然水体和饮用水都要受到严格的生化和微生物监控，以确保水质的洁净。斯德哥尔摩和一些周边地区的污水统一由两个污水处理厂负责净化处理，处理的标准和程序都高于欧盟的规定。污水处理过程中产生的生化气体经过再处理，被用做燃料供应公交车辆、出租车和私人车辆。污水处理过程中产生的热能则被用于城市集中供暖系统。

斯德哥尔摩对于废弃物处理的目标是尽最大可能地回收利用，再生成为有效资源。城市的废弃物焚烧处理和回收利用已有百年历史，利用废弃物发电发热，并利用可燃烧的废弃物替代石油和煤，最大限度地减少垃圾填埋。发展至今，城市已经具有现代化功能完备的废弃物收集和回收利用的整体系统。废弃物运输中的创新措施，如地下真空运输系统等，使废弃物特别是生化废弃物得到充分的回收利用。瑞典法律禁止任何有机废弃物被直接掩埋处理。在斯德哥尔摩，所有的有机废弃物被收集经过回收处理后再生为生化气体和肥料。目前超过70%的城市居民使用城市集中供暖，而集中供暖系统相当一部分的能源来自对废弃物的回收利用。

减少废弃物的总量是斯德哥尔摩政府和社会公众所面临的环境问题中的一项重大挑战。自20世纪90年代起，市政府下属的废弃物管理部门（Waste Management Administration）一直致力于提升公众关于废弃物对环境的影响以及回收利用的重要性的意识。斯德哥尔摩最新的《2008～2012废弃物管理战略规划》包含了针对废弃物管理和处理的战略目标、具体措施和目标。例如，其中提出了规划期中实现至少35%的餐馆和杂货店废弃物和至少10%的家庭废弃物能够通过生化处理后得到再生利用。而2007年，只有9.5%的餐馆和杂货店废弃物和至少2%的家庭废弃物得到了生化处理。

三　以先进科技实践环境意识的先锋城市

1. 以高科技推动环保发展

斯德哥尔摩通过利用各种高新技术来达到节能环保的目的。市政当局从20世纪90年代开始就规划建设新型的、更具效率的通信方式如光纤等，以达到节能的目的。现在斯德哥尔摩已有120万公里的光纤网络，实现了有线和无线宽带的100%覆盖率。规划到2012年，光纤能够进入每家公司和每户住宅。这项措施的节能效果十分明显，例如它直接减少了因为通信设施更新而频繁开挖道路。而通信效率的提高推动了互联网的快速发展，改变了人们的生活和工作的方式和场所，减少了大量的能源消耗。

高科技也改变了能源使用和管理的模式。例如斯德哥尔摩的一所小学的地下室由于采用了地源热泵系统，能节省100千瓦的能量，相当于其在寒冷冬季采暖所需能量的10%，或夏季空调所需的所有能量。据估算，斯德哥尔摩通过采用现代IT技术，每年节能价值超过7亿欧元。因此，2009年，市议会通过了“斯德哥尔摩绿色IT战略”，提出“全市普及的标准化的现代IT设施是绿色IT的基础”。

2. 以减排为核心建设“气候智慧型城市”

斯德哥尔摩环境理念的另一重要方面是建设“气候智慧型城市”。斯德哥尔摩的温室气体排放的控制一直以来处于世界领先水平，2009 年人均排放 3.4 吨，而 1990 年人均排放 5.4 吨。这归功于多方面的因素，如再生能源的利用、减少交通拥堵、绿色清洁能源的应用、更多的清洁能源汽车等。斯德哥尔摩的目标是到 2015 年，人均温室气体排放下降到 3 吨，而根据目前发展状况估算，届时实际排放可以下降到人均 2.8 吨。

斯德哥尔摩在交通方面也采取了许多措施和手段以促进节能环保。越来越多的居民搭乘公共交通出行，在高峰期 78% 的出行是公共交通。约 90% 的居民在离家 300 米以内的范围内就能达到公共交通站点，在市中心 68% 的出行是徒步或骑自行车。从 2007 年起，斯德哥尔摩针对所有在工作日（周一至周五）上午 6:30 到下午 18:29 进出市中心的瑞典牌照车辆征收“交通拥堵税”。征税过程完全由电子化自动完成。这项措施使汽车交通量和废气排放量减少了 10% ~15%。斯德哥尔摩的公共交通系统也大量地采用了清洁能源和再生能源。如所有的有轨电车采用的都是再生能源产生的电力，所有的公交巴士都使用再生能源。2009 年斯德哥尔摩有 129 辆巴士使用生化气体，2010 年使用生化气体的巴士达到了 500 辆。公交系统中有 400 多辆使用乙醇燃料的巴士和大量使用乙醇—汽油混合燃料的巴士，是全世界规模最大的乙醇燃料车队。至 2011 年，斯德哥尔摩一半的巴士使用的是可再生能源。到 2025 年，所有公共交通工具将不再使用石油燃料。

斯德哥尔摩采取了一系列的措施鼓励人们使用自行车出行，在推进节能环保的同时也促进了人们的身体健康。过去十年中，使用自行车出行的居民数量增加了 75%。政府修建了大量的自行车专用道，总长 760 公里；为城市道路设定了 30 公里每小时的时速限制以保证自行车的骑行安全；人们可以从遍及城市的多个自行车租借点借到便宜的自行车，而且全市有 9 个公共自行车打气点供免费使用；还有专门的网站为斯德哥尔摩以及周边城市的自行车出行者提供旅游规划。

从 1994 年起，斯德哥尔摩积极推进清洁能源汽车的普及并且修建了充足的设施为这些汽车添加能源。2009 年所有的汽车中 14% 是使用乙醇、生化气体、混合电动力或低排放的。现在销售的汽车中40%是清洁能源汽车。50%的垃圾运输车和40%的出租车使用生物燃料或是混合动力。斯德哥尔摩市政当局的车辆到2010年全部使用清洁能源，许多企业也在朝这个方向努力。

3. 大力推进“生态化能源”的城市应用

斯德哥尔摩的环境意识同样还体现在集中采暖和制冷系统的应用上，城市的集中供暖系统已经有半个多世纪的历史。系统主要由再生能源驱动，供应给超过70%的居民使用。从1990年起，通过把传统的家庭采暖改造为区域集中采暖，城市的温室气体排放总量因此减少了593000吨。具有先进的污染控制装置和优化程序的区域集中采暖系统取代了大量小型、老旧的燃油采暖锅炉。这不仅减少了二氧化碳的排放量，还明显地减少了二氧化硫等对空气质量危害大的有害气体和物质的排放。

斯德哥尔摩的大型热电联供工厂大量使用城市的废弃物生产再生能源。同时污水处理过程中产生的热能也被用于城市的集中采暖系统中。地源热泵系统利用天然水系的水体驱动城市集中制冷系统的运转，每年为城市减少5万吨的二氧化碳排放量。斯德哥尔摩大量使用生态化的电力，目标是城市所有的电力都能符合生态环境标准。

四　斯德哥尔摩的“2030环境保护规划”

成为首个“欧洲绿色之都”并不意味着斯德哥尔摩在环境保护方面的努力可以停止。它正全力创建一个城市环境可持续发展的典范，提出了一个更具挑战性的目标——《展望2030》。《展望2030》作为斯德哥尔摩的远景环境保护规划，行动方包括了政府、企业、教育科研机构和所有社会组织与公众。规划的目标是把城市建成一个真正可持续发展的绿色城市。

到2030年，斯德哥尔摩的人口将在现有基础上增加20万达到100万。因此需要更多的住房、工作岗位、学校、医院、社会服务设施、市政设施、交通设施。规划师从现在开始就需要研究、确认这些发展不会损害城市自然环境的质量和影响人们的生活质量。因此《展望2030》聚焦于三个主要方面。

1. 新机遇和新经验

斯德哥尔摩作为一个世界大都市，不断地发展和建设造就了城市不同地区和社区各具特色。现代化的城市建筑和景观，众多的文化娱乐消费和体验，吸引了来自世界各地的游客。这些新机遇也为城市环境保护带来了新经验，如何在城市日新月异发展、人口不断增加的同时保持城市的绿色洁净特征，使城市既具吸引力又可持续发展，政府和全社会正在探索这方面的经验。

2. 创新中心

到 2030 年，斯德哥尔摩将成为欧洲领先的创新发展区域之一。这包括大量的创新成果、具有活力的创新环境、集聚的高科技公司和研发机构，一个世界级的、依托大量高科技人才的知识型绿色经济中心正在规划之中。

3. 宜居城市

在城市发展的同时，斯德哥尔摩必须将民众的宜居和福利作为优先考虑。这需要为公众提供高质量的教育、医疗卫生、社会服务以及自由选择的权利，这些都是为了保证城市居民是斯德哥尔摩的城市形象的基础。

五　斯德哥尔摩对中国城市的启示

1. 推进城市经济与环保的互动发展

斯德哥尔摩市政当局将城市发展和环境保护作为一个整体，目标明确：到 2050 年不再使用石油和煤燃料。在此基础上制定和实行了强有力的绿色环保计划和措施，并且有充分的财政保证。环境问题是政府城市整体管理体系中的一个重要方面，融入了预算制定、日常管理、报告总结和审计评估等各个环节中。

2. 通过环境建设提高民众生活品质

斯德哥尔摩的环境品质处于世界领先水准，自然生态体系完备。水质净化、降低噪音、废气减排、提升生态多样性等多方面措施为民众创造了良好的生活品质。同时在现有基础上，规划为社会公众提供更多的绿地、海滩，不断提升城市的公共空间品质。

3. 完善废弃物管理体系

斯德哥尔摩具有一套功能完备的废弃物管理和处理系统。同时城市的废弃物运送系统具有多种创新技术和设施，以便高效的回收利用废弃物。废弃物管理部门努力提升公众减少废弃物、废弃物分类和回收利用的意识。同时政府还持续评估各种相关活动的成效，以便有针对性地改进政策、规划和措施。

4. 发展公交节能的环保系统

过去十多年中，斯德哥尔摩的公共交通系统的改进是城市环境保护和节能减排的一个重要方面。政府采取了一系列的措施以减少车辆尾气排放对环境造成的负面影响，如先进的车辆拥堵费电子收费系统促使私家车辆的使用明显减少。大力发展节能环保的公共交通系统，鼓励和方便自行车出行，这些都有效地减少了汽车的尾气排放，直接具有成效的就是现在城市的二氧化碳排放量比1990 年减少了 25%。

5. 推广有效的环保经验

斯德哥尔摩通过一套行之有效的交流沟通策略，把自身的环境保护经验推广给了其他城市，以激励它们朝相同方向推进。这套交流沟通策略包括完整明确的行动目标、执行规划、实施成果、评估意见。同时注重吸引交流对象城市的积极参与和互动，以提升它们的环境保护意识和积极性，达到共同推进环境保护的发展。

参考文献

本文资料来自于斯德哥尔摩市政府的官方网站 http：//international. stockholm. se/Stockholm-by-theme/European-Green-Capital/，2012 年 1 月 20 日。

Stockholm，European Green Capital 2010，European Commission，2010.

Stockholm-Application for European Green Capital Award，City of Stockholm，2009.

The Expert Panel's Evaluation Work & Final Recommendations for the European Green Capital Award 2010 and 2011，European Commission，2009.

The Jury's Conclusions for the European Green Capital Award of 2010 and 2011，European Commission，2009.

Green Buildings in Stockholm，City of Stockholm，2010.

The Stockholm Environment Programme, City of Stockholm Executive Office, 2010.

The City of Stockholm's Climate Initiative, Environment Administration, City of Stockholm, 2010.

Stockholm-the 1st European Green Capital

Abstract: Stockholm is the 1st European Green Capital, which is to award the role model of its responsibility, efforts and innovation in environmental improvement. "Green and clean" is the competitive advantage of Stockholm. The city is pioneering in the practice of advanced environmental technology and has formulated Vision 2030 to involve environmental commitment. The experience of Stockholm in environmental improvement has positive influence to Chinese cities.

Key Words: Stockholm; Green Capital; Environmental Improvement

B.24
侧重项目引导的东京低碳城市建设

倪 外

摘 要：

城市是目前应对全球气候变化与减缓温室气体排放的重要空间载体。世界各国日益重视低碳城市建设并在行动中取得不少成功经验。本文在深入分析国际著名城市东京低碳建设经验的基础上，归纳得出其低碳项目治理的模式特征。同时，结合我国城市发展情况，从碳排放交易体系建设、低碳创新项目开发与实施、国际合作与交流等方面，提出推进我国城市低碳建设发展的有效建议。

关键词：

低碳城市 国际经验 东京

城市日益暴露于气候变化和能源安全带来的威胁当中，传统的发展模式已不适应城市的可持续发展及其全球竞争力的提升。城市呼唤新的发展与治理模式。在城市内推行低碳经济，实现城市低碳排放的理念为解决城市可持续发展问题带来了新契机。从20世纪90年代开始，众多国家及城市纷纷采取行动应对全球气候变化与减缓温室气体排放，相应地已出现多个成功的低碳实践区（城市或社区），积累了不少低碳建设的实践经验。一方面，一些研究者归纳总结国外低碳城市发展的成功经验认为，低碳城市建设有着一般路径，即基底低碳（能源发展低碳化）、结构低碳（经济发展低碳化）、方式低碳（社会发展低碳化）、支撑低碳（技术发展低碳化）和行为低碳，表现在能源、产业、规划、生态系统、绿色技术等方方面面。但另一方面，不同城市仍会基于自身的发展阶段、定位、资源状况等，识别自身低碳发展的重要领域，通过自主选择（不同治理主体与方式）与创新，开发适合自身的低碳发展模式。东京是国际上较早开展低碳建设的城市之一，也是国际公认的成功案例。深入分析东京城市低碳建设的行动与进程，解读其发展特点与治理经验，将为我国城市低碳发展与创新起到积极的作用。

一　以项目治理为核心

东京是日本的首都，是世界上人口与经济最为密集的城市之一，但同时也是世界环境负担最低的城市之一。20 世纪 90 年代，东京就已经启动对城市环境的总体治理，并持续不断地完善城市环境政策与措施。随着日本“低碳社会”发展战略的确立，东京都政府切实开展地方性的低碳建设创新与实践。2007 年 6 月，东京政府通过了《东京气候变化战略——低碳东京十年计划的基本政策》，启动了一系列重大减排政策与措施，以实现基于 2000 年基础上的，到 2020 年减排达到 25% 的战略目标。2008 年重新制订了东京都环境基本计划。2010 年 9 月，东京大都市区（Tokyo Metropolitan）政府公开发布《东京气候变化战略：进展与展望》，为未来 5 ~ 10 年的发展确定新的目标与措施。

综合分析东京低碳发展的各项政策及行动，其低碳发展成效得益于在地方政府指导下，以能耗问题为导向，创新开发各种低碳项目，建立相应低碳管理机构及相应监管制度，形成以项目治理为核心的低碳城市发展模式与建设路径。地方政府在低碳建设过程中，集中体现低碳管理者与促进者的角色，表现出较强的治理能力，呈现“自上而下”的总体特征。政府针对城市重点的减碳领域，设计绿色、低碳创新项目，制定相关强制或引导性的制度及方案，积极引导或鼓励企业、非营利组织机构、公众参与。东京政府不仅促进都市圈内各城市间的低碳经济建设与合作，同时还强调通过地方政府来开展广泛的国际合作。东京政府在碳总量控制与碳排放交易体制上的创新，使东京在新国际竞争中占据有利地位，提升了城市的国际形象；通过增强市场调节功能，使得低碳产品、低碳技术、低碳服务市场化，充分调动企业的积极性，不断引导居民转变高碳消费习惯，推动城市低碳消费方式和生活模式。

二 政策机制创新

1. “碳总量控制与排放交易体系”（Cap-and-Trade）

东京是全球第一个建立与推行城市碳总量控制与排放交易体系的地区。它与2005年欧盟发布的GHG温室气体排放交易制度、2009年美国东北部十大洲联合发布的地区温室气体排放动议相比，其主要特点是，在地区范围内有针对性地涵盖大排放级别的工商业机构（办公建筑和工厂），并从政策层面上对减排的具体目标（见图24－1）作出了强制性规定，同时进一步细化到各实施阶段，通过引入市场机制，设定排放权贸易。该交易体系共涉及1400个场所（1100个商业设施和300个工厂），以二氧化碳间接排放（电力和供暖）为控制和交易对象，具体包括强制大型企业机构减少碳排放量，设定排放权贸易；要求中小型企业报告应对全球变暖的措施；增强一系列城市环境规划；等等。在日本国内，这些措施与政策都是低碳政策创新的表现，其中部分甚至处于全球领先地位。

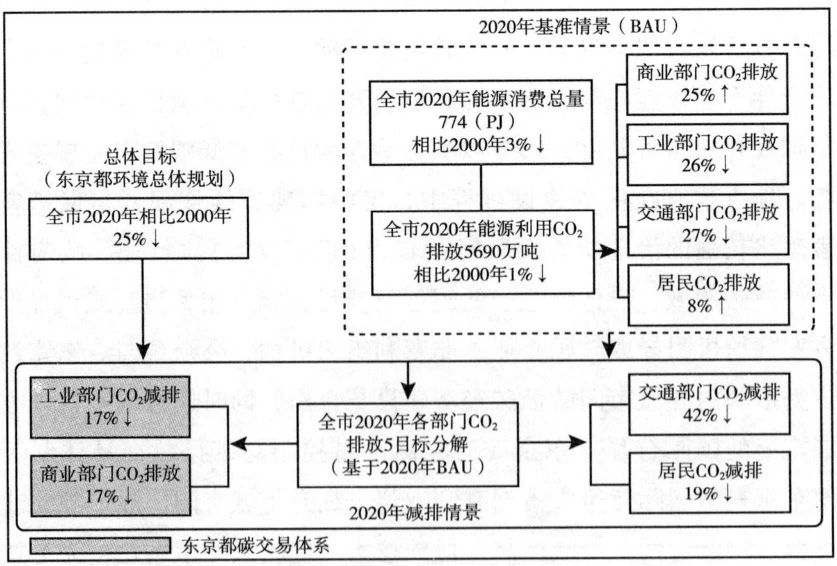

图24－1 东京都各部门二氧化碳减排目标的确定

资料来源：Tokyo Climate Change Strategy，Progress Report and Future Vision。

2. 低碳国际合作与共享政策

东京政府的低碳创新政策（主要是 Cap-and-Trade）吸引了广泛国际兴趣。东京不断收到伦敦、巴黎、悉尼、首尔市政府及欧盟、世界银行、研究机构参加国际会议的邀请。2010 年 4 月，东京碳排放总量控制与碳排放贸易发布前，国际媒体就已有“东京倡议，日本模式”，和“碳排放总量控制与排放交易，东京震撼全国”的报道。东京气候变化战略（值得一提的是，它包括企业与东京政府及其他的利益相关者）的全球推广有助于推进全球气候变化的应对措施，提升东京的全球影响力及东京的国际形象。

三　绿色治理项目

1. “绿色建筑”项目

2002 年，东京都政府出台“绿色建筑计划”，要求对区内大型新建筑进行强制性环境绩效评估并在网上进行公布的制度（政府网站上）。基于该计划，东京推动“绿色标识”管理，通过“绿色标识”评估公寓环境效能（见图 24 - 2）。此外，政府采用“楼面开发利用奖金”政策，针对大型楼宇，从能源效率与环境措施的角度，使用高额奖金，寻找与表彰楼面开发使用的“顶级选手”（强调更有效的建筑与技术）。这种市场竞争机制引导下的减排效果比日本《能源利用法案》（Energy Use Action）中的强制措施更有效地推进了楼宇能源的高效使用，同时创建出更多的绿色空间。东京绿色建筑项目中 2/3 的目标政府大楼的热性能远远超过了能源使用效率法案中的标准，而且公寓建筑的保温性能也稳步提升。

2. “绿色交通”项目

东京地区与交通相关的碳排放量达到 14.96 百万吨（2005 年），占东京总排放量的 1/4 还多（2005 年）。围绕交通部门自愿与可持续的二氧化碳减排目标，东京政府推进新型汽车——如电力汽车和混合动力汽车；启动运输企业的环保驾驶（Eco-drive）项目，提倡环保驾驶，杜绝突然加减速、飙车行为与发动机长时间空转。环保驾驶被编入驾驶员的培训教材，力图从一开始就培养驾驶员的良好开车习惯。此外，政府建立评估环保驾驶和运输公司其他措施的评

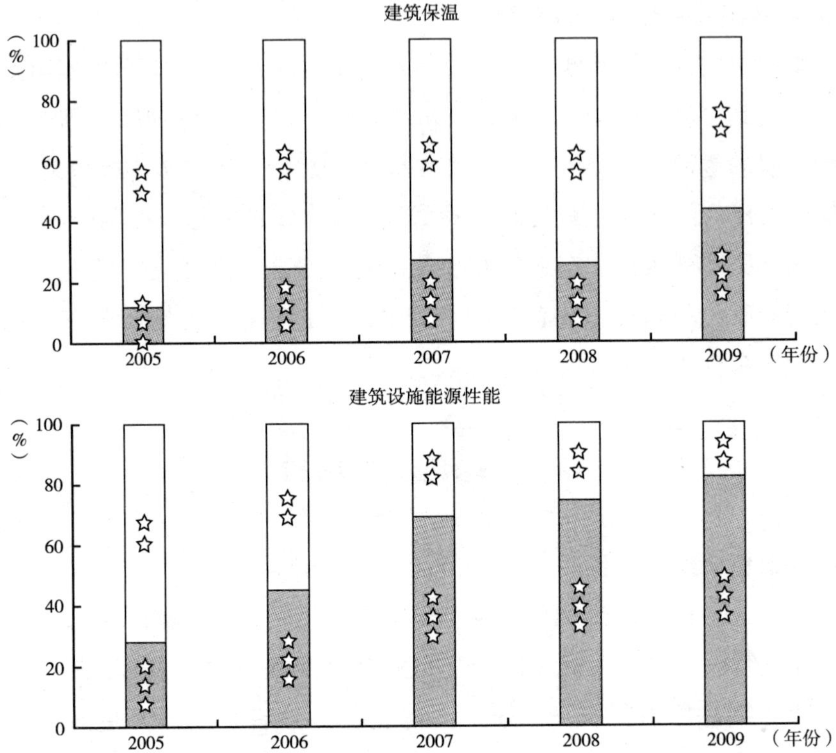

图 24-2　东京建筑保温与设施效能评估结果（用星号数量来表示）

资料来源：Tokyo Climate Change Strategy，Progress Report and Future Vision。

估体系，建立评价燃油效率的目标“标杆”（见图 24-3）。政府将为运输部门提供有关环保驾驶和提高交通效率的导则。

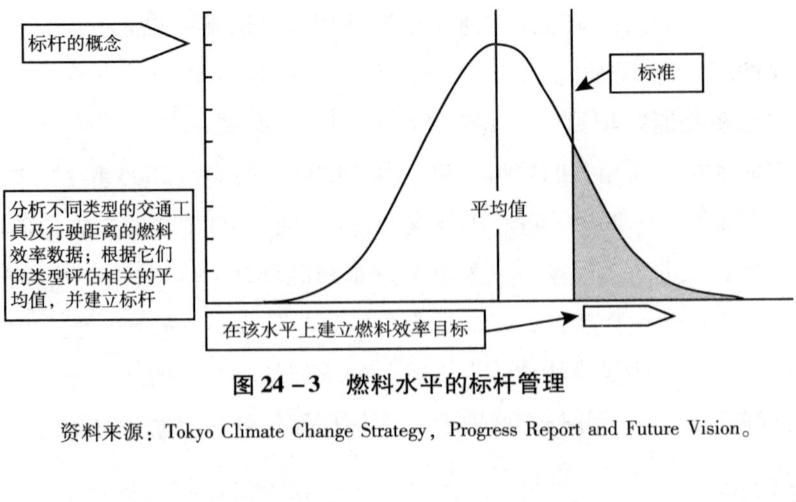

图 24-3　燃料水平的标杆管理

资料来源：Tokyo Climate Change Strategy，Progress Report and Future Vision。

四　低碳合作项目

1. 低碳商业合作项目

《东京气候变化战略》政策实施过程中的直接影响，已经不断刺激出对高节能产品和可再生能源的需求。东京都政府召集设备制造商、建筑商、能源合同商、金融机构共同推进在扩展太阳能使用方面的合作，并发布安装太阳能补贴的新方案。截至 2009 年底，参与这一商业合作项目的企业与组织达到 250 个。通过与公司及各商业实体的合作，结合各市区的不同补贴政策，东京在太阳能发电装置安装方面与日本全国相比已经增长了 4 倍（见表 24－1）。同时，东京政府确立了太阳能加热设备、保温性能认证方案，绿色加热认证体系等。为推进太阳能措施，天然气承包商创建了太阳能使用与促进论坛，导致了新的商业模式的开发。

表 24－1　申请光伏发电的国家补贴的数量

单位：件

地区	2004 年	2009 年	申请增长率
全国	54475	121404	约为 1 倍
东京	1554	7600	约为 5 倍

资料来源：Tokyo Climate Change Strategy，Progress Report and Future Vision。

为促进可再生能源的利用，东京与青森县于 2009 年 12 月签署了区域合作协议，开启了创新企业使用能源转移合同的新途径。与青森县风电厂合作开发“绿色生活电力”，在东京核心区的大型商业建筑启动了“绿色 PPS”的电力合同项目（PPS，即电力生产与供应者）。东京气候变化战略也建立了刺激经济的新模式，包括为帮助中小型企业能源利用效率的排放减量信贷。

2. 低碳政府合作项目

在促进各项举措实行的过程中，东京政府的政策措施框架也逐步强化，其中包括大东京都市圈合作治理结构、市区合作、建立应对气候变化行动的东京都中心等。①减碳东京的10年计划。为实现地区2020年的减碳目标，成立由东京副市长领导的“促进东京减碳10年”委员会，2007年推出碳减排东京项目。②东京大都市圈内各市区共同合作计划。2009年，为有效推进气候变化战略，设立了新东京都政府市政资助计划，促进东京与东京都市圈内所有地区进行广泛合作，并引领市、区地方性举措的创新。该计划包括各种项目建议书，覆盖区或市建立领先工程项目。东京提供包括这一项目总共36个组织机构的财政支持。③成立东京都中心。2008年4月1日，东京设立了应对气候变化行动的专门机构——东京都中心，以作为支持市民、中小型企业应对气候变化战略的基础。

五　对我国低碳城市建设的启示

借鉴东京低碳建设的有效经验，我国城市可以根据自身发展的情况，针对有关碳排放交易市场与制度、创新项目的开发与建设，以及国内、国际低碳城市合作与交流等方面，积极展开应对全球变化与温室气体排放的低碳行动。

1. 推进碳排放控制交易市场与体系建设

自《京都议定书》生效以来，全球碳交易市场快速发展，五年间（2005～2010年）其交易额从110亿美元攀升至2010年的1400多亿美元，联合国和世界银行曾预测，2012年全球碳市场交易额将达到1500亿美元。而在全球建立相关碳排放与交易机制的区域当中，东京切实在城市尺度上进行了碳排放总量控制和交易的尝试与创新。这对我国城市建立区域性的碳交易市场与体系起到了良好的借鉴作用。但与各地OECD国家的城市一样，东京的工业活动对碳排放的推动力正不断减弱，以二次能源为主（电力和供暖等）的碳排放则不断增强。这与我国城市经济发展的主要能源消费的碳排放结构有一定差别。此外，中国已经进入全球CDM市场，但还处于国际碳交易链的低端，缺少话语权和定价权，中国的CERs（Certified Emission Reductions，经核证减排量）通常被别国低价买进又高价卖出。因此，我国必须推进自己的碳排放交易市场及机制的建立，在有基础的城市首先开展碳金融、碳交易市场的试点项目与工作，以最终增强我国在碳交易市场上的竞争地位。

2. 积极探索低碳创新治理项目与监管机制

基于我国各地发展基础与情况的差异，全面铺开系统低碳减排不太符合国家发展的现实水平与实际力量。因此，借鉴东京的经验，基于城市低碳规划的系统框架与内容，以问题为导向，围绕重点排放领域集中力量，通过“低碳创新项目”的设计与开发，积极引导市场开发与制度创新，协调处理各方的矛盾关系，并为切实保障重点领域的低碳排放目标的实现，进行监管机制的创新与加大监管力度，以点的突破与示范效应带动整个城市低碳行动逐步推进。根据城市建设的具体情况来看，高能耗产业的低碳技术改造与创新项目、城市建筑节能与低碳设计项目、低碳交通减排与多元化出行方式、低碳能源开发与使用项目、湿地碳汇项目等都有着广泛拓展与创新的空间。

3. 借助国内国际力量，嵌入全球低碳城市合作网络

东京低碳城市的建设合作主要基于两个跨区域尺度。①跨区域的国内合作。东京政府的政策创新是基于与国内都市圈内各地政府之间的联系与合作行动的。通过各项低碳合作项目的实践，建立区域内的创新合作组织与管理制度，从而保证与进一步推动新的低碳项目设计与实施。②跨区域的国际交流。注重国际联合和交流是国际城市低碳发展的一个成功要素。全球城市合作网络是跨区跨国层次上应对全球气候变化的重要组织形式。东京不仅是 C40 的国际成员之一，同时其政府强烈意识到全球层面联合开展行动的重要性。这使得城市政府能够参与到全球低碳发展讨论和创新政策中，分享经验并对其他城市产生影响，从而在新的全球竞争中占据领先地位，确立城市品牌与形象；另一方面，通过国际交流，参与国际层面的合作伙伴项目，有利于地区获得全球低碳技术、多元化融资、其他资源与信息的支持。国际非营利机构及其平台和网络对城市政府制定气候政策起到了很大的促进作用。我国城市（上海）已积极加入 C40，在寻求国际合作的过程中已经迈出重要一步，但仍需加深与国际低碳城市在技术、市场、治理等方面的合作；同时，积极增强与国内城市间的合作，共同创新低碳城市合作模式和机制，加快嵌入全球低碳城市网络，促进我国向低碳经济与社会的转型。

参考文献

付允：《低碳城市的发展路径研究》，《科学对社会的影响》2008 年第 2 期。

雷红鹏、庄贵阳、张楚：《把脉中国低碳城市发展—策略与方法》，中国环境科学出版社，2011。

唐琦、曾刚：《低碳城市建设的国际经验与上海临港的选择——基于东京与波特兰案例》，《中国城市研究》2011 年第 2 期。

蔡博峰：《东京市碳排放总量控制和交易体系及对我国的启示》，《环境经济》2011 年（总）第 96 期。

联合国环境规划署等：《上海市碳排放交易机制及发展战略研究报告》，联合国环境规划署—同济大学环境与可持续发展学院，2010。

The Climate Group, "Low-carbon City—an International Perspective", http://www.theclimategroup.org.cn/publications/2010-08-Low_Carbon_Cities-An_International_Perspective-en.pdf.

Kristine Kern, Harriet Bulkeley, "Cities, Europeanization and Multi-level Governance: Governing Climate Change through Transnational Municipal Networks", *Common Market Studies* 47 (2009).

Project-driving Low-Carbon City Development in Tokyo

Abstract: Currently cities are important places responding to global climate change and GHG emission. Many countries have paid more attention to building a low-carbon city and have had many experiences from the progress of low-carbon actions. Based on the deeply analysis on the development experiences and model features in Tokyo, the paper concluded its characteristics about project governance, and provided several recommendations on how to construct low-carbon cities from the angle of cap-and-trade, low-carbon innovative projects, and international cooperation in China.

Key Words: Low Carbon City; International Experience; Tokyo

B.25
综合治理导向的波特兰低碳城市建设

倪　外

摘　要：

学习借鉴国际低碳领先城市经验，对建设中国低碳城市发展模式发挥着重要作用。本文在深入分析国际低碳城市波特兰的建设经验及模式特点基础上，结合我国城市发展情况，从低碳规划、产业发展、政府建设等方面着手，提出推进我国城市低碳建设发展的建议。

关键词：

低碳城市　国际经验　波特兰

当今城市是全球经济的核心空间载体，它消耗着全球能源总量的75%，排放出75%的全球温室气体，在应对全球气候变化与减少温室气体中需要担负更多责任，具更大潜力。低碳城市相关研究表明，在地方尺度上，气候变化与可持续发展间的联系与协同会变得更加明显。它将激励城市创造出能帮助温室气体减排和适应新挑战的社会与技术创新。全球许多城市已经制定与实施气候行动计划与战略。

从国际领先的低碳城市（或社区）建设具体实践中可以看到，低碳城市发展有着相似驱动力、相似建设内容（规划、能源、交通、建筑等）。然而，受到地理条件、城市规模大小、地方政府角色定位与治理能力（管理者、提供者、促进者、消费者），以及公民与相关利益方参与程度不同等的影响，低碳发展并没有统一蓝图。政府在气候治理中的角色功能不同直接影响着政府采取不同低碳政策和行动。作为消费者角色时，政府将较多考虑部门自身的减排；而作为管理者、促进者和提供者，则更多考虑如何对整个社会的温室气体减排进行管制、动员和激励。因此，受这些因素共同影响，不同城市在治理主体、方式、对象与合作上表现出较大差别，使得各地气候行动方案、建设方式呈现不同特征，并最终形成城市最佳气候“治理模式”。本文在深入分析国际著名城市波特兰的低碳建设行动与经验基础上，为正处于低碳城市建设“初期讨论中”的我国城市低碳发展提供有益建议。

一 波特兰低碳综合治理模式

1. 多元低碳治理主体、全方位系统化合作

波特兰是美国俄勒冈州的最大城市，位于俄勒冈州威拉米特河汇入哥伦比亚河的入河口以南。截至2010年，城市总人口为58.37万人。它被美国联邦环保署评为“清洁能源之都”，其在美国气候保护工作中一直保持领先地位。早在1993年波特兰就开始在降低温室气体排放上展开行动，成为全美第一个实行《全球变暖战略计划》的地区。2001年，马尔特诺马县与波特兰市共同采纳修订计划；2009再次制订《2009气候变化行动计划》，罗列近百项行动措施，总体目标为2030年碳减排达到1990年的40%，2050年达到1990年水平的80%。

综合分析波特兰的低碳建设行动，其成功得益于长期完善的土地规划和保护自然环境的优良传统，以及多元低碳治理主体共同展开的全方位系统化（经济—自然—社会）的综合治理型发展模式。

地方政府、企业、公民三方主体相互影响、平等自愿合作，为城市温室气体排放核算、产业结构调整与绿色经济转型奠定了坚实基础。地区气候行动计划的制订也充分体现了全民分享的民主程序，表现出明显的“自下而上”的治理特征。地方政府作为低碳政策提供者与低碳消费者，有着强烈环保和低碳意识的市民阶层则推动政府为适应改变作出回应，并为低碳交通、建筑、能源及发展进行选择。企业则是生产绿色产品、提供绿色技术及建设绿色经济的核心。同时，由于地区低碳行动起步早，较好的制度框架与发展基础使得城市低碳行动能全面推行，从经济—自然—社会复杂系统的协调发展着手，以低碳作为新经济的引擎，不断创造绿色经济与

就业机会、改善社区生活环境和公众健康、促进社会公平、巩固自然生态系统的自我复原能力。

2. 减排量化标准及气候行动计划

波特兰市政府在明确地区减排部门的基础上，采用政府环境行动理事会（ICLEI）的地方政府温室气体排放指南，编制碳排放量表，以跟踪地区的碳排放总量与趋势变化，为长期减排定量化与减碳目标制定提供科学依据。基于碳减排目标的设定，公众、企业、非营利组织和公共机构的联合参与制订气候行动计划并共同努力，截至2008年，在人口和经济迅猛增长的情况下，其总体排放水平在1990年的基础上降低了1.2%（见表25-1）。

表25-1　马尔特诺马县人口总量与各部门碳排放量

年　份	1990	1995	2000	2005	2006	2007	2008
居民总人口(万人)	58.38	—	66.04	—	—	—	71.5
居民能源消耗(万吨)	175.69	179.23	204.92	171.25	175.45	175.15	178.11
商用能源消耗(万吨)	187.71	206.32	241.54	204.72	210.46	211.94	212.02
工业能源消耗(万吨)	154.05	177.45	197.50	133.24	138.78	133.80	130.94
交通消耗(万吨)	318.73	337.50	331.9857	336.8051	347.16	352.20	326.69
废弃物处理消耗(万吨)	23.77	22.68	14.73	8.30	3.0	2.61	1.78
总量消耗(万吨)	859.95	923.17	990.68	854.31	874.86	875.70	849.53
相对于1990年(%)	—	7.4	15.2	-0.7	1.7	1.8	-1.2

资料来源：Climate Action Plan 2009。

3. 气候减缓与绿色经济融合政策

波特兰通过气候保护计划与政策的实施，在强调降碳减排的同时，刺激对本地产品与服务的需求，吸引绿色创新企业并让它们成为地区经济发展的主体。波特兰已经成为全美绿色建筑产业基地（全美国领先的开发商、建筑公司、建筑设计师、工程师和制造商）、清洁能源企业集聚地（风力发电、光电制造、生物柴油以及节能咨询企业）以及最先进的自行车产品生产基地。绿色产业的发展创造了“绿领”的工作机会并带来可持续的经济效益。

二 波特兰低碳治理的实施重点

1. 经济—社会—自然的协调发展

（1）低碳建筑与能源。

波特兰建筑物排放量占到总排放量的40%以上（2005年）。为解决建筑减排，政府采用提高节能效率与使用本地可再生能源的方式，通过为居民与企业提供提高能源效率的低息融资、激励方式、参与州建筑立法，以确保建筑碳排放降低与适应气候变化。2009年，波特兰推出由市、县、州能源信托与西北天然气公司、波特兰电力总公司以及太平洋电力公司之间的合作项——清洁能源计划，即市民从中可获得用于提高建筑能源效率的低息贷款，节约能源、创造就业机会、增进社会平等的计划。

（2）低碳交通与城市形态。

波特兰的城市形态与交通规划真正体现服务于“人”而不是“汽车”的思想。在城市形态和交通政策出台之后，交通运输碳排放量相对于1990年基本没有增加。政府采用减少人和货物车辆的运输里程数、提高货物运输的效率、减少车辆使用的方式来推动地区交通碳排放。同时通过城市紧凑型增长、土地利用规划，联合企业投资建设绿色交通基础设施，扩大建设轻轨系统、公共交通及自行车系统。由于为市民提供更多低碳出行方式的选择，通过市民（社区）的积极主动参与，该地区居民比美国其他地方的居民开车更少。据估计，波特兰地区居民和企业每年交通方面开支的节省高达10亿美元以上，节省开支中的大部分又用于当地经济，产生了多重经济效益。减少车辆的行驶里程有效增强了地方空气质量的改善及地区居民健康的整体水平。

（3）废弃物处理与循环利用。

波特兰市是美国城市中回收利用率最高的城市之一。2007年达到了64%，相当于美国全国平均水平（33%）的近2倍。“波特兰回收利用计划”（见图25-1），积极从消费品选择与废弃物回收两方面来推进废弃物能耗的减少，帮助居民、企业达到回收要求，提高回收技术标准与创新管理制度，提高废弃物转化为能源的技术，同时要求废弃物收集系统采用生物柴油以减少碳排放。

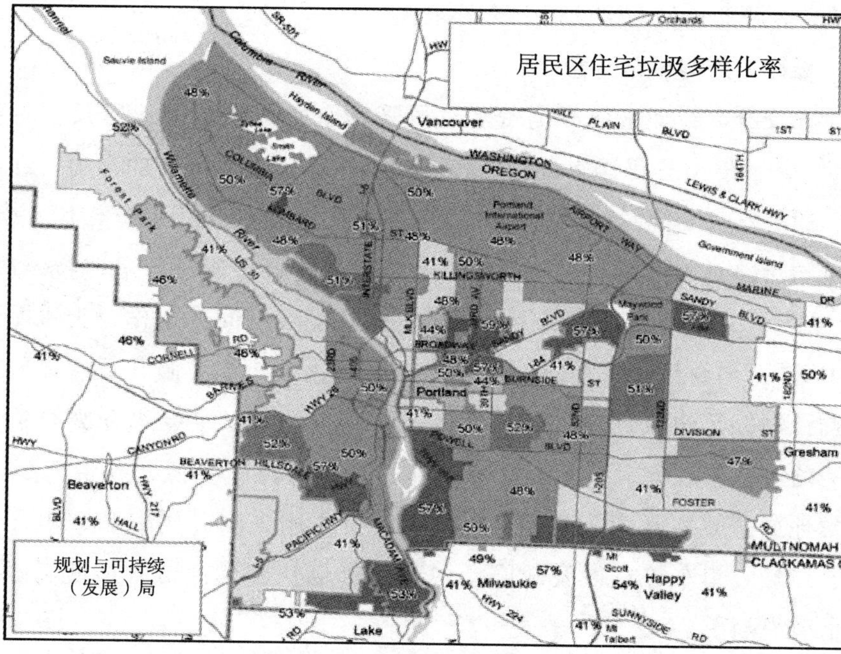

图 25－1　波特兰市地方居民区住宅垃圾多样化率（按回收责任区）

资料来源：Climate Action Plan 2009。

（4）城市自然生态系统开发利用。

波特兰高度重视自然生态系统在低碳发展中的重要地位，充分开发利用其碳汇功能。波特兰城市绿地占全市面积的26%，每年从大气中将吸附8.8万吨的二氧化碳，相当于该地全部碳排放的1%。在2009年的行动计划中，政府从扩展绿地与增加绿荫面积、保护湿地、改善流域健康（降低水温为保证流域健康的方式）的措施着手，强化公众健康与气候变化之间的联系，并对全社区应对气候变化的脆弱程度作出综合评估。同时，还综合考量未来数十年的多样化挑战和机遇的复杂性，制定建立可行灵活的制度以帮助地区实现长期环保、社区健康、经济发展、平等、实惠、社区可居住性等远景目标。

（5）低碳食品与本地农产品供应。

波特兰将食品系统减排纳入减排对象之一，将食品选择纳入公共参与运动，促进居民可以通过选择本地产的食品和低碳食品来减少食品选择对气候变化的影响，改善个人、环境和经济健康水平，同时刺激本地经济，帮助保存农业基地，并降低食品运输过程中的碳排放。

2. 低碳政府与城市运营

地方政府本身即是能源消费者。尽管政府机构的碳排放量只占总排放量的约1%，但市县仍详查运作的各方面，挖掘地方碳减排的潜力，在相关设施、职员本身实施具体减排行动，起到低碳建设的带头示范作用。例如，政府机构对路灯、水泵、水处理和其他能源密集型设施进行节能技术改造；在16条大街135个街口实施优化交通信号灯配置时间的工作，为汽车节省超过17.5万加仑汽油，相当于每年减少二氧化碳1.5万吨。政府还实施绿色采购计划，实施绿色建筑政策，包括第三方能源认证、水和废弃物重复利用战略等；市政府设施运作100%电力选择可再生资源，其中至少15%来自本地或区域的可再生能源。地方政府公务用车和公用事业车辆（如出租车、垃圾收集车等）以及政府承包商的车辆达到燃油节省最低标准，并使用低碳燃料等。

三　对我国低碳城市建设的启示

借鉴波特兰的有效经验，结合我国城市发展的具体情况，各地可以从以下几点着手，积极开展应对全球变化与温室气体排放的低碳行动。

1. 明确科学减排基础，制定低碳行动框架或规划

温室气体排放清单是国际低碳城市建设的基础，领先低碳城市的普遍做法，它也成为低碳发展的科学基础。美国波特兰及其他国际上的低碳城市（如纽约等），在建构减排具体目标上有着相类似的步骤（见图25－2）。

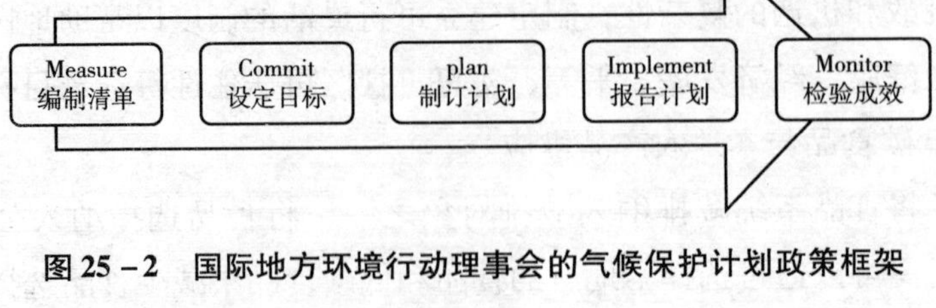

图25－2　国际地方环境行动理事会的气候保护计划政策框架

资料来源：the climate group，Low Carbon Cities-An International Perspective。

中国城市低碳发展的迫切需要是首先摸清自身情况。结合国家应对气候变化、控制温室气体排放的总体目标，将减排清单制定纳入地方政府规划工作议事日程，尽早开展针对不同能源消费碳足迹计算和碳排放数据库的建立。积极引导各地企业、商业大型楼宇、居民等参与并提供基础数据。基于我国城市地区普遍存在基础数据及测算方法的限制，在编制工作上，可以广泛寻求国内外的帮助与合作（如政府间气候变化专门委员会、世界自然基金会），以为有效的规划与政策实施提供科学的依据。同时，以科学减排目标为基础，将“低碳城市”理论与现行的规划编制体系与内容相融合，确定城市各项低碳规划内容，给予新城建设以全面、综合、系统的建设框架与发展战略指导，并通过城市规划的实施，逐步落实到用地布局、交通模式、产业发展和设施建设当中。

2. 推进产业结构调整优化，促进低碳经济转型

波特兰地区的低碳经济发展得益于经济结构的调整与优化。国际大都市低碳建设的成功要归功于地区经济结构相对从重工业向轻工业和商业的转移。通过减碳政策与行动，挖掘绿色“经济红利”，将气候减缓与城市经济发展有机结合，有较好的借鉴意义。需要注意的是，这些城市目前已经进入后工业化社会，其减排领域的重点更多关注建筑、交通、废弃物处理、居民生活等。而我国总体上还处于城市化发展进程中，城市之间不仅存在较大发展差距，同时总的发展重点还在工业部门，工业部门的二氧化碳排放量占我国碳排放总量的80%以上，经济结构与能源结构调整成为我国低碳城市发展的内核。因此，在城市发展建设中，需要围绕产业结构优化，一方面通过低碳技术不断推进产业低碳化，突破发展中的“低端高碳”锁定；另一方面，加快低碳产业的发展，通过新技术、新产业的发展，促进城市绿色就业，推进绿色经济增长与社会发展。

3. 增进政府低碳治理能力，逐步建设多元化协同治理

归纳波特兰低碳城市发展经验，地方政府以低碳政策提供者与低碳消费者参与低碳城市建设中，企业、居民等多元主体共同推进了地方低碳建设与经济发展，体现出明显的“自下而上”的治理特征。而我国处于低碳城市建设初期，城市政府则更多地表现为监管者和政策提供者，通过“自上而下”的方式在低碳行动方向、规划与制度建设、低碳经济投资与发展方面起着核心作用。然而，城市低碳发展牵涉市政建设、税收调整、绿色经济、社会生活方式各方面的转变。技术产业、科研机构、非营利组织、社区居民、相关地区都是低碳发展的“利益相关方”和实践者。因而，我国城市地方政府需要转变角色，通过协调政府、企业与公众间在低碳发展中的关系，完善低碳市场机制，增强企业与公民的低碳意识与行动力，逐步建设多元主体的协调治理模式。同时，应强化城市政府也是消费者的理念，加强政府自身低碳化，从内部经营管理、绿色采购、低碳投资与招商、日常工作消费等方面，促进市政低碳行动，从而增进政府低碳治理的综合能力。

参考文献

刘志林、戴亦欣、董长贵、齐晔：《低碳城市的理念与国际经验》《城市发展研究》2009 年第 6 期。

付允：《低碳城市的发展路径研究》，《科学对社会的影响》2008 年第 2 期。

戴亦欣：《中国低碳城市发展的必要性和治理模式分析》，《中国人口资源与环境》2009 年第 3 期。

The City of Portland and Multnomah County, Climate Action Plan 2009, http://www. portlandonline. com/bps/index. cfm? c =49989.

WWF, A Five-step-plan for A Low Carbon Urban Development, http: //docbox. etsi. org/Workshop/2009/200911_ GREENAGENDA/02Final% 20policy% 20paper% 205-step-plan. pdf.

Gotelind Alber, Kristine Kern. Governing Climate Change in Cities: Modes of Urban Climate Governance in Multi-level Systems, http: //www. oecd. org/dataoecd/22/7/41449602. pdf.

Kristine Kern, Harriet Bulkeley, “Cities, Europeanization and Multi-level Governance: Governing Climate Change through Transnational Municipal Networks”, *Common Market Studies* 47 (2009)

Steven Hammer. Capacity to Act: the Critical Determinant of Local Energy Planning and Program Implementation (Conference Paper), World Bank 5th Urban Research Symposium (Cities and Climate Change), Marseilles, France, 2009.

Comprehensive Management Experiences of Low-Carbon City in Portland

Abstract: Chinese cities are facing the great challenge from global climate change and GHG emission. Learning from international experience of leading low-carbon cities will play an important role on how to develop low-carbon cities in China, stimulate thinking and practices from urban administrators and building development models in Chinese low-carbon cities. Based on the in-depth analysis of the development experience and model features in Portland, the paper has provided recommendations on how to construct low-carbon cities from the aspect of urban planning, industrial development and governance in China.

Key Words: Low Carbon City; International Experience; Portland

城市治理篇

Urban Management

B.26 国际智库预判未来城市交通的发展趋势*

张剑涛

摘　要：

交通是城市发展的关键要素之一。本文针对里特公司对全球的66个城市的交通状况的调研，从当前城市交通的问题、当前城市交通的不同模式和实践、城市交通发展的应对策略、未来城市交通的新型模式四方面分析了未来城市交通的发展趋势，并提出了对中国城市的启示。

关键词：

城市交通　交通模式　发展趋势

交通对城市发展的影响至关重要。全球著名咨询公司里特管理顾问公司对全球的66个城市的交通状况进行了调研分析，发现交通问题已经对这些城市的现状和未来发展造成了阻碍，需要采取创新性的措施加以妥善解决。

---

* 本文主要基于：D. Little, The Future of Urban Mobility-Towards networked, multimodal cities of 2050, 2011的介评，并研究了对中国的启示，特此致以谢意。

基于里特公司的研究报告，本文从四方面对未来城市交通的发展趋势进行了分析阐述：①当前城市交通的问题；②当前城市交通的不同模式和实践；③城市交通发展的应对策略；④未来城市交通的新型模式对中国的启示。

一 城市交通面临日益增长的压力

1. 城市交通的快速增长

全球人口日益集聚在城市，目前约51%的全球人口或35亿人生活在城市。到2050年预计70%的全球人口或63亿人会生活在城市。目前64%的人类出行距离是在城市中。到2050年城市交通出行距离将会是目前的3倍。而届时平均每一个城市居民每年花费在交通拥堵上的时间将会是目前的3倍，达到106小时/年。同时城市交通会消耗越来越多的资源。预计到2050年全球城市交通将会耗费8290亿欧元，是1990年的4倍多。届时城市交通还会消耗17.3%的地球生物能源，是1990年的5倍多。因此城市交通问题成为未来城市所需要面临的最艰巨的挑战之一，如何保证人们出行的快速、便捷，同时尽量减少对环境的影响，是未来城市交通发展的目标。

2. 全球城市交通体系评估

里特公司从交通体系的成熟度和交通体系的表现两方面对全球66个城市的交通状况进行了分析评估。交通体系的成熟度包括5项指标：公共交通的普及程度、未来交通战略、私家车的保有量和合用程度、私家和公共自行车普及程度、公交电子化普及程度。交通体系的表现包括6项指标：每百万人的交通事故死亡率、人均交通的二氧化碳排放量、人均汽车保有量、平均出行速度、居民对城市交通的满意度、平均工作出行时间。根据这些指标的细化评分，被调查的66个城市的交通状况评估排名如图26-1所示。

66个被调查城市的交通状况平均评分为64.4分，香港和荷兰的阿姆斯特丹是仅有的2个得分超过80分的城市；15%的城市得分超过75分；上海是中国大陆城市交通评价最高、排名最前的城市，在66个城市中排名第11。这项调查揭示了一些重要规律。

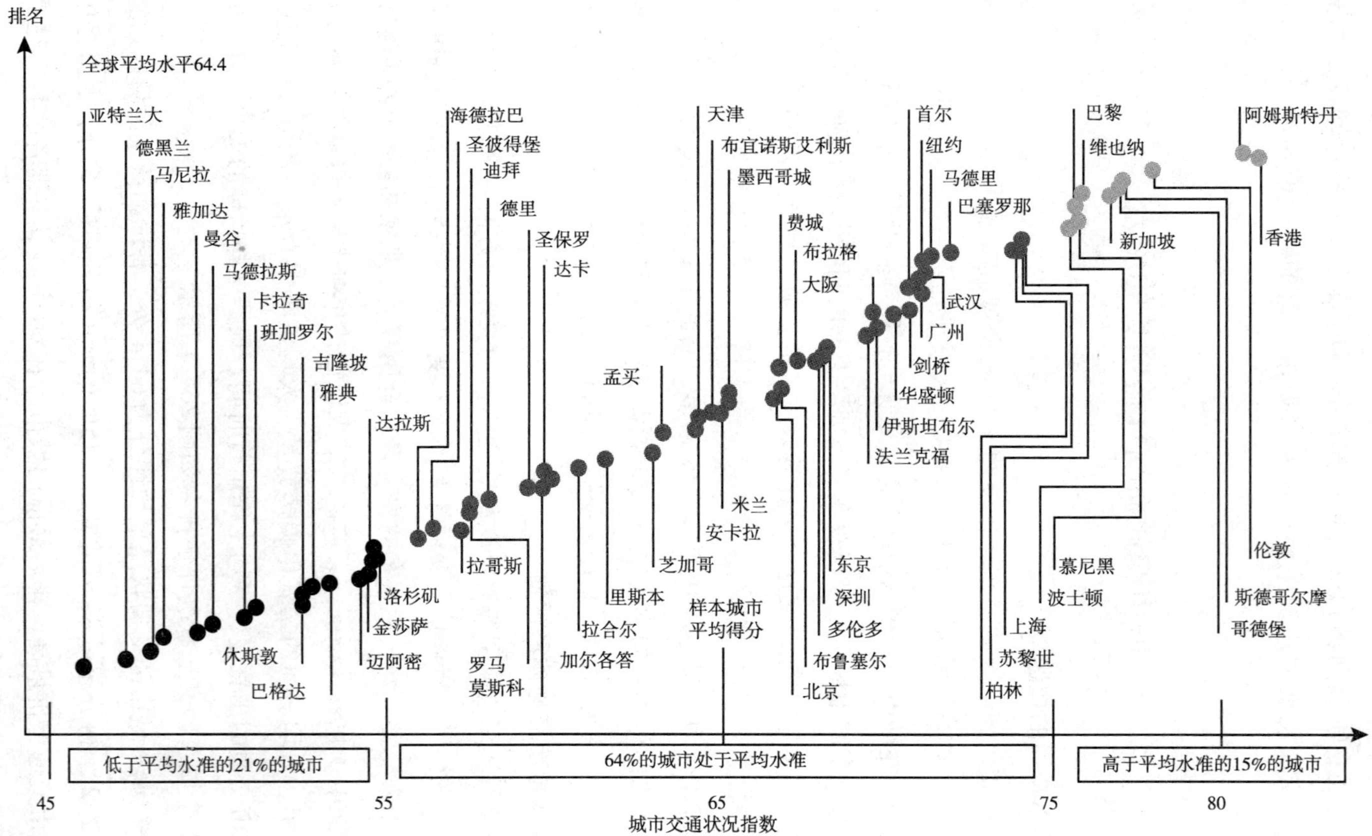

图 26－1　全球 66 城市交通状况评估

资料来源：Arthur D Little, The Future of Urban Mobility-Towards networked, multimodal cities of 2050, 2011, p. 10。

第一，新型的交通理念与交通的效率、效果密切相关。在一些鼓励和推行步行、自行车出行、拼车出行、电子交通卡以及其他新型交通理念和模式的城市，出行时间、交通死亡率和二氧化碳排放率都得以显著下降。调查中排名前10的城市都十分注重公共交通、步行、自行车出行，且自驾车出行的比例都不到出行总量的一半。

第二，66个被调查城市的平均得分只有64.4分，而且只有15%的城市得分超过75分。这意味着全球绝大部分城市的交通状况还有很大的改善空间，同时也说明绝大部分城市需要立即采取行动，主动改善城市交通状况，以应对城市未来的发展。

第三，即使是得分最高的香港（81.9分）和阿姆斯特丹（81.2分）的交通在不同领域也还有很大的提升空间。例如，香港的电子交通卡的普及和应用是全世界最好的，简化了不同交通模式之间的转换流程和时间，鼓励了人们更多地使用公共交通，但是香港的电子交通卡还未能被应用于合用汽车和自行车出行。这也就说明了目前的交通模式仍有进一步提升和改善的空间。

第四，城市交通状况的好坏与城市规模并无必然联系。例如，像罗马和雅典这样的小型城市在调查中的得分处于中下游，分别是57.9分和53.3分；而像伦敦和马德里这样的大型城市，得分却分别达到了78.5分和71.8分。其中的主要差距就在于伦敦和马德里拥有发达的公共交通体系。

第五，发展中国家城市未必需要借鉴发达国家城市的交通模式。因为许多发达国家的城市，如东京、亚特兰大、迈阿密等，并未提出明确的城市交通战略。同时，如果发展中国家借鉴了一些发达国家的交通策略，这意味着与此同时它们也会面临一些发达国家已经遇到的难题，诸如交通出行模式的不合理、居高不下的二氧化碳排放量、交通拥堵等。

3. 全球不同地区之间的交通状况差异

被调查的66个城市处于全球的不同地区，在此基础上可以大致归纳出各地区的城市交通状况。西欧地区的城市交通状况是调查中最好的，该地区被调查的18个城市的平均得分为71.4分；18个城市中有7个得分超过75分。其中阿姆斯特丹（81.2分）和伦敦（78.5分）是得分最高的，罗马（57.9分）

和雅典（53.3分）是得分最低的。东南欧地区的被调查城市的平均得分是64.0分，该地区城市的交通状况差异比西欧地区小；城市中伊斯坦布尔的得分（70.2分）最高，圣彼得堡的得分（56.9分）最低。北美地区被调查城市的平均得分为62.0分，交通状况略低于平均水准。波士顿的得分（76.2分）是该地区最高的，而亚特兰大的得分（46.2分）是该地区最低的，也是所有被调查城市中最低的。南美地区被调查城市的平均得分是63.6分，略高于北美地区。该地区被调查城市的交通状况和得分基本相似，墨西哥城65.7分，布宜诺斯艾利斯65.3分，圣保罗59.7分。亚太地区被调查的城市的交通状况是所有地区中差异最大的，香港的得分（81.9分）是所有被调查城市中最高的，而马尼拉的得分（48.4分）在所有被调查城市中位居下游。中东和非洲地区被调查的城市的交通状况是最差的，平均得分最低，只有54.4分。其中迪拜58.0分最高，德黑兰47.7分最低。

二　当前城市交通的不同模式和实践

对不同类型城市交通模式的分析归纳，可以根据一个城市的人口规模、经济发展程度、主导交通模式等几方面因素。

1. 维也纳模式——小型城市、公共交通、成熟系统

维也纳是欧洲公共交通最发达、公众交通满意度最高的城市之一。城市居民出行大量采用巴士和有轨公交，私家车辆的使用大幅减少，因此交通拥堵出现的频率和交通事故的数量也很少。但是维也纳在多种交通方式包括自行车和步行交通体系建设，以及公共交通电子化应用方面，比之其他发达城市有相当差距。

2. 香港模式——大型城市、公共交通、成熟系统

香港的城市交通模式在全球范围内广受好评。在一个世界上人口密度最高的相对狭小的地区，香港的城市交通充分发挥了高度网络化和多种交通方式并存的优势。私家车保有量、交通事故数量和城市交通相关的二氧化碳排放量在所有被调查城市中是最低的。同时公共交通电子化应用十分普及，人均拥有2.9张电子交通卡。但是香港在鼓励新型交通方式如合用私家车等方面仍待发展。

3. 北京模式——大型城市、公共交通、新兴系统

北京的城市交通模式代表了相当数量的亚非拉发展中国家的人口众多的大型城市的交通模式。一方面是大量的自行车、二轮机动车和步行出行，另一方面是快速增长的机动车保有量。交通拥堵已经成为城市的标志之一，平均工作出行时间需要52分钟，大约是维也纳的2倍。每百万人中有68起交通死亡事故，是维也纳的8倍多。因此目前迫切需要严格限制不断快速增长的汽车数量和使用量，同时需要大力发展多种交通方式以及鼓励合用私家车等新型交通方式和理念。

4. 亚特兰大模式——小型城市、个人交通、成熟系统

这种模式下的城市人均工作出行时间能够得到最优化，但是私家车的大量使用对环境造成了影响，因此需要控制私家车的数量及其二氧化碳的排放量。美国的亚特兰大的人均工作出行时间为26.6分钟，在所有被调查城市中属于最快速的城市之一。该市所有出行总量中，私家车占了95%。因此该市人均二氧化碳的年排放量达到7.5吨，而亚洲和欧洲的二氧化碳人均年排放量分别只有0.5吨和1.1吨。而亚特兰大每百万人中有83起交通死亡事故，比人口拥挤的北京更高。因此亚特兰大需要大力控制汽车的二氧化碳排放量，推进公共交通系统，以促进城市交通系统的可持续发展。罗马也是这种交通模式的代表城市。

5. 洛杉矶模式——大型城市、个人交通、成熟系统

洛杉矶的公众对城市交通的满意度很高，同时交通事故率和二氧化碳排放量也维持在很低的水平。在推进新型的公共交通方式和公共交通电子化方面还有很大提升空间。多伦多也是这种模式的代表城市。在被调查城市中，它的公共交通系统的公众满意度最高，而交通事故死亡率最低。但是它的公交系统的多样性、电子化和换乘便捷程度都有待提高。自行车和步行出行只占了出行总量的6%。

6. 巴格达模式——大型城市、个人交通、新兴系统

巴格达没有明确的交通发展战略和策略，机动车和非机动车基本混行，公共交通体系处于起步阶段。汽车的保有量很高，达到人均0.55辆，汽车的二氧化碳排放量也比中东和非洲的平均水准要高出很多。因此在改进交通模式、减少环境不良影响方面还有很大提升空间。马来西亚的吉隆坡也是这种模式的代表城市。

三　城市交通发展的应对策略

1. 城市交通需求的多种类型

随着城市的日益发展，城市交通决策的最大难题就是如何满足各种不同类型的交通需求。例如公共交通可能最大化地满足工作通勤的交通需求，但是对于购物、访友等个性化需求的满足程度就会降低。因此需要对未来城市的一些新型的主要交通需求类型进行界定。

绿色出行：未来城市中，交通出行与环保和可持续发展的关系日益紧密，节能减排将成为交通的关键要素之一。绿色出行需要减少不必要的出行，以减少交通拥堵；更多地应用生态环保技术，减少汽车排放；倡导自行车和步行出行。

家庭出行：未来家庭将成为城市的基本组成和活动单元。各种工作、娱乐、交往等活动都会以家庭为主角。以家庭为主的交通出行将会越来越多，这对交通工具和交通出行模式势必将产生重要的影响。

银发交通：随着人口老龄化的日益明显和加速，老年人出行对交通模式的影响也日益明显。在以自驾出行为主的地区，越来越多的老年人自驾出行；以公共交通为主的地区，越来越多的老年人搭乘公共交通工具出行。这些对交通工具、服务设施、交通管理等提出了新的要求。

高频通勤：随着经济的发展，商务活动也随之日益频繁。未来交通出行中的很重要一部分即是各种商务出行，包括出访客户、商务洽谈、会议展览等，这些构成了日常交通出行中相对稳定的一大部分比例。这些商务交通追求通勤效率，因而它们拥有很强的纪律性和合理性，能够自发地组织和形成合理的交通模式。

旅游出行：旅游出行的一大主要特征就是出行车辆会长时间在行驶中，会长期占据道路空间和交通流量。随着经济的发展和交通的日益便捷，旅游出行会日益频繁。因此需要为旅游出行提供必需的交通管理策略和措施。

2. 不同交通要素的应用前景

首先，交通出行中会采用更多的新技术和新方式，如混合动力、新能源、清洁等各种新技术汽车，高速轨道交通等。种种新技术的应用会改变现有的交通出行模式、交通管理策略和交通服务设施，可以减少交通出行、提升交通效率、减少交通排放。

其次，随着新技术的应用和新交通工具的出现，交通管理策略也会随之改变。先进交通管理系统（ATMS，Advanced Traffic Management Systems）的应用，通过摄像机、雷达等各种感应设施监控实时交通状况，并在此基础上快速分析、处理交通信息，实施交通管理，以及把交通信息发布给交通用户引导交通的合理有效分布和流向。

再次，交通基础设施也需要改变和发展以适应新的交通技术和模式。例如，各种充电站、混合能源站、新能源站将会越来越多，以适应日益普及的各种新动力汽车。同时，自动停车系统、电子交通信息系统等各种新型交通服务设施也会日益普及。

四　未来城市交通的新型模式对中国的启示

1. 管理交通服务平台

这种交通模式的目的在于为任何一个出行者提供一个交通信息平台。通过这个平台出行者可以充分了解信息，规划自己的行程，订票付款。这个平台成为交通服务提供者和出行者双向交流和交易的第三方，使出行者能够合理有效地安排出行。既可避免出行者耗费不必要的时间在城市道路上，同时也可以减少城市道路上的不必要和无效的交通量。香港、新加坡在这方面为世界其他城市提供了良好的典范，这对于交通出行量巨大的中国的大型城市如北京、上海、深圳等具有很好的借鉴意义。

2. 出行交通方式整合

交通服务提供者可以根据出行者的不同需求提供完全个性化的出行计划，将不同的交通方式无缝地衔接起来，这种交通模式在发达国家正逐步普及。随着中国经济的发展和人们收入的提高、要求的多元化，这种交通模式未来有很大的应用空间。

3. 提供城市交通解决方案

这种交通模式的目标是整体城市交通，而不是个体出行者。它为城市交通提供整体性的解决方案，根据各个城市不同的特色和需求，提供相适应的多种交通方式的有机组合，力求做到能够即时发挥效应，同时满足整体效益最优化。并且该模式可以由政府、社会组织和企业多方面参与合作，是未来全球城市交通发展的重要趋势之一，也可以为中国城市制定交通战略提供一个重要的政策基础。

4. 提供交通产品和方案

这种模式是将城市交通分解为乘客、交通量、基础设施、交通管理、交通规划、交通信息等多个环节，并为各个环节提供独立的解决方案。其基础是交通是一个复杂的综合体，在无法一步到位整体解决的情况下，可以分解为各个环节逐步解决。它强调基于现有能力解决交通问题的实效性，是目前全球城市普遍采用以解决城市交通问题的主要模式，也适用于大多数的中国城市。

参考文献

D. Llittle, The Future of Urban Mobility-Towards Networked, Multimodal Cities of 2050, 2011.

2011 Urban Mobility Report, Texas Transportation Institute, 2011.

Barnhart Cynthia, Bertsimas Dimitris, Caramanis Constantine, etal., "Equitable and Efficient Coordination in Traffic Flow Management," *Transportation Science* 46 (2012).

International Think Tank on the Future of Urban Mobility

Abstract: Mobility is a key factor to urban development. The paper, based on

Arthur D Little's study on urban mobility of 66 cities over the world, has formulated ① problems of contemporary urban mobility; ② contemporary urban mobility patterns and practices; ③ urban mobility strategies; and ④ future urban mobility patterns. It has provided suggestions to urban mobility management to China.

Key Words: Urban Mobility; Mobility Patterns; Future

B.27
日本治理城市末端交通的对策*

春　燕

摘　要：

末端交通是城市交通系统的重要组成部分，与城市快速交通共同构成城市完整交通系统。本文以大都市圈城市末端交通对策为题，介绍日本首都圈及关西都市圈末端交通的现状，分析末端交通建设对出行者、交通站点区域以及城市公共交通建设产生的影响，了解政府在支持末端交通建设中的职能和作用，探讨在利用末端交通有效衔接快速交通建设中值得借鉴的经验。

关键词：

都市圈公共交通　城市末端交通　自行车租赁

日本国土交通省政策研究所为进一步提高公共交通的便利性，增强环境保护，开展了以铁路端末交通为对象的“提高铁路乘客便利性”“促进发挥铁路快速交通作用”的城市末端交通现状调查。调查选取首都圈川崎站—京急川崎站、元住吉站、横滨站和关西都市圈大阪市营御堂筋线站、高槻市站五个城市快速交通站，通过分析上述车站末端交通利用情况归纳了日本都市圈末端交通现状、存在的问题以及相应的对策措施。

一　日本都市圈城市末端交通利用现状

1. 都市圈末端交通现状

日本国土交通省政策研究所在 2011 年 6 月对首都圈川崎站—京急川崎站、

* 2011 年上海市社科院重大课题资助项目“上海郊区新城交通需求特性研究”。

元住吉站、横滨站及关西都市圈大阪市营御堂筋线站、高槻市站 5 个站点开展了都市圈末端交通现状调查。调查数据反映了日本都市圈末端交通利用现状（见图 27－1）。根据到站（居住地—车站）、出站（车站—目的地）的两种不同方向的末端交通对调查数据进行归纳，整理了末端交通中不同交通方式的比例。其中，首都圈末端交通到站方式中步行者占 60.6%，自行车利用者占 20%，路面公交利用者占 11.7%，助动车利用者占 1.6%，此外还有迎送机动车的比例是 3.6%。出站方面的末端交通中，步行为 87.5%，地面公交占 7.3%，自行车只占 1.8%，迎送大巴为 1.6%。关西都市圈到站的末端交通步行占 53.4%，自行车占 24.3%，路面公交占 10.1%，助动车占 3.9%，迎送机动车占 4.7%。出站的末端交通中，步行占 83.1%，地面公交占 8.1%，自行车占 4.7% 数量相比到站相对较少，此外迎送大巴约占 1.6%。

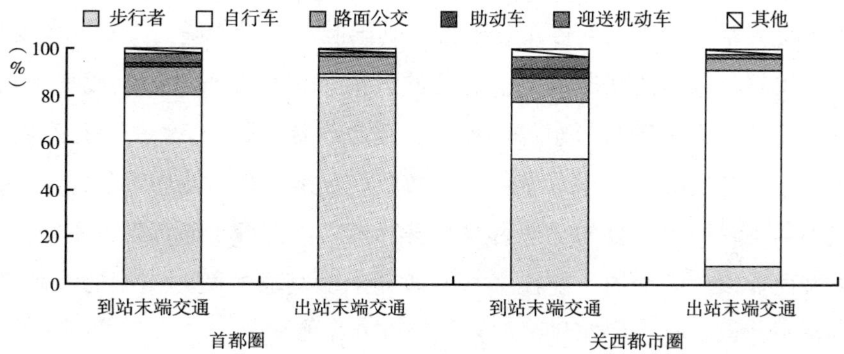

图 27－1　日本都市圈末端交通分担比例（到站和出站）

资料来源：日本国土交通省政策研究所数据资料。

首都圈和关西都市圈末端交通的主要特点有两个方面。第一，从到站的末端交通看，步行者占首位，自行车居第二位，分担比例在到站的末端交通中占 20%～24.3%，其中 7 成是通勤交通。自行车作为通勤和上学的交通工具在末端交通中发挥着重要的不可缺少的作用。第二，在末端交通中出站交通和进站交通的交通利用形态有所不同，不同环境的首都圈的情况与关西都市圈的情况也存在较大不同。首都圈出站交通中自行车利用率明显低于到站时所占的比例，步行比例增加。关西都市圈的统计数据则相反，83% 的出站交通是自行车。产生上述现象的原因之一是因为在当地自行车的使用条件受到限制。

2. 都市圈末端交通问题分析

末端交通中的主要问题从车站周边环境，即车站自行车停车场配置、停车场利用等情况的考察中得出。从首都圈的情况看，川崎站—京急川崎站、元住吉站、横滨站的日均客流人数分别是 11.3 万人、2.5 万人和 8.4 万人规模，各车站在车站 500 ~7500 米范围内分散设置有自行车停车场。[①] 停车场的停车规模约是客流规模的 10% ~17% 左右，也有低于 10% 的情况。调查的各车站的停车场利用率均在 90% 以上，停车场趋于饱和，但从车辆保有数、车辆利用率以及外部车辆存放数量看，各车站的自行车停车场均不足。综上所述考察末端交通存在的问题主要包括以下六个方面：一是自行车业务过度集中于以车站为核心的单一区域，自行车使用者中约 7 成以上要在车站周边使用。二是自行车停车场的容量不足问题；但对于土地高密度利用的车站周边，因为用地和建设费用等因素，大规模的停车场建设受到限制。三是伴随停车场相关费用的增加，支出超过收入的状况加大了运营的负担。四是停车场的利用率不均衡，在川崎车站新川大道等自行车停车场，有超出收容辆数 216% 的自行车在此停车，预计车站周边的自行车总需求还将增加。五是自行车使用者的违法停车影响了城市景观，同时不良的交通习惯给步行者以及自行车通行带来不便。六是前往大型商业设施的交通、前往车站的通勤末端交通的两种类型的需求增大，停车场设施建设不足，停车场的持续供给存在困难等。

3. 末端交通主要对策措施

（1）末端交通主要对策。

末端交通对策主要是解决具体问题，其内容包括：第一，设施建设及提升设施服务水平，内容包括提升设施设备能力和节省空地两个方面。第二，停车设施的功能细分。第三，调整控制需求及总量，内容包括引导末端交通的交通方式选择和促进共同利用自行车停车场两个方面。第四，引导和促进对停车设施的适当利用。第五，工作地和学习地末端交通的保证。第六，构建地区和企业能够合作的体制，其主要目的是为解决和处理来自当地就业者和到访者的交

① 车站周边各停车场信息（停车场停车台数、形态、费用等）通过画像标示显示。

通需求。

对策一：设施建设及提升设施服务水平。

①末端交通停车建设考虑步行者安全，避开步行者集中区域，选择在车站周边且进行分散型建设。②充分利用公共用地及发挥公共空间作用，充分利用公共空地。③根据使用者的要求实施建设。④动员以民间为主体的共建型停车场建设。⑤发动快速交通运营单位、民间业者自主实施停车场建设。⑥在全市范围内提倡促进停车场项目共建。停车场共建项目包括促进民间企业的停车场建设，快速交通与商业设施业者合作的停车场建设等。⑦停车场建设与指定自行车停放指令，停放区扩大等措施并行实施。

对策二：停车设施的功能细分。

在全市范围内提倡和促进对停车场的利用。根据周边环境和设施特性制定收费标准，通过定期券等形式开展活动促进停车场充分利用。

对策三：调整需求与总量。

①探讨在社区引进自行车设施的可能性，通过自行车自由借出和返还，可以提高短距离交通的便利性。研究使用效率，使 1 辆自行车可以被多人使用，比较 1 人 1 辆的使用情况，有望减少停车场的停车数量。②控制停车需要还要促进公立停车场的有效利用。

对策四：引导和促进合理使用自行车。

①制定自行车停放规章制度，包括提示和指导正确的自行车停放方法，设置自行车禁止停放区域，制定自行车停车场建设及收费标准，建设民营的自行车停车场。②通过政府和社区组织开展指导正确使用自行车的活动。广泛开展交通规则宣传，推广遵守交通活动。③通过制度强制取缔自行车随意停放，保障步行空间。④宣传交通规则，推广良好的交通习惯。

对策五：保障交通方式。

①优先考虑保证工作地和学习地末端交通。②加强往返旅游景区的社区自行车通道用地的保证。

（2）末端交通相关制度法规。

末端交通相关制度法规包括为设施建设及提升设施服务水平制定的《停车场附置义务条例》《自行车社区地区协议》《对铁路运营企业的自行车停车

场设施的责任义务条例》，为调整需求与总量的《自行车使用的自律条例》，限制路面随便停放自行车的《停车规范化的相关条例》《指定放置禁止区域条例》等。

二 建设和完善城市末端交通的区域影响

1. 地区影响层面

（1）提高出行方便度。

有效衔接的快速公交的末端交通建设，在形成新的交通换乘环境的同时，缩短了出行时间。特别是以自行车为主的末端交通对于没有携带自行车的人来讲，可以为他们的下一段行程提供帮助。

（2）扩大站区影响范围和行动范围。

完善末端交通与快速交通的有效衔接，能够更大限度地加大车站周边的活动范围，扩大车站的影响区域。促进不同性质的末端交通区域间的联合运营、增加了交通的可选择性，能够为周边居民创造更多的利用机会。末端交通建设能够使利用者在更大的空间内活动，活动范围更加自由。因此，对于促进站区周边的商业发展具有积极作用。

（3）提供公共交通便利服务。

开展自行车租赁，当有需要时能够顺利满足需求，不需要自行车的管理者，这对于携带自行车的出行者会带来很大的方便。特别是对于在车站周边通勤的人和学生不必再为购买和存放自行车费心，省下很多不必要时间和费用的支出。

2. 公交层面影响

（1）提升和促进公交的使用。

末端交通的改善影响最直接的是通勤和学生上学。在这方面，有效便捷衔接的公共交通系统会吸引通勤人员和学生。末端交通的改善还可以扩大站点影响范围，促使更多人使用快速公共交通。

（2）提升站点周边停车效率。

自行车停车位要求的面积较小。如果将停车场的一部分用于自行车的停放，能够促进停车场多功能并用，扩大停车场容量。促进站点停车场建设、停车场多功能使用，扩大站区停车场容量。

（3）改善公共交通环境。

末端交通的改善可以有助于自行车携带者选择租赁自行车，这样对于改善快速交通的乘车环境具有一定影响。同时也可在一定程度上改善站区自行车存放的压力，以及改善自行车乱停放现象。

（4）增加公交大巴的竞合可能性。

末端交通建设可能使原先利用公交大巴的乘客根据线路和便捷度进行重新选择，因此在距离以及线路方向等方面末端交通内部也存在一定的竞合关系。

三　日本都市圈末端交通的重要经验

日本通过改善末端交通形成良好都市圈的交通系统，其发展中的问题、对策以及带来的对社会和公交系统的影响，为我们的城市末端交通建设提供可借鉴的经验如下。

1. 结合站区环境统筹考虑末端交通建设

站区环境是指快速交通站点周边 2～3 公里范围内的区域。站区环境的特性对于末端交通建设的有效性具有重要意义。从日本都市圈末端交通现状调查看，当区域是以住宅区和住宅街区为主时，末端交通的出行的目标是利用快速交通到其他区或市中心区通勤和学习出行，属于到站型末端交通。这时的末端交通建设，首先要保证对固定需求人群的服务。如果站区周边 2～3 公里范围内集中了商务设施、大学、研究机构的区域，末端交通主要体现为出站型末端交通；末端交通除满足通勤和学生的固定需求外，还需要考虑具有不确定性的来访者的末端交通需求。作为末端交通的自行车既要满足到站交通的需求，同时也要考虑出站交通的需求。

2. 整合快速交通站点周边交通资源

整合快速交通站点周边交通资源，包括了解快速交通站点周边 2～3 公里区域中公交线路的分布情况，如在公交线路少的区域可以开展规模性的自行车租赁业务，在区域内大学和业务设施区域建立自行车租赁站点，形成末端交通网络化运营。在上述案例中，租赁自行车有租车场地离站点较近，缩短交通时间，其他交通难以到达等便利条件。对于处理末端交通竞合关系的问题，从促进快速公共交通的角度出发，在公交大巴的通达性相对较差以及其他交通方式不易到达的区域，如大学以及业务设施等区域，应积极鼓励租赁自行车发展。

3. 作为促进公交发展的一个环节纳入政府计划实施统筹

以提高快速公共交通的便利性为目标，末端交通建设应得到行业的参与和地方政府的支持。首先是末端交通建设要作为交通计划的一个环节，由政府纳入地区交通计划统筹安排。在世田谷区的调查中，放置自行车状况和改善地区交通不便等已作为地方交通对策的一部分纳入地区计划。此外，案例调查显示，快速交通部门作为主体运营末端交通效果很好，能够推动公共交通利用。

4. 末端交通管理主体

末端交通建设从效率角度看，实施停车场与自行车租赁一体化运营管理相当有效。从调查情况看停车场与租赁自行车进行一体化管理和运营，对减少运营成本有明显的效果。因此，可以探讨委托现有停车场负责管理和运营租赁自行车业务。政府充当业务主体时，从公平角度应当通过公开招募业务运营方，委托现有停车场负责项目运营和管理时有必要向市民作出说明。

5. 明确末端交通建设中各方的职责及合作领域

从案例调查情况看，末端交通建设涉及政府、快速交通运营商、地区以及交通利用者。首先，政府要对末端交通项目建设给予协助和支持。政府对末端交通的支持包括：指定自行车放置政策、用地保障、提供市民以及到访者提供相关信息，制定和调整停车费以及租赁自行车收费的调整。其次是政府作为项目主管与相关方和地区的协调组织，职责包括：为市民以及快速交通利用者提供末端交通的相关信息，协调制定停车场的费用和自行车租赁收费标准。

四　对中国城市末端交通的启示

当今城市快速交通发展迅速，与快速交通衔接的末端交通的重要性日渐显现，尤其是在强调城市绿色交通和可持续发展等方面更具有重要意义。无论一座城市的快速交通如何发达，也依然存在末端交通的问题。出行中的前后1～

3 公里往往需要通过末端交通来完成，末端交通包括步行、自行车以及地面公交等，其中步行和自行车占用资源少、短程、绿色环保、无交通拥堵、覆盖城市各个角落、实现交通出行“门到门”的无缝衔接等特点，对提高城市公共交通出行比例，形成城市低碳和谐、绿色高效的交通良性发展和促进城市的可持续发展具有非常重要的意义。

参考文献

日本国土交通省政策研究所：《关于地区促进地区自行车使用的调查研究》，2012，http：//www. mlit. go. jp/crd/tosiko/pt/kotsujittai. html#chukyo。

张航、万军：《城市慢行交通发展模式研究》，《城市研究》2011 年第 9 期。

日本国土交通省政策研究所：《日本都市交通计划调查》，2010，http：//www. mlit. go. jp/crd/tosiko/pt/kotsujittai. html#chukyo。

The Strategy on Japanese Metropolitan Terminal Transportation

Abstract: Terminal transportation, as well as rapid transportation, is an important component of urban transportation. The paper has focused on the terminal transportation of the metropolitan area of Kyoto and Kansai, analyzed the impact of terminal transportation on travelers, stations and public transportation. This is to understand the role of government in building terminal transportation and to explore the function of terminal transportation in connecting rapid transportation to build up urban transportation in China.

Key Words: Metropolitan Public Transportation; Urban Terminal Transportation; Bicycle Leasing

B.28
洛杉矶交通需求管理策略*

张剑涛

摘　要：

洛杉矶市实行的各种交通需求管理政策和措施始于20世纪80年代中期，迄今已经有近30年历史。它是涉及多方面的综合体，而不是一个单独的综合性政策。交通需求管理作为公共政策的一个重要组成部分，主要体现在四个层面，州、地区、城市和社区。不同层面之间相互协调，形成了一个完整的政策体系。其最初的目的是为了更好地解决停车问题，现在已经扩展到停车管理、步行和自行车、换乘、商业激励、就业工作模式等多个方面，为城市交通与人们工作、生活、环保等各方面紧密结合提供了应对之策。

关键词：

洛杉矶　交通需求　管理　策略　措施

交通需求管理（Transportation Demand Management，TDM）政策和相关措施可以直接影响人们出行的方式、频率、时间、路径、距离和模式等要素，从而使交通工具得到合理的利用，使出行的效率最大化。交通需求管理的相关措施能够提升交通系统的效率，改善交通的流动性，减少通行车辆所带来的交通拥堵、空气污染等不良影响。交通需求管理策略主要包括四方面内容：①为出行计划和停车管理提供关键信息；②为交通管理进行推广与沟通，提供经济手段；③提供设施和措施，鼓励更加有效的交通出行；④鼓励远程工作和灵活工作，以减少交通出行量。

---

* 资料来源：http：//cityplanning. lacity. org/。

洛杉矶市实行的各种交通需求管理政策和措施始于20世纪80年代中期，迄今已经有近30年历史。最初的目的是为了更好地解决停车问题，现在已经扩展到了包含减少工作出行、停车竞价、社会推广、特定经济措施、强制规划条件、创新的交通设施、出行决策的科技应用等多个方面。交通需求管理在城市交通系统的规划和管理中发挥了巨大的作用，解决了许多难题，诸如道路用地不足、项目资金不足、交通换乘资源不足、交通系统效率低下、区域交通侵占社区道路等。交通需求管理更好地平衡了出行需求和交通设施之间的关系，为出行者提供了更多的机动性、更加洁净的环境，减少了交通拥堵。

一　交通需求管理的目的

交通需求管理的根本目的就是有效地满足交通出行需求，保持交通顺畅，提升交通效率。近些年来政府官员、社会组织、商业组织和开发商、社会民众普遍认识到传统的交通政策和措施存在种种不足，例如：①可用于道路系统、停车场、交通枢纽的资金有限；②机动车辆增多、道路扩建带来交通和环境问题；③用于现有交通管理、运营、维护的资金受到严格限制；④交通管理的有效性的提升受到多方面因素的限制；⑤交通拥堵造成车辆占用居民社区内部道路，影响社区生活。

与此同时，社会各方面认识到交通需求管理策略作为一种关键的政策手段，可以在提升交通效率、节能环保减排、刺激经济增长等多个方面发挥重要作用。交通需求管理策略的应用也从最初简单的鼓励拼车出行扩大到了通过精确计算工作出行人数来有效减少交通量；通过广泛的社会宣传来改变人们的出行习惯；通过目标明确的经济奖励和惩戒措施来引导交通行为，改变交通出行的时间、频率、路径和模式等多方面。

二　交通需求管理的具体政策

1. 交通需求管理政策的种类

洛杉矶目前在执行的交通需求管理政策和措施有将近200项。它们可以分为 3 大类：（美国）全国性的、全市性的、针对特定地区和群体的。

全国性的交通需求管理政策：这类政策在美国各地已经被证实在管理交通出行需求和改变交通出行模式方面切实有效，因此洛杉矶可以根据其他城市的政策实施效果来评估来是否推行这类政策以及如何推行。

全市性的交通需求管理政策：洛杉矶专有的交通需求管理政策由政府相关部门的政策项目组根据对本地的实际交通需求的测算，对政策的实行部门、政府部门和非政府组织的调研，对各方面文献资料的评析，研究制定得出。

针对特定地区和群体的交通需求管理政策：根据对特定地区和群体的调研，能够了解到他们对于现有交通需求管理政策的效果和不足的看法和建议，并在此基础上对现有政策进行调整，制定出适合于特定地区和群体的交通需求管理政策。

2. 对交通需求管理政策的评估

洛杉矶市对交通需求管理政策的评估分为 2 个步骤，以研判政策的效果和价值。评估的关键是看相关政策和措施是否能适应本地条件和满足本地实际需求。

（1）政策遴选。

项目组根据对于交通需求管理政策和措施的要求以及洛杉矶的现实条件来对政策进行初步遴选。初步遴选的结果将政策分为两类：第一类是在洛杉矶实施效果不明显或者与洛杉矶的现状条件不相容的政策；第二类是能够适用于洛杉矶现有条件或者对洛杉矶有潜在效益的政策，对这类政策会进一步评估。

（2）绩效评估。

遴选出的交通需求管理政策和措施会进一步根据定性指标、量化指标进行具体评估。定性指标包括应用环境、政策效益、成本要求、公众态度、出行者兴趣、实施机会、潜在风险等多方面因素；量化指标包括如减少出行车辆、提升交通效率、减少出行时间、节省交通成本等。

（3）评分和排序。

每一项被评估的交通需求管理政策和措施都会被评分和排序，以便进一步深化政策的可实施性。例如，每一项交通需求管理政策和措施会根据不同的定性和量化指标进行分类评分，同时还会计算总分。然后根据总分以及分类评分，排定各项政策和措施的顺序，并在此基础上评判实施的可行性和优先性。

（4）实施考评。

评估遴选出的交通需求管理政策和措施将被分为三类，分类的标准是实施机制、政策协同、潜在影响。

实施机制涉及诸多方面的因素：从宏观层面的如公共政策、城市规划、环境保护、经济促进等，中观层面的如土地利用、城市设计、市政设施管理、社区便利等，到微观层面的如商业区停车位、公交信息、社区居民满意度等。

政策协同要求：一项备选的交通需求管理政策和措施与其他政策措施相协调，发挥协同效应。例如，如果对特定地块的详细规划中增加交通需求管理的具体要求，需要在城市总体规划层面增加相应的交通需求管理的政策引导，以便指导详细规划的制定。

潜在影响体现在：如果一项政策或措施被实施，那么它如何与其他政策措施相配套，以及它如何与之前和现有的政策措施相衔接。例如，一项新的交通需求管理政策措施是否改善了现有的交通状况，是否为交通管理带来实质性的便利，是否延续了还是破坏了现有政策等。

三 交通需求管理作为一种公共政策

交通需求管理从 1985 开始就出现在洛杉矶政府的政策法规和规划文献中。洛杉矶的交通需求管理作为公共政策的一个重要组成部分，主要体现在四个层面，州、地区、城市和社区。

1. 加利福尼亚州的交通需求管理政策

加利福尼亚州针对交通需求管理的政策主要体现在涉及诸多方面的各种州立法中。如 1990 年的交通拥堵管理规划就是一部主要针对交通需求管理的地方法规。其中提出加利福尼亚州各市需要成立专门的拥堵治理机构，制定规划以提升交通效率，改善交通状况。该法规中还要求加利福尼亚州所有城市都需要制定法规，规定土地业主和开发商为地块内的居民拼车出行提供便利，以利于减少车辆出行，减少交通高峰时间的拥堵。又如，加利福尼亚州 1990 年的 AB2766 法规提出每辆汽车登记费用增加 4 美元，所增加的费用用以减少汽车尾气排放。2010 年开始，这种收费增加为每辆汽车 6 美元。又如加利福尼亚州在 2007 年通过立法减少温室气体的排放，该法案的一个重点即是要求地方政府采取必要措施，减少车辆出行的距离、时间和频率。再如加利福尼亚州 1992 年的法案，要求雇主取消对员工单独驾车上班所提供的补助，并对员工采取拼车、公共交通等减少独自驾车上班的方式提供补助，以鼓励减少车辆出行和拥堵。同时该法案还要求针对员工多于 50 人以上的企业，雇主需对放弃驾车上班和停车要求的员工提供奖励或补助。

2. 南加利福尼亚州地区的交通需求管理政策

南加利福尼亚州地区的交通规划每四年更新一次。最新的南加利福尼亚州地区交通规划包括了重要的交通需求管理策略，例如：①对于拼车出行的激励政策；②对于在家工作的激励政策；③提升非机动交通方式（如步行和自行车）的安全性和便利性；④为交通高峰期的车道提供拓宽、并道、可变车道等多种措施以提升交通效率。

南加利福尼亚州海岸空气质量管理规划从减少静态和动态污染源的角度来保障空气质量，其中通过减少交通出行来减少动态污染是结合交通需求管理的重点之一，主要有三方面的条件：①职员减少远程出行计划：鼓励雇主激励员工在交通高峰期拼车出行，尽量能达到每车 1.3 ~ 1.75 人；②空气质量投资计划：鼓励雇主可以每年为每位员工投资 60 美元，加入空气质量投资计划，用以减少动态空气污染；③减少排放策略：鼓励雇主购买减少排放交易额度，通常形式是减少动态空气污染，包括报废旧汽车，推广绿色能源车辆，推广清洁能源的使用。

洛杉矶大都市区交通管理机构制定了长途交通规划、短途交通规划、拥堵管理规划。其中长途交通规划涉及的交通需求管理主要包括五方面：①每两年一次为全市的交通项目募集资金；②拼车出行和远程出行计划；③利用停车政策促使交通换乘和连接效率最大化；④通过智慧增长计划为交通枢纽以及周边的开发项目提供支持；⑤在制定和实行土地使用规划时充分考虑到拥堵管理计划。

每两年一次的交通项目募集资金，一些典型项目如下：改善地区地面交通、交通换乘投资、自行车道扩建、步行道扩建、交通改善计划、交通需求管理、货物运输。

3. 洛杉矶的交通需求管理政策

洛杉矶的交通需求管理政策是涉及多方面的综合体，而不是一个单独的综合性政策。交通需求管理政策和措施通常都是根据具体情况和需求制定，同时还需满足国家、州和地方政府的法规要求。洛杉矶最早的交通需求管理法规出现在 1985 年，是根据美国国家清洁空气法案（Federal Clean Air Act）的要求，减少人们上下班远程出行。之后洛杉矶城市规划部门和交通部门陆续制定了其他交通需求管理政策和措施，例如：①1991 年推出了新建筑自行车停车的规定，要求建筑面积超过 1 万平方英尺的非住宅新建筑必须提供自行车停车以及相应的设施。②1993 年政府要求新建的非住宅建筑建筑面积超过 25000 平方英尺时，必须在公告牌上提供出行信息；面积超过 50000 平方英尺时，必须为拼车出行提供专门的停车位；面积超过 100000 平方英尺时，必须提供明确通往交通换乘枢纽的路径。③停车管理法规允许业主减少道路之外的停车位，但是必须在物业之外提供充足的停车位或其他形式的交通，而且让规划官员认为能有效地减少停车需求。虽然政府没有公布任何关于如何判断减少停车需求的标准，但是绝大多数业主会提供比政府要求的更多的停车空间。④1993 年的土地利用和交通规划包含了修建一条轨道交通。规划同时允许这条轨道交通的所有站点的1/4 英里之内的新建建筑的停车位可以减少 10%。

洛杉矶的总体规划中交通也是主要方面之一。而交通需求管理则是总体规划中交通专题的重点，其中包括的一些主要内容如下：①评估主要交通工程的效果是看乘客和货物的运输速度，而不是车辆的速度；同时尽力提升道路主干网的通行和换乘的能力。②与南加利福尼亚州地区的政府合作建立区域性的交通需求管理计划，以减少区域内的交通出行和增加车辆出行的载客率。③推动交通设施和服务的开发建设，改善市内各地区步行和自行车的通达性。④为机动车、自行车、步行和换乘提供充分和有效的灯光照明。⑤鼓励企业推广远程工作、灵活工作和远程交流，以减少交通出行。⑥将交通建设管理与环境保护紧密结合，在交通发展的同时提升环境保护。

在规划之外，政府部门还制定了以交通需求管理为重点的交通流动性政策（Mobility Policies），其中涵盖了以下多方面内容：①成立一个交通管理协会；②商业激励计划；③优先停车；④鼓励地铁出行；⑤通过停车管理策略鼓励拼车；⑥为公共设施和活动提供停车换乘服务；⑦建立公共停车体系；⑧鼓励步行和自行车；⑨灵活机动的工作时间和地点；⑩提升换乘设施、服务和效率。

4. 本地社区的交通需求管理政策

洛杉矶的不少社区推出了适合各自特色的交通需求管理政策。如西洛杉矶交通计划，即由一家民间组织与加利福尼亚州社区基金联合发起的，旨在关注和减缓西洛杉矶地区日益严重的交通拥堵问题。该计划的重点是着眼于能够解决现实拥堵问题的可持续的路径，因为50%左右的该地区居民的工作地点在离家5英里之内，因此该计划提出：①根据就业单位建设换乘中心，这样可以减少3%的日均车辆出行；②雇主为每位员工提供每月115美元的交通津贴；③拼车出行，尤其是在交通高峰期间；④为拼车优先提供停车位；⑤建设远程工作和会议中心，减少不必要的工作出行；⑥对不同种类的停车进行分类计价；⑦减少新建建筑的停车需求；⑧通过减少停车收费来鼓励不同的交通模式。

又如另一项社区交通需求管理计划——推动洛杉矶（Moving Los Angeles），该计划提出只有征收拥堵费才能长期有效地解决交通拥堵问题。同时该计划重点提出了四方面的建议：①有效管理交通高峰时期的机动车出行；②提升交通费用；③提供多种交通选择；④更有效地利用现有交通资源。

四　洛杉矶交通需求管理策略对中国城市的经验启示

1. 多层次管理协调

洛杉矶的交通需求管理作为公共政策的一个重要组成部分，主要体现在四个层面，州、地区、城市和社区。不同层面之间相互协调、连接、延续、补充，形成了一个完整的政策体系。同时政府、企业、社会组织、公众团体和民众之间相互合作，为推动交通需求管理政策的不断完善和落实奠定了基础。

2. 措施细致可行

交通需求管理政策和措施务求切实可行，具备操作性。如洛杉矶大都市区交通管理机构制定的长途交通规划要求每两年一次为全市的交通项目募集资金，为交通需求管理政策和措施的落实提供了资金保障。又如洛杉矶总体规划中的交通专题中提出评估主要交通工程的效果是看乘客和货物的运输速度，而不是车辆的速度；同时需要尽力提升道路主干网的通行和换乘能力；为机动车、自行车、步行和换乘提供充分和有效的灯光照明。又如西洛杉矶交通计划发现50%左右的该地区居民的工作地点在离家5英里之内，因此提出：根据就业单位建设换乘，这样可以减少3%的日均车辆出行；雇主为每位员工提供每月115美元的交通津贴。

3. 循序渐进推出法规

洛杉矶最早的交通需求管理法规出现在1985年，是根据美国国家清洁空气法案的要求，减少人们上下班远程出行。之后洛杉矶城市规划部门和交通部门根据交通发展的状况、问题和需求，以及洛杉矶城市自身的条件，陆续制定了其他交通需求管理政策和措施，涉及领域逐步扩展到停车管理、步行和自行车、换乘、商业激励、就业工作模式等多个方面，为城市交通与人们工作、生活、环保等各方面紧密结合提供了应对之策。

4. 综合考虑多方需求

交通需求管理政策是涉及多方面的综合体，而不是一个单独的综合性政策。交通需求管理政策和措施通常都是根据具体情况和需求制定，同时还需满足不同层次政府的法规要求。其最初的目的是为了更好地解决停车问题，现在已经扩展到了包含减少工作出行、停车竞价、社会推广、特定经济措施、强制规划条件、创新的交通设施、出行决策的科技应用等多个方面。交通需求管理在城市交通系统的规划和管理中发挥了巨大的作用，解决了许多难题，诸如道路用地不足、项目资金不足、交通换乘资源不足、交通系统效率低下、区域交通侵占社区道路等。交通需求管理更好地平衡了出行需求和交通设施之间的关系，为出行者提供了更多的机动性、更加洁净的环境，减少了交通拥堵。

5. 缜密评估政策绩效

洛杉矶政府通过遴选和评估两个步骤，根据定性和量化两方面的指标，对各种交通管理政策和措施进行了周密详尽的评估。每一项被评估的交通需求管理政策和措施都会被评分和排序，以便进一步深化政策的可实施性。例如，每一项交通需求管理政策和措施会根据不同的定性和量化指标进行分类评分，同时还会计算总分。然后根据总分以及分类评分，排定各项政策和措施的顺序，并在此基础上评判实施的可行性和优先性。

参考文献

本文资料来自于洛杉矶市政府的官方网站，http：//cityplanning. lacity. org/，2012 年 8 月 23 日。

Final Report，Recommended TDM Strategies & Actions for the City of Los Angeles. Department of Transportation，City of Los Angeles，2011.

Maximizing Mobility in Los Angeles Study，Department of Transportation，City of Los Angeles，2009.

TMD Strategies and Actions for the City of Los Angeles

Abstract：The city of Los Angeles has a long history of TDM（Transportation Demand Management）policies since 1985. However，the city of Los Angeles does not have an explicit and comprehensive TDM policy. The overview of TDM-related public policies/regulations can be at the state，regional，city，and community/civic level. The initial theme of TMD is to enhance car-parking，whereas its themes consists of parking management，walking and bicycling，transit，business incentives，working at the moment. TDM has provided linkages between transportation and work，life，environment.

Key Words：Los Angeles；Transportation Demand；Management；Strategies；Actions

B.29

新加坡经济社会可持续发展策略*

林 兰

摘 要：

新加坡是全球城市可持续发展的楷模，其在可持续发展的方向选择、计划制订、实施保障等方面有着众多值得借鉴的经验。本文介绍了新加坡在资源利用、社会和谐与环境保护等方面的可持续发展内容，并进一步通过“可持续发展蓝图”计划，对现代城市居住、交通、休闲、工作环境的可持续发展作出了新的诠释，提出对中国城市可持续发展的经验借鉴。

关键词：

新加坡 可持续发展 政策

在没有腹地和自然资源匮乏的条件下，新加坡保持了工业化与城市化的高速发展，同时又兼顾环境友好和社会安定，其原因在于坚持走产业与环境并重、可持续发展的道路。从新加坡独立开始，就拟定了全方位的可持续发展策略，谨慎地制定资源、社会、环境三方面的发展原则。自进入后工业化发展阶段以来，新加坡还不断检讨先前的经济发展战略，探讨制定新的战略，在如何发展经济、培育人才，善于利用珍贵资源以及为所有的国人提供更优越的机会方面付出了很大努力，以兼顾资源、社会与环境的可持续性。

---

* 本文除标注来源的内容，均翻译、整理自新加坡政府网站（Singapore Government Official Portal Homepage，www.gov.sg）。

一　资源—环境—社会的全方位发展框架

（一）优化资源利用

在城市资源利用方面，作为一个资源有限的小国（国土面积700平方公里，人口约500万人），新加坡在城市规划方面精心设计土地利用，以满足人口短期和长远的发展。并制定了未来40～50年的长期土地使用策略，在宏观设计的基础上再规划10～15年的近期发展。在水资源利用方面，推出废水处理后生产的新生水（即再循环水），供应量达到总需求的30%～40%。实行致力于改造排水系统的全民共享水源计划——ABC水源计划。“A”是活跃，“B”是优美，“C”是清洁。同时开展洁净能源研发计划，拨款1000万美元支持8项太阳能项目。

（二）注重社会和谐

新加坡十分注重社会的可持续发展，即更好地处理经济增长和环境的改变所带来的社会效益。为了应对由于人口老龄化引起的人力资源短缺的严峻挑战，新加坡在培养人才方面的策略是：建立一支具备全球竞争力的劳动队伍，扩大教育和培训的规模，鼓励雇主聘用和留住年长的雇员，并拟在今后将退休年龄提高到67岁。此外，还推出了公积金终身计划。

自2007年起，推行了“强化就业入息补助计划”（Workfare Income Supplement Scheme，WIS）。以满45岁、月收入少于1000新元的公民为主要援助对象；满35岁且月收入少于1500新元者也能从中受惠，但可得款额较少。计划规定，受惠者必须在六个月的期限里工作至少三个月，通过现金和公积金形式发出补助的比例保持在1∶2.5，同时，将包括超时工作工资、轮班津贴等总薪金作为申请标准。

同年，政府又推出了长达三年的“就业培训补助计划”（Workfare Training Scheme，WTS），为重视培训的低薪员工和他们的雇主提供更多津贴，以解决低薪和年长员工受训率低的问题。新加坡政府还通过提供雇主津贴、颁发

“坚持培训奖”（Training Commitment Award，TCA）和特别制定的“就业技能提升计划”（Workfare Skill Up），鼓励低薪员工提升技能。如果雇主对年满35岁、月薪不超过1700新元的雇员进行培训，即可申请索回90% ~95%的课程费用，并享有90% ~95%的缺勤补贴（Absentee Payroll），新加坡人力部并不对此设立补贴款项的上限。

自2010年起，新加坡推行了不同于社会福利保障的“就业入学补助计划”（Workfare Training Scheme，WTS），采取补助低收入居民的方式保证其继续工作（而不是以提前退休等方式提早终止为社会劳动）。包括：鼓励市民寻找长期稳定的工作，接受培训和提升技能，从而提高生活品质；由职工总会推出增长与同惠计划，确保新增财富用于国民分配的比例，鼓励公司进行创新和提高低薪员工的工资；通过特别就业补贴帮助年长员工，鼓励雇主聘请和重新雇用年长员工，以保护新加坡宝贵的人力资源积累。

2012年，新加坡又推出了新的就业政策——个人化就业准证（PEP），①以保障新加坡留学生就业。持此证者在五年有效期内不必因变换工作而重新申请就业准证，若失去工作仍可继续在新加坡居留六个月，以寻找新工作。②

（三）加强环境保护

新加坡在环境保护方面采取的一个重要策略就是民众、企业、政府三方合作。从新加坡发展城市基础设施以来，政府就同私人企业联手进行建设，这种政府与企业的联合模式使新加坡的私人企业在城市建设和环境保护方面累积了丰富的经验和专业的知识。这些企业服务的范围包括了城市规划和咨询、城镇建设和管理、固体垃圾和水的处理、地面交通设施和空港、海港的管理；社会团体和个人在维护城市的绿色与清洁方面也起着重要的作用，新加坡每年都开展大型的节水、节电宣传活动，提醒和鼓励国人减少用电和用水，例如常年的“绿色与清洁运动”，就是为了鼓励新加坡人在环保方面的良好习惯。

---

① 在新加坡工作满两年、年薪三万新元（约合1.9万美元）以上，并持有P1、P2或Q1类就业准证的外国公民可申请。

② 在此前，在新加坡失去工作机会的外籍人士必须在短时间内离境。

实行“全民水源”政策，并出台“四大水喉”计划，即收集天然降水、从马来西亚进口水、新生水①和淡化海水，保证了符合标准的高质量生活用水和工业用水，新生水的开发和利用是新加坡缓解水资源紧缺的主要措施。

自1990年以来，新加坡每年都展开“清洁绿化周”，推动环保团体、学校与公司参与环境保护，鼓励每个人对环境负责。新加坡政府将新生水厂、垃圾岛等环保工程作为环保教育基地，要求所有机构组织员工、所有学校组织学生进行参观，接受教育。

新加坡的垃圾处理场也十分重视自然环境和生态物种的保护。以实马高（海岛）垃圾填埋场为例，当垃圾填到一定高度时在上面铺沙种草、栽种植物。由于环境不错，政府还鼓励人们到岛上进行休闲活动。②

从20世纪60年代开始，新加坡政府先后制定了一系列环境保护条例和相关标准，并不断提高和完善，以控制工业污染。如从1980年起，发电厂、炼油厂等主要空气污染源只准使用硫黄含量不超过2%的液态油发电。在空气中散布污染物的工业必须安装特别设备以确保散发出来的气体符合国家标准。在生产废水排放处安装自动监测装置，超标排放时闸门自动关闭，非环境部人员无法启动闸门；同时并规定了违规排放的处罚办法，从罚款到追究刑事责任，渐次升高。

二　新加坡“可持续发展蓝图”计划

2009年开始，为确保新加坡拥有可持续发展的社会环境，新加坡政府公布了未来10~20年的可持续发展总蓝图（The Sustainable Blueprint）。从居住、交通、休闲和工作环境四大方面着手倡导绿色环保，通过推出和落实各种措施，逐步提高城市的节能效率，完善居住环境。

---

① 新加坡国土面积699平方公里，但污水收集管网总长达3200多公里，全国建设了100多座污水泵站和6个大型污水处理厂，日处理生活、工业污水110多万吨，整个城市生活污水、工业污水都做到全部集中收集处理、达标排放，城市生活污水处理后成为可饮用的新生水。

② 环卫科技网（http：//www. cn-hw. net/）。

（一）蓝图制定的原则

1. 长效性、整体性计划

计划体现长效性，但会适时进行调整；计划涵盖能源、输送、产业、城市规划等各个方面，以满足城市发展的各种需求。事实上，这种规划和行动总体目标步调一致的可持续发展计划是新加坡发展的重要优势之一。

2. 务实和收支平衡的计划

确保双重目标，实现促进经济增长与环境保护的收支平衡。必须对计划中的措施的有效性进行反思，并制定出必要的长远措施，即使这些措施在短期内可能造成大量的投入；同时，确保计划得以实施，并努力使短期投入对经济和个人造成的影响最小化。

3. 弹性计划

同时保持经济增长和优良环境对新加坡来说是一项大的挑战，这种困境可能要持续几十年。因此，新加坡制订的长期发展计划依然具有较大弹性，根据技术和全球环境的变化进行灵活调整。

（二）蓝图的“2030”规划目标

1. 提高资源利用率

改进能源和水等关键性资源的利用方法，开发可再生资源，用更少的资源使新加坡更具长久的竞争力。

（1）从当前阶段至2030年，将能源利用效率提高35%。

（2）最大可能地利用土地。

（3）到2030年，资源回收利用率达到70%。

（4）保证足够的水资源供应，到2030年，将国内居民每人每日水消费控制在140升以内。

2. 加强城市环境治理

——成为亚洲首要的可持续、高密度、清洁绿色、增强内部连接性与空间归属感的高生活品质城市。

（1）至2020年，将空气中的PM 2.5降至12微克/立方米，SO_2降至15

微克/立方米，并将这一水平保持到2030年。

（2）确保每1000人拥有绿地0.8公顷，高层建筑绿地总量达到50公顷。

（3）开放900公顷蓄水体和100公里岸线供公众游憩。

（4）加强人行道路和自行车道路建设，确保至2030年70%以上的出行通过公共交通解决。

3. 加强城市发展能力建设

（1）在新技术方面加大投入，以克服有限资源带来的发展限制，并通过新技术开发实现环境保护和刺激经济增长。

（2）建立环境友好的经济发展方式，加强新加坡与世界上其他国家和地区在城市可持续发展方面的合作。

4. 繁荣社区发展

（1）增强居民的社区归属感，使其积极加入到建设清洁、绿色、有效利用能源的新加坡建设规划中。

（2）使环境保护成为人们的社会责任感之一，成为商业活动优劣的评价标准之一。

（三）四大方面的举措

1. 居住

新加坡政府在组屋区推行各种节能措施，建造新型环保式组屋。[①] 大多数的组屋都将实现屋顶的30%空间装置太阳能板，为走廊、楼梯和停车场等公共场所提供80%的照明。新加坡建屋发展局还挑选出30个组屋区进行太阳能科技试验，以研究未来全面推广太阳能科技的可行性方案；除了太阳能板外，在公共场所改用节能灯泡，以大大节省整座组屋的用电量。[②]

2. 交通

在交通方面，“蓝图”设定到2030年全面提升公共交通服务网，进一步改善能源和燃油效率，并发展更洁净的绿色交通体系。继续保持以83公里地

---

① 新加坡80%以上的人口住在政府组屋里，每年消耗的各种能源高达12亿新元（1新元约合5元人民币），因此组屋区的绿化与节能至关重要。

② 电灯用电约占组屋总耗电量的40%。

铁线为纲、240 多条巴士线和轻轨线为目、3800 多个站点为结的公共交通网，并在此基础上完善。每个站点每 15 分钟必须有一辆车到达，早不能超过 1 分钟，晚不能迟到 2 分钟；保证任何一个居民从家到最近车站的距离小于 400 米。

同时，“蓝图”规定进一步通过城市规划优化商业网点在中央商务区、城区中心、卫星镇中心、邻里中心的分布，通过科学的城市规划和有序的城市建设减少人们日常用车的需求。确保每个邻里街坊都有综合性商业网点和超市，每个社区都有大型商业中心；确保小学规划建设与住宅区规划建设相协调，使每个小学生步行少于 500 米可以到学校，而不用穿越主干道；确保住宅区与工业区、金融区相协调，除重化工区外，其他企业集中区域都布局有住宅区，缩短工作地和生活地的距离，尽量减少花在交通上的时间。

此外，作为一个车辆、人口日益增多的大城市，如何控制空气污染状况、减少二氧化碳的排放始终是新加坡政府面临的严峻问题和挑战。人口逐渐密集化的趋势使民众（尤其是地铁沿线的民居）对噪音污染越来越敏感，因此新加坡政府还考虑重新审定和出台新的标准，以替代原有的不适合现状的噪音标准。

3. 休闲

早在 2006 年，新加坡政府就制定了“智慧国 2015”（in 2015）蓝图，2009 年的“可持续发展蓝图”计划更是巩固了这一点。例如，新加坡政府为每一个游客量身打造“数码服务台”（Digital Concierge），预期游客的需要，提供个人化的定位（location-based）资讯、协助安排旅程等优质服务；通过开发“游客快速注册系统”（Enabling Speedy Registration for Visitors，简称 EASE），使游客在抵达机场后，预订酒店就获得消息，尽快为游客办好入住手续。

此外，“蓝图”计划到 2030 年建设更多绿地、开放更多水道，为人们提供一个更为舒适的生活环境，使新加坡变得“更绿、更蓝”。

4. 工作环境

“蓝图”规定将科技作为经济可持续发展的钥匙，提出大量利用可再生能源，提高商用建筑物的节能效率；并加大研发力度，缓解节能技术和成本节约之间的矛盾。尽管新加坡本身的环境条件并不太适合仰赖可再生能源，除了人力有限外，也有较大的天然缺陷，但新加坡政府仍然在 2012 年 4 月加入了国际可再生能源机构，以进一步跟国际社会合作开发可再生能源科技与新做法。

此外，新加坡以“诚信”（Trust）、“新知”（Knowledge）、“联系”（Connected）和“生活”（Life）为基础构筑工作环境，提供高效的政府治理、与本区域经济体的紧密联系、充足的人才储备、优良的基础设施和鼓励创新的环境，因而成为全球企业的选择。

三　对中国城市发展的借鉴

从新加坡可持续发展的历程来看，值得我们借鉴的经验有三点。

第一，将“可持续”真正融入包括产业、文化、交通、生活等大大小小各个规划层面，保证可持续发展在规划中的系统性与整体性。

第二，将“可持续”作为一件长远的事情来做，既然长远就必须注重投入与产出的平衡，注重近期与远期目标及措施的差异，并及时对措施的有效性进行反思和修正。

第三，“可持续”归根结底仍然服务于人们的生产和生活，因此，必须借鉴新加坡摒弃单纯追求环境生态友好而同时注重社会和谐可持续的做法，对包括人口、就业、生活等非自然环境的可持续发展展开深入探讨和细致的工作。

参考文献

新加坡政府网站（Singapore Government Official Portal Homepage，www.gov.sg），2012.05.12 - 2012.06.03。

Sustainable Socio-economic Development Strategy of Singapore

Abstract: Singapore is a model of global city in sustainable development, which does well in some ways of determine the direction, make the plan and secure implementation. This paper introduces measures of Singapore government in aspects of resource use, social harmony, environmental protection, and further through The Sustainable Blueprint, gives the new interpretation of sustainable development in modern urban living, transport, leisure and work environment. The paper also draws experiences and lessons from Singapore for China cities.

Key Words: Singapore; Sustainable Development; Policy

B.30

国际城市社区管理模式的演进趋势*

汤蕴懿

摘　要：

中国快速的城市化进程需要相对应的社区管理以保障城市的健康有序发展。借鉴国际经验，通过完善社区公共服务，改进社区管理模式，改善政府和社区关系，强化社区建设，推动社区自治，是提升社区管理水准的有效途径。

关键词：

政府管理模式　公共服务　社区再造　日本町内会　伦敦大都市区

城市化是世界各国曾经经历或正在面临的重大挑战，是社会建设的重要内容。中国目前城镇化水平已达37%，而在最新一次的人口普查中我国城市人口占比已达51%。按照“纳瑟姆曲线”（Ray. M. Northam，1979）所描述的城市化规律，中国的城市化进程已经进入了发展势头极为迅猛的高速阶段。

城市化进程对社会结构、社会生活各个方面都带来了巨大影响。这种变化既带来了城市繁荣，也带来了许多新的社会问题，传统的城市管理体制已难以适应现代化城市建设和管理的要求，需要完善社区自治的法律制度、转换政府角色、形成多形态的行政隶属体制、构建新型组织体系。如何通过体制机制创新，更好地促进社区建设保证民生，成为考验地方基层政府公共管理能力的重大议题。从世界发展的普遍规律看，“社区是伴随着人类聚落文明出现而普遍存在的社会单元……社区发展不仅已成为国际城市化理论的一个前沿阵地，而

* 本文为上海市闵行区“特大型人口倒入区社区建设与公共服务供给机制研究”的阶段性成果。

且放眼各国城市现代化的管理和都市更新规划实践，无一不涉及社区建设这一‘都市社会的微观再造’。”① 提升和完善社区管理需要我们具有广阔的国际视野，借鉴世界各国在相关领域的经验。

一　全球城市化进程中的社区管理趋势

1. 社区发展是低成本、高效益的民生改善途径

国外社区发展的经验成果表明，通过社区发展将民生问题在社区层面解决，是低成本、高效益的社会问题解决方案。由于社区服务的内容是随着经济发展、生活方式的变化而丰富多样，因此，光靠政府管理机构来专职行使社区的服务，必然会带来成本增大、效率小和服务机制难以适应的弊端。国外社区服务的管理经验和模式，集中反映了社区服务的责任由原来政府单独直接负责提供，转为政府、社区、社会其他组织共同负责的路径，政府在社区微观领域的主动职能转变，也是西方非政府组织得以迅速发展的重要因素。具体而言，国外政府对社区公共事务，主要通过契约方式向社区组织购买服务；通过低息贷款和税收减免政策鼓励民间组织参与社区服务；通过拨款数额的增减，体现政府关注的重点，达到控制社团行为的目的。但是，责任分担并不表明政府减轻了对供给社区公共服务的责任，更不意味着政府可以放弃责任。政府在减少直接提供的同时，必须以监察者和指导者的身份，通过制定公共政策和公共服务的目标、标准、原则去监督各个市场主体的承诺与运行状况，审视社区服务的质量和效益，促进社区公众权益和福利的扩大。

社区提供公共服务的优势可表现为以下几点。

（1）公共服务消费具有大范围的非排他性。而社区因为范围相对小，提供的公共服务较易有针对性，避免“搭便车”现象，成本收益偏离不大。

（2）在公共产品的选择上，社区能够更便捷地显示个人偏好，因为居民

① 叶南客：《都市社会的微观再造———中外城市社区比较新论》，南京市社会科学院成立十周年成果选，2008，第899页。

对自己社区的公共事务比较熟悉，相对容易达成共识。

(3) 居民对社区公共产品供给具有较高配合度。社区以提高社区生活质量为目的，依照自愿原则订立契约，不具有强制性。居民自愿一定是建立在对公共产品供给的过程详细了解和赞同的基础上。

(4) 社区公共服务的供给更容易获得免费产品。政府主要是通过税收和行政收费等方式筹集资金的，社区中有比较充足的志愿产品和社会资金。

2. 社区管理中政府和社会的关系

西方社区发展的经验表明，在城市化进程中，政府和社区发展的关系非常复杂，政府职能转变和“社区再造”主要取决于两个维度，一是政府的角色定位，二是经济的发展阶段。前者的规律是，传统社会下的政府职能结构中心是阶级统治职能，以后逐渐转向现代工业社会的社会管理职能和后工业社会的社会服务职能。后者的规律是，在区域经济高速发展时期，虽然由于流动性强，社会格局变化迅速，社会问题层出不穷，但程度较弱，社会群体心态比较稳定，社会资源比较充分，民众也更有意愿通过自组织来进行自我管理和自我服务。而在经济衰退时期，社会动荡加剧，社会矛盾加深，社会群体心态浮躁，社会资源相对匮乏，民众转而要求政府使用公共资源和强制性权力来解决社会问题。

从西方与公民社会的关系看，伴随着经济发展的三个阶段，两者也经历了从一元从属结构向二元分立结构、最终走向一体化意义上的一元包容结构转变。具体而言，在“官民二元动力机制”的演变下，一个半世纪以来，西方城市社区的发展经历了“民”—“官”—“民”三个阶段的演变。

第一阶段：“睦邻运动”时期。西方城市社区的出现是顺乎自然的，是行动而非设计的结果。在20世纪初工业化初期，随着第一次工业革命引发的经济发展、传统农业社区的瓦解，城市新社区开始出现。英、法、美相继出现了“社区福利中心运动”“睦邻运动”等，都是社区自身主导推进，为了谋求社区团结和更好的生活条件而产生的。至于政府，只是在一边“敲边鼓”而已。

第二阶段：“社区发展计划”时期。第二次世界大战以后，西方经济衰退，贫困、失业等经济社会问题严重困扰着西方世界，凯恩斯的“国家干预理论”大行其道，刚从战乱中恢复元气的各国政府顺水推舟，开始发动社区充分整合资源，实现自助。1951 年联合发出“社区发展运动”倡议，倡导以社区为单位，政府机构同社区内民间团体通力合作。于是官民携手，二元结构开始达成新的平衡。

第三阶段：“社区复兴项目”时期。西方发达资本主义相继进入后工业化社会，经济持续发展，但两极分化严重，社会贫困问题在社区非常突出，政府对此类问题的干预手段越来越乏力。20 世纪 80 年代，美国加里万斯莱等五位教授写出了著名的《黑堡宣言》，指出美国社会的诸多问题不完全是公共行政问题，而是整个政治体系问题。在“新公共管理运动”的推动下，社区向“民”方回归，强调政府在尽量减少干预的同时，尽量加强社会的广泛参与，强调提高社区居民自我依赖、自我完善、自我发展的能力，使社区具有可持续发展的生命力。

戴维·奥斯本和特德·盖布勒在《改革政府》一书中介绍的政府构造的十条原则之一就是建立“社区拥有的政府”。他们在书中把提供专业服务的体系与各种社区群体（指家庭、邻里、教堂、志愿者服务）相对比，得出了社区发挥作用的优势所在：

（1）社区对其成员的责任关切超过了服务提供系统对其服务对象的责任关切；

（2）社区比专业人员更了解自己的问题；

（3）专业人士和官僚机构提供服务，而社区则解决问题；

（4）机构和专业人士提供“服务”，而社区则提供“关心”；

（5）比起大型的官僚服务机构，社区更灵活、更有创造性；

（6）社区比提供服务的专业人员花费更少。

二　社区非营利组织提供公共服务的模式

1. 社区公共服务提供的主要模式

在经济和社会发展程度相近的欧美等发达国家，由于政府与市场和社会之间有较为明确的分工，国家整体公共财政较为充裕，市民经济实力平均，中产阶级群体巨大，地方和基层社会具有长期自治的历史和文化传统，因而在城市化社区的发展过程中，逐步形成了一个由政府、企业和社会团体多元参与并共同生产和提供产品的社区公共服务体系。

在经济同样发达、市场经济体制同样完善的日本和韩国（一定意义上还有法国），由于地方政府较多地从属于中央政府，基层社会自治的传统没有大多数欧美国家那么深厚，因此在社区公共服务的提供上存在着以中央政府为主导，由同政府关系紧密的各大“半官半民”的社会组织参与实施，社区邻里组织有“拾遗补缺”的特点。

至于像印度这样的发展中国家，则因为经济和社会欠发达，大量农村公共服务需求大，私人部门和社会团体或发育不全或能力有限，所以国家不得不集中有限的财力等资源，充分发挥各级政府的作用以保证最基本的农村公共产品供给，而城市社区则基本不提供免费公共产品，空白通过市场付费填补。

2. 社区公共服务政府购买的资金比例

国外大城市的社区建设资金主要来源于政府的资助、基金会和私人的捐款以及收取的服务费用。政府的资金支持，一部分采取常规性拨款，由非营利组织按政府的法规和与政府签订的合同，向社区居民提供服务，此外政府还提供各种专项资助，安排一些特定的项目，交给有关组织实施竞标。社区公共服务设施的建设也主要由政府和企业投入，交由社区管理实施。

各国由于政府定位和经济发展水平不同，在政府购买社区公共服务金额比例上存在差异。在经济和社会发展程度相近的欧美等发达国家，政府对社区公共服务的购买一般占到社区组织总金额的60% ~70%，这样既保障了社区NPO基本运行，也通过一部分收费服务，提高这些组织提供公共产品的质量。如在加拿大，政府拨款占60%左右，捐助占11%，服务收费占29%；又如，2011年伦敦市社区志愿者组织获得的总收入中，来自政府和企业（协会）的资助比例分别达到36. 89%和29. 13%，这其中有56. 78%的支出都用于培训和志愿服务。

日本、韩国、新加坡等国家由于政府行政能力较强，政府对社区居民的服务大都通过具有官方背景的社会组织，自上而下纵向提供，这些组织享受全额的财政拨款，提供的是标准化的社区公共服务。日本还有一类组织是社区的居民自治组织——町内会和自治会。町内会一般为传统街坊的居民自治组织，自治会则多为新兴的公营或民营住宅小区的居民自治组织。两者只是名称不同，基本角色和职能没有什么差别。对于社区自治组织采用的是强制性“会费” + “政府补贴”的形式。町内会（自治会）以户为单位加入，分为一般会员（当地家庭户）、特别会员（企业职工宿舍住户）和赞助会员（当地的商店、企业及办公机构等）。居民会员一般每月交纳会费 100 ~ 300 日元（相当于一个三明治的价格），30 人以上规模的单人宿舍、店铺或办公室，按人数的多少每月交纳会费 700 ~ 2000 日元不等。如东京某区一个拥有 400 户居民的町内会，2012 年年度经费预算为 204 万日元，相当于 15 万人民币。经费来源主要是会费收入，约占全部经费的 60%，其余为各项活动收益和捐款、赠款占 30% 左右，上级政府委托工作的补贴在 10% 左右。

3. 非营利组织提供公共服务的工作体系

一是服务广泛、内容精细。西方社区民间组织非常发达，渗透在社会生活的各个方面。它们以民间慈善为宗旨、以公益服务为主业、以志愿参与为特征，与政府公共部门一道推进公共福利的发展。这些社区民间组织服务内容和领域非常广泛，主要包括扶贫救济、教育援助、宗教慈善、卫生健康、社会及社区福利、历史文化艺术遗产的保护、环境保护和生态改善、动物保护及福利、业余体育运动、促进人权与和解、对无家可归者提供住处、推动科学研究和普及等各个领域。绝大多数的民间组织都是小型组织，这些组织资金规模小、专职人员少、服务内容明确，很多小型组织都只是专攻某一领域的某一部分工作，表现出业务精细化的特点。

二是自主运作，适应性强。社区民间组织，根据公开自愿的民主原则运作。它们自我筹集资金，自我制定服务宗旨，自我设计服务内容，自我寻找服务对象，或者以投标形式向政府承包服务项目。社区民间组织的志愿者可以自由加入，自由退出，自由选择志愿服务时间和服务内容。社区民间组织的捐赠也实行自愿原则，捐赠者有权知悉财物的使用去向，也有权要求使用者向自己报告财物的使用情况。此外，无论是社区组织的专职人员、托管人还是被委托管理的中介机构，都实行民主选举和监督。同时，社区民间组织的专业化、职业化程度较高，管理体系完善，以资格认证、登记注册、品质管理、员工激励等一整套制度为载体，社区工作者队伍充实壮大，为社区民间组织的服务和发展提供了可靠的人力保障。

三是自我发展，管理完善。社区民间组织拥有比较完善的管理体制，与行政力量保持着良好的互动关系。一方面，政府每年会有一定的财政基金通过公开招标的形式拨向社区民间组织，以此来达到对其吸引、约束和监督的效果。另一方面，会有一些半政府机构（比如伦敦地区的慈善委员会）通过托管人理事会或委托专门的中介机构，来对社区民间组织进行分类监督和管理，从而规范和引导民间组织健康成长、有序发展。

四是合作双赢，共建共享。纽约政府、社区委员会和非营利组织在长期的发展过程中，已经形成了一种相互协调、相互合作的良性互动关系，它们共同促进社区服务的完善和社区的发展繁荣。在这三者的关系中，社区委员会的使命是加强社区与政府之间的沟通，及时向政府反映社区居民的需求和意见，对所提供的社区服务项目实施监督和评估。政府主要通过制定规范性文件、财政支持、招标等手段，发挥引导、支持和监督的作用。在具体的社区管理事务中，它处于相对超脱的地位，大量的名目繁多的社区服务的提供、服务项目的开展，都由非营利组织具体承担和组织实施。非营利组织的目标在于通过各种服务项目，满足社区居民不断增长的物质和精神需求。它对社区服务起组织、管理和推动的作用。

西方的民间组织十分注重合作理念，注重同政府以及其他各种组织建立合作关系。它们除了不断地向政府争取财政资源外，还积极争取与政府的合作，主动进入政府建立的比较完备的行政支持体系。如英国伦敦的社区组织，通过签署《政府与志愿及社区组织合作框架协议》来推动自身同英国政府各部门及伦敦当地政府部门的合作。

三 “后危机时代”发达国家社区管理改革的最新趋势

后危机时代以来，随着全球化加剧，各国公共财政压力和技术进步的冲击加大，以及公众要求政府提高公共服务水平的呼声日益增大，各国政府掀起了政府改革浪潮，反映在社区管理上的趋势为：控制成本、加强管制、提倡竞争及购买服务。

一是基于成本—收益分析进行项目运行的地位越来越重要。政府管理需要支出成本，必然要考虑经济方面的承载力，政府管理的改革越来越注重将成本—收益分析放入其中，具体表现在两个方面。一方面充分发挥由于社区提供公共产品的高效率、低成本优势，政府公共财政中对社区的资金扶持比例越来越大；另一方面政府通过改善购买服务流程，采取后补助方式、补贴、减免等激励性财政手段，引导社会资源投入社区。

二是社会化管制越来越强。随着发达国家进入高度发达的工业社会，环境、健康、安全等问题直接威胁到人们的工作和生活。同时，社会福利和人权保护思潮不断高涨。这些因素推动着在社区层面，政府对涉及居民利益保护和大众健康、职业安全、环境保护等方面的社会性管制进一步加强。

三是联合工作模式越来越丰富。通过政府当局与民间团体联合起来共同推动社区治理，尽量鼓励民间参与提供社区公共产品的不同工作模式被提出，例如：①靠外在的技术、资源援助来引导、带动、基层组织、启发社区居民，以方案为本解决社区问题的协助模式；②自助阶段，以社区居民自己为基层组织、自己决策、自己解决问题，以过程为本，注重居民的教育的自助模式；③互助—竞争阶段，将许多小型社区联系起来，相互竞争、相互促进与合作，充分运用资源的互助—竞争模式等。这些模式均体现出以政府为主导、民间为主体的社区发展思路。

四是购买民间组织服务越来越普遍。服务购买向社区地方转移职能、增强地方治理能力的趋势在发达国家比较明显，在发展中国家、转型国家也存在。在这一过程中联邦制国家还伴随着明显的从中央向地方政府的职能转移。

购买的服务还是社会服务机构提供的服务都是按照非营利的原则进行的，尤其对社会弱势群体和低收入居民基本采取免费提供服务的做法，而对于有一定经济基础的居民服务则采取按照成本收费的做法，而且这类收入只能用于本领域的后续经营。对于政府组织或者社会机构采取非营利服务导致的成本亏损和利益补偿，财政资金会及时给予补助。向非营利组织提供补助一般分为两种形式：其一是政府向非营利组织提供直接拨款，其二是非营利组织通过公开的招标拨款申请获得补助。

四　社区管理的国际经验对中国的借鉴

第一，全球城市化进程的普遍经验表明，社区建设的过程是一个政府逐渐转变职能的过程，是一个社区与社会渐趋成长的过程。社区发展主要不是一项“政府工作”，而是一项社会工作，扮演主要角色的不应当仅仅是政府，而且还有社会力量和居民群众。

第二，在城市化进程中的社区建设初期，政府应成为社区管理的主要执行者和推动者。政府的职能重点为保证新社区基本公共服务，建立社区公共秩序，同时引进社会专业组织购买社区服务，以弥补新社区公共服务需求与供给之间的不足。

西方国家的社区发展是从“福利国家”中转化而出的社区发展，是在相对比较完善的政府作用基础上的社区发展，其取向认为政府干预和“由上到下”的行为方式在很大程度上是抑制社区的，政府不能控制和强制社区发展，社区发展更主要的是依靠社会力量的自我发育。中国政府的行政力对社区发展的作用很强，但政府体系对社会事业的整体覆盖并不完善，而恰恰很大程度上是在“政府缺失”的新社会空间上。中国正处在社会和经济变革的关键时期，无论是法律援助、家庭暴力还是控烟、反酗酒，乃至扶贫领域等社会问题，都会主要集中在社区层面爆发。中国的社区受长期行政一体化格局的影响，除政府体系以外，几乎没有社会化的资源和社会化的力量，当新社区产生时，亟须政府提供基础性的公共产品。

第三，随着城市化进程中社区功能的日趋成熟，社区居民共同关心的问题较以前相对减少，个别诉求、个体问题、个人兴趣等需求大幅上升。社区的 NPO 恰恰大多在专业性、柔软性、敏感性等方面具有优势，因此能够灵活地应对一些即时的、专业的问题。虽然此时政府在社区建设中的作用同样重要，但必须主动转变职能，积极引导和激励社会力量，最终实现社区自我发展，否则政府将随着社区公共事务的增多，陷入新的无效管理中无法脱身。具体路径上，政府应逐渐退出社区管理的直接执行层面，继续推动社区建设，同时强化监管职能。通过重点培养社区互益性社团积累社区社会资本，最终实现社区自治。

第四，虽然政府在社区中的责任越来越大，但并不意味着政府在社区发展中应该负全部的职责，毕竟公共财政和公共资源都是有限的，政府在社区再造中的最终定位主要有三项：一为提供均等的基本公共物品，二为促进社区经济发展和社区就业，三为维护社区的公共安全，即服务（Service）、责任（Responsible）和法治（Constitution）的政府。在责任清晰的基础上，政府可以通过创新政府治理方法，理顺政府与市场、社会主体的关系，培育社区社会资本，发展公民社会四条途径实现社区再造。

后现代社会信息化背景下，匿名性与隐私化使得人际间的交往与互助不但没有被削弱，而且在向多层面、宽向度发展。独立与共生这两种需求的与时俱增，对城市化中的社区再造提出了更综合的要求：未来社区治理的重要功能在于——成为使异质性相互包容的共生纽带。

参考文献

陈向明、周振华：《上海崛起：一座全球大都市中的国家战略与地方变革》，上海人民出版社，2008。

汤国风、陈世香：《服务与竞争：新公共管理运动时期美国政府职能改革的基本内容及其启示》，《学习与实践》2005 年第 12 期。

李英江：《伦敦社区建设的主要经验——世界城市社会建设研究系列之四》，北京社会建设网，http：//www. bjshjs. gov. cn，2010 - 07 - 30。

田晓虹：《国际化大都市东京的社区治理》，社会学网，http：//www. ccpg. org. cn，2010 - 10 - 15。

Saulny L.，"New York's Top Dog?" *The New York Times* 1（2003）.

New York State Department of Agriculture & Markets News，Sep. 27，2005.

The Transition of International Community Management

Abstract: Community management is a key factor to China's rapid urbanization. In view of the developed countries, effective solutions to the improvement of community management are to promote, ① community civic service; ② community management methods; ③ the relationship between government and communities; ④ community construction; and ⑤ community autonomy.

Key Words: Community Management; Civic Service; Government Role; Community Construction

城市空间篇

Urban Space

B.31 美国制造业地理分布新格局*

苏 宁

摘 要：

后危机时期，美国大都市区的制造业发展呈现出新的趋势。尽管制造业在美国大都市区同样存在从都市核心区外移的趋势，但美国大都市区制造业的专业化程度、集群特征仍不断提高。同时，各大都市区制造业在企业规模、收入水平等方面表现出多样性，不仅在一定程度上抑制了制造业外流，也推动了区域制造业向高端化发展，使美国大都市区成为各类制造业最主要的集聚区域。本文基于《美国制造业的空间走向》（2012）报告，对美国大都市区的制造业空间走向进行了分析。

关键词：

大都市区 制造业 空间分布 创新

* ①本文主要基于对美国布鲁金斯学会报告《美国制造业的空间走向》（2012）的介评，并进行了对中国启示的研究分析，特此致谢。

②本文得到上海市社科基金项目“美国三大都市连绵带中心城市功能及与上海市对比”（2006）的资助，特此致谢。

2012年4月，美国布鲁金斯学会发布《美国制造业的空间走向》（Locating American Manufacturing：Trends in the Geography of Production）报告。报告以大都市区为单位，对美国制造业企业、就业、收入等要素的空间分布进行了详细研究。文中指出当前及未来一个时期，美国各大都市区内制造业内部结构、技术特点、集聚趋向、企业规模等方面的特性，并就联邦与大都市区地方政府在促进高端制造能力升级方面的政策提出建议。

一 美国大都市区制造业分布的主要特点

1. 大都市区是各类型制造业最主要的集聚区域

研究表明，美国大都市区特别是大型大都市区以及大都市区的中心县，集聚了绝大多数的制造业就业。同时，美国几乎全部高科技制造业的就业者都集中在上述区域。这种状况显示出，大都市区能够为制造业发展提供强大的优势，特别对于高科技制造业而言，这种优势尤为明显。2001～2005年，美国大都市区制造业创造的增加值增长了12.5%，超过了同期大都市GDP增速的1.4个百分点。[①] 从就业层面看，2010年美国大都市区提供了79.5%的制造业就业，其中100个最大都市区贡献了58.5%的份额。从分类上看，78.6%的普通高科技制造业就业与95%的尖端高科技制造业就业集中在大都市区。[②]

从总体上看，制造业企业的科技水平越高，在空间类型上越倾向于集聚在大型大都市区，在具体方位上则倾向于集聚在大都市区的中心县内。这种科技水平与空间的集中性呈正相关的特点，其原因在于大都市区拥有产业集群所必需的教育、研发、咨询、工程服务条件，同时具备企业与顾客进行面对面交流的重要平台。

2. 大都市区制造业专业化程度不断提高

专业化程度是衡量区域制造业发展质量的重要指标。尽管制造业比重不断下降，但自1980年以来美国各大都市区在制造业方面的专业化程度日益提升。

---

① 魏家雨等著《美国区域经济研究》，上海科学技术文献出版社，2011，第24页。

② Susan Helper，Timothy Krueger，and Howard Wial1，"Locating American Manufacturing：Trends in the Geography of Production，" 2012－04.

2010 年，有 163 个都市区具备低度专业化的制造业（即制造业就业在整体就业中的比例为国家平均水平的 1.05 倍），84 个都市区具有中度专业化制造业（即制造业就业在整体就业中的比例为国家平均水平的 1.5 倍），40 个都市区的制造业水平为高度专业化（即制造业就业在整体就业中的比例为国家平均水平的 1.9 倍）。都市区制造业专业水平数量的提升现象表明，尽管美国国家层面的制造业就业在大量减少，但相比 1980 年而言，2010 年大都市区对于制造业的依赖程度大为增加，这一领域已经成为经济基础的重要组成部分。

在高科技产业领域，各都市区的专业化程度更为明显。在制药、计算机与电子、航空航天三个高科技产业方面，其在都市区的分布差异明显。52 个都市区在制药方面为中度专业化水平，62 个都市区在计算机与电子方面达到这一水平，航空航天产业则有 44 个都市区。而没有一个都市区同时在上述三个产业方面均达到中度专业化水平。只有 25 个都市区同时在两个领域达到上述水平。高科技产业的这一地方性差异表明，相关产业在技能、研发与供应链需求方面差异很大，所以使各产业之间趋向于空间的分离。

3. 大都市区具备多样性的制造业产业集群

美国有 2/3 的大都市区表现出制造业方面的集群性。相关研究将制造业集群分为 6 大类，每一类中具有一个“核心”（“anchor”）产业。这六类集群分别是计算机与电子、交通装备、低工资制造业、化工、机械与食品产业。在美国 366 个大都市区中，有 237 个拥有至少一个上述类别的制造业集群。其他未能拥有上述六类制造业产业集群的大都市区中，也几乎都有分散化的制造业产业。

美国南部与中西部大都市区的飞机、列车、汽车、船舶集群；中西部的机械制造业带；以及南部的化工走廊等集群，其形成均基于其本地的制造业专业化优势。而波士顿、圣何塞等信息技术中心，尽管以软件、研发与信息技术服务闻名于世，但仍然在计算机与电子制造业方面表现强劲。这一现象说明上述信息技术中心仍然需要与信息服务相近的制造业环节。

4. 大都市区制造业的薪酬水平差异巨大

与创新能力一样，高薪金也是高端制造业快速发展的重要因素。美国大都市区的制造业薪金水平呈现出非常大的差异性。圣何塞的制造业平均薪金为每年14.5万美元，这一金额高出麦卡伦（McAllen）都市区4倍有余，那里的薪金水平为每年3.5万美元。2010年，制造业薪金水平最高的5个大都市区，该产业平均收入水平为美国100个最大都市区平均值（65935美元）的150%。同时，在高收入水平的大都市区中，低薪资产业的薪资水平并不一定水涨船高。在圣何塞，尽管制造业平均收入冠绝全美，但其食品制造业员工的年均收入仍较行业平均水平低3000美元。

造成不同大都市区间制造业收入水平较大差异的原因主要为：第一，教育水平差异。受过高等级教育的员工较其他工人的生产效率更高。第二，产品与流程的差异。研究表明，生产效率高的企业更倾向选址于人口与商业设施密度大的区域，这是因为在这些区域中企业能够以不同的流程生产不同的产品。第三，工人的谈判力量差异。在不同的大都市区，工人组织工会的能力水平大相径庭。上述三个因素的作用相互交织，共同决定了制造业的收入水平。

5. 大都市区制造业企业规模相对较小

一般认为，制造业企业均规模巨大，但美国大都市区的制造业企业平均雇员数仅为57.4人，可归类为“小型”企业范畴。而不同大都市区与不同产业的制造业企业平均规模则差异明显。美国制造业企业规模最大的大都市区是田纳西州的金斯波特（Kingsport），为203.6人；最小的是新泽西州的大西洋城，为9.1人。东北部的大都市区平均企业规模最大，为65人；西部的规模最小，为49.6人。100个最大都市区的制造业工厂平均雇员为57.8人。

对于美国制造业而言，企业规模关乎产业的健康发展。这是由于中小型企业主要负责设计与增加产品的附加值。而制造业的创新越来越依赖于这些企业的努力。同时，中小型制造业企业缺乏正规的研发能力，在制造效率与其他创新领域也处于劣势地位。因此，制造业企业规模较小的大都市区，若采取措施协助中小型制造业企业提高创新与生产效率将大为受益。

6. 近十年制造业就业长期以来向南部流动的趋势停止

1980~2000年，美国东北部与中西部制造业就业不断流失，而南部与西部的就业则处于增长的态势。这一变化反映出制造业就业机会向工作权利法（Right-to-work Law）更为普及的区域（如南部），以及低薪金区域转移的趋向。特别在是后一类区域中，产业招聘补贴长期被作为重要的经济发展策略手段加以运用。但在过去的10年中，这种情况发生了逆转。从2000年起，东北部与中西部的制造业劳动力流失状况得到了遏制，这表明以低劳动工资与地方补贴为基础的招聘手段已经不再是吸引制造业就业的有效区域性政策。

2010～2011年，中西部成为全美最大的制造业就业增长区。在2010年第一季度到2011年第四季度的时间里，上述中西部就业的增长率以5.2%的增幅高于全美2.7%的平均增幅。美国全国性的工业复兴是中西部制造业就业快速上升的部分原因，该区域在汽车与机械制造方面的优势使其在上述复兴中收益。与中西部产业结构相同的区域并没有同样的就业增长率，这点就很说明问题。在高科技制造业的就业方面，从1980年到2011年第四季度，东北部与中西部的一般科技制造业的就业下降情况较高技术制造业以及制造业的平均水平更为严重。

7. 制造业就业从大都市区及都市区的中心县向外流动

由于高密度的城区环境能够为企业带来更高的生产率，因此，制造业就业从大都市区的高密度区域以及中心县向外转移的长期趋势得到政策制定方的关注。20世纪八九十年代，大都市区的制造业就业下降量快于非大都市区。100个最大都市区的上述就业下降幅度高于更小的都市区。而在21世纪头10年中，制造业就业的非大都市区化趋势出现了暂时的停止。在制造业就业下降比率方面，无论是全部大都市区还是大型大都市区，该比率均与美国的平均水平相当。但在2010年，制造业就业从大都市区外流的趋势再次出现。这种就业外流的趋势在大都市区的中心县格外明显。2000～2010年，大都市区中心县的制造业就业减少比例为33.9%，基本与美国的平均水平相当，但外围县的减少比率仅为29.3%。当然，并不是所有类型的制造业就业都逃离大都市区。1980年至2011年第四季度，大都市区中高端高科技制造业就业的减少率就低于全国38%的平均水平。而非大都市区中，上述行业的就业下降量则更为严重。

这种制造业就业的长期离心化与非大都市区化趋势由诸多原因造成。其中，运输费用的长期下降；公共部门对高速公路的资金扶持；制造业主希望规避中心区“棕色地带”的环境补偿费用；城市与郊区在工厂用地方面更为严格的区域用途管制；以及企业主规避大都市区与中心县更为强大的工会力量等原因推动了上述空间的离散趋势。

二　制造业政策的大都市区地理因素

综上所述，不难看出美国可能走向一个新的“制造业时期”。2010～2011年，美国的制造业就业比率开始上升。尽管这一增长过程仍显得缓慢，但预计从2011年第四季度到2012年第四季度，制造业就业人数将从1172.3万人上升至1191.1万人，增长18.8万人。[①] 中西部等制造业传统地区的受益最大，大都市区的制造业优势无论从广度和深度上都得到了加强。与30年前相比，今日美国大都市区的制造业尽管经历了一个阶段的就业下降，但仍然是经济基础的重要组成部分。

在推动制造业复兴的任务面前，美国各级政府都负有提升优势、弥补软肋的职责。但希望通过一个“放之四海皆准”的方法解决制造业的问题无疑是不现实的。美国大都市制造业的地方性差异巨大，其中包括：产业、技术水平、薪金水平与企业规模等方面的差异。这些差异随之带来的是研发、技能以及其他高端制造业需求要素在地理上的巨大差异。因此，联邦政府与地方政府应采取不同的政策取向，以扶持制造业的发展。联邦政府的职能在于创建考虑上述多样性的平台。而各州、地方政府以及非政府行为体（如区域经济发展组织、工会、教育机构等）则可以利用这些平台，推动制定适应制造业产业特定需求的高端制造业发展政策。

1. 推动区域制造业高端化

制造业生产力要素成果，如高技能工人、科技基地以及促进创新生成与传播的机构，是制造业集群成功的关键因素。制造业高端化政策应当通过研发、技术协助以及培训项目，协助制造业主更好地扩大上述生产力成果。

（1）联邦层级的平台作用。

联邦政府的制造业高端化平台包括一系列推动性政策，主要包括：支持与中小制造业企业相关的研发行为；协助企业解决供应链的协调问题，使其进入全美市场；帮助自我组织型制造业解决共同问题等。

---

① The United States Conference of Mayors. U. S. , Metro Economies: 2012 Employment Forecast and the Impact of Export, 2012－01.

①建立全国性制造业创新网络。联邦政府在基础研究与某些应用研究方面的资金支持对于大型与高科技制造业企业而言非常重要。奥巴马总统已经建议联邦政府建立美国“国家制造业创新网络”。该网络包括15个研究机构，主要致力于应用研究领域。这些机构分布在美国的各个区域，以发挥区域先进制造业技术枢纽的功能。这一技术网络主要以先进制造业中心或实验室的理念进行建设。相关机构的选择标准应为，该中心预期研发的技术重心与所在区域制造业创新需求的关系。

②制订促进协助小型制造业企业利用供应链体系的计划。与垂直一体化的领军企业不同，大部分美国制造业企业依赖提供零件与创新要素的供应者网络。这种“共享性供应链”体系具有很多优点。供应者可以专精于特定环节，为顾客提供更高效率和有创新性的服务，并减少风险。但这一共享供应链依然缺乏良好的治理。为此，作为联邦为中小企业提供技术支持的主要项目，美国商务部的制造业延伸伙伴计划（MEP），强化对于整个供应链网络的扶持和引导。MEP通过各州建立的中心，强化对于供应链体系的信息搜集与传播服务。MEP的各中心通过对供应链的结构与地理分布数据的获取，更好地了解供应链的主要问题以及采取何种适当的措施加以干预。联邦的MEP中心与国家制造业创新网络相互协调，共同为供应链提供服务并搜集相关数据。

③通过支持自我组织型集群项目促进制造业企业与相关机构合作。地区性的集群对于制造业发展至关重要。而集群中的企业往往面临员工培训等共同的问题，这些问题无法由单一企业自己解决。因此，政府需要提供资助，以帮助这些企业与社区、大学、行业协会以及工会等组织形成互动，共同发现与解决上述问题。这些资助为竞争性项目，提供给企业与支持性机构共同形成自我组织型群体。奥巴马政府已经通过整合多个为区域发展提供资助的政府部门与项目，为区域产业集群提供支持。多个部门和项目的相关资金为自我组织型地区群体提供了资助，资金主要支持与国家需求相关的集群性活动。其中包括经济发展部的i6项目、小型商业署的区域创新集群项目、能源部的能源效率系统区域创新集群，以及多部门共同实施的郊区就业与创新提升计划等。

（2）州、地方政府与大都市区的职责。

州、地方政府与大都市区层级的经济发展机构与区域内的制造业企业、制造业集群相关主体之间的合作，是最终实现区域制造业高端化目标的具体手段。为此，相关主体需要了解区域内制造业的基础情况，并以此为基础实施相关战略。

①了解区域内制造业基础。为制定和实施制造业发展战略，必须了解区域内制造业的基础情况，包括区域的产业与产业中的企业差异；产业的创新、科技、技能、金融与其他需求；制造业与区域内其他产业、其他区域制造业的关系，以及与其他地区制造业相比的竞争优势与劣势。

②建立具有区域特征的专业化战略。区域制造业高端化战略必须建立在对于本地区制造业基础条件的理解基础上。不同地区需要不同的战略。特别需要注意的是，大都市区的企业规模差异将极大地影响相关战略选择。这是由于大型企业与小型企业有不同的创新需求，区域的相关战略必须对这种差异加以衡量。对于以中小型制造业企业为主导的区域，大都市区战略应着重协助这类企业提高产品产量以及程序创新，而不是促进产品创新。而对于以大型企业为主的大都市区，产品创新与产量提升、程序创新一样重要。同时，大型企业更为依赖同高校以及其他研究组织建立联系，以开展创新性的研发活动。州政府应提供相关资助，扶持建立“产业—高校”研发关系。总体上看，州政府应通过支持研发以及其他措施，着力提高高薪就业的规模，因为部分美国联邦层级的研发项目需要以就业创造量作为资助的标准。

③实施区域性专业化战略。尽管长期以来区域性的制造业高端战略在美国并不被看好，但一些州、地方与大都市区领导机构仍然将制造业视为区域经济的重要方面，进而推进了此类战略的实施。如马萨诸塞州就实施了《马萨诸塞先进制造业协作计划》，该计划主要聚焦中小企业与先进制造能力。此外，东北俄亥俄州超过80个企业、政府、高等教育、研究以及基金机构的领导者们共同发起了一项“区域经济计划”，该计划涵盖16个县，旨在推进区域经济的协作。大城市也加入了制造业战略制定的行列，并将之作为其总体经济发展战略的重要组成部分。如芝加哥市长提出将该市建成先进制造业的中心，并将这一愿景列为城市经济发展计划的核心目标。此类计划均建立在对各区域的优、劣势情况分析的基础上，力图避免两种极端倾向，即将重点狭隘地局限于特定制造业领域，或在推动制造业多样化过程中无视区域的既有优势所在。

2. 扭转制造业发展的不利方面

制造业就业从大都市区特别是大型大都市区与中心县等区域向外流失的趋势不容乐观。这一趋势将导致货运里程增加，从而提高温室气体的排放量。同时，在这一环境下，由于制造业企业难以利用集约和经济多样化效应，也影响了创新的功效，从而影响了高端竞争力的形成。联邦、州与地方政策均应对制造业离心化与非大都市区化的趋势负责。为弥补这一不利趋势，各级主体要着力废止或缩减导致制造业离心化的政策。

（1）联邦层级的平台作用。

①推进联邦运输资金的平均分配。联邦的货运基础设施与货物运输政策应扩展到所有运输领域，涵盖道路、轨道与港口。美国国会通过的“21 世纪快速运输”法案中提出，必须建立一项特别关注货运走廊、城市货运，以及“最后一英里”端点建设的全国性货运战略。同时，联邦的“交通投资促进经济复兴”计划也将涵盖包括货运在内的多种运输模式列入资助范围。这些计划有助于将轨道交通建设与高速公路建设一视同仁，从而促进州与地方领导机构制定适应更广泛需求，特别是强化制造业能力需求的交通运输战略。

②限制侵占区域外制造业资源的项目资助。联邦对制造业研发的资助以及对企业技术支持，是调节各州争夺制造业企业“零和”博弈的最有力杠杆手段。联邦政府不向那些通过资助手段对他州制造业企业“挖墙脚”的州提供资助。同时，对于有上述行为的州，禁止在其当地建立包括“国家制造业创新网络”中心在内的制造业促进机构。

（2）州、地方政府及大都市区的职责。

①严格审核招商资助。对于“挖墙脚”式的制造业招商政策，州层面采取可行措施加以限制。长期以来，州一级优惠项目与商业落户促进计划均对非大都市的县外围区域的新建企业予以特别关照。上述项目应当转变方向，为大都市区特别是中心县区域提供优惠。州限制地方对新建企业的刺激与优惠政策，而转向支持现有制造业企业的发展。这些措施将对地方政府运用激励政策与本州内其他主体间恶性竞争的情况形成约束。

②改变排挤制造业的地方土地规划。为提高税源，部分中心城市往往运用土地用途规划等手段阻止制造业企业进入该区域。这些城市更青睐居住与商业

地产，这些项目能够带来更高的财税收入。联邦与州政府提供财政优惠，鼓励地方政府在运用土地规划权时，对于制造业更为包容，不去排挤那些能够带来高收入就业的制造业企业主，这些企业对于美国经济的正面作用往往并不局限于其所在区域。

三　美国大都市区制造业空间发展趋势的启示

1. 大力促进制造业在都市化区域的集聚

从美国的经验来看，进入21世纪后，制造业在大都市区的集聚是发展趋势。特别对于高科技制造业而言，更倾向于集中在大都市区。这种空间趋势的内在动因是，大都市区拥有产业集群所必需的教育、研发、咨询、工程服务条件，同时具备企业与顾客进行面对面交流的重要平台。因此，中国的制造业发展，在促进产业自身的科技升级之外，应特别关注空间布局对于制造业的影响。近期东部城市群出现的制造业外移现象，在筛选高能耗与低层次制造业企业之后，仍应关注对于高端制造业的吸引与服务。防止大都市区的制造业“空心化”。这不仅应从城市自身考量，更应从国家产业发展的宏观战略上进行谋划。

2. 提升大都市区制造业的“专业化”特性

近期，美国大都市区在制造业方面的专业化程度日益提升。特别是在高科技产业领域，各都市区的专业化程度更为明显。这一现象证明，制造业产业在技能、研发与供应链需求方面差异很大，因此各专业行业之间趋向于空间的分离。大都市区在制定制造业产业战略时，必须以产业的客观差异为出发点进行考量，不应力图将所有都市区转变为高科技制造业中心。反观中国大都市的制造业发展，往往追求“高而全”的全能型集群，从而造成了区域间的产业结构雷同与恶性竞争。根据城市区域自身的要素特性，形成更为专精的“专业化”制造业结构，是中国城市制造业发展的重要目标。

3. 促进大都市制造业集群的建设

美国2/3的大都市区都表现出制造业方面的集群性，即以一个“核心”产业为基础，形成与该产业配套的企业、服务体系。即便是以现代服务业为核心的都市区，也需要与该产业配套的制造业要素集聚。中国的大都市制造业建设，也应借鉴美国经验，形成产业“纵向”与“横向”一体化相结合的集群体系。政府应不仅将关注置于“龙头”企业或产业之上，也应促进相关企业研发、服务环节的培育。

4. 根据制造业企业规模差异采取不同的扶持措施

美国大都市区制造业的发展表明，不同规模企业的需求差异较大。大型企业与小型企业有不同的创新需求，区域的相关战略必须对这种差异加以衡量。中国城市对于制造业企业往往采取单一的扶持政策，仅以“类型”作为扶助措施的标准，而较少考虑“规模”这一因素。参照美国经验，对于中小型制造业企业较多的区域，相关政府在产品产量及程序创新环节进行支持。而对于大型企业，不仅应同时关注产品创新、产量提升、程序创新，更应促进企业与高校及研究机构建立联系，建立“产业—高校”研发伙伴体系。

参考文献

Susan Helper, Timothy Krueger, and Howard Wiall. , Locating American Manufacturing: Trends in the Geography of Production, 2012 - 04.

Susan Helper, Timothy Krueger, and Howard Wiall. , *Why Does Manufacturing Matter? Which Manufacturing Matters? A Policy Framework* (Washington D. C. : Brookings Institution, 2012).

Christina D. Romer. , “Do Manufacturers Need Special Treatment?”, *New York Times* 2012 - 2 - 4.

The United States Conference of Mayors. U. S. , Metro Economies: 2012 Employment Forecast and the Impact of Export, 2012 - 01.

New Trends of Manufacturing Geographical Distribution in USA

Abstract: The paper, based on the report “Locating American Manufacturing: Trends in the Geography of Production”, illustrated the new trends for metropolitan geography of U. S. manufacturing. It showed a series of descriptive trends affecting the nature and location of American production. According to the report, the metropolitan areas, specialized in manufacturing, contained the great majority of manufacturing jobs and nearly all very high-technology manufacturing jobs. In the mean time, U. S. metropolitan areas have become increasingly specialized in manufacturing and vary widely in wages and the patterns of industry clustering. These trends demonstrated the requirement of geographic high-road policies for American manufacturing. These policies needed a federal platform that is sensitive to the ways in which manufacturing differs geographically. They require state and local decision-makers to take the lead in adapting the high-road approach to their specific needs.

Key Words: Metropolitan; Manufacture; Innovation; Geographic Distribution

B.32

美国科技创新要素的空间布局趋势

苏 宁

摘 要：

后危机时期，美国各界对创新体系建设中的空间因素日益关注。本文基于美国政府及相关组织的政策与报告，对美国创新空间的发展趋势进行分析。文中指出，由多主体共同构成的“创新社区”是美国未来创新空间发展的重要方向。在创新空间的建设过程中，项目引导、税收优惠、空间规划等制度设计及激励必不可少。此外，区域内创新主体的相互联系与合作，是促进研发成果转化的重要前提。创新人才资本的积累与利用，则是创新空间发展战略的重要基础。

关键词：

创新体系 空间布局 制度设计

全球经济危机发生后，美国政府对创新与竞争力的关注度大为增强。从2006年的《美国竞争力计划》到2012年美国商务部的《美国竞争力与创新能力》报告，相关创新能力的规划与推进举措不胜枚举。随着创新战略的推进，空间在创新体系建设中的重要地位得到越来越多的关注。“美国大学研发园区协会”等组织为此提出了“创新社区”（Innovation Community）等具有空间属性的创新体系建设概念及实施建议。本文在上述机构组织近期发布的《空间权力：建设美国创新社区的国家战略》《空间权力2.0：创新力量》《美国竞争力与创新能力（2012）》等报告的基础上，归纳美国创新空间建设的主要方向。

一 “创新社区”的构成与营建

“美国大学研发园区协会”针对科技创新空间问题提出了新的概念：美国创

新区（American Innovation Zones）体系。[①] 创新区将承担美国研发竞争力提升的中心任务，推动以研发集群为核心的投资与经济开发行为。创新区的功能旨在集聚国家创新的重要因素，包括：科研园区、技术孵化中心、高校、联邦实验室以及相关的其他产业，同时为研发的加速发展提供制度创新与经济激励。

1. 构成主体

创新区的构成主体主要由与高科技产业及技术专利创造相关的机构组成。相关主体主要为以下几类。

（1）科研园区。

科研园区集群由一系列相互关联的科研实体组成，主要包括：高等教育机构、初始研发孵化器、独立孵化器、联邦实验室，以及技术转化、商业开发、经济发展等领域的合作方。

（2）大学与学院。

主要为有资质的大学与学院，包括获得联邦资助的社区大学，以及上述主体掌控区域内的相关机构。

（3）联邦实验室。

包括联邦建立的实验室机构、联邦资助的研发中心，以及其他由联邦政府、部门资助、拥有或租赁的科研中心。

（4）土地用途授予机构。

目前部分联邦机构有权将土地的使用权与开发权授予私人机构，相关研究表明，这一土地授予权可扩展到其他联邦部门。

2. 激励与规范制度改革

“美国大学研发园区协会”的研究指出，联邦实验室与创新社区之间的空间共存与关系互动，将有助于形成高水平的研发活动与技术创新。而为了达到上述共存与互动，推进创新区的形成，以下几个方面的激励政策不可或缺。

（1）联邦层面的税收减免改革：将知识产权与减税条件脱钩。

目前美国联邦对于创新企业的税收减免条件主要以过于严苛的知识产权标

---

① Association of University Research Parks, The Power of Place: A National Strategy for Building America's Communities of Innovation, 2008.

准为前提。在面对国外无知识产权限制的优惠条件竞争时，美国处于十分不利的地位。因此，放宽过于严格的国内税收限制，以更灵活的态度处理知识产权标准，是提升美国创新区作为创新企业“避风港”功能，进而提高美国国家竞争力，以及增加研发企业落地的重要举措。

（2）提高《小企业创新研发计划》《小企业技术转化计划》《联邦技术与标准机构科技创新计划》的适用范围。

联邦政府向美国创新区中的小型科技创业企业提供《小企业创新研发计划》《小企业技术转化计划》《联邦技术与标准机构科技创新计划》等联邦项目的资金资助与激励。集群的发展、合作的建立以及联邦研发资金的效应，将会吸引更多的资金投向创新区，同时通过强化公共与私人研发主体的合作提升区域的研发水平。

（3）制订联邦创新区伙伴计划。

联邦政府制定一项竞争性的创新区研发中心建设规划，以鼓励此类中心符合联邦政府、地方政府及私人部门的资助要求。上述中心应将研发的重点置于国家需求的高端领域，包括新能源研发、国土安全、食品安全以及全球气候变化等领域。

（4）保持《美国竞争力法案》（*America COMPETES Act*）的资金保障。

2007 年美国国会通过的《美国竞争力法案》是推动美国科技能力提升的重要政策，该法案授权联邦进行对于高风险、高收益科研项目的大量投资，并强化对于美国科学机构的资助。创新区中的研发机构与企业均受益于这一法案。但国会并不满足对该法案的足额投资。因此，强化对这一法案的足额投资对于美国创新区的发展至关重要。

（5）维持对研发的税收优惠。

美国国会对科技研发领域进行税收信用评估，将使美国成为本国企业与全球其他研发投资竞争者的公平竞技场。未来国会应进一步加大对在创新区中从事研发业务企业的优惠力度。

（6）以“密度即理性”的原则建立可持续的创新社区。

在建立美国创新区的过程中，将可持续的“理性增长”（Smart Growth）的激励机制置于中心环节。美国住房与城市发展部探索全国性的最佳实践方案，以鼓励城市化区域中美国创新区的适当密度与混合功能开发。这一政策将鼓励科研人员与企业员工居住在就业区附近，从而减少城市蔓延。

（7）创新资源的海外引进

美国创新区中的研发园区及孵化器着力吸引国外科技公司的进入。在引进国外创新主体的策略上，可采取类似“美国商业孵化协会”正在尝试使用的“软着陆”手段。

二　区域创新主体的合作与产业化

在美国的创新体系中，联邦政府、私营部门扮演了不同的角色。总体来说，联邦政府是基础研究的主要资助者，私营部门则资助和开展了大部分的应用研究和开发活动。而在区域层面上，推进上述创新主体的合作、促进研发成果的产业化是未来美国创新体系建设的重要方向。

1. 促进联邦实验室与创新社区的整合

相关研究表明，由于缺乏行政与立法方面的灵活性，联邦与国家层级的实验室长期以来未能成为地方科技发展的核心力量。美国州长协会曾为此呼吁建立更有效的联邦实验室技术转化机制。美国联邦实验室每年的内部研发费用为200亿美元，高校的研发费用也基本与之相当。同时，这些实验室还拥有众多诺贝尔奖获得者。这些资源是促进美国创新区发展的核心要素。

为提升上述实验室的技术转化效率，美国创新区建立了一项联邦级的科技基金。这一基金旨在更有效地推动联邦实验室技术的商业应用。大学也能充分利用此类基金推进技术的非线性转移与产业化，从而更好地与地方企业建立联系。美国“威斯康星大学校友研发基金”就是此类基金的典型代表。

人才建设方面，联邦实验室在保持顶级科学家团队的同时，更应关注招募具有商业化激情及企业家特质的年轻科研工作者。应设立一项联邦实验室扩展基金，借鉴高校模式激励和推进实验室研发技术的产业化进程及相关活动。

2. 联邦科研成果的数据开发（Data Mining）

精算与数据开发技术已经被用于处理美国科研园区以及孵化器的研发，以分析相关的科研成果模式并创建新的企业。数据已成为创新行为成功与否的关键。由于美国在政府层面的科学数据处理投资十分稀缺，严重影响了科研成果的转化效率。因此，为了使创新社区能够更好地利用美国政府花费亿万美元的研发成果，必须建立政府层级的综合性科研数据库体系。这一数据库的建设、开发、利用是决定美国创新资源利用效果的关键杠杆。

3. 促进私人部门与联邦实验室、区域研发集群的融合

2009 年以来，奥巴马政府多次呼吁联邦研发部门增强与私人企业的联系，并采取诸多措施进行该领域的推进。美国航空航天局（NASA）的创新大使计划（Innovation Ambassadors Program）便允许联邦科研人员协助私人企业工作。基于上述合作模式，白宫制定新的政策，扩大联邦实验室科技成果的商业化以及与私人部门的合作关系。同时，通过联邦土地租赁制度的改革，鼓励私人企业的选址靠近高校、科技园区、技术孵化器等创新主体，进而形成创新集群。

三　强化创新人力资本投资

全球性的研发人才市场与人力资本领域的竞争日益激烈。美国在研发人才的培养与吸引方面的优势正逐渐降低。2008 年美国 H－1B 签证的数量被限制在 85000 个，其中 65000 个为基础数量，20000 个增加额为美国高校中的国外研究生学位获得者。这种对于国际高技能工作者的限制影响了美国从全球获得研发人才。而在创新区的建设中，为促进人才在创新区域的落地，以下几个领域的推进被视为关键措施。

1. 改善国际投资环境

国际投资环境的改善，是外部创新创业人才、企业进入美国创新区域的重要前提。2007 年美国“国际投资与国家安全法案”的通过，使美国的国际投资战略逐渐清晰，并促进财政部对国外交易的审核流程进行改革。这些流程的更新使许多国外商业企业能够以“绿地”投资的形式享受免税待遇，从而为国际资本进入研发领域带来更大的便利。同时，鼓励国内研发资源的流动，国际资本创业企业的政策也在设计之中。

2. 培养高技能的研发人才

科学、技术、工程和数学（Science，Technology，Engineering and Mathematics，简称 STEM）领域人才是美国研发力量的重要保障。目前，STEM 领域的劳动力数量正在增加，2010 年，美国有 760 万 STEM 人才，约占总劳动人数的 1/18，其中计算机与数学人才占了一半。① 未来，在加强对STEM人才的培养的同时，还要注重对于上述人才的创业能力培养，即从STEM向ESTEEM（科学、技术、工程、企业家与数学导向：Encouraging Science，Technology，Engineering，Entrepreneurship，and Math）人才的转变。②

3. 便利化的国际人才“软着陆”政策

上述美国“商业孵化协会”采取的“软着陆”战略，为美国国会制定便利国际研发人才落地的相关政策提供了重要借鉴。这一“软着陆”战略，将孵化器作为吸引国际企业拓展美国市场的重要平台。执行“软着陆”战略的商业孵化器，主要提供以下服务吸引国际人才：翻译服务；语言培训；政策与管理业务协助；文化培训；签证协助；专利协助；进出口法规的资源提供。

4. 多部门的协调合力

联邦及各部门间在资助、研发、签证份额方面的共同协作，有助于建立“软着陆”类型的人力资本链接体系。而激励国外企业涉足美国的研发业务、创建鼓励国际合作的创新社区等措施，对美国赢得国际人才资源竞赛有至关重要的作用。美国政府于2011年6月提出的“选择美国”计划（Select USA）就对国际企业进入美国研发领域的意义重大。该计划旨在支持国内外企业在美国投资的联邦计划中，主要通过对外营销、投资决策、信息服务、咨询支持等多方面的服务吸引国际资本进入美国。

四　主要启示

1. 创新体系建设的空间要素不容忽视

在“科教兴国”“科教兴市”等战略的指导下，中国主要城市的创新体系建设如火如荼。但相关的创新体系战略基本以科技领域作为切入点，对于技术结构和创新主体的发展方向较为明确，却缺少对于空间因素的考量。美国近期对创新体系建设的思考与规划表明，区域与空间是科技要素发挥作用的基础保

---

① U. S. Department of Commerce，The Competitiveness and Innovative Capacity of the United States，2012 - 01.

② Association of University Research Parks，The Power of Place 2. 0：Power of Innovation，2010.

障。创新空间的规划有助于创新主体更好地形成互动，提高科技研发的效率与转化水平。因此，在中国城市的科技创新规划中，应着力关注空间要素。而科技空间的规划绝不仅限于科技园区这样的“纯科技”空间，而是城区规模、各主体集聚的“混合型”创新空间。

2. 创新空间的制度激励需要顶层设计

在美国的创新空间规划中，十分强调通过税收、项目、优惠、租赁等渠道进行制度性的激励，从而吸引创新主体的集聚。而在中国城市的创新区域中，更多采取规划、搬迁、招商等“嵌入”手段直接推动研发机构、创新企业的“空降”。这种直接的植入手段有可能造成区域各主体间缺乏联动。而以税收、项目、土地等优惠条件进行制度激励，则具有时效长、引导性强的优势，能够切实地吸引适应本区域发展的研发、创新主体进入。因此，在城市创新空间建设的过程中，应关注先期的顶层设计与后期的制度保障。制度与实体之间“软—硬”有机结合的促进措施，是创新区域可持续发展的有力保障。

3. 关注私人部门在创新体系中的独特作用

在美国的创新体系建设中，十分重视私人部门作用的发挥。而且，这种对私人部门作用的充分利用，呈现出“双向互动”的特性。即不仅允许私人企业等主体参与政府的研发项目，而且推动政府的研发资源为私人部门的发展出力。即便是承担防务任务的美国航空航天局，也允许联邦科研人员协助私人企业的工作。在中国的创新体系建设中，尽管也强调私人企业特别是创新型企业的主体作用，但主要将企业视为创新体系中的“产出端”，更多地强调研发的产业化职能。在未来的创新规划中，似可借鉴美国的经验，促进私人企业与部门在创新体系中的“全过程”参与及“双向互动”。

4. 在创新区域建设中融入“可持续”发展理念

美国的相关组织在创新区域建设中，提出将研发区域建设与“理性增长”的原则结合起来，以推动区域的整体可持续、健康发展。反观中国的科技园区发展，更多地将之视为科技类“飞地”而加以规划。科技园区往往密度过低、功能单一，难以集聚人气，区域的成长性与功能拓展都受到限制。因此，在创新区域的功能规划中，可借鉴美国的经验，将“可持续”的环境因素与“理性发展”的综合导向纳入区域发展的原则中，使创新区成为“有机”的、充满生机与吸引力的城市区域。

参考文献

赵中建编《创新引领世界——美国创新和竞争力战略》，华东师范大学出版社，2007。

Association of University Research Parks. The Power of Place: A National Strategy for Building America's Communities of Innovation, 2008.

U. S. Department of Commerce. The Competitiveness and Innovative Capacity of the United States, 2012 - 1.

Association of University Research Parks. The Power of Place 2.0: Power of Innovation, 2010.

New Trends of the Spatial Structure of American Innovation

Abstract: The paper, based on the reports and strategy issued by American Government and organization of innovation, illustrated the new trends for space factor in US innovation system. According to the analysis, the paper showed that the federal initiatives, reforms and investments will leverage the power of innovation in U. S. . By integrating the research parks, technology incubators, universities, federal laboratories, and adjacent properties, the Innovation Zones would serve as the centerpiece of efforts to modernize the U. S. approach to fostering competitive research and development. The policies that improve collaboration, encourage new models for research, and attract global talent to Communities of Innovation, will enhance the American technology competitiveness in the future.

Key Words: Innovation System; Space Factor; Policy Planning

B.33

东京六本木大型城市公共空间的开发经验

春 燕

摘 要：

当前城市公共空间主要是以新的空间开发和平面扩张为主，注重规模性和成片式开发，注重公园、景观广场、绿地等场所建设。这种情况不仅加剧了城市建设用地的紧张，也影响着城市整体格局的形成。本文介绍21世纪以来日本最引人注目的城市建设项目——东京六本木项目，试说明在城市用地条件紧张的环境下城市公共空间的建设方式与特点，以为国内城市公共空间的建设及相关决策提供参考。

关键词：

城市建设　六本木项目　紧凑型开发　综合开发

1986年位于东京中心部港区的六本木建设被东京都确定为东京城市改造试验项目，日本著名的森建筑集团承担了这一项目的开发建设。历经17年之久的开发建设，现在六本木已成为东京最有活力的宜生活、工作、观光的理想场所。作为文化性地标性商务区项目，六本木建设以适应时代发展为理念，以紧凑和综合型开发为特色，项目集办公、购物、博物馆、影院、酒店、会议设施、住宅、教育、媒体、公园等设施与功能于一体，成功实现了大都市中心区高密度建筑的和谐建设，成为进入21世纪发达国家完成的最引人注目的项目之一。目前，国内城市化建设快速推进，城市公共空间需求加大与城市用地紧张之间的问题越来越引起包括政府在内的众多方面的关注。六本木项目的建设模式以及日本在城市公共空间建设方面的经验，对于我国的城市资源集约利用、争取更大城市公共空间满足需求的建设要求具有一定的借鉴意义。

一　六本木项目的建设思路

1. 六本木概况

六本木位于东京都中心部的港区，原来大部分是武家的居住地，第二次世界大战后由美军接管。美军管制解除之后，其旧址建成了国立新美术馆等公共设施。后来西班牙、瑞典等国家在此建设公使馆，外国人光顾的商店及餐饮店应运而生，许多与艺术、文化和媒体相关的机构和场所也开始纷纷在此集聚。丰富的历史文化因素（武家居住地、军队设施、美军接管设施、外国公使馆、大学研究所等）使六本木成为日本知名度较高的地区。

2. 六本木改造项目

1986 年东京都政府确定了六本木为城市改造试验项目，日本著名的森建筑集团承担了该项目的开发建设。2003 年森建筑集团完成了复合再开发地区（六本木 Hills）。2007 年春在距六本木 Hills 徒步约 10 分钟左右距离的原防卫厅旧址上开发了东京中央商务区，设施包括写字楼、饭店、住宅和商业设施等，商务区容积率超过 7.0。六本木项目的总占地面积是 11.6 公顷，分 A、B、C 三个区。A 区位于项目北端，是六本木的主要入口，区域广场直通六本木地铁站，该区域集商业、教育等综合设施为一体。B 区是六本木的核心区，森商务大厦、君悦酒店、朝日电视台、综合影院和空中美术馆“森艺术中心”等均集中在这个区域，街道、商业空间和公园把这些主体建筑连成一体。C 区位于项目南端，其中除建有住宅外，还有多层商务楼和生活辅助设施。六本木项目建筑规模达总建筑面积 724524.60 平方米，其中办公占总建筑面积的 52.5%、住宅占 20.7%、文化娱乐占 11.2%、商业与其他设施面积占 15.6%。六本木项目实现了高密度建筑的和谐建设，产生了极大的聚集效应，打造出了东京最有活力的地区。

3. 六本木项目的建设思路

（1）创造新的城市形态。

六本木项目的开发理念是构建未来城市的典范。信息业和服务业在国际竞争中的崛起，使人们需要更多的时间，更有效率地使用时间以及休闲空间，而传统项目建设以单一住宅和商务楼为主难以满足需求。把商务、商业、住宅等的功能设施整合在一起，对创造理想城市空间显得至关重要；当工作和生活都能在人们的步行范围之内，就会创造更多可供人们使用的空间和时间。综合发展的区域还为信息业和服务业的发展提供了更多机会，有助于城市整体建设。

（2）建设尽可能大的公共空间。

六本木项目提倡紧凑的高层建设，要求容积率达到并超过了7.0，以确保在建设综合型高层的同时能争取到足够的公共空间。六本木项目利用紧凑建设获得的公共空间进行环境绿化、开辟公园、布局商业以及配套服务设施等。公共空间为六本木项目营造了更为丰富的城市生活，同时也体现出了明显的经济连锁效应：更多和更大的公共空间产生出新的需求，如开展文化娱乐活动等，进而带动一些新的行业使空间功能多样化，为区域增加活力。

（3）建设适宜工作、生活和观光的理想场所。

六本木项目建设在设计方面要求超高层综合体一定要与周边的环境和建筑物相协调；强调建筑与其用途之间的关系，要求建筑内部的活动要与建筑形体达成平衡；重视建筑设计中的日本本土化风格。六本木项目建设方相信由此建设的项目包括区域中的单元建筑在内一定是宜人的，作为景观是有文化风格的，是能够提高人们生活价值的地方。

二　六本木项目的建设特点

1. 区域综合性

综合性是六本木项目建设的最主要特点之一。六本木建设改变了以往单纯办公楼的项目开发模式，全面统筹在建设中引入娱乐设施，增大商业面积比例，使商铺、餐饮和服务娱乐设施在商务区内交错安排形成一体。每一栋高层建筑不仅仅是商务办公设施，而是集中了多种功能的综合的集合体。这些有机整合形成的大体量设施，包括开敞的公共空间是六本木成功成为东京现代化商务核心区的重要基础。如六本木的代表建筑森商务大厦，森商务大厦总建筑面积380106平方米，高度238.06米，地上54层，地下6层。大厦功能主要有办公、零售、博物馆、美术馆等，办公写字楼在7、48层，2、5层为饭店等商业店铺，49层以上是森艺术中心。森商务大厦地上22%的公共空间极大地方便了入驻企业和企业员工。

2. 区域开放性

六本木的高密度开发带来了更多开敞的公共空间。六本木公共空间的面积约是总建筑面积的26.8%，这些空间或被用作商业经营如餐饮和零售及娱乐，或被建造成人们散步的街道，还有的被种植成林地和开辟成公园，提高了区域绿化率，满足建设区域入驻的企业员工需求，也为商务区的外来人士提供了消费场所。如六本木A区的地铁出入口亭和好莱坞广场（Metro Hollywood Plaza），B区的商业步行街（Hill Side）、榉树坡综合设施（Keyakizaka），西侧的室内商业步行街，以及位于朝日电视台和榉树坡综合设施之间的空地上的露天剧场等，这些宽敞的公共空间为东京人闲庭信步和出游提供了场地，人们能够在其中自由行动和交流。如多用途的圆形的室外舞台剧场，以其开放性结构吸引了众多观众参与形成互动；榉树坡综合设施的屋顶上种植了稻米等农作物，在那里为孩子们提供了亲身体验和接触自然的环境。

3. 立体开发

六本木项目整体由超高层、高层、小高层和多层协调构成。作为主体建筑森商务大厦60层（地下为6层），地面层高238.06米、君悦酒店22层（地下为2层），总高80.52米、榉树坡综合设施10层（地下为3层），总高47.46米；六本木项目的住宅分别有6层、43层、18层的建筑，平均高度约为100米。在这里强调紧凑的高层建设是为减少竖向浪费，如果只是单纯提高容积率，却没能改变水平拥挤，区域环境会变得更加糟糕。六本木通过紧凑立体开发，最大限度地利用自然空间和创造商务区使用空间，实现了高密度建筑的和谐建设。

4. 文化氛围

在六本木以森空中艺术中心为代表的具有号召力的文化娱乐设施，吸引了包括市民在内的国内外人士慕名前来，即使是在夜间和周末六本木依然人流不断。森空中艺术中心位于森大厦的最上面，总面积约23700平方米，包括面积约6200平方米的画廊，以及森艺术博物馆、东京都容展望台、六本木新城俱乐部等设施，观众可以通过快速电梯直达52层。森空中艺术中心以日本现代美术最高展示空间，成为六本木文化都心的标志性设施。与森空中艺术中心共同支撑六本木成为东京文化都心的还有六本木露天剧场和榉树坡综合设施等。六本木作为东京的文化地标，已成为东京市民生活的一部分。

三　六本木项目对中国城市建设的启示

1. “紧凑＋综合”型开发

六本木项目无论是建设理念还是建设形式上都体现了紧凑型和综合型开发的特点。当前中国城市建设中较为突出的问题是低密度建设以及区域功能单一和服务能力差。产生这一问题的主要原因之一是配套基础功能设施的缺乏。“紧凑＋综合”型开发模式对于改善这些问题具有显著作用。首先，“紧凑＋综合”型开发模式能够改善低密度开发中人口集聚的不足。开发地区配套基础设施和服务需要人口集聚规模或集聚效应的支撑。紧凑型开发有利于人口和城市功能的集聚，同时节约用地，生成的有效空间可用于配套基础设施。其次是综合开发形成的区域功能多样化，包括高层综合体能为城市转型发展中和国际大都市竞争发展中崛起的信息业和服务业提供更多机会。

2. 设施及区域的开放形态

六本木项目建设方提出建设新的城市形态。它不仅是功能多样性、高密度和大型绿色空间，更重要的是通过不同类型的公共空间形成项目建设区域的开放形态，形成适宜工作、生活和观光的理想场所。目前中国城市建设中许多项目相对脱离于市区环境，包括一些在建的城市中心区以及中心商务区，这些区域昼夜人口数量存在明显差距。可以借鉴六本木作为东京城市文化地标，成为东京市民生活中一部分的成功经验，通过创造不同类型的公共空间设置餐饮、零售、露天剧场以及其他公共设施，可使建设项目在更大范围内服务于整个城市，也能通过创造更多需求促进项目区域的发展。

3. 利用地下空间提高容积率

项目的综合性和开放形态都依托于具体的空间。紧凑型开发是创造空间最重要的方式，但是紧凑开发提升容积率并不完全取决于地上，地下空间也能够发挥重要作用。六本木的紧凑高层综合体的建设，地下空间开发是其重要的内容之一。在六本木的开发项目中几乎所有建筑都开发了地下设施，如森商务大厦的地下开发为6层，好莱坞广场、榉树坡综合设施的地下设施分别为3层，六本木住宅设施的地下利用也均达到2层。

4. 大型公共空间

城市建设需要更多的公共空间实现其功能的多样化。但是有限的区域和低密度开发无法实现更多的公共空间。因此，城市建设通过紧凑型开发，包括拓展地下空间提高开发项目的容积率，争取所需的建设空间，包括公共空间。通过公共空间可以建设城市基础设施，建设疏解商务区人流的设施。这样地面空间还可以做更多的环境美化、开敞的活动广场等。对合理利用地下空间创造公共空间的项目可以制定必要的奖励制度。

5. 适应产业发展

城市是产业发展的基础，城市建设伴随着产业的发展而进化。六本木开发适应了信息时代的产业发展，因为这些产业将是21 世纪经济发展的核心力量，满足这些产业的需求必将带来和推动经济增长。现在的信息技术使远程服务得以实现，大规模的集中化生产方式在逐步地发生变化，城市建设已不单是满足生产活动，还有娱乐、购物、健身等活动，以及展示城市的文化氛围。通过政策引导能够使城市开发向包含购物和文化娱乐的综合城市形态建设过渡，也就是在日益拥挤的都市环境中，城市开发适应城市发展的需求，创造更加适宜工作、生活的城市和理想的观光场所。

参考文献

MORI BUILDING（日本森建筑集团内部印刷），2008。

MORI BUILDING CO. Ltd：《六本木新城》，设计新潮杂志社，2010。

刘兆鑫：《城市公共空间的本质及拓展目标和工具》，《城市问题》2010 年第 8 期。

The Experience of Large Public Space Development in Roppongi

Abstract: An urban regeneration project was carried out by Mori Building Group in Roppongi of the central Tokyo in 1986. The project, as a three-dimensional urban center, lasted for 17 years and consisted of office buildings, shopping complexes, museums, theatres, hotels, conference centers, residential buildings, teaching buildings, media buildings and parks. It is a group of buildings of high density and multiple functions such as working, living and tourism. Because of the project Roppongi has become a CBD with cultural landmark and the most vibrant district of Tokyo. The urban regeneration of Roppongi has demonstrated the significance of compact, comprehensive and large urban public space.

Key Words: Urban Regeneration; Roppongi; Compact Development; Comprehensive Development

B.34

斯德哥尔摩2030城市战略规划解析

张剑涛

摘　要：

斯德哥尔摩作为北欧地区的国际大都市，拥有发达的经济、完善的社会服务体系、高素质的人力资源和良好的环境。为了在竞争激烈的国际化环境中提升自身的竞争力和优势，斯德哥尔摩2030规划从“多元和美丽、创新和成长、市民共享”三方面对城市未来的发展提出了目标和模式。

关键词：

斯德哥尔摩　2030　多元　创新　市民共享

着眼于城市的全面长期可持续发展和提升综合竞争力，斯德哥尔摩市政府制定了“斯德哥尔摩2030规划”。政府成立了专门的委员会负责这项规划，政府官员、工商业代表、教育科研人员、社会组织成员等社会各方面积极、充分地参与了规划的讨论和制定过程。规划对于斯德哥尔摩未来的定位是“一座世界级的都市”，城市的特色体现在三方面：多元和美丽、创新和成长、市民共享。规划包含了若干方面的发展战略，将会通过各种项目和活动得以实现。

一　现实与展望

（一）战略规划

1. 斯堪的纳维亚的首都

当今世界各地区和城市之间竞争激烈，成功城市形象的树立和营销对于在国际竞争中脱颖而出、博得先机而言十分重要。斯德哥尔摩的长期目标和国际定位就是明确成为斯堪的纳维亚半岛的首都，其规划和发展战略都是以此为核心的。

2. 可持续发展的城市战略

斯德哥尔摩—马尔默地区是瑞典政治和经济的核心。高度发达的经济同时为城市政策带来了复杂的环境条件，如高工资、高房间和企业的高成本，交通的长距离、长时间和不便，社会种群多元和隔离，政治决策的复杂和费时。因此，城市政策和规划需要适应这种特定的环境，并在此基础上确保城市的可持续发展。政府需要更敏锐、变通和包容，以此来引领和推动城市和社会的发展。

3. 战略性项目和城市形象

在当今竞争激烈的国际社会中，通过战略性项目树立城市形象是十分重要的。这些战略性项目需要引人注目，成为斯德哥尔摩未来城市形象的鲜明要素之一。这些项目可以是实体项目，也可以是社会活动，或是间或有之的综合性项目。项目的目标不仅是城市形象、城市发展，还需包括就业、社会融合、环境改善等多方面。

4. 城市规划的途径

首先，“斯德哥尔摩2030规划”建立在多元主义的原则之上，在规划的设想、制定、实行等方面不仅需要来自政府的努力，还包括民众、企业等社会各方的努力和合作。其次，规划的实现建立在全过程动态评估—调整的原则之上。规划的每一个环节和过程都会得到各社会团体和机构的意见和建议，保证规划能得到最大限度的社会认同和支持。

（二）多层次合作

1. 国际合作

在全球化日益紧密的背景下，国际合作对于城市发展的推动作用显著。斯德哥尔摩—马尔默地区有优越和显著的条件成为波罗的海地区的中心，因此斯德哥尔摩的城市发展战略和规划需要优先考虑如何积极参与国际合作，以及与不同地区、各大国际城市之间开展合作。

2. 区域合作

区域内的合作对于斯德哥尔摩的发展也至关重要，这包括在波罗的海沿岸、斯堪的纳维亚半岛、斯德哥尔摩—马尔默地区等多层次的区域合作。区域合作包括了经济、文化、人员、交通、环境等多方面，促进了区域的共同繁荣，为斯德哥尔摩的发展提供了坚实的平台。

3. 社会合作

在斯德哥尔摩城市内部，政府、公共机构、私人机构、企业、民众等社会各方的合作是城市战略和规划得以实现的基础。拥有共同的目标、积极参与、相互配合，这是规划实行的合理机制。

二 多元与美丽的国际大都市

斯德哥尔摩到2030年将成为一个多元化的国际大都市，能够为生活、居住、工作、旅游的人们提供各种个性化的选择，从大都市的氛围到独特的工作再到优良的自然环境，这一切就是为了满足人们的不同需求，吸引世界各地游客。

（一）充分的工作和学习机会

斯德哥尔摩发达的经济提供了充分的就业机会，人们在此可以容易地发现适合自身兴趣、学历、条件和经历的工作。同时斯德哥尔摩还能提供一系列的学习机会，包括适应从幼儿到老年人的不同年龄的课程教育，覆盖义务教育、高等教育、职业技能、学术研究等各种需求的学校。这些教育和学习计划都可以根据个人的需求和条件进行灵活调整和安排，以更好地支撑人们的发展。

（二）世界级的商业环境

斯德哥尔摩拥有发达的高科技产业，高科技企业和相关服务业企业众多。同时该地区的创意产业发展迅猛，带动了相关的文化、体育、娱乐等行业的发展。高科技产业和创意产业的发展成为了经济发展的新引擎，为区域发展创造了新机遇，也提供了新的就业机会。这些产业同时造就了一批产业园区，其中有完善的管理、税收和服务体系，使得相关企业能够在其中迅速地发展起来。

斯德哥尔摩是北欧的经济中心，它的低税收政策、高效的交通体系、便捷的铁路、航空和海运，都为经济和商业的发展提供了有利条件。同时城市还提供了世界最佳的通信基础设施和能源设施。

（三）发达的城镇体系

斯德哥尔摩周边的小城市/城镇主要在斯德哥尔摩中心城区周边、西北部和南部。在这些城镇发展各有特色，形成了发达和多元的城镇体系。在这些城镇中，根据城市功能的需求和社会经济发展的需求，发展形成了高科技产业城、服务业城镇、综合性新城或成为主城区向外围延伸发展的部分。各城镇与中心城区在功能、环境、经济、交通等各方面相互协调、互相促进，使斯德哥尔摩成为世界上最洁净和最安全的首都。

（四）独特的海滨城市

斯德哥尔摩洁净的水系闻名于世，为城市居民和游客提供了良好的生活、休憩环境。许多城市建设项目如商业、住宅等，都依托围绕水系而建。同时水运还能为城市交通提供有效的补充途径，而水上交通也是斯德哥尔摩的城市特色之一。斯德哥尔摩新建的游轮码头已经成为波罗的海水上游览的重要基地，越来越多的游轮将斯德哥尔摩作为航程的起点和终点。同时斯德哥尔摩作为世界重要的货运港的地位也日益得到强化。

三　创新与成长的国际大都市

斯德哥尔摩到2030年将会成为不断发展中的斯德哥尔摩—马尔默地区的中心。这个地区具有很强的国际竞争力，是欧洲最具成长性的地区之一。斯德哥尔摩拥有充满活力和创意的产业和经济环境，能与任何其他国际大都市相媲美，同时斯德哥尔摩众多高质量的教育和科研机构也为城市发展提供了强有力的知识、创意、人力资源的支撑。

（一）发展中的强大的地区中心

斯德哥尔摩高效的交通体系使之成为区域的中心，这有赖于斯德哥尔摩现代化的商业环境。许多跨国公司因此把它们的总部、研发中心设立在斯德哥尔摩，其中知识密集型产业如信息科技、生物科技、环境技术、金融服务等行业的公司集聚尤为明显。

斯德哥尔摩发达的教育业也是其成为区域中心的要素之一。覆盖不同年龄和不同需求的完善的教育体系为该地区提供了充足的科研技术人员、专业人员、熟练技工等不同的人员。这是国际上许多城市无法相比的优势，也是许多企业落户在斯德哥尔摩的重要原因之一。斯德哥尔摩拥有发达的商业服务业，而且还在迅速发展之中。经济的发展使得对于律师、会计、经济学者等专业人员，以及对餐馆、宾馆、咖啡馆、商场等设施的需求旺盛。

整体而言，斯德哥尔摩拥有商业发展、鼓励创新的良好环境和条件，包括高素质的教育和科研体系、充满活力的商业氛围、充足的投资资金、蓬勃发展的创意产业。不断有新的产品和服务出现，企业的发展也促进了行业整体竞争力的提升。

（二）世界领先的知识密集地区

斯德哥尔摩地区众多高质量的教育和科研机构为城市和地区将来的发展提供了人力资源的保障。政府推动覆盖全体学生的灵活教育计划，聚焦于知识、学习和激励，给予学生充分的自由去鼓励学生寻找适应自身学习、发展和成功的途径。学校、教师和学生自主设计和主导此项活动，保证了活动不受政府的繁复规定和官僚习惯的困扰。此项计划还充分结合了瑞典的文化和语言特色，通过细致的全程监控和配套措施，保证了学生既能接受到完善的基础教育，同时也能接受到符合个人条件和兴趣的教育，为自身将来的发展和城市将来的发展提供了坚实的保证。

在斯德哥尔摩的教育体系中，学生及其家长享有充分的自主权。他们可以在一系列各具特色和重点的学校中进行选择，这些学校包括了从专为有特殊学习障碍的学生开设的学校到专为有特殊专长的学生开设的学校，高中阶段的学习还为学生提供了日后工作技能或学术研究的培训。学校的假期培训项目重点针对学生未来工作的实际技能培训，并且与工作实习紧密结合。这些举措使斯德哥尔摩的教育和科研机构具备充分的实力与国际知名的同行相竞争。

良好的教育体系和质量使得斯德哥尔摩在多个领域的科技研发能力发展迅速。同时，来自欧盟和瑞典政府的资助以及不同学术研究机构之间的合作还促进了在新的领域的研发力量的加强。如瑞典皇家理工学院和斯德哥尔摩大学之间的合作就强化了各自的科研实力；卡洛林斯卡学院的生命科学的研究处于国际领先地位；学校周边业已发展成为世界最知名的生命科学研发基地之一，这些都与它和瑞典皇家理工学院、斯德哥尔摩大学、斯德哥尔摩经济学院以及乌普萨拉大学的合作密不可分。

（三）国际会议中心

斯德哥尔摩到2030年将成为一个重要的国际会议中心。市中心将建成先进的会议中心和商贸中心，吸引来自全世界的商业商务人士。作为配套设施，还将建成新的高等级宾馆以满足游客的需求。斯德哥尔摩的机场是北欧的航运中心之一，与全世界大部分国际大都市有航班直接相连。机场与铁路、公路和水运的连接也十分便利，保证了游客能够在不同的交通方式之间快速转换。

（四）环境优美的城市

斯德哥尔摩是首届欧洲绿色之都，拥有世界首屈一指的环境质量，无论是企业还是居民都自觉地严格控制对能源的消耗。它的目标是到2050年实现不再使用生物石油燃料，绝大部分斯德哥尔摩居民使用清洁能源汽车。智能化的交通解决方案和信息技术大幅提升了交通效率和城市的可通达性，也减少了废气排放。许多斯德哥尔摩居民出行选择公共交通和自行车。政府和企业大力推广环保节能型建筑，所有的新建筑都采用了环保节能技术和材料。城市人口的增长对环境没有带来任何负面影响，这也使斯德哥尔摩成为环境保护和可持续发展的国际典范城市。

四　市民共享的国际大都市

斯德哥尔摩规划到2030年成为一个通达方便、安全、没有社会和空间壁垒的城市，为全体市民所共享。城市为市民提供高质量的全方位社会服务体系，使市民有众多机会选择医疗、学校、社区服务等各种设施和服务。

（一）民主与安全

斯德哥尔摩的民主和公平闻名于世，但是政府和公众仍在持续努力提高其水准。斯德哥尔摩市民对于选举的参与程度很高，而且没有人因为性别、出生、年龄或社会状况在选举中受到歧视，或在医疗卫生、社会服务、公安、教育等公共服务中受到歧视。

斯德哥尔摩为市民提供了一个安全和令人振奋的环境。儿童的好奇心和学习心能够从幼儿园到高中一以贯之地得到很好的满足，学校、家庭和社会提供的各种丰富多样的活动保证了儿童和青少年的生理和心理健康。同时，政府、企业和其他社会组织为各种年龄和背景的人们提供了充足的聚会场所。

（二）可供自由选择的社会服务体系

斯德哥尔摩的社会服务体系得到了公共财政的充分支持。整个社会服务体系的特色是其多元化、高效和高质量的人性化服务，以及对于市民和企业的全面服务。市民通过互联网即可挑选医疗卫生、教育等多种社会服务。这些服务都能够自主选择和决定，十分安全可靠，帮助市民提升了生活质量。政府作为社会服务体系的推动者和评估者，全力保障市民能够在高质量的环境中生活和工作。

（三）世界最高的预期寿命

斯德哥尔摩的人均预期寿命是全世界最高的，居民的健康水准还在不断提高。老年人对未来有着积极的态度，而企业和社会组织也没有针对年长者的就业歧视。许多人在退休之后继续在非营利组织工作，为了把他们的工作经验与他人分享。政府和社会还为老年人提供了一系列丰富的文化和休闲活动，老年人可以根据自身的兴趣、爱好、需求来选择生活方式。老年人可以在自己家中生活，也可以自由地选择在政府和社会组织提供的养老机构中生活。养老机构中的服务人员都经过专业培训，老年人在斯德哥尔摩能充分地安享晚年。

（四）完善的住房体系

斯德哥尔摩的居民可以有多种多样的住房供选择，从公寓到独立别墅。人们既可以根据自身的经济能力和喜好购置土地、自主建房，也可以从开发商或他人手中购置房产。政府对自建住房的规划审批和相关管理的程序法规简单明了、高效快捷。同时政府还提供多种便利，以保障年轻人可以拥有自己的住房。

（五）紧凑型的城市

斯德哥尔摩力求消除一切社会和空间上的壁垒，城市的各区域通过路网和各种新建项目连成一体。城市各区域都有完善和多元的住房、商业、文化和社会服务设施，同时各区域通过合理的规划和建设，都保留了充足的绿地和水系，以保证良好的环境质量。

（六）便捷高效的交通

斯德哥尔摩—马尔默地区拥有发达的交通网络体系，对外交通包括航空、高速公路、铁路和水运，区域内的交通包括了城市道路、地铁和快速干线。便捷、高效、准时、大运量的公共交通占据了主导地位，大部分居民出行首选公共交通。未来交通的发展模式包括继续推进公共交通，发展环保节能新的交通方式如电能、清洁气源等，大力开发水上交通。

五　对中国城市的借鉴意义

（一）创新驱动

中国在经历了改革开放之后的快速发展之后，靠基础设施建设投资驱动，以劳动力密集型低成本制造业带动出口的经济增长模式正逐步走到瓶颈期。特别是在国际金融危机之后，全球产品过剩，使我国在全球产业链中处于中低端的依靠产量发展的制造业受到严重影响。另一方面，在经历了几十年的投资驱动后，基础设施建设投资对于经济的拉动效应在递减，因此经济结构的转型对于我国今后的发展愈显重要。斯德哥尔摩的发展在这方面对我国城市有重大意义，其通过完善教育体系，为市民提供充分的不断学习和培训机会，大力发展各种知识密集型细分行业和产业；通过提升产品和服务的科技含量来促进产业的创新发展，逐步走出依靠重复投资和低成本制造业的粗放型低效益经济发展模式。

（二）紧凑发展

我国城市在经历了改革开放之后的几十年大拆大建、快速扩张的城市化过程之后，目前许多城市特别是沿海的发达城市已经步入了一个增速放缓的阶段。在基本农田保护和未来城市土地扩张有限的前提下，未来城市发展的主题是城市内部土地、空间、结构的存量调整，因此斯德哥尔摩的紧凑型发展模式对我国城市在这方面有借鉴意义。在保证市民的生活、工作质量和环境的同时，通过高效便捷的交通体系、集中共享的服务设施等，使城市的发展更加紧凑高效，改变中国城市几十年来大拆大建的粗放发展模式。这同时也需要将城市发展的主要目的由通过基建投资来推动经济转变成为城市居民创造更适宜的生活、工作环境。

（三）环保节能

随着中国社会经济在近几十年的快速发展，中国城市的环境问题日益凸显。如何在保持经济快速发展的同时为居民提供一个优良的环境，节能减排，保持可持续发展的潜力？斯德哥尔摩的发展模式可以作为借鉴，即经济发展速度和质量并重，减少能源消耗和排放，维护环境质量，保证城市的可持续发展，城市保留大量的自然要素如绿地和水系。

（四）以人为本

在社会经济日益发达的当今，多元化已经成为一种必然的趋势。城市发展的根本目的是为居民提供优质的生活、工作、交流的场所，满足居民多方面的需求。以人为本的本质就是根据不同人群的多样化需求来建设和管理城市，保障市民参与、选择、享有的权益。

参考文献

本文资料来自于斯德哥尔摩市政府的官方网站，http：//international. stockholm. se/Future-Stockholm/，2012 年 6 月 22 日。

Stockholm City Council，Vision 2030-A Guide to the Future，2007.

Stockholm City Council，The Walkable City-Stockholm City Plan，2010.

The Analysis of Stockholm 2030 Plan

Abstract：Stockholm as the capital of Nordic area has competitiveness in economic development，social service，human resource and environment. To keep its advantage in the challenging international competition，Stockholm Vision 2030 has focused on 3 aspects ① versatile & full of experiences；② innovation & growth；and ③ citizens' Stockholm.

Key Words：Stockholm；2030；Versatile；Innovation；Citizens

中国城市最佳实践

Best Practices of Chinese Cities

B.35
青岛塑造中国的蓝色国际湾区

上海社会科学院城市与区域研究中心

摘　要：

围绕青岛塑造蓝色国际湾区城市，本文从城市定位、战略功能、标准和路径、建设部署、战略实施五方面进行了详细论证和阐述。其中重点是青岛与国际湾区城市以及蓝色国际湾区的指标体系的比照。

关键词：

青岛　蓝色　国际湾区　指标

一　蓝色国际湾区——面向2030年的青岛城市新定位

1. 青岛具备率先成为第三代湾区城市的条件与基础

（1）中国蓝色战略助推青岛建设海洋知识型湾区城市。

随着近年各国对海洋战略意义的关注度提升，中国也提出并加快实施自己的海洋发展战略。海洋战略的发展，一方面需要有具备较好基础条件的沿海港口城市承接国家战略，发展海洋经济和海洋高科技；另一方面，也意味着政府对于海洋枢纽城市的研发、经济投入将有巨大增长。这种状况，与国外第三代湾区城市的兴起阶段有着极大的相似度，这对青岛湾区城市的升级发展而言，无疑是难得的历史机遇。

从国际经验来看，国家科技创新战略的关注与投入是第三代湾区城市发展的重要基础。以最为典型的旧金山湾区硅谷的经验看，其发展初期与美国政府的航空战略密切相关，并随着军用技术转民用技术创造出巨大的生产力。美国各级政府通过科技政策、经费支持、采购支持、法律支持对旧金山湾区硅谷进行多方面支持。

（2）青岛已具备率先建成第三代湾区城市的优势条件。

青岛是我国沿海城市中典型的湾区城市，其自身已经具备相当的基础条件脱颖而出，成为首个第三代湾区城市，即蓝色国际湾区城市。

表 35－1　国内城市发展第三代湾区基础比较

城　　市	青　　岛	宁　　波	北　　海
所处区域	胶州湾	杭州湾	北部湾
所处代际	第二代向第三代自然过渡阶段	同时建设二、三代湾区	进入第二代湾区建设
所属国家发展规划	山东半岛蓝色经济区发展规划（2011 年 1 月 4 日）	舟山群岛新区（2011 年 6 月 30 日获批）	广西北部湾经济区发展规划（2008 年 2 月获批）
标志性项目	蓝色硅谷、中德生态城	舟山大宗商品交易中心、海洋科技城	北海石化项目群、铁山港项目
自然环境优美	★★★★★	★★★★	★★★★
运输能力较强的港口	★★★★★	★★★★★	★★★★
大学和科研院所聚集	★★★★★	★★★	★
较强的金融支持	★★★	★★	★
行政区划的统一管理	★★★★★	★★★★★	★★★★★
开放的文化传统	★★★★★	★★★★	★★
经济外向型程度高	★★★★★	★★★★★	★★★

从青岛发展的基础条件看，在国内几个具有湾区发展条件的同类型城市中如与宁波、北海的比较，除了共同具有的自然环境优美、港口运输条件、行政统一管理等外，青岛与宁波在文化和经济的开放度上具有更好的条件。而与宁波相比，青岛已经具备了非常强的海洋经济和海洋技术科研能力。而三个城市共同欠缺的是，支持知识型湾区发展的金融支持条件比较薄弱（见表35－1）。

2. 青岛城市升级目标——蓝色国际湾区

（1）第三代航运中心与第三代湾区（城市）建设互动。

青岛建设知识湾区，需要提升港口功能建设，以港口的代际跨越引领湾区的代际跨越，将湾区建设与第三代航运中心发展相结合（见图35－1）。

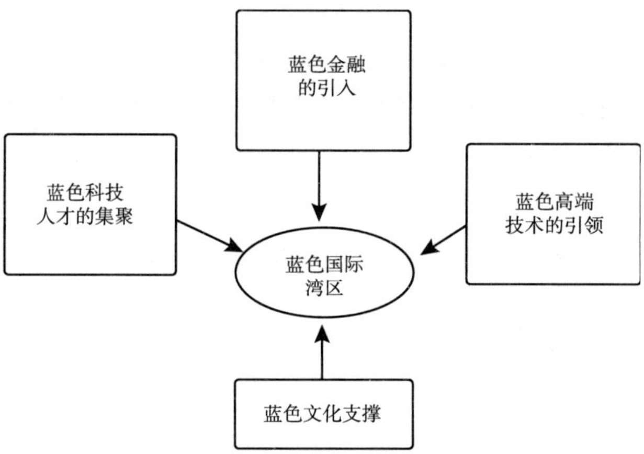

图35－1　蓝色国际湾区要素关系

第三代国际航运中心不仅具有集中调配输送有形商品的功能，而且集有形商品、资本、信息、技术集散于一体，具有市场交易功能、航运信息及物流服务功能，并带有明显的知识经济特征，是全球各种要素资源配置的枢纽。作为区域性航运中心，青岛港未来发展主要服务于青岛蓝色国际湾区的建立，集中力量做大物流和优化使用现有集装箱港口设施，不盲目扩大港口基础设施建设，注重港口的高效率和高效益。

（2）“蓝绿结合”：率先推进港口—湾区的可持续发展。

青岛打造蓝色国际湾区城市，需要创新湾区港口城市发展新理念，建设绿色和蓝色港口。绿色港口是一个发展中的概念，是在环境保护和经济利益之间获得良好平衡的可持续发展的港口。[①] 绿色港口以绿色观念为指导，建设环境健康、生态保护、资源合理利用、低能耗、低污染的新型港口。将港口资源科学布局、合理利用，把港口发展和资源利用、环境保护有机地结合起来，走能源消耗少、环境污染小、增长方式优、规模效应强的可持续发展之路，最终做到港口发展与环境保护和谐统一、协调发展。

二 蓝色国际湾区——战略功能分解

1. 海陆统筹示范区

基础：青岛具备海陆经济文化资源，在长期的海陆枢纽功能发挥中，建立了海上资源与内陆腹地资源的有机联系。

目标：建立海陆资源形成有机规划与制度性安排，形成“海陆合作”的对外开放新平台，具备两类经济体系良性互动，基础设施联动的改革战略示范区。

作用：进行中国海陆资源整合的战略实验，利用海洋平台实现包容性发展与双向开放的新开放观。

2. 蓝色战略智库

基础：青岛云集与中国海洋相关的高校、科研机构，大量研究设施与文献资料。

目标：建设成为有国际影响力的中国蓝色战略相关理论、概念、路径等的思想发源地与研究中心。

作用：为中国蓝色战略的形成与实施提供思想与智力支撑。

3. 蓝色文化先锋城市

基础：较早受现代海洋文明影响，具有相关海洋文化积淀，形成一批蓝色/海洋主体的文化资源。

目标：打造中国最具影响力的蓝色文化中心，形成具有国际影响力、以海

---

① 目前美欧等西方发达国家在绿色港口建设方面已取得很大进展，例如，美国洛杉矶——长滩两港联合实施的“圣佩罗湾洁净空气行动计划”（San Pedro Bay Clean Air Action Plan）、纽约—新泽西两港联合实施的“洁净空气措施和港口空气管理计划”（Clean Air Initiatives and Harbor Air ManagementPlan）；荷兰鹿特丹港实施的“里吉蒙地区空气质量行动项目”（Rijnmond Regional Air Quality Ac-tion Program）；澳大利亚悉尼港实施的“绿色港口指南”（Green Port Guidelines）等，这些行动都很大地改进了港口的环境质量，提高了港口的绿色度。

洋文化为核心的蓝色文化产业体系。

作用：为中国蓝色战略率先传播海洋意识、塑造海洋文化，为蓝色战略在全国范围的普及提供文化产品与文化生态。

4. 蓝色经济中心

基础：具有国际影响力的青岛港口资源以及产学研形成一定基础的海洋产业链体系。

目标：塑造具有完备产业链与创新网络的蓝色经济体系，形成蓝色创新思路的对外开放平台，建设体现中国海洋发展模式的新型湾区城市。

作用：提供涉海城市蓝色经济发展的标杆与模式，形成海陆统筹的对外开放新模式。

5. 海洋人才摇篮

基础：青岛具有全国领先的海洋教育资源与培训体系，形成了覆盖海洋经济、科技、文化等各领域的人才储备。

目标：建成中国海洋人才的培养基地，形成对国际、国内具有强大吸引力的人才培养与创业环境。

作用：为国家蓝色战略、青岛城市发展提供人才资源，提升城市发展的软环境。

6. 蓝色宜居城市

基础：独特海洋、湾区资源，山海一体，旅游资源。

目标：建设具有包容性、国际化的宜居环境，形成生态环境可持续、心理文化大气包容，具备开放性社区体系的宜居城市。

作用：提供中国可持续、包容性发展的蓝色城市样板，提升城市区域对国际和国内高端人才、资源的吸引力与软实力。

青岛战略功能体系的建设需要对现有资源及未来能获取的资源进行合理规划，以具有战略驱动意义的资源整合为核心，以符合城市未来发展方向的发展方式为推动手段，实现能力与意图的统一。

从目前的资源与发展趋势来看，海陆统筹与智慧发展将成为青岛战略功能建设提供资源与发展方式的主要动力。

基于现状的战略选择：海陆统筹；着眼未来的主动性战略选择：智慧发展；两个战略之间的关系：双轮驱动、互为支撑。

三　蓝色国际湾区的标准和路径

1. 蓝色国际湾区的识别性指标

总体上，蓝色国际湾区城市是高级阶段的国际城市，并拥有蓝色文化优势、蓝色经济优势、海陆统筹发展优势和蓝色人才资源优势等五个方面的特色，即在国际城市标准的基础上增加蓝色发展指标（见表 35 –2）。

表 35 –2　青岛蓝色国际湾区识别性指标的构建

指标名称		γ级国际城市	β级国际城市		
			β –	β	β +
经济发展	人均 GDP(万美元)	>0.5	>1	>1.5	>1.5
	第三产业占 GDP 比重(%)	>60	>63	>68	>70
	人均年收入(美元)	4000	10000	15000	20000
	研发投入占 GDP 比重(%)	1.8	2	2.5	2.8
生活水平与社会发展	劳动人口大专以上学历比重(%)	10	12	15(悉尼 16.5，洛杉矶 26)	18
	适龄青少年入学率(居民和常住人口)(%)	95	99	99	100
	非农业劳动力比例(%)	75	80	85	90
	每万人拥有私人轿车(辆)	1000	1500	1500	1800
	每万人拥有电话数(部)	3000	4000	4500	4500
	城市人口规模(万人)	800	800	1000	1000
城市基础设施与生态环境指标	轨道交通密度(公里/平方公里)	0.01	0.03	0.05	0.1
	人均公共绿地面积(平方米)	12	13	14	15
	宽带互联网接口户均数量(个)	1.6	1.8	1.8	2
	空港旅客吞吐量(万人)	1000	1500	2000	2000
	空气综合污染指数	<3	<3	<2	<2
国际开放交流程度指标	进出口总额占 GDP 比重(%)	30	45	50	70
	空港国际旅客占比(%)	5	8	10	15
	国际主要货币通兑率(%)	100	100	100	100
	外汇市场交易量(亿美元)	150	200	300	500
	500 强跨国公司入驻数量(家)	200	300	300	400
	外商直接投资占本地投资比重(%)	10	15	20	25
	外籍侨民居住人数(万人)	10	15	20	25
	外国官方代表机构(个)	65	70	75	80
	熟练掌握两门及以上语言人数占比(%)	10	15	20(芝加哥 37)	25

续表

指标名称		γ级国际城市	β级国际城市		
			β-	β	β+
蓝色湾区发展指标	蓝色产业占 GDP 比重(%)	>30	>30	>40	>45
	涉海财入占比(%)	>20	>20	>25	>30
	蓝色产业进出口总额占 GDP 比重(%)	>15	>15	>20	>20
	蓝色文化产业的服务业占比(%)	>15	>20	>20	>25
	海洋型跨国企业总部(家)	>2	>2	>5	>10
	海洋国际型科研机构(家)	2	3	5	5
	海洋科技人才劳动力占比(%)	>10	>15	>15	>20
	涉海专利占比(%)	>30	>40	>50	>50
	涉蓝就业占比(%)	>25	>30	>40	>50
	涉蓝国际会议论坛	>3	>5	>5	>10

2. 路径性指标群

根据相关前述理论与青岛发展的基础和条件，其蓝色国际湾区建设的路径性指标体系设计如表 35-3 所示。

表 35-3　蓝色国际湾区建设的阶段与路径性指标

指标名称		2011~2015 年	2016~2020 年	2021~2030 年
		γ级	β-级	β+级
经济	人均 GDP 年增长率(%)	12	10	8
	人均年收入年增长率(%)	12	10	8
	地方财政收入年增长率(%)	8	8	6
产业	第三产业占 GDP 比重总计提升(%)	10	5	10
	战略新兴产业增加值年增长率(%)	11.5	11	10
	传统优势产业增加值年增长率(%)	8	8	8
科技与教育	研发投入年增长率(%)	20	15	15
	海洋科技人才年增长率(%)	5	5	5
	在校大学生人数年增长率(%)	4	3	2
	外语类人才年增长率(%)	10	15	15
社会	城市常住人口规模年增长率(%)	2	2	1
	城市化水平年提升(%)	2	2	0.5
	外籍常住人口年总增加(%)	30	40	100
文化	文化产业总值年增长率(%)	15	15	15
	新增国际会议论坛数(个)	5	5	10

续表

指 标 名 称		2011～2015年	2016～2020年	2021～2030年
		γ级	β－级	β＋级
基础设施	轨道交通通行里程5年总增加数(公里)	100	100	100
	国际城市直航城市年均增加数(个)	10	10	40
	国际直航班次年均增加数(次)	30	40	40
	新建机场跑道数(条)	2	1	1
	新增港口吞吐能力(万吨)	暂缺	暂缺	暂缺
	互联网宽带年普及率百分点增加数(%)	25	15	100%普及
环境	单位产值碳排放降低率(%)	国家标准	国家标准	国家标准
	人均公共绿地年增长(%)	5	4	4
	生活垃圾无害化处理率(%)	85	92	98
	主要污染物排放减少率(%)	国家标准	国家标准	国家标准
开放	空港旅客总人数年增长率(%)	11	10	10
	外贸进出口总额年增长率(%)	12	10	10
	外国官方机构总增加数(个)	10	10	30
蓝色战略	蓝色战略产业年增长率(%)	20	20	15
	蓝色产业进出口额年增长率(%)	15	15	10
	新增海洋型跨国企业总部(家)	2	2	4
	新增海洋国际型科研机构(家)	2	3	5
	海洋科技人才劳动力年增长率(%)	2	2	2
	涉海专利数年增长率(%)	15	20	20
	新增涉蓝岗位增长率(%)	10	10	15
	新增涉蓝国际会议论坛(个)	2	2	5

3. 路径性指标与识别性指标比较

与识别性指标的不同在于路径性指标侧重过程性，即在达成国际城市功能的结果同时，更注意支撑国际城市功能达成的过程方式。目标性指标与路径性指标是一个呈现与实现的关系。识别性目标指标群提示的是最终结果，是可以用来进行城市间比较、竞争的指标；而路径性指标群提示的是国际城市建设工作的路径、抓手，往往并不直接被用来作为评价国际城市的效果和能级，但却是实现国际城市建设目标的真正方法。

在指标体系运用方面，目标性指标群主要适用于评价青岛建设国际城市的成效，而路径性指标群主要适用于指导从哪些领域入手、以哪些特质为标杆开展国际城市的建设工作（见表35－4）。

表 35－4　定位蓝色国际湾区——青岛国际城市指标体系

识别性指标		路径性指标	
经济发展	人均 GDP(万美元)	经济	人均 GDP 年增长率(%)
	第三产业占 GDP 比重(%)		人均年收入年增长率(%)
	人均年收入(美元)		地方财政收入年增长率(%)
	研发投入占 GDP 比重(%)	产业	第三产业占 GDP 比重总计提升(%)
生活水平社会发展	劳动人口大专以上学历比重(%)		战略新兴产业增加值年增长率(%)
	适龄青少年入学率(居民和常住人口)(%)		传统优势产业增加值年增长率(%)
	非农业劳动力比例(%)	科技教育	研发投入年增长率(%)
	每万人拥有私人轿车(辆)		海洋科技人才年增长率(%)
	每万人拥有电话数(部)		在校大学生人数年增长率(%)
	城市人口规模(万人)		外语类人才年增长率(%)
城市基础设施生态环境指标	轨道交通密度(公里/平方公里)	社会	城市常住人口规模年增长率(%)
	人均公共绿地面积(平方米)		城市化水平年提升(%)
	宽带互联网接口户均数量(个)		外籍常住人口年总增加(%)
	空港旅客吞吐量(万人)	文化	文化产业总值年增长率(%)
	空气综合污染指数		新增国际会议论坛数(个)
国际开放交流程度指标	进出口总额占 GDP 比重(%)	基础设施	轨道交通通行里程 5 年总增加数(公里)
	空港国际旅客占比(%)		国际城市直航城市年均增加数(个)
	国际主要货币通兑率(%)		国际直航班次年均增加数(次)
	外汇市场交易量(亿美元)		新建机场跑道数(条)
	500 强跨国公司入驻数量(家)		新增港口吞吐能力(万吨)
	外商直接投资占本地投资比重(%)		互联网宽带年普及率百分点增加数(%)
	外籍侨民居住人数(万人)	环境	单位产值碳排放降低率(%)
	外国官方代表机构(个)		人均公共绿地年增长(%)
	熟练掌握两门及以上语言人数占比(%)		生活垃圾无害化处理率(%)
蓝色湾区发展指标	蓝色产业占 GDP 比重(%)		主要污染物排放减少率(%)
	涉海财政收入占比(%)	开放	空港旅客总人数年增长(%)
	蓝色产业进出口总额占 GDP 比重(%)		外贸进出口总额年增长率(%)
	蓝色文化产业的服务业占比(%)		外国官方机构总增加数(个)
	海洋型跨国企业总部(家)	蓝色战略	蓝色战略产业年增长率(%)
	海洋国际型科研机构(家)		蓝色产业进出口额年增长(%)
	海洋科技人才劳动力占比(%)		新增海洋型跨国企业总部(家)
	涉海专利占比(%)		新增海洋国际型科研机构(家)
	涉蓝就业占比(%)		海洋科技人才劳动力年增长率(%)
	涉蓝国际会议论坛		涉海专利数年增长率(%)
			新增涉蓝岗位增长率(%)
			新增涉蓝国际会议论坛(个)

四　蓝色国际湾区的建设部署

1. 战略节点

从总体上来看，青岛未来20年大致可以分为两个主要战略期：2011～2020年和2021～2030年。

（1）要素内聚阶段：（2011～2020年）。

中国在未来几年间，国家海洋战略不断强化，将使蓝色经济成为与国家经济总体实力相当的海洋强国。在此发展环境的影响下，青岛主要通过蓝色要素集聚以及内生动力塑造，提升城市的内在综合实力及经济社会发展质量，是“内聚”式发展阶段。伴随城市与经济发展的转型，以及在全球经济增长的先导领域内确立主导地位，成为真正意义上的与中国蓝色战略相匹配的蓝色国际湾区城市，进入全球城市的β级。这些战略性转变将带给青岛强有力的要素集聚基础与机遇。

（2）战略提升阶段：（2021～2030年）。

这10年将以中国蓝色战略与蓝色经济实力的进一步提升为背景，青岛主要通过整体发展势能的释放以及蓝色软实力的对外延伸，提升自身的综合对外影响力，成为国际城市体系中的重要节点，成为我国海洋领域参与世界竞争的

表35－5　主要战略期战略要素变化及判定依据

战略要素		2020年	2030年
人口规模	预测	1200万人（低方案）	1500万人（中方案）
	依据	青岛的人口仍将持续增长，但相对2000～2010年的增加速度加快；随着城市化水平的进一步推进，城镇人口比重进一步提升	机械增长人口显著减缓；户籍制度的改革不断完善；自然增长率趋于进一步降低
蓝色发展	预测	平均年增长率15%	平均年增长率10%
	依据	增长较迅速，较目前有所降低（2010年，超过15%）；山东半岛经济圈一体化不断强化，综合竞争力显著提升；成长为中国重要先进蓝色制造业和现代蓝色服务业基地；蓝色科技创新、蓝色文化创意产业进一步提升	增长渐趋稳定；青岛周边地区发展水平显著提升；山东半岛区域实力的整体崛起；蓝色产业成为经济发展主要驱动力

主要城市，进入全球城市的 β + 等级，是战略提升阶段。根据两个主要战略期发展环境的差异，可以简单概括出主要战略要素的变化趋势。

2. 建设阶段

未来 20 年，青岛要抓住各种机遇，争取在做大经济总量、提升经济势能、提升科技创新力量、做强文化创意产业和扩大对外开放水平上取得突破，利用青岛在国家海洋战略中的相对综合优势，力争在 2020 年基本建成蓝色国际湾区，在 2030 年成为全面建成能释放能量的蓝色国际湾区。从阶段上来看，大致经历以下三个主要建设阶段：框架建设期（2011 ~2015 年）、基本建成期（2016 ~2020 年）和全面建成期（2021 ~2030 年）。

框架建设期（2011 ~2015 年）：在该时期，中国的经济总量将稳居全球第二，关注点转向经济质量及发展方式的转变。对于海洋战略的推动将达到新的水平。

基本建成期（2016 ~2020 年）：中国蓝色战略在巩固全球经济大国的地位基础上，将有更高程度的增长，从而带来经济质量的极大改善。中国逐渐从经济规模大国向经济质量强国过渡。中国外向型的经济发展特征逐渐化为内涵型、内生型发展，蓝色战略城市是推动中国发展的重要力量。

全面建成期（2021 ~2030 年）：2030 年，中国有望与美国并驾齐驱，成为全球增长最重要的发动机之一。中国的主导作用完全显现：不仅在陆地上成为世界经济的主导角色、全球虚拟经济的核心力量，而且在海洋战略领域也崭露头角，成为世界蓝色经济与文化发展的主要驱动力量。

3. 建设路径

依据青岛蓝色国际湾区的总体建设目标要求，2015 年达到 γ 级世界城市等级，2020 年达到 β - 级世界城市标准，最终在 2030 年达到 β + 级世界城市标准。在这个总目标建设过程中，分别通过海陆统筹示范区、蓝色战略智库、蓝色文化先锋、蓝色经济中心、海洋人才摇篮、蓝色宜居城市 6 个分目标进行展开实现，其战略实现路径如图 35 -2 所示。

蓝色宜居城市功能需要经济产业、空间区域、社会文化、对外开放的多层次配合与规划保障。同时，蓝色宜居城市提供的和谐、可持续作用以及城市品牌，也为上述战略举措的实施提供了基础性作用。

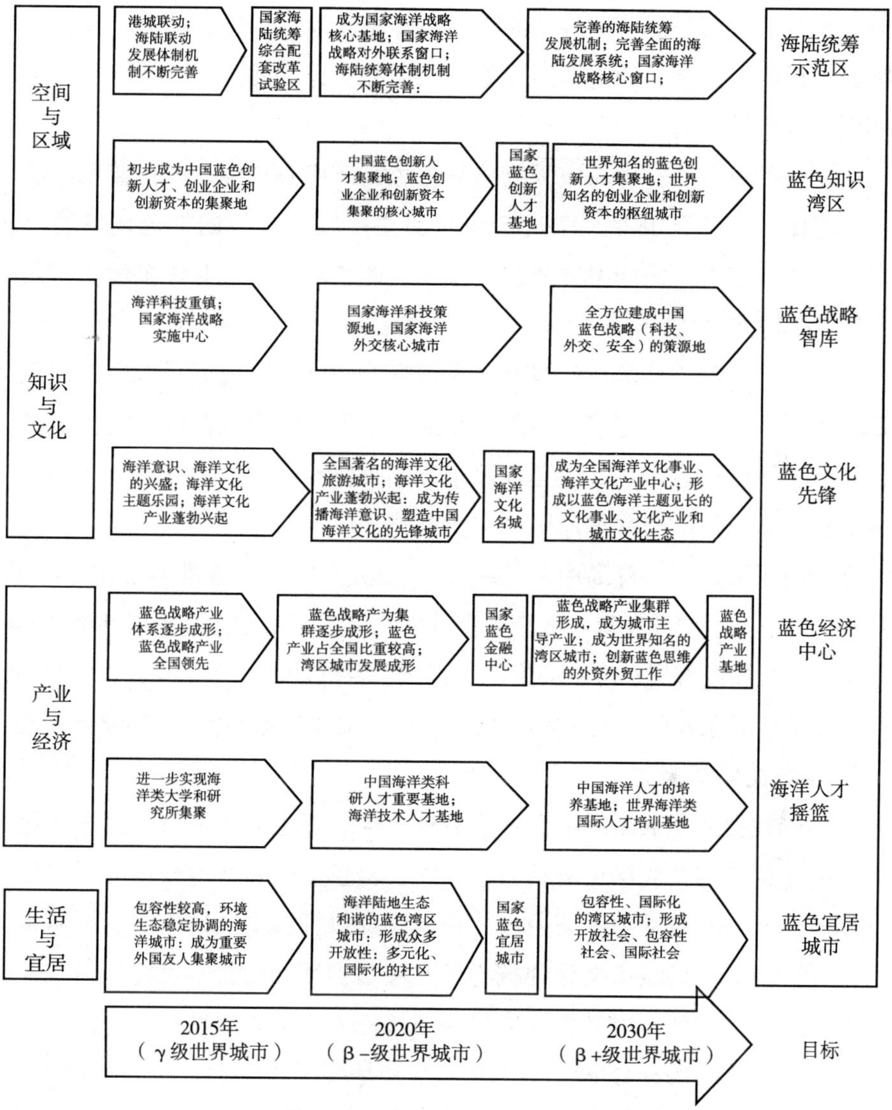

图 35－2　蓝色国际湾区城市建设的战略路线

五　蓝色国际湾区的战略实施

1. 经济产业举措

青岛的经济战略举措服务于蓝色经济中心、蓝色战略智库与海洋文化先锋功能。相应地，蓝色经济中心功能为青岛经济发展提供核心动力，蓝色战略智库则提供科研、创新等经济转型发展的内生性支撑，海洋文化塑造经济发展的软环境与基础推动力。

在经济产业方面，青岛应围绕培育蓝色经济中心功能，坚持蓝色经济培育和传统经济“代谢”并举，坚持产城联动“一城一业”的特色化发展，通过聚焦7大产业集群，协同发展蓝色服务业、蓝色战略产业和传统优势产业。

2. 空间区域举措

青岛蓝色国际湾区的空间战略，主要配合响应海陆统筹示范区、蓝色文化先锋城市与蓝色经济中心三大功能。相应地，海陆统筹示范区功能为空间战略提供海陆资源的整合作用，蓝色经济中心则提供经济空间的延展方向，海洋文化提供空间的总体战略部署原则与主要方略。

在空间区域方面，青岛应坚持根据湾区城市特点，构建多核化中心城区，通过轴向发展实现海陆统筹；应拓展港城联动认识，将空港及相应都市区的建设置于重要地位加以部署；应主动推动大区域组合港发展，率先建成东北亚国际组合港；应依托蓝色发展，加速大都市区、圈、带的构筑，引领半岛整体崛起。

3. 社会文化举措

青岛的社会文化战略举措是蓝色战略智库、蓝色人才摇篮与海洋文化先锋建设的社会保障与文化深层驱动力。同时，蓝色战略智库为城市社会文化事业输送创新源泉与科技动力，蓝色人才功能则提供社会文化的人力资源体系，海洋文化无疑构成青岛城市文化的核心，并渗透到社会运行管理的各领域中。

在社会文化方面，青岛首先应当为迎接进入千万人口城市行列做好城市硬件发展和软件建设的充分准备。其中，尤其是要高举开放、包容、勇于创新、不畏风险的蓝色文化大旗，以此化育城市精神、升级城市营销、做大文化产业、做好人才储备。

4. 开放开发举措

青岛的开放战略为海陆统筹、蓝色人才、海洋文化建设提供外部动力与要素。相应地，海陆统筹示范功能为开放提供海陆整合资源作为开放的新领域，蓝色人才则为开放提供人力与软环境支撑，海洋文化先锋则提供开放的整体“软实力”，以及与国际行为主体互动的新增长点。

在开放开发方面，紧紧抓住蓝色发展机遇，通过吸引涉海跨国公司和蓝色服务业企业，对接国际海洋产业链；通过全面发展同国际海洋科研院校、涉海类国际组织、全球湾区城市的交流合作，争取蓝色话语权。力争在对外开放的传统路径之外创出一片新天地。

Tsingtao-Towards an International Blue Bay Area

Abstract: Focused on Tsingtao becoming an international blue bay area city, the paper has discussed urban development objective, fundamental functions, comparative standards, future planning and development strategies of Tsingtao. The key factors of an international blue bay area are the comparative and constructive indices.

Key Words: Tsingtao Blue; International Bay Area; Index

B.36

无锡聚焦“Park经济”助推发展转型

林　兰

摘　要：

无锡的“Park经济”是“创新、创业、创意（三创）载体”的代名词，所承载的是由投资驱动向创新驱动、生产制造向设计创造、资源依赖向科技依托转变的城市新追求。从开发区经济到“Park经济”，无锡经济转型提升的路径值得总结和借鉴。

关键词：

Park经济　创新型城市　无锡　高技术园区

一　“Park经济”的核心

“Park经济”又称“园区经济”。与普通的综合性产业园区不同，“Park”是一类以特色产业集聚为主要特征的特殊功能园区，即在特定区域内，通过合理的规划、完善的设施、优惠的政策和配套的服务，形成适宜企业成长的局部环境，实现企业、项目、资金、人才、技术等要素的聚集，从而形成一个在地理空间上相对集中的企业集聚发展的经济模式。在国内，“Park经济”发端于无锡市，这种灵活的产业经济体给转型发展中的无锡带来了竞争力和活力，在营造科技创新环境、加快自主创新、发展特色产业等方面取得了良好效果。

二　无锡“Park经济”的成长之路

自2005年以来，无锡市加大了Park经济的建设力度，省级以上特色产业园由 2005 年的 2 个增加到目前的近 50 个。其中，排在前 5 位的特色产业园依次是：无锡（国家）工业设计园、新区创新创意产业园（I-Park）、太湖新城科教产业园（K-Park）、马山生物医药产业园（Bio-Park）和无锡（太湖）国际科技园（T-Park）。

2010 年，无锡 11 家领军型 Park 完成了工商业务总收入近 700 亿元、出口 8.5 亿美元，引进“530”企业 157 个，集聚了 1.13 万专业人才，成为无锡经济发展中最具创造力、活力和发展空间的特色板块。

（一）鲜明的特色

1. 区别于综合产业园的特色产业园

与以区域命名的综合性产业园不同的是，无锡数量众多的园区多为特色产业园，聚焦于特色产业培育。无锡市特色产业园（Park 园区）分为三个层次，并形成了与之相关的 C/I（创意）、E（环保）、K（科教）、B（生物医药）、T（科技）、D（设计）、S（科创）、V（服务外包）、W（风电）、A（空港）、O/Z（软件）等特色产业集群（见附表 1）。这些园区集聚了无锡品质最高的高新技术企业、最高端的人才团队，重点打造高端研发、软件和服务外包、动漫创意设计等新兴产业。通过设立特色产业园区，无锡更好地促进了开发区产业集聚，提升了城市产业发展水平。

2. 服务于“三创”群体

无锡的“Park 经济”主要服务于创新、创业、创意的“三创”企业和个体，并实行规模化、专业化、多元化发展。即通过规模化建设，实现科技研发、科技产业与城市空间的有效结合；通过建设新兴产业专业科技园区和专业公共技术服务平台，突出园区在产业规模、人才聚集等方面的专业特色和影响力；通过政府主导、政府引导、政府扶持的多层次开发建设模式，提供政策扶持、共享公共服务体系等优惠政策，发挥市场机制在资源配置中的基础性作用，培育一批国资科技园区综合运营商，加快创新资源的集聚。

无锡还建设了一批“三创载体”服务于“Park 经济”发展。例如，无锡工业设计园中就建成了创意园、湖景科技园、工业设计大厦、“530”大厦、联创大厦、佳诚国际等 80 多万平方米的“三创”载体，在 2.5 平方公里范围内，建设了工业设计孵化基地、创意产业园区、专业化研发设计楼宇群和生活休闲配套区四大功能区域，短期内就吸引了250家设计研发及相关类企业入驻。

3. 发展战略性新兴产业的主阵地

无锡50余家园区的主导产业都是政府大力培育的八大战略性新兴产业，主要集中在传感网产业、服务外包、生物医药、新能源与新材料等产业领域。园区新兴产业产值约占全市的50%，同时，龙头骨干企业基本上都集中在相关的园区。典型的如新能源产业，四大园区（无锡高新区光伏产业园、宜兴开发区新能源产业园、惠山开发区风电科技产业园和江阴临港经济开发区低碳园区）会聚了无锡尚德、国电光伏、迈吉太阳能、中国航天万源、远见风能等一批国内外知名企业。

4. 土地资源使用率高

在无锡的众多产业园区中，"Park经济"的资源使用率非常高，竞争优势也十分明显。例如，I-Park的载体使用率接近100%，已经临近腾笼换鸟的状态；D-Park主体建筑载体已经满负荷运转，又逐步建设了"530"大厦、[①] 湖景科技园、中锐大厦等一批智能型载体，以改善蠡园开发区高端载体供不应求的状况。有数据显示，绿色环保、科技附加值高、成长性好代表着增长方式转变的园区每平方米的效益10倍于工业用地。

（二）引领区域经济

"Park经济"的突出作用集中表现在以下几个方面。

1. 推动城市经济由制造向创造和服务转变

高智力投入、高附加值、低土地占用率、低污染的制造业产业链两端业态和现代服务业在园区集聚，以及高端人才与高新技术的汇集为城市产业链向上下游延伸提供了条件，促进城市自主创新能力的提升。

2. 推动开发区转型升级

在"Park经济"的推动下，加快传统开发区向知识型、智慧型、创新型

① 服务于"530"企业。无锡于2006年启动"530计划"，拟于5年内引进30名科技领军型人才创办的企业，从事高科技产品研发和生产，拥有核心自主知识产权，通称"530企业"。

高新技术产业园区升级。“Park经济”通过重塑开发区的面貌、功能和形态，成为城市开发区转型升级的重要成果和标志。在功能上，“Park经济”模式也逐步成为取代开发区模式的一种重要开放载体形态，成为引领城市开发区改革创新的主阵地。

3. 提升城市综合竞争力

作为先进制造业的高端延伸业态和现代服务业的会聚地，“Park经济”集中体现了知识经济、智力资本的爆发式增长，各类园区吸引着众多人才汇集到无锡，推动无锡产业结构向高新技术产业、智力密集型产业转变，从根本上优化了城市产业环境，整体上提升了城市综合竞争力。

（三）成功的经验

无锡发展特色产业园区的有效做法很多，具有共性、普遍性和推广意义的做法主要有以下几个方面。

1. 建设高端载体

发展“Park经济”，载体是基础。在建设高端载体上，建设各类以“三创”载体为代表的一大批体量大、外观美、功能全的高层楼宇，极大地改善了开发区的整体环境，并为“Park经济”的发展提供了载体条件。

2. 集聚高端产业

与传统加工制造业相比，“Park经济”的主要工作是集聚以各类生产性服务业为代表的现代服务业、高科技产业和向“两端延伸”（研发、销售、售后服务）的先进制造业环节。代表性的产业有工业设计、医药研发、IC设计、软件动漫和流程外包等。无锡吸引服务外包企业的“123”计划项目大多落户在园区。

3. 会聚高端人才

以“530”计划为抓手，实现持续、大力度、大规模的高层次人才引进，将以I-Park、K-Park等为代表的典型园区建设成为会聚以海外留学归国创业人才为代表的各类高端人才的高地，为创新创业基地奠定基础。无锡吸引科技创业领军人物的“530”“后530”计划项目大多落户在园区。

4. 塑造高端品牌

坚持企业与开发区同时走品牌道路，通过塑造高端品牌打造迥异于其他园区的品牌园区形象，在吸引企业入驻和项目资源上确立新优势，形成园区核心竞争力。无锡比较有名的园区品牌有 D-Park、T-Park、K-Park、Bio-Park 等。

5. 定位服务于高科技企业的硬件设施建设

无锡的“Park 经济”定位于服务高科技企业，提供了高级别的硬件基础设施。例如，I-Park 内千兆光纤到桌面，建立安全、迅速的数据包国际专用通道；T-Park建设华东第一大的国际数据中心，提供大容量存储和数据灾难备份；K-Park引进世界领先的 IBM-中国云计算中心，提供动态资源池、虚拟化和高可用性的下一代企业级数据中心等。

6. 关注局部创新环境营造

“Park 经济”是一种局部环境的营造，通过在园区内为特色产业配套建设基础设施与生活服务设施，形成有针对性和特色而非大众化的创新环境培育。在注重办公楼宇、IT 基础设施等的同时，对生活、居住、娱乐等配套环境的营造使这些 Park 超越了一般的工作场所。例如，园区必须提供入住者在 10 分钟之内吃饭、休闲、购物三种选择。在 I-Park，随便打开哪个水龙头，24 小时都有热水供应，实现双回路供电、永不停电等。

7. “零起点”入驻

许多园区都为“三创”群体提供了“零起点”的创新创业条件。以 I-Park 为例，建设 20 间工作室，为刚毕业来此创业的大学生提供免水电房租费、免费提供电脑软件的工作条件。政府出资兴建的 IC 集成电路测试中心对所有企业开放，资源共享；提供快速成型中心，使工业设计企业摆脱了先做模具再成型的流程；园区设有专利服务中心，知识产权注册不用去北京，直接通过绿色通道在网上登记；通过超级计算中心的建设，使工作站一个月的计算量缩短到 3 天。

8. 园区错位发展

由于定位于特色产业园区，无锡的诸多 Park 已形成了错位发展态势。I-park以软件和创新创意产业为特色，T-park 主打科技创新和软件外包，D-park的工业设计全国领先，B-park 以生物医药研发外包为主干，K-park 以总部经济、教育培训产业见长。错位发展有效地避免了各个园区对市域创新资源的争夺，也避免了产业同构与缺乏产品的差异性而带来的市场开拓瓶颈。

9. 重视风险投资和民间创投

无锡将风险投资作为扶持“Park 经济”的重点。在“Park 经济”建设的初期搭建风险投资的公共平台。目前，无锡已经有了政府控股的总量为 10 亿元的创投基金，投资领域主要集中在电子信息网络、新能源、光机电一体化、医学及生物工程、新材料和环保等高新技术领域，这些创投企业已有 20 多家被评为高新技术企业，拥有 130 多项专利。此外，无锡市还正酝酿设立创业投资引导基金，由政府按一定比例出资壮大民间创投企业的实力，分担其投资风险，发挥对社会资本的撬动效应。

基于以上成功做法，“Park 经济”实现高速度、高效率、高质量的局部发展，并成为具有强大示范作用和带动作用的区域增长点和爆发点，服务于区域经济整体达到更高发展水平和崭新发展阶段的城市发展需要。

附表 1　无锡市特色产业园（Park）名单

序号	园区名称	英文简称	产业类型	区　域	所属开发区
	一　服务外包集聚园区				
1	太湖国际科技园	T – Park	软件和服务外包	新　区	无锡高新区
2	山水城科教产业园	K – Park	科教研发、服务外包	滨湖区	无锡山水城
3	新区创新创意产业园	I – Park	科技创业、软件研发	新　区	无锡高新区
4	江阴滨江集聚园(江阴高新技术创业园)	—	软件和服务外包	江阴市	江阴开发区
5	国际质量技术服务集聚园	—	流程外包、质量技术检验检测	锡山区	锡山开发区
6	宜兴环科集聚园	—	软件和服务外包	宜兴市	宜兴环科园
7	北塘凤翔集聚园	—	软件和服务外包	北塘区	—
8	崇安广瑞集聚园	—	软件和服务外包	崇安区	—
9	江苏马山生物医药产业园	Bio – Park	生物医药研发、服务外包	滨湖区	太湖旅游度假区
10	锡山服务外包园	V – Park	软件和服务外包	锡山区	锡山开发区
11	惠山软件外包园	O – Park	软件和服务外包	惠山区	惠山开发区
12	江阴软件园	—	软件和服务外包	江阴市	江阴临港开发区
13	宜兴软件园	Z – Park	软件和服务外包	宜兴市	宜兴环科园
14	江苏宜兴环保科技服务外包园	E – Park	环保业务流程外包、信息安全外包	宜兴市	宜兴环科园

续表

序号	园区名称	英文简称	产业类型	区　域	所属开发区
	二　制造业特色产业园区				
15	无锡高新区光伏产业园	—	光伏产业	新　区	无锡高新区
16	无锡液晶显示产业园	—	液晶显示产业	新　区	无锡高新区
17	无锡传感网创新示范区(创新园、产业园)	—	传感网产业	新　区	无锡高新区
18	空港产业园区	A-Park	现代物流、先进制造	新　区	无锡高新区/硕放工业园区
19	江阴—靖江船舶产业园	—	船舶产业	江阴市	江阴—靖江工业园
20	临港新城汽车零部件产业园	—	汽车零部件	江阴市	江阴临港开发区
21	临港新城新材料产业园	—	金属制品、新材料	江阴市	江阴临港开发区
22	临港新城长江新港产业园	—	先进制造业	江阴市	江阴临港开发区
23	江阴临港新能源及节能环保装备制造产业园	—	新能源产业、节能环保装备	江阴市	江阴临港开发区
24	锡山轨道交通产业园区	—	轨道交通设备	锡山区	锡山开发区
25	无锡风电科技产业园	W-Park	风电制造、设计、研发	惠山区	惠山开发区
26	江苏宜兴光电产业园	—	—	宜兴市	宜兴开发区
27	宜兴开发区新能源产业园	—	光伏和风能等新能源产业	宜兴市	宜兴开发区
	三　创新创意高端服务业集聚园区				
28	无锡科技创业园	Si. Park	科技创业	新　区	无锡高新区
29	无锡(国家)工业设计园	D-Park	工业设计	滨湖区	蠡园高新区
30	集成电路设计园	IC-Park	IC 设计	新　区	无锡高新区
31	江苏国际环保产业设计园	H-Park	环保产业科技研发、中试孵化	宜兴市	宜兴环科园
32	江阴百桥生物医药园	—	生物医药研发	江阴市	江阴开发区
33	江阴扬子江国际生物医药孵化园	—	生物医药研发、科技孵化	江阴市	江阴开发区
34	江阴扬子江信息软件园	—	软件和信息服务产业	江阴市	江阴开发区
35	江阴扬子江科技孵化产业园	—	科技孵化	江阴市	江阴开发区
36	江阴扬子江创智产业园	—	科技孵化	江阴市	江阴开发区
37	宜兴文化创意产业园	C-Park	陶艺文化创意外包、动漫游戏、创意设计	宜兴市	宜兴环科园
38	江苏省留学人员创业园	Y-Park	科技研发、创业孵化	宜兴市	宜兴环科园
39	宜兴创业园	—	科技研发、服务外包	宜兴市	宜兴开发区
40	太湖科技中心	—	科技研发、服务外包	滨湖区	无锡开发区(太湖城)
41	蠡湖科技创业园	—	科技研发、总部经济、低碳经济	滨湖区	—

续表

序号	园区名称	英文简称	产业类型	区　域	所属开发区
42	锡山科技创业园	—	科技创业、软件研发	锡山区	锡山开发区
43	惠山生命科技产业园	L-Park	生物医药研发外包	惠山区	惠山开发区
44	江苏数字信息产业园	DI-Park	研发、培训、文化创意	惠山区	惠山开发区
45	藕塘职教园	—	职业教育、科教培训	惠山区	—
46	南长科技创新和服务外包集聚区	N-Park	高新技术产业、服务外包	南长区	—
	四　特色农业示范园区				
47	锡山台湾农民创业园	—	都市农业、高效农业	锡山区	锡山开发区
48	太湖农业示范区	—	都市农业、高效农业	宜兴市	—

资料来源：作者整理。

参考文献

《无锡 Park 经济发展现状、特点和主要做法》，无锡政府网站，http：//www. wuxi. gov. cn/wxdk/201542. shtml，2012－05－06。

《无锡开放型经济发展基本情况》，中国江苏网，http：//news. jschina. com. cn/system/2012/08/31/014364685. shtml，2012－06－02。

无锡高新区调研的一系列非成文性内部资料和访谈记录，2012－02－24～2012－05－29。

The "Park Economy" in Wuxi：One of the Best Cases of Innovative City

Abstract：Wuxi Park economy is synonymous with innovation，entrepreneurship and creativity. Shifted from Zone to Park，Wuxi choose a development path of foster high-tech industries，develope high-end service industry，gather high-level personnel and create a high-quality living environment，so as to shift the path from investment-driven to innovation-driven，from manufacturing to design，and from resource-dependent to technology relying.

Key Words：Park Economy；Innovative City；Wuxi；Hi-tech Park

B.37

西宁产业升级打造青藏中心城市

李 健　张剑涛

摘　要：

随着西部大开发以及兰西经济区获国家批准，西宁作为区域中心城市的地位日益凸显。青藏地区中心城市的定位离不开强大经济实力的支撑，本文基于对西宁市现有产业的分析、产业发展关键矛盾的梳理，提出西宁市产业发展必须实现转型升级，进而对西宁产业转型发展定位、功能策划、产业转型路径与战略等问题进行了研究。

关键词：

西宁　产业转型　青藏中心城市

作为青海省的省会城市，西宁市具有悠久的历史文化、雄厚的经济基础和密集的人口，是青藏高原地区的中心城市。但在近期随着国际经济危机持续恶化，国内社会经济转型发展压力、生态城市和低碳社会发展呼声、国内区域平衡发展内在需求增大等，西宁市的城市定位和产业经济面临全新的发展态势。通过产业转型升级，谋求社会经济和城市空间布局协同提升，打造真正的青藏地区中心城市就成为客观发展的需要。近些年来，西宁市的高新技术产业和重化工业依托西宁经济技术开发区这一平台不断壮大，对全市产业经济增长和结构升级促进效应不断提高。未来发展进程中，推动现有支柱产业升级转型，同时依托高科技产业和现代服务业作为三重引擎，将是西宁市经济快速崛起和产业结构优化升级的根本思路。

一　西宁市产业发展现状分析

（一）城市发展特色鲜明，社会经济持续增长

西宁是青藏高原人口唯一超过百万人的中心城市，多民族聚集、多宗教并存，多元文化的发展缔造西宁美丽的城市建筑风貌。西宁是古“丝绸之路”南路和“唐蕃古道”的必经之地，自古就是西北交通要道和军事重镇，有“海藏咽喉”之称。

进入21世纪后，西宁社会经济实力持续增长。地区生产总值从2000年的101.7亿元增长到2011年的770.7亿元，年均增速达22.4%；全社会固定资产投资从2000年的53.82亿元增至2011年的528.01亿元，年均增速达25.7%；一般预算收入从2000年的8.8亿元增长到2011年的87.1亿元，年均增速达25.8%。2011年西宁市实现人均GDP 34743元，折合美元5379美元，社会综合消费和投资能力较之前都有很大提升。从经济发展的线性增长速度看，整体上处于加速上升的势头，尽管2009年受国际经济危机的影响有大幅下降，但整体上年均增速在2004年之后都超过20%。这显示出西宁市良好的经济发展势头（见图37－1）。

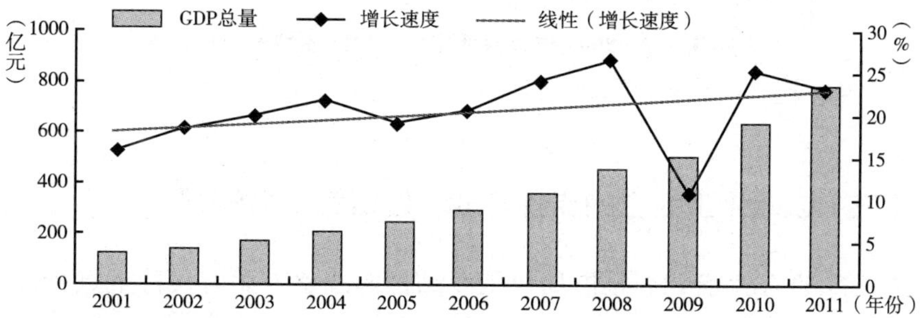

图37－1　西宁市GDP及增长变动（2001～2011年）

资料来源：《西宁市统计年鉴2012》。

（二）工业主导产业体系，经济增长贡献率突出

由于工业发展基础比较弱，早些年西宁产业一直呈现“三二一”的结构类型，2000年三次产业结构为8∶39∶53。随着“工业强市”战略的提出，西

宁市不断加大对工业经济的投入，第二产业比重快速上升，至2007年第二产业在GDP中的比重首次超过第三产业，进而演变为2011年的4∶53∶43，这是西宁工业化进程不断演进的结果表现（见图37－2）。

尽管持续受国际经济危机的不利影响，2011年西宁工业仍然保持了29.4%的同比增长，成为拉动西宁市社会经济增长的重要力量。这也揭示出了：一是第二产业对西宁经济增长的动力强劲，目前西宁正处于工业化发展加速的时刻。二是必须重视服务业的发展，如果说2007年之前第三产业相对发达是结构性失调问题，那么随着工业化发展逐渐进入高级阶段，对于第三产业的支撑需求日益增强，生产性服务业未来发展的态势可以预期。

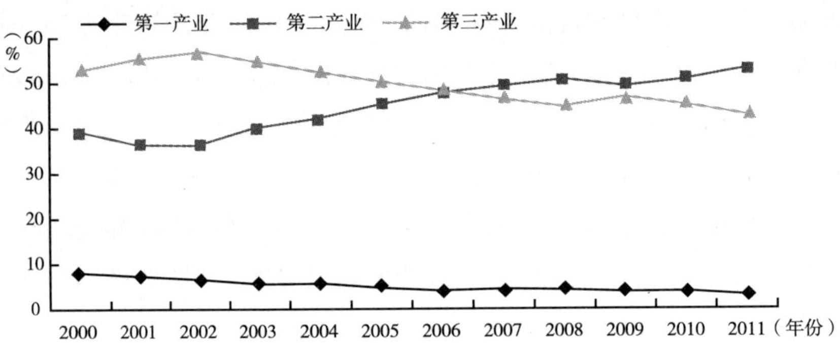

图37－2　2000年以来西宁市三次产业结构变迁

资料来源：《西宁市统计年鉴2012》。

（三）以重化工为主的支柱产业，区域竞争力较强

进入2000年之后，西宁市加快工业结构的调整，大力扶持重点行业，推进特色行业，培育新兴工业，形成以有色金属冶炼和黑色金属冶炼为主体，水电生产和化学工业为特色的重化工产业体系。其中冶金工业包括有色金属与钢铁两大重点行业，2011年分别实现行业总产值438亿元和92亿元，占工业总产值的比重分别为46.17%和9.70%；此外，电力生产行业实现产值130.9亿元，占工业总产值的比重为13.80%，盐化工及天然气化工实现产值71.45亿元，占工业总产值的比重为7.53%（见图37－3）。

总体上西宁市工业发展轻重工业比例不协调，2011年轻重工业比例为

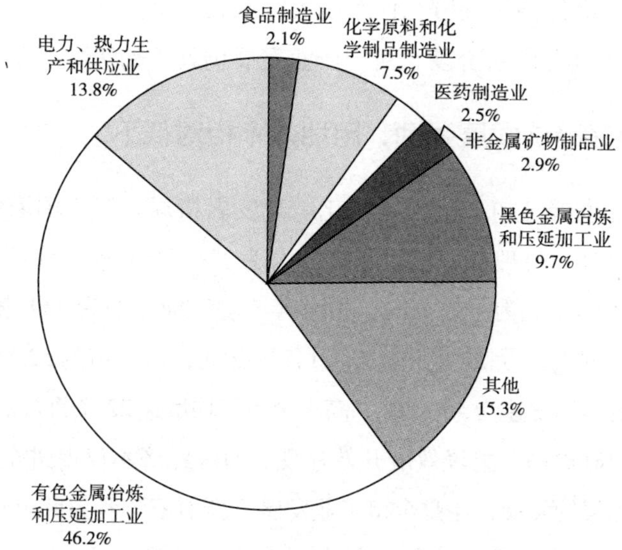

图 37-3 西宁市分行业工业总产值比重（2011 年）

资料来源：《西宁市统计年鉴 2012》。

14%:86%。创新主导型企业不多，产业层次不高，新兴产业比重偏低。以资源、能源依托型产业为主导（开采冶炼业和原料生产业分别占比 60% 和 18%），仍停留在原材料加工的初级阶段，呈现高耗能、粗放型特征，对未来发展具有极大的社会效益和生态效益压力（见图 37-4）。在波特的产业竞争

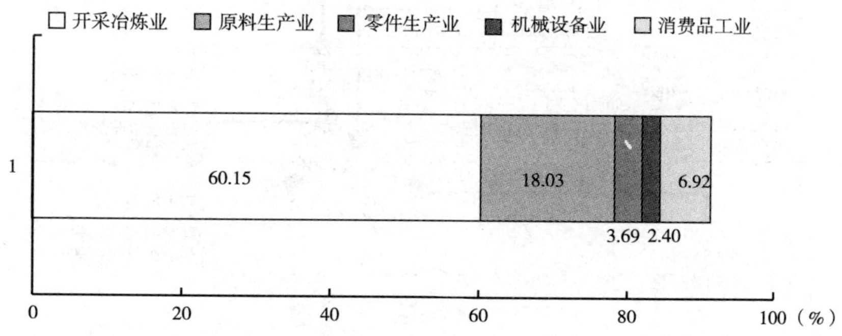

图 37-4 西宁市主要工业行业分类结构（2010 年）

资料来源：《西宁市统计年鉴 2011》。

力分析中，将社会经济发展分为四个阶段：要素推动阶段、资本推动阶段、创新推动阶段以及财富推动阶段。西宁产业发展仍处于初级的要素推动阶段。

（四）园区经济发展强劲，用地效率相对低下

西宁市工业发展已初步呈现园区化承载发展格局。西宁国家级经济技术开发区按照优势互补、合理布局的要求，整合为“一区四园”管理体制，各园区以整合提质、错位发展为主攻方向，2010 年入驻工业企业为 239 家，其中销售亿元以上的企业达 60 家。完成工业增加值 145.5 亿元，占全市的 52.8%，“十一五”期间工业增加值年均增速为 45.48%，高出全市年均增速 22 个百分点。园区经济促使产业集中度明显提高，集聚效应开始显现。园区经济不仅促进全市工业布局优化、产业集聚和集约发展，还是全市工业发展“新引擎”和招商引资的主要平台。

但从西宁市现有工业园区的空间布局考察，很明显呈现出园区包围中心城市、阻碍城市对外扩张廊道的特点。高耗能产业过度集聚于城市周边地区，不利于城市生态环境，对城市社会安全亦具有破坏性（见图 37－5）。

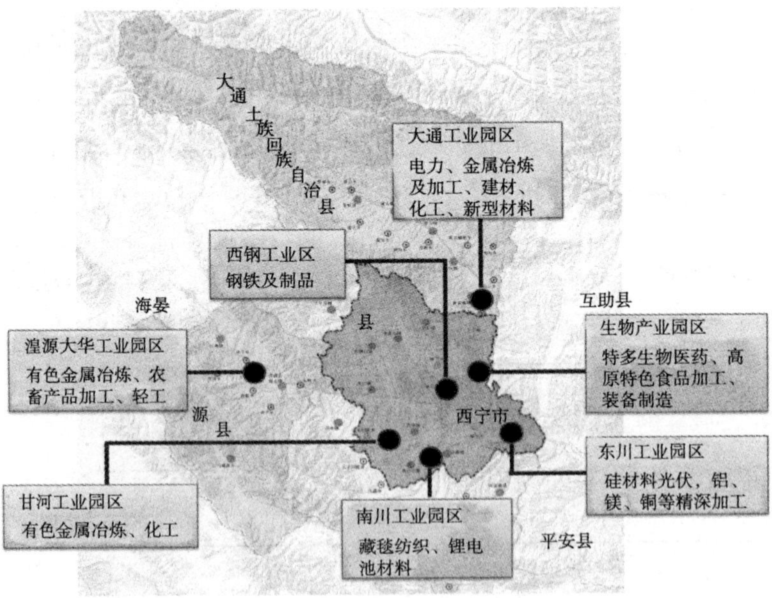

图 37－5　西宁市主要工业园区空间布局及主导产业示意

资料来源：实地调研。

在2000年，西宁经济技术开发区经国家批准成立国家级开发区，之后“一园四区”的发展模式使得工业投资项目获得充足的土地开发资源，特别是基于重化工投资的快速增长，西宁市工业用地迅猛扩张。从产出效率比较，西宁市经济技术开发区低于全国国家经济技术开发区的平均水平，与西部其他国家级开发区相比同样具有优势，不管是园区产出效益还是就业人员密度，西宁技术开发区都仅高于拉萨经济技术开发区，在区域层面上竞争力稍弱（见图37－6）。

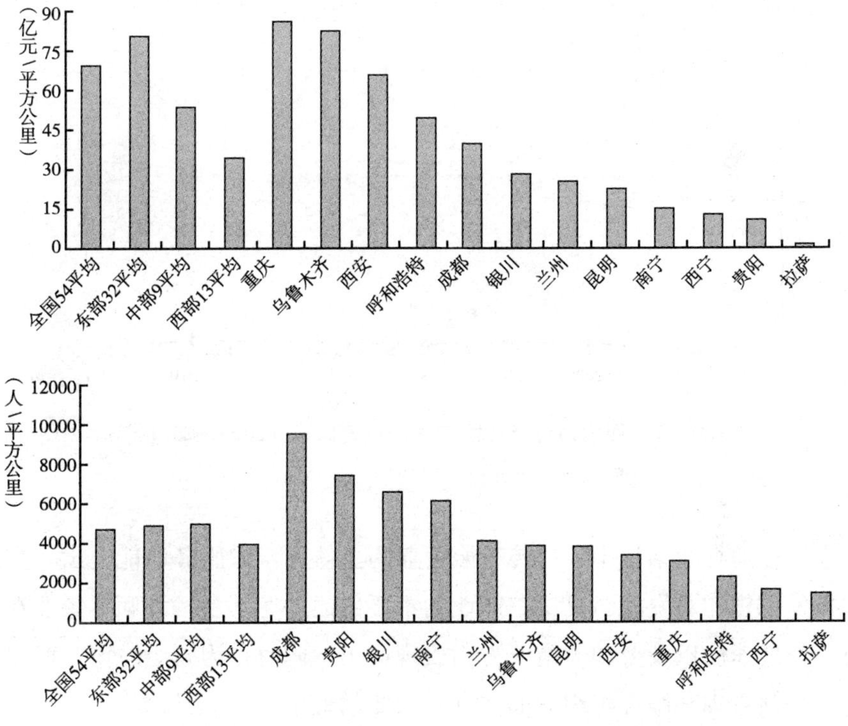

图37－6　西宁经济技术开发区产出效率与其他城市的比较

资料来源：2011年各城市统计年鉴。

二　西宁市社会经济关键矛盾分析

（一）青藏中心城市地位与现代服务业发展不足的矛盾

进入2000年以后，随着国际国内局势的变化，西宁作为区域中心城市的地位日益突出，特别是在服务青藏高原和西北地区经济发展和社会稳定方面，西宁应该发挥重要作用。从近些年的发展情况看，“工业强市”战略的提出，使得工业对社会经济的拉动作用持续增长，西宁更加重视工业发展而相对忽略第三产业的作用。2003～2011 年，西宁市对第三产业固定投资比例从 64.9% 下降到 45.5%，而同期第二产业的投资比例从 33.7% 上升到 51.4%（见图 37－7）。进入 2000 年以来，服务业增长速度一直低于同期国民经济的增长速度。

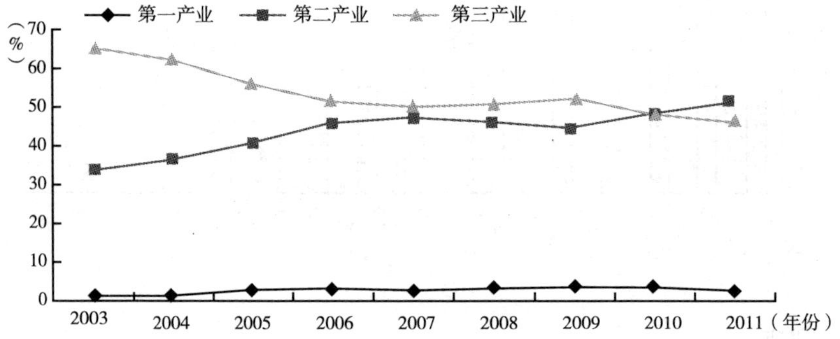

图 37－7　西宁市分产业固定资产投资比重（2003～2011 年）

资料来源：《西宁市统计年鉴 2012》。

在服务业行业结构中，以传统服务业为主体，金融服务职能突出。交通运输、批发零售相对发达，是第三产业的重要部门。尤其是批发和零售业在产业规模、发展速度以及劳动力就业方面表现突出。同时作为省会城市，西宁在金融业、公共管理和服务组织方面亦具有重要的地位。

房地产业、物流业、旅游业服务等新兴服务业经济发展不突出。近年来随着宏观经济的发展、居民消费水平的升级，国内房地产业、物流产业发展势头迅猛。但就西宁近 5 年来的平均增速考察，其发展并不突出，难以匹配区域中心城市的地位（见表 37－1）。

科研服务基地的培育。值得关注的是，西宁市的科技、信息、技术服务业、文化娱乐、卫生教育等社会事业服务具有一定的专业化优势，并且近年来也表现出一定的增长潜力。这为西宁作为青藏高原的综合科技服务中心和生活服务基地地位的确立奠定了良好的基础。

表 37－1　西宁市第三产业的产业构成（2011 年）

单位：亿元，%

产　业	增加值	结构比重	近五年平均增速
第三产业	332.01	100.00	18.97
交通运输、仓储及邮政业	30.76	9.26	13.87
批发零售业	67.43	20.31	21.36
住宿餐饮业	8.53	2.57	9.29
金融业	50.31	15.15	20.86
房地产业	17.46	5.26	14.30
其他服务业	157.32	47.45	19.82

资料来源：《西宁市统计年鉴 2012》。

（二）经济效益、生态效益与社会效益相互冲突的矛盾

与西宁市社会经济发展的阶段相适应，西宁目前主要以高载能、粗放型的原料及加工型产业为主，建立起以化工、有色金属冶炼、钢铁、水泥等为主的高载能产业体系，原材料工业比重大，节能降耗压力大，目前正处于高速发展的时期。国家统计局近期公布的 2011 年分省区市的地区生产总值能耗指标显示，青海省单位产值耗能排名全国倒数第二位。

“十二五”期间重化工业保持强劲投资势头，化工产业中的天然气化工成为重点行业，盐化工稳步增长；此外，钢铁产业投资规模依然较大，但以普通钢为主。虽然有色金属产业在“十二五”期间投资相对萎缩，但高污染、高消耗、低附加值、资源型产业的问题仍将十分突出，能源消耗过多地集中于基础加工业，加大了工业节能降耗的工作难度。需要指出的是，这些基础性工业在产出效益及吸纳劳动力就业方面表现较差，对于促进城市化发展、提升人民生活水平不利。此外，这些化工产业、冶金产业在空间布局方面过度临近中心城区，对人民生活和城市安全都造成一定威胁，同时对城市旅游资源造成破坏。

（三）快速经济发展的需求与经济要素缺失之间的矛盾

经济快速增长以为城市建设、社会发展提供支持已经成为西宁当前的重

要任务。但区域经济发展有其内在的规律性，特别是在经济发展要素方面必须充足或具备替代性。综合分析来看，西宁劳动力、土地、资本三大要素严重不足。

劳动力包括高层次技术人才和一般劳动力两个层面。由于在工作、生活、环境方面与东部城市具有较大差距，西宁难以吸引更多高层次技术人才，另外自身的高层次人才“孔雀东南飞”的现象突出。从一般劳动力看，西宁市目前220万的常住人口，难以为大规模的现代工业生产提供足够的劳动力。

在土地利用方面，西宁市土地资源紧张，可开发的土地资源有限，土地利用效率不高。西宁市人均水资源占有量仅为全国人均占有量的1/3，属于极度缺水地区，水资源严重不足对工业用水形成强力制约。

资本利用方面西宁市目前主要以吸引国内资本为主，特别是大型资源性国有企业，少量利用外来资金，甚至到目前尚无一家跨国公司投资西宁。资金的缺失对于西宁的转型发展将会产生重要桎梏，未来必须不断搭建新的融资平台，这是对西宁市金融产业的发展提出的新要求。

（四）产业转型、企业外迁与地方经济发展之间的矛盾

区域经济发展具有内在规律，资源型工业具有高耗能、粗放型、污染性等缺点，但同样具有投资大、效益快等特征，是地方财政税收最重要的来源，因此是区域资本积累、城市化积蓄力量的重要阶段。

从西宁的发展实际情况看又必须要转型。主要工业行业能耗偏大，投入产出效率不高，地方贡献偏小。从单位能耗指标看，有色金属冶炼及压延加工业、黑色金属冶炼及压延加工业作为耗能大户，远超工业制造业平均水平。从投入产出指标考察，有色金属冶炼及压延加工业、黑色金属冶炼及压延加工业略超出工业平均水平；化学工业及电力供应业则低于工业平均水平。从地方贡献率看，有色金属冶炼及压延加工业低于工业平均水平；黑色金属冶炼和压延加工业、非金属矿物制品业地方贡献突出。从产业性质看，西宁支柱工业多属资本密集型产业，吸纳劳动力就业方面亦无突出作用（见表37－2）。

表 37－2　2011 年西宁市主要工业行业投入产出与单位能耗指标

行　业	行业比重(%)	能耗(吨标准煤/万元)	总资产贡献率(%)	万元产值税金(元)
全部行业	100	0.95	8.8	227
食品制造业	2.09	0.2	28.1	165
化学原料和化学制品制造业	7.53	1.1	4.8	230
医药制造业	2.50	0.7	25.3	323
非金属矿物制品业	2.86	1.99	30.2	682
黑色金属冶炼和压延加工业	9.70	1.41	13.7	576
有色金属冶炼和压延加工业	46.17	1.15	9.3	156
电力、热力生产和供应业	13.80	0.66	1.2	58

资料来源：《西宁市统计年鉴 2012》。

三　西宁市产业发展转型定位

（一）产业转型的基本思路

1. 工业主导产业体系，推进转型发展

西宁仍处于要素推动的工业化初级发展阶段，工业持续扩张是必经的发展路径，工业化仍将是未来一个时期的发展主题。但西宁市工业发展必须走新型工业化道路，而非原有模式的规模扩张。

以循环经济改造传统支柱产业，并延伸产业链——突出循环经济发展模式的重要性，以西宁建设国家级循环经济试点示范区为契机，努力探索和实践适合西部地区资源型工业发展的新道路。此外，积极进行产业技术改造，通过纵向延伸、横向联合和产业集群化发展等多种手段，实现对资源的高效利用和循环利用。

突出现有新兴战略性产业，培育潜力增长产业——第三次产业革命的时代即将带来，发展战略性新兴产业已经成为世界主要国家抢占新一轮经济和科技发展制高点的重大战略。西宁市在新能源、新材料、装备制造等战略性新兴产业方面有一定的产业基础，未来必须重点推进这些产业做大做强。同时，基于本地特有的资源和发展阶段，瞄准以中藏药为主的生物医药，基于保障循环经济发展和城市化发展阶段的市场需求，培育节能环保产业在西宁的发展。

2. 服务业发展突破，实施双轮驱动战略

作为服务广大青藏高原地区的区域中心城市，服务业的发展、综合服务功能的提升，都是促进城市经济繁荣、确立城市区域地位的重要保证。

推进生产性服务业发展，为先进制造业提供持续动力——利用省会城市优势地位，逐渐培育做大生产性服务业，包括金融业、会展业、科技服务、商贸物流等，为西宁乃至青海省、青藏地区先进制造业发展提供充足而持续的支持。

做大生活性服务业，解决劳动力就业问题和推进城市化——利用区域枢纽优势地位，要积极发展商贸流通、交通运输、住宿餐饮等生活性服务业。特别是商贸流通行业，要重点建设区域性大市场，形成要素和商品集聚辐射中心。在远期更可瞄准高档商品，包括名牌产品、钻石、名表、高级化妆品等，发展高端类商业服务产业，建设“西北购物天堂”。

瞄准资源开发与社会融合，推进社会公共服务业发展——就国家层面的地位而言，2010 年青海省 GDP 仅占全国比重的 0.3%，其经济意义远远没有在资源安全以及社会稳定方面的意义大。这为西宁市发展社会公共服务业行业提供了依据，重点包括柴达木盆地资源开发管理中心的地位；青藏地区社会维稳与管理服务中心的地位。

3. 特色经济发展，培育产业发展亮点

独特性和唯一性是后工业化时代重要的产品竞争战略。西宁应该利用这些资源优势，将这些“特色资源”转化成“特色产业”，成为产业的发展亮点。

依托特色农工资源，发展特色工业产业——积极利用青藏高原的特色生物和农牧产品资源，发展农牧食品加工企业，将资源优势转化为产业优势，充分发挥城镇对就业的带动和吸纳。此外，要充分发挥本地区优势特色，将现代纺织技术与传统产业结合，加快引进毛纺生产、特色藏毯、民族服装服饰加工等产业，同时与文化旅游业充分结合，拓展整个加工业的配套产业。

突出旅游和文化资源，发展特色服务产业——西宁乃至整个青海省的旅游发展，必须要强化文化特色、突出高原的主题，充分发挥生态夏都和文化名城的影响力，以品牌经营的战略思维，发展具有高原特色的主题旅游和文化产业，形成其他地区无法复制的核心竞争力。

（二）从城市功能定位到产业定位

1. “青藏中心”定位的产业需求

作为青藏地区区域的中心城市，其核心功能在于资源要素的集聚与辐射功能，包括资本、人口、物质、信息等，相应引导产业发展的需求。

资本要素是当前最为重要的经济要素和推动现阶段城市发展的重要动力，相应产生金融服务、总部经济、商务服务等产业载体。

人口要素包括高端人才和一般劳动力，其中高端人才是技术创新和研发服务的基础，而一般劳动力则是大规模现代化产业发展的依托，相应产生科技服务、企业研发、教育培训、房地产业等。

作为中心城市必须有强大的产业辐射力，也体现在制造业方面，形成辐射全省的产业发展基地，包括新兴战略性产业发展、支柱产业的区域协作。

作为信息沟通与发布中心，配以地区枢纽的地位，西宁在建设区域商贸中心、发展商贸流通产业方面具有巨大优势。

2. “地区枢纽”定位的产业需求

作为地区枢纽，必须具备良好的区位条件、交通条件以及信息传输条件，相应形成交通、物流产业发展的基础。

配合快速发展的交通设施，从青藏高速的修建到未来兰新铁路（二线）、川青线的修建，进一步突出西宁与新疆籍西南地区的人口和经济联系，相应产生交通运输、现代物流等产业需求。

西宁作为地区枢纽的地位还体现在信息沟通与联系方面，建设作为区域信息流通与管理中心城市，在区域资源开发与管理、社会公共服务与维稳等方面具有先天优势，相应可以吸引科研结构、央企总部、区域性管理机构等进驻西宁。

3. “生态夏都”定位的产业需求

作为生态夏都，包含了生态和夏都双重内涵。“生态”内涵体现对低污染、清洁型产业的直接需求，及对节能环保产业的潜在需求；“夏都”更多是休闲旅游产业发展的目标。

建设生态、低碳城市是西宁市未来的重要目标。在产业发展方面则是对现有支柱工业转型的巨大需求，由高耗能、高污染的重化工业转型为高科技产业、都市型工业等；这个转型的过程以及快速城市化发展的进程对节能环保产生了巨大需求，因此，可以潜在培育出节能环保产业。

“生态夏都”的第二个内涵是对旅游产业发展的需求。作为中纬度高原地区，西宁市夏天凉爽的气候，加之历史文化、自然风光以及人文景观等条件，具有建设旅游目的地的基础；此外，地区枢纽的定位为西宁建设区域旅游集散中心奠定了基础。

4. “人文名城”定位的产业需求

作为人文名城，是对西宁历史、文化、宗教、民族等多重人文要素的再整合，突出民族稳定、社会和谐的社会效益；更推动商业、产业化运作，实现经济效益（见图 37 – 8）。

文化建设已成为城市社会和谐、民族融合、宗教共处等的重要依托。作为多民族、多宗教共存的城市，西宁市必须以“和而不同”为核心的理念，以文化事业建设为载体，积极推进多民族文化融合发展。

文化已成为社会经济资源，是当前城市强化自然软实力的重要基础。西宁市借助多种文化资源、文化活动、文化产品培育文化产业；以文化园区为平台，推进西宁多元文化产业化、市场化运作，建设青藏高原文化中心。

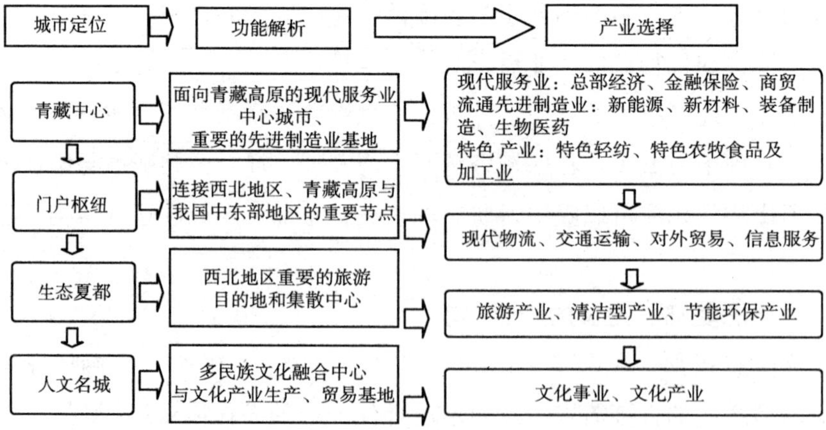

图 37 – 8　西宁都市区从城市定位到产业选择分析框架

资料来源：作者绘制。

四　西宁市产业转型发展路径与战略

（一）转型发展路径分析（见图 37－9）

1. 政策创新，考核转型——政策导向：从考核 GDP 到考核生态建设

政府及官员的考察制度和体系转型，从考核招商引资和 GDP 增长转型到考核生态建设，包括能耗、电耗、水耗、二氧化碳排放与回收、循环经济体系的建设等基本指标，以政策创新为导向，引导政府工作重点和重心的转型，形成生态建设的完善制度环境，确保产业转型发展的政策导向和保障。

2. 资本驱动，创新引领——动力导向：从资源推动到资本、创新推动

目前西宁仍然处于要素推动型的工业发展阶段，从波特的四阶段发展论看，未来将逐步进入资本推动型发展阶段。为实现跨越式发展，快速缩小与东部沿海地区的差异，西宁产业经济发展不能按部就班，必须推进资本、创新双重动力作为经济发展引擎的路径，也即在重视投资、做大规模的同时，必须同步推进区域创新体系建设，鼓励企业在西宁建设研发中心、推进产学研一体化

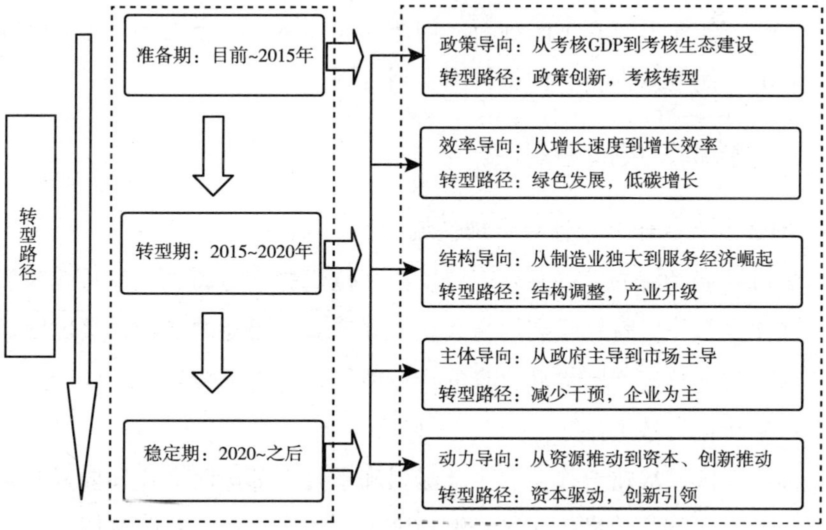

图 37－9　西宁市产业转型阶段与路径导向分析

资料来源：作者绘制。

发展、重视资源管理以及交流服务、推进教育与培训等任务。

3. 绿色发展，低碳增长——效率导向：从注重增长速度到注重效率

目前的经济发展更多强调增长速度，从2008年全球性金融危机之后，“保8”之类的目标成为各地政府最普遍的发展要求，这还是以GDP增长为基本导向的发展思维在作怪。在未来转型发展的进程中，必须坚持绿色发展、低碳增长的发展路径，坚持以经济发展效率为导向，注重经济效益、社会效益以及生态效益的三重融合发展，强调经济发展为人们的社会福祉所真正带来的效率提升。

4. 结构调整，产业升级——结构导向：从制造业独大到服务经济崛起

目前西宁仍然以资源型重化工企业为主，未来将逐渐转向资本推动型的高科技产业发展初级阶段和创新推动型发展的高级阶段，在这个进程中注重招商引资和完善区域创新体系将是重要任务；此外，要注重推进现代服务业和旅游、文化产业的发展，形成双轮驱动发展的产业发展机制。

5. 减少干预，市场为主——主体导向：从政府主导到市场主导经济

随着未来产业转型的进行，必须改变政府裁判者、运动员的双重身份来参与市场竞争的局面，减少干预。发达国家和地区包括我国东部地区的发展经验证明，在资本推动和创新推动的发展进程中，市场才是真正实现资源优化配置的主导力量，才能形成真正的创新、创意发展环境。政府主导只能造成资源配置效率低下，使区域创新、创意氛围受到压制。

（二）转型发展战略对策

1. 加强区域合作，推动要素加快流动

西宁市社会经济的发展必须充分发挥区位优势，与周边城市乃至东部沿海地区开展深入合作，特别是利用与北京、辽宁对口援建的平台，实现创新资源的共享和有效配置，不断提升自身的产业能级，成为承接东部地区产业转移乃至创新成果转化的基地。

积极推动区域战略合作。要主动吸引和承接东部地区产业和要素资源的扩散转移，通过招商部门搭界东部沿海地区高新技术企业、科研院所、大学形成产业联盟，发挥西宁市在区位、市场等方面的后发优势，引进一批重大新兴产业项目。同时，要制定相应政策引导创新资源向工业区集聚，引导一些具有自主创新能力的科研院所、研发中心在西宁落户，保证西宁市新兴产业发展能够突破技术瓶颈、创造有产业化前景的研发成果。

提升投资环境，注重引进旗舰企业。进一步完善西宁市域的基础设施建设和产业政策体系建设，使得新兴产业项目能够引得来、留得住。围绕重点产业的选择，采取“旗舰企业入驻、配套企业跟进”的“母鸡带小鸡”式产业集群招商模式，通过上下游配套项目，完善产业协作网络，提升产业集中度，近期重点推动新能源、新材料和生物医药产业的崛起。

实行差别化政策，支持重大项目引入。对落户西宁市各产业园区的企业和项目，需设立一定的技术和资本门槛。对具有突破性带动作用的高技术产业化重大项目实行优先供地和优价供地政策，在基础设施上也给予优先优质配套鼓励。

2. 提升创新能力，提升产业发展活力

创新从来都是产业和企业保持活力的重要保障。为进一步增强新兴产业竞争力，推动西宁产业结构升级，需要不断提升产业技术创新能力，特别是推进自主创新成果的产业化。

建立高效的创新成果转移机制。西宁市试点成立科技创新成果交流转化平台，特别是要培育一批信誉良好、综合服务能力强、能发挥示范带动作用的技术转移机构，积极与中东部地区的高校、科研院所以及国家级技术转移中心等建立战略合作关系，并通过各类媒体和网站进行宣传。对高等院校、科研院所将创新科技成果转让西宁市的企业，所获得的收益实行所得税地方部分优惠征收。

推动企业成为技术创新的主体。以政府创新基金作为杠杆，鼓励企业加大研发投入。特别是鼓励大中型企业设立研发中心，对权威部门认定的国家级以及省级技术中心可以通过政策和财政奖励来予以支持。引导高等院校、科研院所与企业共建技术开发机构、科研生产联合体或针对关键技术进行联合攻关，实现多种形式的联合。

加大自主知识产权的保护力度。引导企业、高校和科研机构建立和完善知识产权管理制度，为新兴产业发展创造良好的知识产权保护法制环境。鼓励企业、单位和个人申请国内外发明专利，制定完善的专利补助和奖励政策。对标准制（修）订单位参与新兴产业领域的国际标准、国家标准、行业标准制

（修）订工作的设立技术标准制（修）订专项补助资金。

3. 培育中介机构，健全产业服务体系

新兴产业的发展离不开生产性服务业的大力支撑，特别是各类型中介服务机构的发展。建议西宁按照社会化、专业化、网络化、市场化、规范化的要求，推进各类中介服务机构的建设发展。

创建省级乃至国家级的创业服务中心。在西宁市的重点园区包括生物医药园区、多巴高新技术园区及东川工业区积极建设省级乃至国家级创业服务中心，推动新兴产业创新成果向现实生产力的转化，提供孵化基地、资金支持、创业辅导、发展诊断、项目包装、技术产权交易、人才培训以及对外合作交流等综合性配套服务。

重点支持中介服务机构的成立发展。加快技术评估机构、技术交易及产权交易机构、资本运营中介机构、人才猎头机构、行业协会等中介服务机构的发展。要加强重大技术供需信息库及科技信息网的建设。

进一步发挥生产力促进中心的作用。加大高新技术企业和项目的报批力度，争取国家和省里的资金支持。加强对企业的科技服务，培训技术人才和管理人才，把生产力促进中心真正建设成为企业发展的坚强后盾。

4. 优化服务环境，推动企业平台集聚

政府要加大投入，不断完善工业园区的软硬件建设，注重社会服务配套设施的建设。

提供便捷的生活配套服务。诸如，首先在产业园区内配套高端服务区、一般消费性服务区；其次要加强生活配套服务设施建设，为产业园区的企业和员工提供便利；再次要注重保持优美、和谐的生态环境，为企业的入驻提供良好的生态和商务办公环境。

推动西宁市信息对外交流。现代生产过程中需要大量的信息资源，通畅的信息交流途径成为新兴产业发展不可或缺的重要因素，因此要加快建设信息服务系统、互联网、电子政务、电子商务等信息基础设施和公共信息服务平台，增强企业之间的交流。

提升工业区管理服务水平。不断提高行政部门的办事效率，减少行政审批和程序，实现跨部门审批联合办公、一站式服务。

5. 集约利用资源，提升国土开发效益

强化规划统筹以完善国土资源的规划开发体系。生态环境的恶化和土地资源的紧张，都决定了西宁市在发展进程中，必须加强国土规划，按照形成主体功能区的要求，调整经济布局。坚定不移地以科学发展观统领国土资源工作，根据区域发展现状、发展要求及承载能力，完善国土资源规划体系，通过规划实施管理，加强对资源利用行为的引导与控制，促进资源集约利用。

坚持从严管理以健全资源保护与集约利用机制。从制度上更好发挥市场在资源配置中的基础性作用，形成利于科学发展的宏观调控体系；完善反映市场供求关系、资源稀缺程度、环境损害成本的生产要素和资源价格形成机制，建立健全资源有偿使用制度和生态环境的补偿制度，完善资源利用政策，建立集约利用资源的倒逼和激励机制，促进资源集约利用。

参考文献

《2008～2012 年西宁市统计年鉴》，中国统计出版社。

迈克尔·波特：《竞争优势》，华夏出版社，2001。

罗伯特·M. 索洛：《经济增长因素分析》，商务印书馆，1991。

文婷、曾刚：《全球价值链治理与地方产业网络升级研究》，《中国工业经济》2005 年第 7 期。

宁越敏、李健：《上海城市功能的转型：从全球生产系统角度的透视》，《中国城市研究》2006 年第 5 期。

刘德学等：《全球生产网络与加工贸易升级》，经济科学出版社，2006。

周志龙：《全球化、知识与区域》，詹氏书局，2002。

The Industrial Upgrade of Xining as the Regional Center of Qinghai-Tibetan

Abstract: With the Great Western Development and Lan-Xi economic zone approved by the state, it was growing more and more prominent that Xining growing up to a central city of Qinghai-Tibetan Area. The position of a central city is inseparable from the strong economic strength. Based on analysis on existing industry, key contradiction in industry development, the paper put forward Xining industrial development must achieve the transformation and upgrading, and then studies on development orientation of Xining industry transformation, function planning, industrial transition path and strategy.

Key Words: Xining; Industrial Transformation; Qinghai-Tibetan Area

权威报告　热点资讯　海量资源

当代中国与世界发展的高端智库平台

皮书数据库 www.pishu.com.cn

皮书数据库是专业的人文社会科学综合学术资源总库，以大型连续性图书——皮书系列为基础，整合国内外相关资讯构建而成。包含七大子库，涵盖两百多个主题，囊括了近十几年间中国与世界经济社会发展报告，覆盖经济、社会、政治、文化、教育、国际问题等多个领域。

皮书数据库以篇章为基本单位，方便用户对皮书内容的阅读需求。用户可进行全文检索，也可对文献题目、内容提要、作者名称、作者单位、关键字等基本信息进行检索，还可对检索到的篇章再作二次筛选，进行在线阅读或下载阅读。智能多维度导航，可使用户根据自己熟知的分类标准进行分类导航筛选，使查找和检索更高效、便捷。

权威的研究报告，独特的调研数据，前沿的热点资讯，皮书数据库已发展成为国内最具影响力的关于中国与世界现实问题研究的成果库和资讯库。

皮书俱乐部会员服务指南

1. 谁能成为皮书俱乐部会员？

- 皮书作者自动成为皮书俱乐部会员；
- 购买皮书产品（纸质图书、电子书、皮书数据库充值卡）的个人用户。

2. 会员可享受的增值服务：

- 免费获赠该纸质图书的电子书；
- 免费获赠皮书数据库100元充值卡；
- 免费定期获赠皮书电子期刊；
- 优先参与各类皮书学术活动；
- 优先享受皮书产品的最新优惠。

（本卡为图书内容的一部分，不购书刮卡，视为盗书）

3. 如何享受皮书俱乐部会员服务？

（1）如何免费获得整本电子书？

购买纸质图书后，将购书信息特别是书后附赠的卡号和密码通过邮件形式发送到pishu@188.com，我们将验证您的信息，通过验证并成功注册后即可获得该本皮书的电子书。

（2）如何获赠皮书数据库100元充值卡？

第1步：刮开附赠卡的密码涂层（左下）；

第2步：登录皮书数据库网站（www.pishu.com.cn），注册成为皮书数据库用户，注册时请提供您的真实信息，以便您获得皮书俱乐部会员服务；

第3步：注册成功后登录，点击进入“会员中心”；

第4步：点击“在线充值”，输入正确的卡号和密码即可使用。

皮书俱乐部会员可享受社会科学文献出版社其他相关免费增值服务
您有任何疑问，均可拨打服务电话：010-59367227　QQ:1924151860
欢迎登录社会科学文献出版社官网(www.ssap.com.cn)和中国皮书网（www.pishu.cn）了解更多信息

社长致辞

我们是图书出版者，更是人文社会科学内容资源供应商；

我们背靠中国社会科学院，面向中国与世界人文社会科学界，坚持为人文社会科学的繁荣与发展服务；

我们精心打造权威信息资源整合平台，坚持为中国经济与社会的繁荣与发展提供决策咨询服务；

我们以读者定位自身，立志让爱书人读到好书，让求知者获得知识；

我们精心编辑、设计每一本好书以形成品牌张力，以优秀的品牌形象服务读者，开拓市场；

我们始终坚持“创社科经典，出传世文献”的经营理念，坚持“权威、前沿、原创”的产品特色；

我们“以人为本”，提倡阳光下创业，员工与企业共享发展之成果；

我们立足于现实，认真对待我们的优势、劣势，我们更着眼于未来，以不断的学习与创新适应不断变化的世界，以不断的努力提升自己的实力；

我们愿与社会各界友好合作，共享人文社会科学发展之成果，共同推动中国学术出版乃至内容产业的繁荣与发展。

社会科学文献出版社社长
中国社会学会秘书长

谢寿光

2013 年 1 月

“皮书”起源于十七、十八世纪的英国，主要指官方或社会组织正式发表的重要文件或报告，多以“白皮书”命名。在中国，“皮书”这一概念被社会广泛接受，并被成功运作、发展成为一种全新的出版形态，则源于中国社会科学院社会科学文献出版社。

皮书是对中国与世界发展状况和热点问题进行年度监测，以专家和学术的视角，针对某一领域或区域现状与发展态势展开分析和预测，具备权威性、前沿性、原创性、实证性、时效性等特点的连续性公开出版物，由一系列权威研究报告组成。皮书系列是社会科学文献出版社编辑出版的蓝皮书、绿皮书、黄皮书等的统称。

皮书系列的作者以中国社会科学院、著名高校、地方社会科学院的研究人员为主，多为国内一流研究机构的权威专家学者，他们的看法和观点代表了学界对中国与世界的现实和未来最高水平的解读与分析。

自 20 世纪 90 年代末推出以经济蓝皮书为开端的皮书系列以来，至今已出版皮书近 800 部，内容涵盖经济、社会、政法、文化传媒、行业、地方发展、国际形势等领域。皮书系列已成为社会科学文献出版社的著名图书品牌和中国社会科学院的知名学术品牌。

皮书系列在数字出版和国际出版方面成就斐然。皮书数据库被评为“2008~2009 年度数字出版知名品牌”；经济蓝皮书、社会蓝皮书等十几种皮书每年还由国外知名学术出版机构出版英文版、俄文版、韩文版和日文版，面向全球发行。

2011 年，皮书系列正式列入“十二五”国家重点出版规划项目，一年一度的皮书年会升格由中国社会科学院主办；2012 年，部分重点皮书列入中国社会科学院承担的国家哲学社会科学创新工程项目。

经 济 类

经济类皮书涵盖宏观经济、城市经济、大区域经济，
提供权威、前沿的分析与预测

经济蓝皮书

2013 年中国经济形势分析与预测（赠阅读卡）

陈佳贵　李　扬 / 主编　　2012 年 12 月出版　　估价 :59.00 元

◆　本书课题为“总理基金项目”，由著名经济学家陈佳贵、李扬领衔，联合数十家科研机构、国家部委和高等院校的专家共同撰写，其内容涉及宏观决策、财政金融、证券投资、工业调整、就业分配、对外贸易等一系列热点问题。本报告权威把脉中国经济 2012 年运行特征及 2013 年发展趋势。

世界经济黄皮书

2013 年世界经济形势分析与预测（赠阅读卡）

王洛林　张宇燕 / 主编　　2013 年 1 月出版　　估价 :59.00 元

◆　2012 年全球经济复苏步伐明显放缓，发达国家复苏动力不足，主权债务危机的升级以及长期的低利率也大大压缩了财政与货币政策调控的空间。本书围绕因此而来的国际金融市场震荡频发、国际贸易与投资增长乏力等经济问题对世界经济进行了分析展望。

国家竞争力蓝皮书

中国国家竞争力报告 No.2（赠阅读卡）

倪鹏飞 / 主编　　2013 年 4 月出版　　估价 :69.00 元

◆　本书运用有关竞争力的最新经济学理论，选取全球 100 个主要国家，在理论研究和计量分析的基础上，对全球国家竞争力进行了比较分析，并以这 100 个国家为参照系，指明了中国的位置和竞争环境，为研究中国的国家竞争力地位、制定全球竞争战略提供参考。

城市竞争力蓝皮书

中国城市竞争力报告 No.11（赠阅读卡）

倪鹏飞 / 主编　　2013 年 5 月出版　　估价 :69.00 元

◆　本书由中国社会科学院城市与竞争力中心主任倪鹏飞主持编写，汇集了众多研究城市经济问题的专家学者关于城市竞争力研究的最新成果。本报告构建了一套科学的城市竞争力评价指标体系，采用第一手数据材料，对国内重点城市年度竞争力格局变化进行客观分析和综合比较、排名，对研究城市经济及城市竞争力极具参考价值。

城市蓝皮书

中国城市发展报告 No.6（赠阅读卡）

潘家华　魏后凯 / 主编　　2013 年 8 月出版　　估价 :59.00 元

◆　本书由中国社会科学院城市发展与环境研究所主编，以聚焦新时期中国城市发展中的民生问题为主题，紧密联系现阶段中国城镇化发展的客观要求，回顾总结中国城镇化进程中城市民生改善的主要成效，并对城市发展中的各种民生问题进行全面剖析，在此基础上提出了民生优先的城市发展思路，以及改善城市民生的对策建议。

农村绿皮书

中国农村经济形势分析与预测 (2012~2013)（赠阅读卡）

中国社会科学院农村发展研究所　国家统计局农村社会经济调查司 / 著

2013 年 4 月出版　　估价 ：59.00 元

◆　本书对 2012 年中国农业和农村经济运行情况进行了系统的分析和评价，对 2013 年中国农业和农村经济发展趋势进行了预测，并提出相应的政策建议，专题部分将围绕某个重大的理论和现实问题进行多维、深入、细致的分析和探讨。

西部蓝皮书

中国西部经济发展报告 (2013)（赠阅读卡）

姚慧琴　徐璋勇 / 主编　　2013 年 7 月出版　　估价 :69.00 元

◆　本书由西北大学中国西部经济发展研究中心主编，汇集了源自西部本土以及国内研究西部问题的权威专家的第一手资料，对国家实施西部大开发战略进行年度动态跟踪，并对 2013 年西部经济、社会发展态势进行预测和展望。

宏观经济蓝皮书

中国经济增长报告 (2012~2013)（赠阅读卡）

张　平　刘霞辉 / 主编　　2013 年 7 月出版　　估价 :69.00 元

◆　本书由中国社会科学院经济研究所组织编写，独创了中国各省（区、市）发展前景评价体系，通过产出效率、经济结构、经济稳定、产出消耗、增长潜力等近 60 个指标对中国各省（区、市）发展前景进行客观评价，并就“十二五”时期中国经济面临的主要问题进行全面分析。

经济蓝皮书春季号

中国经济前景分析——2013 年春季报告（赠阅读卡）

陈佳贵　李　扬 / 主编　　2013 年 5 月出版　　估价：59.00 元

◆　本书是经济蓝皮书的姊妹篇，是中国社会科学院“中国经济形势分析与预测”课题组推出的又一重磅作品，在模型模拟与实证分析的基础上，从我国面临的国内外环境入手，对 2013 年春季及全年经济全局及工业、农业、财政、金融、外贸、就业等热点问题进行多角度考察与研究，并提出政策建议，具有较强的实用性、科学性和前瞻性。

就业蓝皮书

2013 年中国大学生就业报告（赠阅读卡）

麦可思研究院 / 主编　王伯庆 / 主审　2013 年 6 月出版　估价 :98.00 元

◆　大学生就业是社会关注的热点和难点，本书是在麦可思研究院“中国 2010 届大学毕业生求职与工作能力调查”数据的基础上，由麦可思公司与西南财经大学共同完成的 2013 年度大学毕业生就业及重点产业人才分析报告。

国际城市蓝皮书

国际城市发展报告 (2013)（赠阅读卡）

屠启宇 / 主编　　2013 年 1 月出版　　估价 :69.00 元

◆　国际城市蓝皮书是由上海社会科学院城市与区域研究中心主办、世界经济研究所国际政治经济学研究室协办的关于国际城市发展动态的年度报告，力求为中国城市发展的决策者、操作者、研究者和关注者把握与借鉴国际城市发展动态、规律和实践，提供及时、全面、权威的解读。

社会政法类

社会政法类皮书聚焦社会发展领域的热点、难点问题，
提供权威、原创的资讯与视点

社会蓝皮书

2013 年中国社会形势分析与预测（赠阅读卡）

汝　信　陆学艺　李培林 / 主编　2012 年 12 月出版　估价：59.00 元

◆　本书为中国社会科学院核心学术品牌之一，荟萃中国社会科学院等众多学术单位的原创成果。本年度报告结合中共“十八大”会议精神，深入探讨中国迈向更加公平、公正的全面小康社会的路径。

法治蓝皮书

中国法治发展报告 No.11(2013)（赠阅读卡）

李　林 / 主编　　2013 年 3 月出版　　估价 :85.00 元

◆　本书是中国社会科学院法学研究所精心打造的年度报告。在多篇法治国情调研报告中，着力分析中国在立法、依法行政、预防与惩治腐败等方面的进展，并提出原创性箴言。

教育蓝皮书

中国教育发展报告 (2013)（赠阅读卡）

杨东平 / 主编　　2013 年 3 月出版　　估价：59.00 元

◆　本书由著名教育学家杨东平担任主编，直面当前教育改革中出现的教育公平、高校教育结构调整、义务教育均衡发展、学校布局调整与校车系统建设等热点、难点问题，提供极具价值的学者建言。

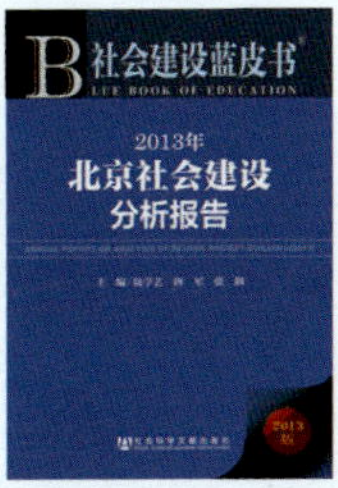

社会建设蓝皮书

2013 年北京社会建设分析报告（赠阅读卡）

陆学艺　唐　军　张　荆 / 主编　2013 年 5 月出版　估价 :69.00 元

◆　本书由著名社会学家陆学艺领衔主编，依据社会学理论框架和分析方法，对北京市的人口、就业、分配、社会阶层以及城乡关系等社会学基本问题进行了广泛调研与分析，对广受社会关注的住房、教育、医疗、养老、交通等社会热点问题做了深刻了解与剖析，对日益显现的征地搬迁、外籍人口管理、群体性心理障碍等进行了有益探讨。

政治参与蓝皮书

中国政治参与报告 (2013)（赠阅读卡）

房　宁 / 主编　2013 年 7 月出版　估价：58.00 元

◆　本书是国内第一本运用社会科学数据对“中国公民政策参考”进行持续研究的年度报告，依据全国性问卷调查数据，对中国公民的政策参与客观状况和政策参与主观状况作了总体说明，并对不同性别、不同年龄、不同学历、不同政治面貌、不同职业、不同区域、不同收入的公民群体的政策参与客观状况和主观状况作了具体说明。

社会心态蓝皮书

中国社会心态研究报告（2012~2013）（赠阅读卡）

王俊秀　杨宜音 / 主编　2012 年 12 月出版　估价 :59.00 元

◆　本书由中国社会科学院社会学研究所社会心理研究中心编撰，从社会感受、价值观念、行为倾向等方面对于生活压力感、社会支持感、经济变动感受、微博使用行为、心理危机干预等问题，用社会心理学、社会学、经济学、传播学等多种学科的方法角度进行了调查和研究，深入揭示了我国社会心态状况。

城乡统筹蓝皮书

中国城乡统筹发展报告（2013）（赠阅读卡）

程志强　潘晨光 / 主编　2013 年 3 月出版　估价 :59.00 元

◆　全书客观地总结了各地城乡统筹发展进程中的经验，详细论述了统筹城乡经济社会发展的理论基础，从多个角度对新时期加快我国城乡统筹发展进程进行了深入的研究与探讨。

环境绿皮书

中国环境发展报告(2013)（赠阅读卡）

杨东平 / 主编　　2013 年 4 月出版　　估价 :69.00 元

◆　本书由民间环保组织“自然之友”组织编写，由特别关注、生态保护、宜居城市、可持续消费以及政策与治理等版块构成，以公共利益的视角记录、审视和思考中国环境状况，呈现 2013 年中国环境与可持续发展领域的全局态势，用深刻的思考、科学的数据分析 2012 年的环境热点事件。

环境竞争力绿皮书

中国省域环境竞争力发展报告(2010 ～ 2012)（赠阅读卡）

李建平　李闽榕　王金南 / 主编　　2013 年 3 月出版　　估价 :148.00 元

◆　本报告融马克思主义经济学、环境科学、生态学、统计学、计量经济学和人文地理学等理论和方法为一体，充分运用数理分析、空间分析以及规范分析与实证分析相结合的方法，构建了比较科学完善、符合中国国情的环境竞争力指标评价体系，对中国内地 31 个省级区域的环境竞争力进行全面、深入的比较分析和评价。

反腐倡廉蓝皮书

中国反腐倡廉建设报告 No.3（赠阅读卡）

李秋芳 / 主编　　2013 年 8 月出版　　估价：59.00 元

◆　本书从“惩治与专项治理、多主体综合监督、公共权力规制、公共资金资源资产监管、公职人员诚信管理、社会廉洁文化建设”六个方面对全国反腐倡廉建设进程与效果进行了综述，结合实地调研和问卷调查，反映了社会公众关注的难点焦点问题，并从理念和举措上提出建议。

行业报告类

行业报告类皮书立足重点行业、新兴行业领域，
提供及时、前瞻的数据与信息

金融蓝皮书

中国金融发展报告(2013)（赠阅读卡）

李　扬　王国刚 / 主编　2012 年 12 月出版　　估价：59.00 元

◆　本书由中国社会科学院金融研究所主编，对 2012 年中国金融业总体发展状况进行回顾和分析，聚焦国际及国内金融形势的新变化，解析中国货币政策、银行业、保险业和证券期货业的发展状况，预测中国金融发展的最新动态，包括投资基金、保险业发展和金融监管等。

房地产蓝皮书

中国房地产发展报告 No.10（赠阅读卡）

潘家华　李景国 / 主编　　2013 年 5 月出版　　估价 :69.00 元

◆　本书由中国社会科学院城市发展与环境研究所组织编写，秉承客观公正、科学中立的原则，深度解析 2012 年中国房地产发展的形势和存在的主要矛盾，并预测 2013 年中国房价走势及房地产市场发展大势。观点精辟，数据翔实，对关注房地产市场的各阶层人士极具参考价值。

住房绿皮书

中国住房发展报告(2012~2013)（赠阅读卡）

倪鹏飞 / 主编　　2012 年 12 月出版　　估价 :69.00 元

◆　本书从宏观背景、市场体系和公共政策等方面，对中国住房市场作全面系统的分析、预测与评价。在评述 2012 年住房市场走势的基础上，预测 2013 年中国住房市场的发展变化；通过构建中国住房指数体系，量化评估住房市场各关键领域的发展状况；剖析中国住房市场发展所面临的主要问题与挑战，并给出政策建议。

旅游绿皮书

2013 年中国旅游发展分析与预测（赠阅读卡）

张广瑞　刘德谦　宋　瑞 / 主编　2013 年 5 月出版　　估价 :69.00 元

◆　本书由中国社会科学院旅游研究中心组织编写，从 2012 年国内外发展环境入手，深度剖析 20112 年我国旅游业的跌宕起伏以及背后错综复杂的影响因素，聚焦旅游相关行业的运行特征以及相关政策实施，对旅游发展的热点问题给出颇具见地的分析，并提出促进我国旅游业发展的对策建议。

产业蓝皮书

中国产业竞争力报告（2013）No.3（赠阅读卡）

张其仔 / 主编　2013 年 12 月出版　　估价 :79.00 元

◆　本书对中国产业竞争力的最新变化进行了系统分析，对 2012 年中国产业竞争力的走势进行了展望，对各省、56 个地区和 44 个园区的产业国际竞争力进行了评估，是了解中国产业竞争力、各地产业竞争力最新变化的支撑平台。

能源蓝皮书

中国能源发展报告 (2013)（赠阅读卡）

崔民选 / 主编　2013 年 7 月出版　　估价 :79.00 元

◆　本书结合中国经济面临转型的新形势，着眼于构建安全稳定、经济清洁的现代能源产业体系，盘点 2012 年中国能源行业的运行和发展走势，对 2012 年我国能源产业和各行业的运行特征、热点问题进行了深度剖析，并提出了未来趋势预测和对策建议。

文化传媒类

文化传媒类皮书透视文化领域、文化产业，
探索文化大繁荣、大发展的路径

文化蓝皮书

中国文化产业发展报告 (2012~2013)（赠阅读卡）

张晓明　胡惠林　章建刚 / 主编　2013 年 1 月出版　估价 :59.00 元

◆　本书是由中国社会科学院文化研究中心和文化部、上海交通大学共同编写的第 10 本中国文化产业年度报告。 内容涵盖了我国文化产业分析及政策分析，既有对 2012 年文化产业发展形势的评估，又有对 2013 年发展趋势的预测；既有对全国文化产业宏观形势的评估，又有对文化产业内各行业的权威年度报告。

传媒蓝皮书

2013 年：中国传媒产业发展报告（赠阅读卡）

崔保国 / 主编　　2013 年 4 月出版　　估价 :69.00 元

◆　本书云集了清华大学、人民大学等众多权威机构的知名学者，对 2012 年中国传媒产业发展进行全面分析。剖析传统媒体转型过程中，中国传媒界的思索与实践；立足全球传媒产业发展现状，探索我国传媒产业向支柱产业发展面临的路径；并为提升国际传播能力提供前瞻性研究与观点。

新媒体蓝皮书

中国新媒体发展报告 (2013)No.4（赠阅读卡）

尹韵公 / 主编　　2013 年 5 月出版　　估价 :69.00 元

◆　本书由中国社会科学院新闻与传播研究所和上海大学合作编写，在构建新媒体发展研究基本框架的基础上，全面梳理 2012 年中国新媒体发展现状，发表最前沿的网络媒体深度调查数据和研究成果，并对新媒体发展的未来趋势做出预测。

国别与地区类

国别与地区类皮书关注全球重点国家与地区，
提供全面、独特的解读与研究

国际形势黄皮书

全球政治与安全报告(2013)(赠阅读卡)

李慎明　张宇燕 / 主编　　2012 年 12 月出版　　估价 :59.00 元

◆　本书是由中国社会科学院世界经济与政治研究所精心打造的又一品牌皮书，关注时下国际关系发展动向里隐藏的中长期趋势，剖析全球政治与安全格局下的国际形势最新动向以及国际关系发展的热点问题，并对 2013 年国际社会重大动态作出前瞻性的分析与预测。

美国蓝皮书

美国问题研究报告(2013)(赠阅读卡)

黄　平　倪　峰 / 主编　　2013 年 6 月出版　　估价 :69.00 元

◆　本书由中华美国学会和中国社会科学院美国研究所组织编写，从美国内政、外交、中美关系等角度系统论述 2013 年美国政治经济发展情况，既有对美国当今实力、地位的宏观分析，也有对美国近年来内政、外交政策的微观考察，对观察和研究美国及中美关系具有较强的参考作用。

欧洲蓝皮书

欧洲发展报告(2012~2013)(赠阅读卡)

周　弘 / 主编　　2013 年 3 月出版　　估价 :79.00 元

◆　欧洲长期积累的财政和债务问题，终于在世界金融危机的冲击下转变成主权债务危机。在采取紧急应对危机举措的同时，欧盟还提出一系列经济治理方案。正当欧盟内部为保卫欧元而苦苦奋战之时，欧盟却在对外战线上成功地完成对利比亚的一场战争。关注欧洲蓝皮书，关注欧盟局势。

地方发展类

地方发展类皮书关注大陆各省份、经济区域，
提供科学、多元的预判与咨政信息

北京蓝皮书

北京经济发展报告（2012~2013）（赠阅读卡）

赵　弘 / 主编　　2013 年 5 月出版　　估价：59.00 元

◆　本书是北京市社会科学院紧紧围绕北京市年度经济社会发展的目标，突出对北京市经济社会发展带全局性、战略性、倾向性的重点、热点、难点问题进行分析和预测的综合研究成果。

北京蓝皮书

北京社会发展报告（2012~2013）（赠阅读卡）

戴建中 / 主编　　2013 年 6 月出版　估价：59.00 元

◆　本书研创团队以北京市社会科学院研究人员为主，同时邀请北京市党政机关和大学的专家学者参加。本书为北京市政策制定和执行提供了依据和思路，为了解中国首都的社会现状贡献了丰富的资料和解说，具有一定的影响力，因关注热点社会问题在社会上引起人们的关注。

上海蓝皮书

上海经济发展报告（2013）（赠阅读卡）

沈开艳 / 主编　　2013 年 1 月出版　　估价 :59.00 元

◆　本书围绕上海如何实现经济转型问题展开，通过对复苏缓慢的国际经济大环境、趋于紧缩的国内宏观经济背景的深入分析，认为上海迫切需要解决而又密切相关的现实问题是“增长动力转型”与“产业发展转型”两大核心。

上海蓝皮书

上海社会发展报告（2013）（赠阅读卡）

卢汉龙　周海旺 / 主编　2013 年 1 月出版　估价：59.00 元

◆　本书是上海蓝皮书系列之一种，围绕机制创新、社会政策、社会组织等方面，对上海近年来的社会热点问题进行了调研，在总结现有状况及成因的基础上，提出了一些建议与对策，关注了上海的主要社会问题，可为决策层制订相关政策提供借鉴。

河南蓝皮书

河南经济发展报告（2013）（赠阅读卡）

喻新安 / 主编　2013 年 1 月出版　估价：59.00 元

◆　本书由河南省社会科学院主持编撰，以中原经济区“三化”协调科学发展为主题，深入全面地分析了当前河南经济发展的主要特点以及 2012 年的走势，全方位、多角度研究和探讨了河南探索“三化”协调发展的举措及成效，并对河南积极构建中原经济区建设提出了对策建议。

甘肃蓝皮书

甘肃省经济发展分析与预测（2013）（赠阅读卡）

朱智文　罗　哲 / 主编　2012 年 12 月出版　估价：69.00 元

◆　本书是近年来甘肃经济社会发展的年度综合性研究成果之一，是对不同时期甘肃省实现区域创新和改革开放的年度总结。全书以特有的方式将经济运行情况、预测分析、政策建议三者结合起来，在科学分析经济发展形势的基础上为甘肃未来经济发展做出了科学预测及提出政策建议。

经济类

城市竞争力蓝皮书
中国城市竞争力报告No.11
著(编)者:倪鹏飞　2013年5月出版 / 估价:69.00元

城市蓝皮书
中国城市发展报告NO.6
著(编)者:潘家华 魏后凯　2013年8月出版 / 估价:59.00元

城乡统筹蓝皮书
中国城乡统筹发展报告(2013)
著(编)者:程志强、潘晨光　2013年3月出版 / 估价:59.00元

城乡一体化蓝皮书
中国城乡一体化发展报告（2013）
著(编)者:汝　信　付崇兰　2013年8月出版 / 估价:59.00元

低碳发展蓝皮书
中国低碳发展报告（2012~2013）
著(编)者:齐　晔　2013年7月出版 / 估价:69.00元

低碳经济蓝皮书
中国低碳经济发展报告(2013)
著(编)者:薛进军　赵忠秀　2013年7月出版 / 估价:98.00元

东北蓝皮书
中国东北地区发展报告（2013）
著(编)者:张新颖　2013年8月出版 / 估价:79.00元

发展和改革蓝皮书
中国经济发展和体制改革报告No.6
著(编)者:邹东涛　2013年7月出版 / 估价:75.00元

国际城市蓝皮书
国际城市发展报告（2013）
著(编)者:屠启宇　2013年1月出版 / 估价:69.00元

国家竞争力蓝皮书
中国国家竞争力报告No.2
著(编)者:倪鹏飞　2013年4月出版 / 估价:69.00元

宏观经济蓝皮书
中国经济增长报告（2012~2013）
著(编)者:张　平　刘霞辉　2013年7月出版 / 估价:69.00元

减贫蓝皮书
中国减贫与社会发展报告
著(编)者:黄承伟　2013年7月出版 / 估价:59.00元

金融蓝皮书
中国金融发展报告（2013）
著(编)者:李　扬　王国刚　2012年12月出版 / 估价:59.00元

经济蓝皮书
2013年中国经济形势分析与预测
著(编)者:陈佳贵　李　扬　2012年12月出版 / 估价:59.00元

经济蓝皮书春季号
中国经济前景分析——2013年春季报告
著(编)者:陈佳贵　李　扬　2013年5月出版 / 估价:59.00元

经济信息绿皮书
中国与世界经济发展报告（2013）
著(编)者:王长胜　2012年12月出版 / 估价:69.00元

就业蓝皮书
2013年中国大学生就业报告
著(编)者:麦可思研究院　王伯庆　2013年6月出版 / 估价:98.00元

民营经济蓝皮书
中国民营经济发展报告No.10（2012～2013）
著(编)者:黄孟复　2013年9月出版 / 估价:69.00元

农村绿皮书
中国农村经济形势分析与预测（2012~2013）
著(编)者:中国社会科学院农村发展研究所
国家统计局农村社会经济调查司
2013年4月出版 / 估价:59.00元

企业公民蓝皮书
中国企业公民报告NO.3
著(编)者:邹东涛　2013年7月出版 / 估价:59.00元

企业社会责任蓝皮书
中国企业社会责任研究报告（2013）
著(编)者:陈佳贵　黄群慧　彭华岗　钟宏武
2012年11月出版 / 估价:59.00元

区域蓝皮书
中国区域经济发展报告(2012~2013)
著(编)者:戚本超　景体华　2013年4月出版 / 估价:69.00元

人口与劳动绿皮书
中国人口与劳动问题报告No.14
著(编)者:蔡　昉　2013年6月出版 / 估价:69.00元

生态城市绿皮书
中国生态城市建设发展报告（2013）
著(编)者:李景源　孙伟平　刘举科　2013年3月出版 / 估价:128.00元

西北蓝皮书
中国西北发展报告（2013）
著(编)者:杨尚勤 石　英 王建康　2013年3月出版 / 估价:65.00元

西部蓝皮书
中国西部发展报告（2013）
著(编)者:姚慧琴 徐璋勇　2013年7月出版 / 估价:69.00元

长三角蓝皮书
全球格局变化中的长三角
著(编)者:王　战　2013年6月出版 / 估价:69.00元

中部竞争力蓝皮书
中国中部经济社会竞争力报告（2013）
著(编)者:教育部人文社会科学重点研究基地
南昌大学中国中部经济社会发展研究中心
2013年10月出版 / 估价:59.00元

中部蓝皮书
中国中部地区发展报告（2013~2014）
著(编)者:喻新安　2013年10月出版 / 估价:59.00元

中国省域竞争力蓝皮书
中国省域经济综合竞争力发展报告（2012~2013）
著(编)者:李建平　李闽榕　高燕京
2013年3月出版 / 估价:198.00元

中小城市绿皮书
中国中小城市发展报告（2013）
著(编)者:中国城市经济学会中小城市经济发展委员会
《中国中小城市发展报告》编纂委员会
2013年8月出版 / 估价:98.00元

珠三角流通蓝皮书
珠三角流通业发展报告(2013)
著(编)者:王先庆　林至颖　2013年8月出版 / 估价:69.00元

社会政法类

殡葬绿皮书
中国殡葬事业发展报告（2013）
著(编)者:朱　勇　李伯森　2013年3月出版 / 估价: 59.00元

城市生活质量蓝皮书
中国城市生活质量指数报告（2013）
著(编)者:张　平　2013年7月出版 / 估价:59.00元

创新蓝皮书
创新型国家建设报告（2012~2013）
著(编)者:詹正茂 2013年7月出版 / 估价: 69.00元

慈善蓝皮书
中国慈善发展报告（2013）
著(编)者:杨　团　2013年7月出版 / 估价:69.00元

法治蓝皮书
中国法治发展报告No.11（2013）
著(编)者:李　林　2013年3月出版 / 估价:85.00元

反腐倡廉蓝皮书
中国反腐倡廉建设报告No.3
著(编)者:李秋芳　2013年8月出版 / 估价:59.00元

非传统安全蓝皮书
中国非传统安全研究报告（2012~2013）
著(编)者:余潇枫　2013年7月出版 / 估价:69.00元

妇女发展蓝皮书
福建省妇女发展报告（2013）
著(编)者:刘群英　2013年10月出版 / 估价:58.00元

妇女发展蓝皮书
中国妇女发展报告No.5
著(编)者:王金玲　高小贤　2013年5月出版 / 估价:65.00元

妇女教育蓝皮书
中国妇女教育发展报告No.3
著(编)者:张李玺　2013年10月出版 / 估价:69.00元

公共服务蓝皮书
中国城市基本公共服务力评价（2012~2013）
著(编)者:侯惠勤　辛向阳　易定宏　出版 / 估价:55.00元

公益蓝皮书
中国公益发展报告（2013）
著(编)者:朱健刚　2013年5月出版 / 估价:78.00元

国际人才蓝皮书
中国海归创业发展报告（2013）No.2
著(编)者:王辉耀　路江涌　2013年6月出版 / 估价:69.00元

国际人才蓝皮书
中国留学发展报告（2013） No.2
著(编)者:王辉耀　2013年8月出版 / 估价:59.00元

行政改革蓝皮书
中国行政体制改革报告(2013)No.3
著(编)者:魏礼群　2013年3月出版 / 估价:69.00元

华侨华人蓝皮书
华侨华人研究报告(2013)
著(编)者:丘　进　2013年5月出版 / 估价:128.00元

环境竞争力绿皮书
中国省域环境竞争力发展报告（2011～2012）
著(编)者:李建平　李闽榕　王金南
2013年3月出版 / 估价:148.00元

环境绿皮书
中国环境发展报告（2013）
著(编)者:杨东平　2013年4月出版 / 估价:69.00元

教师蓝皮书
中国中小学教师发展报告（2013）
著(编)者:曾晓东　2013年3月出版 / 估价:59.00元

教育蓝皮书
中国教育发展报告（2013）
著(编)者:杨东平　2013年2月出版 / 估价:59.00元

金融监管蓝皮书
中国金融监管报告2013
著(编)者:胡　滨　2013年5月出版 / 估价:59.00元

科普蓝皮书
中国科普基础设施发展报告（2013）
著(编)者:任福君　2013年4月出版 / 估价:79.00元

口腔健康蓝皮书
中国口腔健康发展报告（2013）
著(编)者:胡德渝　2013年12月出版 / 估价:59.00元

老龄蓝皮书
中国老龄事业发展报告（2013）
著(编)者:吴玉韶　2013年4月出版 / 估价:59.00元

民间组织蓝皮书
中国民间组织报告(2012~2013)
著(编)者:黄晓勇　2013年4月出版 / 估价:69.00元

民族蓝皮书
中国民族区域自治发展报告(2013)
著(编)者:郝时远　2013年7月出版 / 估价:98.00元

女性生活蓝皮书
中国女性生活状况报告No.7（2013）
著(编)者:韩湘景　2013年10月出版 / 估价:78.00元

气候变化绿皮书
应对气候变化报告（2013）
著(编)者:王伟光　郑国光　2013年11月出版 / 估价:59.00元

汽车社会蓝皮书
中国汽车社会发展报告（2013）
著(编)者:王俊秀　2013年6月出版 / 估价:59.00元

青少年蓝皮书
中国未成年人新媒体运用报告（2012~2013）
著(编)者:李文革　沈　杰　季为民
2013年7月出版 / 估价:69.00元

人才竞争力蓝皮书
中国区域人才竞争力报告（2013）
著(编)者:桂昭明　王辉耀　2013年2月出版 / 估价:69.00元

人才蓝皮书
中国人才发展报告（2013）
著(编)者:潘晨光　2013年8月出版 / 估价:79.00元

人权蓝皮书
中国人权事业发展报告No.3（2013）
著(编)者:李君如　2013年11月出版 / 估价:98.00元

社会保障绿皮书
中国社会保障发展报告（2013）No.6
著(编)者:王延中　2013年4月出版 / 估价:69.00元

社会工作蓝皮书
中国社会工作发展报告（2012~2013）
著(编)者:蒋昆生　戚学森　2013年7月出版 / 估价:59.00元

社会管理蓝皮书
中国社会管理创新报告No.2
著(编)者:连玉明　2013年9月出版 / 估价:79.00元

社会建设蓝皮书
2013年北京社会建设分析报告
著(编)者:陆学艺　唐　军　张　荆
2013年5月出版 / 估价:69.00元

社会科学蓝皮书
中国社会科学学术前沿（2012~2013）
著(编)者:高　翔　2013年9月出版 / 估价:69.00元

社会蓝皮书
2013年中国社会形势分析与预测
著(编)者:汝　信　陆学艺　李培林
2012年12月出版 / 估价:59.00元

社会心态蓝皮书
中国社会心态研究报告（2012~2013）
著(编)者:王俊秀　杨宜音　2012年12出版 / 估价:59.00元

生态文明绿皮书
中国省域生态文明建设评价报告（2013）
著(编)者:严　耕　2013年10月出版 / 估价:98.00元

食品药品蓝皮书
食品药品安全与监管政策研究报告（2013）
著(编)者:唐民皓　2013年6月出版 / 估价:69.00元

世界创新竞争力黄皮书
世界创新竞争力发展报告（2012~2013）
著(编)者:李建平　李闽榕　赵新力
2013年11月出版 / 估价:79.00元

世界社会主义黄皮书
世界社会主义跟踪研究报告（2012~2013）
著(编)者:李慎明　2013年3月出版 / 估价:99.00元

危机管理蓝皮书
中国危机管理报告（2013）
著(编)者:文学国　范正青　2013年12月出版 / 估价:79.00元

小康蓝皮书
中国全面建设小康社会监测报告（2013）
著(编)者:潘　璠　2013年11月出版 / 估价:59.00元

形象危机应对蓝皮书
形象危机应对研究报告（2013）
著(编)者:唐　钧　2013年9月出版 / 估价:118.00元

舆情蓝皮书
中国社会舆情与危机管理报告（2013）
著(编)者:谢耘耕　2013年8月出版 / 估价:78.00元

政治参与蓝皮书
中国政治参与报告（2013）
著(编)者:房　宁　2013年7月出版 / 估价:58.00元

宗教蓝皮书
中国宗教报告（2013）
著(编)者:金　泽　邱永辉　2013年7月出版 / 估价:59.00元

行业报告类

保健蓝皮书
中国保健服务产业发展报告No.2
著(编)者:中国保健协会　中共中央党校
2013年7月出版 / 估价:198.00元

保健蓝皮书
中国保健食品产业发展报告No.2
著(编)者:中国保健协会
　　中国社会科学院食品药品产业发展与监管研究中心
2013年3月出版 / 估价:198.00元

保健蓝皮书
中国保健用品产业发展报告No.2
著(编)者:中国保健协会　2013年3月出版 / 估价:198.00元

保险蓝皮书
中国保险业竞争力报告（2013）
著(编)者:罗忠敏　2013年7月出版 / 估价:89.00元

餐饮产业蓝皮书
中国餐饮产业发展报告（2013）
著(编)者:中国烹饪协会　中国社会科学院财经战略研究院
2013年5月出版 / 估价:60.00元

测绘地理信息蓝皮书
中国地理信息产业发展报告（2013）
著(编)者:徐德明　2013年12月出版 / 估价:98.00元

茶业蓝皮书
中国茶产业发展报告 (2013)
著(编)者:李闽榕　杨江帆　2013年11月出版 / 估价:79.00元

产权市场蓝皮书
中国产权市场发展报告（2012~2013）
著(编)者:曹和平　2013年12月出版 / 估价:69.00元

产业安全蓝皮书
中国保险产业安全报告(2013)
著(编)者:李孟刚　2013年10月出版 / 估价:59.00元

产业安全蓝皮书
中国产业外资控制报告(2012~2013)
著(编)者:李孟刚　2013年10月出版 / 估价:69.00元

产业安全蓝皮书
中国金融产业安全报告（2013）
著(编)者:李孟刚　2013年10月出版 / 估价:69.00元

产业安全蓝皮书
中国轻工业发展与安全报告（2013）
著(编)者:李孟刚　2013年10月出版 / 估价:69.00元

产业安全蓝皮书
中国私募股权产业安全与发展报告（2013）
著(编)者:李孟刚　2013年10月出版 / 估价:59.00元

产业安全蓝皮书
中国新能源产业发展与安全报告2013
著(编)者:北京交通大学中国产业安全研究中心
2013年3月出版 / 估价:69.00元

产业安全蓝皮书
中国能源产业安全报告2013
著(编)者:北京交通大学中国产业安全研究中心
2013年3月出版 / 估价:69.00元

产业安全蓝皮书
中国海洋产业安全报告2012-2013
著(编)者:北京交通大学中国产业安全研究中心
2013年3月出版 / 估价:59.00元

产业蓝皮书
中国产业竞争力报告（2013） NO.3
著(编)者:张其仔　2013年12月出版 / 估价:79.00元

电子商务蓝皮书
中国城市电子商务影响力报告（2013）
著(编)者:荆林波　2013年5月出版 / 估价:69.00元

电子政务蓝皮书
中国电子政务发展报告(2013)
著(编)者:洪　毅　王长胜　2013年9月出版 / 估价:59.00元

杜仲产业绿皮书
中国杜仲种植与产业发展报告(2013)
著(编)者:胡文臻　杜红岩　2013年8月出版 / 估价:78.00元

房地产蓝皮书
中国房地产发展报告No.10
著(编)者:魏后凯　李景国　2013年5月出版 / 估价:69.00元

服务外包蓝皮书
中国服务外包发展报告(2012~2013)
著(编)者:王　力　刘春生　黄育华
2013年9月出版 / 估价:89.00元

工业设计蓝皮书
中国工业设计发展报告（2013）
著(编)者:王晓红　2013年7月出版 / 估价: 69.00元

会展经济蓝皮书
中国会展经济发展报告（2013）
著(编)者:过聚荣　2013年4月出版 / 估价:65.00元

会展蓝皮书
中外会展业动态评估年度报告（2013）
著(编)者:张 敏 2013年8月出版 / 估价:68.00元

基金会蓝皮书
中国基金会发展报告（2013）
著(编)者:刘忠祥 2013年7月出版 / 估价:79.00元

基金会绿皮书
中国基金会发展独立研究报告（2013 ）
著(编)者:基金会中心网 2013年11月出版 / 估价:49.00元

交通运输蓝皮书
中国交通运输业发展报告(2013)
著(编)者:崔民选 王军生 2013年6月出版 / 估价:69.00元

金融蓝皮书
中国金融发展报告(2013)
著(编)者:李 扬 王国刚 2012年12月出版 / 估价:59.00元

金融蓝皮书
中国金融中心发展报告(2012~2013)
著(编)者:王 力 黄育华 2013年10出版 / 估价:59.00元

金融蓝皮书
中国商业银行竞争力报告（2013）
著(编)者:王松奇 2013年10月出版 / 估价:79.00元

金融监管蓝皮书
中国金融监管发展报告（2013）
著(编)者:胡 滨 2013年5月出版 / 估价:59.00元

科学传播蓝皮书
中国科学传播报告（2013）
著(编)者:詹正茂 2013年6月出版 / 估价:69.00元

口岸生态绿皮书
中国口岸地区生态文化发展报告No.1（2013）
著(编)者:胡文臻 刘 静 2013年8月出版 / 估价:78.00元

“老字号”蓝皮书
中国“老字号”企业发展报告No.3（2013）
著(编)者:张继焦 丁惠敏 黄忠彩
2013年10月出版 / 估价:69.00元

“两化”融合蓝皮书
中国“两化”融合发展报告（2013）
著(编)者:曹淑敏 工业和信息化部电信研究院
2013年8月出版 / 估价:98.00元

流通蓝皮书
湖南省商贸流通产业发展报告No.2
著(编)者:柳思维 2013年10月出版 / 估价:75.00元

流通蓝皮书
中国商业发展报告（2012~2013）
著(编)者:荆林波 2013年4月出版 / 估价:89.00元

旅游安全蓝皮书
中国旅游安全报告（2013）
著(编)者:郑向敏 谢朝武 2013年5月出版 / 估价:78.00元

旅游绿皮书
2013年中国旅游发展分析与预测
著(编)者:张广瑞 刘德谦 宋 瑞
2013年5月出版 / 估价:69.00元

贸易蓝皮书
中国贸易发展报告（2013）
著(编)者:荆林波 2013年5月出版 / 估价:49.00元

煤炭蓝皮书
中国煤炭工业发展报告No.5（2013）
著(编)者:岳福斌 2012年12月出版 / 估价:69.00元

煤炭市场蓝皮书
中国煤炭市场发展报告（2013）
著(编)者:曲剑午 2013年8月出版 / 估价:79.00元

民营医院蓝皮书
中国民营医院发展报告（2013）
著(编)者:陈绍福 王培舟 2013年9月出版 / 估价:89.00元

闽商蓝皮书
闽商发展报告（2013）
著(编)者:李闽榕 王日根 林 琛
2013年3月出版 / 估价:69.00元

能源蓝皮书
中国能源发展报告（2013）
著(编)者:崔民选 2013年7月出版 / 估价:79.00元

农产品流通蓝皮书
中国农产品流通产业发展报告(2013)
著(编)者:贾敬敦 王炳南 张玉玺 张鹏毅 陈丽华
2013年7月出版 / 估价:98.00元

期货蓝皮书
中国期货市场发展报告（2013）
著(编)者:荆林波 2013年7月出版 / 估价:69.00元

企业蓝皮书
中国企业竞争力报告（2013）
著(编)者:金 碚 2013年11月出版 / 估价:79.00元

汽车蓝皮书
中国汽车产业发展报告（2013）
著(编)者:国务院发展研究中心产业经济研究部
中国汽车工程学会 大众汽车集团（中国）
2013年7月出版 / 估价:79.00元

人力资源蓝皮书
中国人力资源发展报告（2012~2013）
著(编)者:吴 江 田小宝 2013年6月出版 / 估价:69.00元

软件和信息服务业蓝皮书
中国软件和信息服务业发展报告（2013）
著(编)者:洪京一　工业和信息化部电子科学技术情报研究所
2013年6月出版 / 估价:98.00元

商会蓝皮书
中国商会发展报告 No.5 （2013）
著(编)者:黄孟复　2013年8月出版 / 估价:59.00元

商品市场蓝皮书
中国商品市场发展报告（2013）
著(编)者:荆林波　2013年7月出版 / 估价:59.00元

私募市场蓝皮书
中国私募股权市场发展报告（2013）
著(编)者:曹和平　2013年10月出版 / 估价:69.00元

体育蓝皮书
中国体育产业发展报告（2012~2013）
著(编)者:江和平　张海潮　2013年5月出版 / 估价:69.00元

投资蓝皮书
中国投资发展报告（2013）
著(编)者:杨庆蔚　2013年3月出版 / 估价:79.00元

物联网蓝皮书
中国物联网发展报告（2013）
著(编)者:黄桂田　张全升　2013年10月出版 / 估价:80.00元

西部工业蓝皮书
中国西部工业发展报告（2013）
著(编)者:方行明　刘方健　姜　凌 等
2013年7月出版 / 估价:69.00元

西部金融蓝皮书
中国西部金融发展报告（2013）
著(编)者:李忠民　2013年10月出版 / 估价:69.00元

信息化蓝皮书
中国信息化形势分析与预测（2013）
著(编)者:周宏仁　2013年7月出版 / 估价:98.00元

休闲绿皮书
2013年中国休闲发展报告
著(编)者:刘德谦　唐　兵　宋　瑞
2013年5月出版 / 估价:59.00元

中国林业竞争力蓝皮书
中国省域林业竞争力发展报告No.3（2012~2013）（上下册）
著(编)者:郑传芳　李闽榕　张春霞　张会儒
2013年8月出版 / 估价:139.00元

中国农业竞争力蓝皮书
中国省域农业竞争力发展报告No.2（2010~2012）（上下册）
著(编)者:郑传芳　宋洪远　李闽榕　张春霞
2013年7月出版 / 估价:128.00元

中国总部经济蓝皮书
中国总部经济发展报告（2013~2014）
著(编)者:赵　弘　2013年9月出版 / 估价:69.00元

住房绿皮书
中国住房发展报告（2012~2013）
著(编)者:倪鹏飞　2012年12月出版 / 估价:69.00元

资本市场蓝皮书
中国场外交易市场发展报告(2012~2013)
著(编)者:高　峦　2013年2月出版 / 估价:79.00元

文化传媒类

传媒蓝皮书
2013年：中国传媒产业发展报告
著(编)者:崔保国　2013年4月出版 / 估价:69.00元

创意城市蓝皮书
北京文化创意产业发展报告（2013）
著(编)者:张京成 王国华　2013年3月出版 / 估价:69.00元

创意城市蓝皮书
青岛文化创意产业发展报告（2013）
著(编)者:马　达　2013年5月出版 / 估价:69.00元

动漫蓝皮书
中国动漫产业发展报告（2013）
著(编)者:卢　斌　郑玉明　牛兴侦
2013年4月出版 / 估价:69.00元

广电蓝皮书
中国广播电影电视发展报告（2013）
著(编)者:庞井君　2013年6月出版 / 估价:88.00元

广告主蓝皮书
中国广告主营销传播趋势报告N0.8
著(编)者:中国传媒大学广告主研究所
中国广告主营销传播创新研究课题组
黄升民　杜国清　邵华冬
2013年11月出版 / 估价:98.00元

纪录片蓝皮书
中国纪录片发展报告（2013）
著(编)者:何苏六　2013年10月出版 / 估价:78.00元

两岸文化蓝皮书
两岸文化产业合作发展报告（2013）
著(编)者:胡惠林　肖夏勇　2013年7月出版 / 估价:59.00元

全球传媒蓝皮书
全球传媒产业发展报告（2013）
著(编)者:胡正荣　2013年1月出版 / 估价:79.00元

视听新媒体蓝皮书
中国视听新媒体发展报告（2013）
著(编)者:庞井君　2013年6月出版 / 估价:69.00元

文化创新蓝皮书
中国文化创新报告（2013）No.4
著(编)者:于　平　傅才武
2013年7月出版 / 估价:79.00元

文化蓝皮书
中国文化产业发展报告（2012~2013）
著(编)者:张晓明　胡惠林　章建刚
2013年1月出版 / 估价:59.00元

文化蓝皮书
中国城镇文化消费需求景气评价报告（2013）
著(编)者:王亚南　2013年5月出版 / 估价:79.00元

文化蓝皮书
中国公共文化服务发展报告（2013）
著(编)者:于　群　李国新　2013年10月出版 / 估价:98.00元

文化蓝皮书
中国文化消费需求景气评价报告（2013）
著(编)者:王亚南　2013年6月出版 / 估价:79.00元

文化蓝皮书
中国乡村文化消费需求景气评价报告（2013）
著(编)者:王亚南　2013年6月出版 / 估价:79.00元

文化蓝皮书
中国中心城市文化消费需求景气评价报告（2013）
著(编)者:王亚南　2013年5月出版 / 估价:79.00元

文化品牌蓝皮书
中国文化品牌发展报告(2013)
著(编)者:欧阳友权　2013年6月出版 / 估价:75.00元

文化软实力蓝皮书
中国文化软实力研究报告（2013）
著(编)者:张国祚　2013年7月出版 / 估价:79.00元

文化遗产蓝皮书
中国文化遗产事业发展报告（2013）
著(编)者:刘世锦　2013年9月出版 / 估价:79.00元

文学蓝皮书
中国文情报告（2012~2013）
著(编)者:白　烨　2013年1月出版 / 估价:59.00元

新媒体蓝皮书
中国新媒体发展报告No.4（2013）
著(编)者:尹韵公　2013年5月出版 / 估价:69.00元

移动互联网蓝皮书
中国移动互联网发展报告（2013）
著(编)者:官建文　2013年4月出版 / 估价:79.00元

国别与地区类

G20国家创新竞争力黄皮书
二十国集团（G20）国家创新竞争力发展报告（2013）
著(编)者:李建平　李闽榕　赵新力
2013年12月出版 / 估价:118.00元

澳门蓝皮书
澳门经济社会发展报告（2012~2013）
著(编)者:郝雨凡　吴志良　2013年4月出版 / 估价:69.00元

德国蓝皮书
德国发展报告（2013）
著(编)者:李乐曾　郑春荣　2013年5月出版 / 估价:69.00元

东南亚蓝皮书
东南亚地区发展报告（2013）
著(编)者:王　勤　2013年11月出版 / 估价:59.00元

东盟蓝皮书
东盟发展报告（2013）
著(编)者:黄兴球　庄国土　2013年11月出版 / 估价:59.00元

俄罗斯黄皮书
俄罗斯发展报告（2013）
著(编)者:李永全　2013年9月出版 / 估价:69.00元

非洲黄皮书
非洲发展报告No.15(2012~2013)
著(编)者:张宏明　2013年7月出版 / 估价:79.00元

港澳珠三角蓝皮书
粤港澳区域合作与发展报告（2012~2013）
著(编)者:梁庆寅　陈广汉　2013年8月出版 / 估价:59.00元

国际形势黄皮书
全球政治与安全报告（2013）
著(编)者:李慎明　张宇燕　2012年12月出版 / 估价:59.00元

韩国蓝皮书
韩国发展报告（2013）
著(编)者:牛林杰　刘宝全　2013年6月出版 / 估价:69.00元

拉美黄皮书
拉丁美洲和加勒比发展报告（2012~2013）
著(编)者:吴白乙 2013年5月出版 / 估价:79.00元

美国蓝皮书
美国问题研究报告（2013）
著(编)者:黄 平 倪 峰 2013年6月出版 / 估价:69.00元

欧亚大陆桥发展蓝皮书
欧亚大陆桥发展报告（2012~2013）
著(编)者:李忠民 2013年10月出版 / 估价:59.00元

欧洲蓝皮书
欧洲发展报告（2012~2013）
著(编)者:周 弘 2013年3月出版 / 估价:79.00元

日本经济蓝皮书
日本经济与中日经贸关系发展报告（2013）
著(编)者:王洛林 张季风 2013年5月出版 / 估价:79.00元

日本蓝皮书
日本发展报告（2013）
著(编)者:李 薇 2013年5月出版 / 估价:59.00元

上海合作组织黄皮书
上海合作组织发展报告（2013）
著(编)者:李进峰 吴宏伟 2013年7月出版 / 估价:79.00元

世界经济黄皮书
2013年世界经济形势分析与预测
著(编)者:王洛林 张宇燕 2013年1月出版 / 估价:59.00元

香港蓝皮书
香港发展报告（2013）
著(编)者:薛凤旋 2013年6月出版 / 估价:49.00元

新兴经济体蓝皮书
金砖国家发展报告（2013）——合作与崛起
著(编)者:林跃勤 周 文 2013年3月出版 / 估价:69.00元

亚太蓝皮书
亚太地区发展报告（2013）
著(编)者:李向阳 2013年1月出版 / 估价:59.00元

印度蓝皮书
印度国情报告（2012~2013）
著(编)者:吕昭义 2013年9月出版 / 估价:59.00元

越南蓝皮书
越南国情报告(2013)
著(编)者:吕余生 2013年7月出版 / 估价:65.00元

中亚黄皮书
中亚国家发展报告（2013）
著(编)者:孙 力 2013年6月出版 / 估价:79.00元

地方发展类

北部湾蓝皮书
泛北部湾合作发展报告（2013）
著(编)者:吕余生 2013年7月出版 / 估价:79.00元

北京蓝皮书
北京公共服务发展报告（2012~2013）
著(编)者:张耘 2013年3月出版 / 估价:65.00元

北京蓝皮书
北京经济发展报告（2012~2013）
著(编)者:赵弘 2013年5月出版 / 估价:59.00元

北京蓝皮书
北京社会发展报告（2012~2013）
著(编)者:戴建中 2013年6月出版 / 估价:59.00元

北京蓝皮书
北京文化发展报告（2012~2013）
著(编)者:李建盛 2013年4月出版 / 估价:69.00元

北京蓝皮书
中国社区发展报告（2013）
著(编)者:于燕燕 2013年6月出版 / 估价:59.00元

北京旅游绿皮书
北京旅游发展报告（2013）
著(编)者:鲁 勇 2013年10月出版 / 估价:98.00元

北京律师蓝皮书
北京律师发展报告NO.3（2013）
著(编)者:王隽 周塞军 2013年9月出版 / 估价:70.00元

北京人才蓝皮书
北京人才发展报告（2012~2013）
著(编)者:张志伟 2013年5月出版 / 估价:69.00元

城乡一体化蓝皮书
中国城乡一体化发展报告·北京卷（2012~2013）
著(编)者:张宝秀 黄序 2012年7月出版 / 估价:59.00元

大湄公河次区域蓝皮书
大湄公河次区域合作发展报告(2012~2013)
著(编)者:刘 稚 2013年4月出版 / 估价:69.00元

甘肃蓝皮书
甘肃省经济发展分析与预测（2013）
著(编)者:朱智文 罗 哲 2012年12月出版 / 估价:69.00元

甘肃蓝皮书
甘肃省社会发展分析与预测（2013）
著(编)者:安文华　包晓霞　2012年12月出版 / 估价:69.00元

甘肃蓝皮书
甘肃省舆情发展分析与预测（2013）
著(编)者:陈双梅　郝树声　2012年12月出版 / 估价:69.00元

甘肃蓝皮书
甘肃省县城社会发展分析与预测（2013）
著(编)者:魏胜文　柳　民　曲　玮
2012年12月出版 / 估价:69.00元

甘肃蓝皮书
甘肃省文化发展分析与预测（2013）
著(编)者:刘进军　周晓华　2012年12月出版 / 估价:69.00元

关中天水经济区蓝皮书
中国关中—天水经济区发展报告(2013)
著(编)者:李忠民　2013年7月出版 / 估价:59.00元

广东外经贸蓝皮书
广东对外经济贸易发展研究报告（2012～2013）
著(编)者:陈万灵　2013年3月出版 / 估价:65.00元

广西北部湾经济区蓝皮书
广西北部湾经济区开放开发报告（2013）
著(编)者:广西北部湾经济区规划建设管理委员会办公室
广西社会科学院 广西北部湾发展研究院
2013年7月出版 / 估价:69.00元

广州蓝皮书
2013年中国广州经济形势分析与预测
著(编)者:庾建设　郭志勇　沈　奎
2013年6月出版 / 估价:69.00元

广州蓝皮书
2013年中国广州社会形势分析与预测
著(编)者:易佐永　杨　秦　顾涧清
2013年7月出版 / 估价:69.00元

广州蓝皮书
广州城市国际化发展报告（2013）
著(编)者:朱名宏　2013年4月出版 / 估价:59.00元

广州蓝皮书
广州创新型城市发展报告（2013）
著(编)者:李江涛　2013年4月出版 / 估价:59.00元

广州蓝皮书
广州经济发展报告（2013）
著(编)者:李江涛　刘江华　2013年4月出版 / 估价:69.00元

广州蓝皮书
广州农村发展报告（2013）
著(编)者:李江涛　汤锦华　2013年4月出版 / 估价:59.00元

广州蓝皮书
广州汽车产业发展报告（2013）
著(编)者:李江涛　杨再高　2013年4月出版 / 估价:59.00元

广州蓝皮书
广州商贸业发展报告（2013）
著(编)者:陈家成　王旭东　荀振英
2013年4月出版 / 估价:69.00元

广州蓝皮书
广州文化创意产业发展报告（2013）
著(编)者:甘　新　2013年3月出版 / 估价:59.00元

广州蓝皮书
中国广州城市建设发展报告（2013）
著(编)者:董　皞　冼伟雄　李俊夫
2013年8月出版 / 估价:69.00元

广州蓝皮书
中国广州科技与信息化发展报告（2013）
著(编)者:庾建设　谢学宁　2013年8月出版 / 估价:59.00元

广州蓝皮书
中国广州文化创意产业发展报告（2013）
著(编)者:王晓玲　2013年8月出版 / 估价:59.00元

广州蓝皮书
中国广州文化发展报告（2013）
著(编)者:徐俊忠　汤应武　陆志强
2013年8月出版 / 估价:69.00元

贵州蓝皮书
贵州法治发展报告（2013）
著(编)者:吴大华　2013年4月出版 / 估价:69.00元

贵州蓝皮书
贵州社会发展报告（2013）
著(编)者:王兴骥　2013年4月出版 / 估价:59.00元

海峡经济区蓝皮书
海峡经济区发展报告（2013）
著(编)者:李闽榕 王秉安 谢明辉（台湾）
2013年10月出版 / 估价:78.00元

海峡西岸蓝皮书
海峡西岸经济区发展报告（2013）
著(编)者:福建省人民政府发展研究中心
2013年7月出版 / 估价:85.00元

杭州都市圈蓝皮书
杭州都市圈经济社会发展报告（2013）
著(编)者:辛　薇　2013年7月出版 / 估价:59.00元

河南经济蓝皮书
2013年河南经济形势分析与预测
著(编)者:刘永奇　2013年2月出版 / 估价:65.00元

河南蓝皮书
2013年河南社会形势分析与预测
著(编)者:刘道兴　牛苏林　2013年1月出版 / 估价:59.00元

河南蓝皮书
河南城市发展报告（2013）
著(编)者:谷建全　王建国　2013年1月出版 / 估价:69.00元

河南蓝皮书
河南经济发展报告（2013）
著(编)者:喻新安 2013年2月出版 / 估价:59.00元

河南蓝皮书
河南文化发展报告（2013）
著(编)者:谷建全 卫绍生 2013年3月出版 / 估价:69.00元

黑龙江产业蓝皮书
黑龙江产业发展报告（2013）
著(编)者:于 渤 2013年5月出版 / 估价:69.00元

黑龙江蓝皮书
黑龙江经济发展报告（2013）
著(编)者:曲 伟 2013年5月出版 / 估价:69.00元

黑龙江蓝皮书
黑龙江社会发展报告（2013）
著(编)者:艾书琴 2013年1月出版 / 估价:65.00元

湖南城市蓝皮书
城市社会管理
著(编)者:罗海藩 2013年5月出版 / 估价:59.00元

湖南蓝皮书
2013年湖南产业发展报告
著(编)者:梁志峰 2013年5月出版 / 估价:89.00元

湖南蓝皮书
2013年湖南法治发展报告
著(编)者:梁志峰 2013年5月出版 / 估价:79.00元

湖南蓝皮书
2013年湖南经济展望
著(编)者:梁志峰 2013年5月出版 / 估价:79.00元

湖南蓝皮书
2013年湖南两型社会发展报告
著(编)者:梁志峰 2013年5月出版 / 估价:79.00元

湖南县域绿皮书
湖南县域发展报告No.2
著(编)者:朱有志 袁 准 周小毛
2013年7月出版 / 估价:69.00元

江苏法治蓝皮书
江苏法治发展报告No.2（2013）
著(编)者:李 力 龚廷泰 严海良
2013年7月出版 / 估价:88.00元

京津冀蓝皮书
京津冀区域一体化发展报告（2013）
著(编)者:文 魁 祝尔娟 2013年3月出版 / 估价:89.00元

经济特区蓝皮书
中国经济特区发展报告（2013）
著(编)者:陶一桃 钟 坚 2013年3月出版 / 估价:89.00元

辽宁蓝皮书
2013年辽宁经济社会形势分析与预测
著(编)者:曹晓峰 张 晶 张卓民
2013年1月出版 / 估价:69.00元

内蒙古蓝皮书
内蒙古经济发展蓝皮书(2012~2013)
著(编)者:黄育华 2013年7月出版 / 估价: 69.00元

浦东新区蓝皮书
上海浦东经济发展报告(2013)
著(编)者:左学金 陆沪根 2012年12月出版 / 估价:59.00元

青海蓝皮书
2013年青海经济社会形势分析与预测
著(编)者:赵宗福 2013年3月出版 / 估价:69.00元

人口与健康蓝皮书
深圳人口与健康发展报告（2013）
著(编)者:陆杰华 江捍平 2013年10月出版 / 估价:98.00元

山西蓝皮书
山西资源型经济转型发展报告（2013）
著(编)者:李志强 容和平 2013年3月出版 / 估价:79.00元

陕西蓝皮书
陕西经济发展报告（2013）
著(编)者:杨尚勤 石 英 裴成荣
2013年3月出版 / 估价:65.00元

陕西蓝皮书
陕西社会发展报告（2013）
著(编)者:杨尚勤 石 英 江 波
2013年3月出版 / 估价:65.00元

陕西蓝皮书
陕西文化发展报告（2013）
著(编)者:杨尚勤 石 英 王长寿
2013年3月出版 / 估价:59.00元

上海蓝皮书
上海传媒发展报告（2013）
著(编)者:强 荧 焦雨虹 2013年1月出版 / 估价:59.00元

上海蓝皮书
上海法治发展报告（2013）
著(编)者:潘世伟 叶 青 2012年12月出版 / 定价:69.00元

上海蓝皮书
上海经济发展报告（2013）
著(编)者:沈开艳 2013年1月出版 / 估价:59.00元

上海蓝皮书
上海社会发展报告（2013）
著(编)者:卢汉龙 周海旺 2013年1月出版 / 估价:59.00元

上海蓝皮书
上海文化发展报告(2013)
著(编)者:蒯大申 2013年1月出版 / 估价:59.00元

上海蓝皮书
上海文学发展报告（2013）
著(编)者:陈圣来 2013年1月出版 / 估价:59.00元

上海蓝皮书
上海资源环境发展报告（2013）
著(编)者:张仲礼 周冯琦 2013年1月出版 / 估价:59.00元

上海社会保障绿皮书
上海社会保障改革与发展报告（2012~2013）
著(编)者:汪 泓 2013年1月出版 / 估价:65.00元

深圳蓝皮书
深圳经济发展报告（2013）
著(编)者:吴 忠 2013年5月出版 / 估价:69.00元

深圳蓝皮书
深圳劳动关系发展报告（2013）
著(编)者:汤庭芬 2013年5月出版 / 估价:69.00元

深圳蓝皮书
深圳社会发展报告（2013）
著(编)者:吴 忠 余智晟 2013年11月出版 / 估价:69.00元

温州蓝皮书
2013年温州经济社会形势分析与预测
著(编)者:胡瑞怀 王春光 2013年1月出版 / 估价:69.00元

武汉城市圈蓝皮书
武汉城市圈经济社会发展报告（2012~2013）
著(编)者:肖安民 2013年5月出版 / 估价:59.00元

武汉蓝皮书
武汉经济社会发展报告（2013）
著(编)者:刘志辉 2013年5月出版 / 估价:59.00元

扬州蓝皮书
扬州经济社会发展报告（2013）
著(编)者:张爱军 2013年1月出版 / 估价:78.00元

长株潭城市群蓝皮书
长株潭城市群发展报告（2013）
著(编)者:张 萍 2013年6月出版 / 估价:69.00元

浙江蓝皮书
浙江金融业发展报告（2013）
著(编)者:刘仁伍 2013年4月出版 / 估价:69.00元

浙江蓝皮书
浙江民营经济发展报告（2013）
著(编)者:刘仁伍 2013年4月出版 / 估价:59.00元

浙江蓝皮书
浙江区域金融中心发展报告（2013）
著(编)者:刘仁伍 2013年4月出版 / 估价:79.00元

浙江蓝皮书
浙江市场经济发展报告（2013）
著(编)者:刘仁伍 2013年4月出版 / 估价:79.00元

郑州蓝皮书
2012~2013年郑州文化发展报告
著(编)者:王 哲 2013年5月出版 / 估价:69.00元

中国省会经济圈蓝皮书
合肥经济圈经济社会发展报告No.5(2012~2013)
著(编)者:董昭礼 2013年7月出版 / 估价:79.00元

中原蓝皮书
中原经济区发展报告（2013）
著(编)者:刘怀廉 2013年3月出版 / 估价:68.00元

社会科学文献出版社成立于 1985 年，是直属于中国社会科学院的人文社会科学专业学术出版机构。

成立以来，特别是 1998 年实施第二次创业以来，依托于中国社会科学院丰厚的学术出版和专家学者两大资源，坚持“创社科经典，出传世文献”的出版理念和“权威、前沿、原创”的产品定位，走学术产品的系列化、规模化、数字化、国际化、市场化经营道路，社会科学文献出版社先后策划出版了著名的图书品牌和学术品牌“皮书”系列、《列国志》、“社科文献精品译库”、“全球化译丛”、“气候变化与人类发展译丛”、“近世中国”等一大批既有学术影响又有市场价值的图书。

在国内原创著作、国外名家经典著作大量出版的同时，社会科学文献出版社长期致力于中国学术出版走出去，先后与荷兰博睿出版社合作面向海外推出了《经济蓝皮书》、《社会蓝皮书》等十余种皮书的英文版；此外，《从苦行者社会到消费者社会》、《二十世纪中国史纲》、《中华人民共和国法制史》等11种著作入选新闻出版总署“经典中国国际出版工程”。

面对数字化浪潮的冲击，社会科学文献出版社力图从内容资源和数字平台两个方面实现传统出版的再造，并先后推出了皮书数据库、列国志数据库、中国田野调查数据库等一系列数字产品。

在新的发展时期，社会科学文献出版社结合社会的需求、自身的条件以及行业的发展，提出了新的创业目标：精心打造人文社会科学成果推广平台，发展成为一家集图书、期刊、声像电子和数字出版物为一体，面向海内外高端读者和客户，具备独特竞争力的人文社会科学内容资源经营商和海内外知名的专业学术出版机构。

中国皮书网

发布皮书研创资讯，传播皮书精彩内容
引领皮书出版潮流，打造皮书服务平台

栏目设置：

- ☐ 资讯：皮书动态、皮书观点、皮书数据、 皮书报道、皮书新书发布会、电子期刊
- ☐ 标准：皮书评价、皮书研究、皮书规范、皮书专家、编撰团队
- ☐ 服务：最新皮书、皮书书目、重点推荐、在线购书
- ☐ 链接：皮书数据库、皮书博客、皮书微博、出版社首页、在线书城
- ☐ 搜索：资讯、图书、研究动态
- ☐ 互动：皮书论坛

www.pishu.cn

中国皮书网依托皮书系列“权威、前沿、原创”的优质内容资源，通过文字、图片、音频、视频等多种元素，在皮书研创者、使用者之间搭建了一个成果展示、资源共享的互动平台。

自2005年12月正式上线以来，中国皮书网的IP访问量、PV浏览量与日俱增，受到海内外研究者、公务人员、商务人士以及专业读者的广泛关注。

2008年10月，中国皮书网获得“最具商业价值网站”称号。

2011年全国新闻出版网站年会上，中国皮书网被授予“2011最具商业价值网站”荣誉称号。